U0000820

# 歐盟司法與內政合作

## 反恐議題解析

張福昌 著

臺灣商務印書館

獻給

啟蒙我、提攜我、關心我的兩位恩師

鄒忠科 教授　　洪茂雄 教授

# 自　序

　　寫書並不是件容易的事，既傷神又耗力，當你決定寫書後，空氣好像變得稀薄，讓人覺得有點透不過氣來。四年多前，就是因為中央研究院歐美研究所副所長洪德欽研究員的一句話讓我下定決心要寫這本「歐盟司法與內政合作」專書。洪先進在大度路上對我說：「雖然你是專門研究歐盟共同外交與安全政策的，但是國內已有太多人涉獵這個領域，佔據了地盤…恐怖主義與內部安全倒是沒人碰觸，值得開發。」聽了這席話後，回家從書架中取下留德期間的資料夾，邊看邊回想在科隆大學的學習與訓練，發現這個主題並不陌生，於是鼓起勇氣，決定朝前輩指點的路前進，試著開發看看這方面的研究。時間過得真快，一轉眼，都快五年了！然而用五年的時間實現一個夢想，那也是一種幸運，也是一種幸福，感謝洪前輩的智慧引導。

　　這本書能夠順利付梓，實得之於天時、地利與人和。首先，在時間方面，個人正好剛從德國取得博士回國，一些在衝刺博士論文時所累積的寫作能量，適巧可以延續使用；其次，在地利方面，淡江大學提供了一個非常好的研究環境，讓我能在驚聲大樓九樓 T911 研究室內望著美麗的大屯山悠哉寫作，而且也提供一個優雅的宿舍，讓我以校為家靜心為學；最後，在人的因素方面，師長、研究助理與親朋好友們都賜給我無比的寫作力量：我由衷感謝鄒忠科老師、洪茂雄老師、戴萬欽副校長、陳幹男副校長、鄭傳傑主任、蔡青龍老師、Prof. Dr. Karl-Rudolf Korte 與 Prof. Dr. Thomas Jaeger 等師長無時無刻地關心與鼓勵；而協助我找資料、看資料、整理資料的研究助理們更是功不可沒，我非常感謝亭妍、宜瑾、幸珮、孟君、宛芝與信裕的犧牲奉獻，特別是亭妍的全程參與以及畢業後仍然利用工作之餘幫忙出版事宜，而宜瑾則擱下論文寫作協助處理校稿與潤稿，特表謝忱；好友美鳳、鳳娟、治安、泰和、貴雪、人傑、裕鎮、學聖與培峰的打氣與加油，使我能夠精神飽滿勇往直前，非常感激；臺灣商務印書館方鵬程總編

輯、葉幗英主編與徐平先生的細心安排出版，使本書能夠亮麗問世，於此專表謝意；當然家人不時地關懷與鼓勵使我時時刻刻感到溫馨，而能持續地寫作下去，深深感恩在心。

　　國內第一本有關「歐盟司法與內政合作」的專書終於誕生了，個人在高興之餘由衷希望這本書能起拋磚引玉的效果，能引發未來更多歐盟研究者對這一領域的研究，以讓國內歐盟研究能夠更多元、更豐富。筆者才疏學淺，文中疏漏之處，尚祈先進先學不吝批評指教，是幸！

　　　　　　　　　　張福昌　於淡水／驚聲大樓 T911

# 目　錄

## Part II　核心機構

## Part III　輔助機制

# 圖表目錄

## 圖目錄

# 表 目 錄

# Part I

# 理論、概念
# 與
# 政策發展

# 第一章　緒論：
## 歐盟內部安全制度的建構與制度主義理論闡釋

# 前言

　　有關歐盟內部安全（Internal Security）的討論一直是一場介於「過於自由」與「不夠安全」的膠著辯論。其之所以會如此難分難解，關鍵在於：「自由」與「安全」皆是難以取代的社會價值，每個歐洲國家都把「保障自由」與「維護安全」的概念明列憲法中。因此當這兩個受到憲法加持的高價值概念碰在一起時，到底是應該「先談自由，再講安全」，還是「先安全，後自由」，實在令人難以取捨。不過在當代犯罪頻繁的社會環境下，卻有越來越多人談論著：要如何限制個人或團體的「自由」，以提升整體社會的「安全」；換句話說，人類已經意識到由於自由的表彰，而使社會安全受到威脅，因此應該限制自由以創造安全的環境。但是，如果為了安全而大開限制個人或團體自由之門，那又會遭受蔑視人權與不尊重自由的批評。是故，如何在「保障自由」與「維護安全」間取得平衡點，實在是一大挑戰。安全對歐洲法治國家而言，是一項重要的共同價值。人員自由流通儼然成為思想自由、言論自由與集會自由外之一項新的自由訴求；如何在自由與安全之間取得平衡，是歐洲國家在推行歐洲內部安全制度時所考慮的重點。各國無不思索著「要在限定的地理區域內，既能讓人員自由流動最大化，又能使內部安全保障最高化」。本章將首先剖析歐盟內部人員自由流通與內部安全規範的互動過程，進而描述歐盟在歐洲內部安全中的角色，並以制度主義（Institutionalism）的理論觀點解析目前歐洲內部安全制度的問題，並且探討未來歐盟內部安全制度的可能性發展。

## 第一節　歐盟與歐洲內部安全

　　1958 年生效的羅馬條約揭櫫內部人員自由流通的目標，歐洲經濟共同體條約（Treaty of European Economic Community）第 3 條第 1 款第 c 項規定：「共同體冀望廢除會員國間有關人員自由流通的障礙。」可見歐洲統合（European Integration）之初，已有極具遠見的未來藍圖。

然而，受限於許多國家在同一個組織中的合作常需要一段時間的磨合，並因內政主權的難分難捨，而導致人員自由流通的進展甚為緩慢。直至 1985 年後，德法義荷比盧 6 個歐盟創始會員國進行廢除彼此內部邊境管制的申根合作（Schengen Cooperation），首創歐盟體制外人員自由流通的先例。對於發展歐洲單一市場（European Single Market）而言，促進四大流通是發展內部市場的便捷道路，但隨之而來的安全問題卻亟需積極處理與防範。

　　單一市場的目的在於建立一個無疆界的內部市場，其特色之一就是人員自由流通。但實際上，至少在歐盟成立的頭四十年間，人員自由流通的實現面臨諸多困難。羅馬條約的原條款並未給與所有人員與企業自由流通的權利。個人必須同時是一會員國的公民以及以工作者的身分參與經濟活動，企業則必須是自營業者、企業、分支或代理機構，或是勞務的提供者或接受者才能享有基本自由。歐洲經濟共同體條約第 14 條明確揭櫫：「內部市場應由一個無內部邊境的區域所組成，其中更應根據條約中的條款確保人員、商品、勞務與資金的自由流通。」

　　由於大部分歐洲國家過去擁有殖民帝國的背景，歐盟會員國一直以來就擁有龐大數量的第三國公民根據國內法合法居住其中。歐盟也尊重這個事實，長久以來給予這些居住在歐盟會員國的第三國公民某種程度上的權利。1960 年代歐洲共同體法允許移民的家庭成員依親，並在居住地享有權利。歐洲共同體法也允許企業在其他歐盟會員國提供勞務時可使用該會員國第三國公民的勞力。事實上，歐洲共同體架構一直反映著經濟上的需求，因此，人員自由流通本身是一項達成經濟目標的工具，而非是一項目標。①歐盟內部邊境管制的廢除在阿姆斯特丹條約通過前，一直都是一個具有爭議的議題。並非所有的歐盟會員國都贊同歐洲共同體條約第 14 條所規定的「四大自由流通」義務。英國反對任何有關廢除內部人員管制的計劃，但部分歐盟會員國

---

① Barbara Melis: Negotiating Europe's Immigration Frontiers, The Hague: Kluwer Law International, 2001, p. 61.

則根據申根協定（Schengen Agreement）同意廢除內部疆界障礙以達到人員自由流通。凡此以觀，人員自由流通與內部市場以及移民政策之間緊密不可分開的關係，是人員自由流通未能順利推行的主要原因。況且，在法律上，對外國人（Aliens）行動的管制仍被視為歐盟會員國政府的權限，這隨之而來的問題不只是與經濟有關，更與安全有密切關係。②

自從 1989 年外圍邊境公約（External Borders Convention）問世之後，歐盟會員國即密切討論廢除內部障礙的問題，以及賦予第三國公民自由旅行的權利。該公約第 8 條指出：當第三國公民持有由其他會員國核發的居留許可證時，該歐盟會員國不可向該第三國公民要求簽證。然而，英國與西班牙間對於直布羅陀（Gibraltar）的爭執使得此公約並未獲簽署。③

在歐洲機構方面，歐洲議會對於廢除歐盟內部管制的延遲感到十分失望，並於 1993 年 11 月 8 日向歐洲法院提出一份申訴（Complaint），指控歐洲執行委員會未妥善使用歐洲共同體條約所賦予之權力來徹底執行四大自由流通。歐洲執行委員會在此壓力下於 1995 年提出三項完成四大自由流通的法律提案，亦即：對家庭成員廢除簽證需求指令、廢除人員內部邊境管制指令與第三國公民自由旅行指令等。

歐盟自 1999 年阿姆斯特丹條約生效後，將自由、安全與司法的相關政策正式納入條約中的新篇章：「自由、安全與司法區域」（Area of Freedom, Security and Justice; AFSJ）。並每五年提出與檢討一份多年期計劃，為未來自由與安全區域的發展提供指導方針：1999 年坦佩雷歐洲高峰會（European Council in Tampere）為「自由、安全與司法區域」在 1999～2004 年的發展提供政治上的動力；隨後於 2004 年歐洲高峰會提出的海牙計劃（Hague Programme）為 2005～2009 年期間設定新的政策議題；2009 年的斯德哥爾摩計劃（Stockholm Programme）為歐盟於 2010～2014 年設定更具有企圖心的目標。

---

② Ibid., p. 62.
③ Ibid., p. 63.

坦佩雷歐洲高峰會決議：「建立自由、安全與司法區域」是一項計劃，是歐洲公民關切的議題，此計劃直接與歐盟公民的日常生活相關。根據坦佩雷歐洲高峰會，歐洲公民有權在區域內自由移動，同時亦有權利受到安全的保護。原則上，歐洲公民的安全由歐盟外圍邊境管制來保障，阻止不受歡迎的（Undesirable）第三國公民進入區域內，歐盟會員國移民法可以決定哪些第三國公民可入境、可進入勞動市場、可與其家人團圓以及可以入籍；此外，當國家受到安全威脅時，只有在極少數的情況下（例如：人道因素等），第三國公民才有權利入境或不被驅逐出境，因為國家為了確保國家安全會優先考慮安全而非個人權利。④

雖然1999年坦佩雷歐洲高峰會決議內容與2004年海牙計劃內容都具有共同的價值，但若將兩者相比較，就能發現海牙計劃在自由與安全表現出一種非常不平衡的現象。坦佩雷決議文指出：「歐盟應承諾以人權、民主與法治為基礎的自由。」然而，海牙計劃卻視安全為首要目標：「歐盟應將自由、安全與司法區域的發展與各國人民關心的主要要議題相結合。」換句話說，就是將國家安全置於個人權利之前。是故，海牙計劃是一個以安全為導向的歐洲安全內部計劃。

雖然，斯德哥爾摩計劃試圖加強維護人民的自由，但卻告失敗，該計劃亦是明顯強調安全重要性的五年方案。斯德哥爾摩計劃雖然強調：歐盟公民之自由與權利需被優先考慮，但亦大篇幅闡釋歐盟安全政策的內容，其中最重要的就是提議建立一個「歐盟資訊管理戰略」（EU Information Management Strategy）。⑤

截至目前為止，歐盟會員國尚未將任何執法與司法權限轉讓給歐盟，雖然在內部安全領域已建立了許多正在發展中的機構，例如：歐洲警政署、歐洲司法合作署與歐洲邊境管理署，但是這些機構的權限

---

④ Catherine Barnard: The Substantive Law of the EU: the Four Freedoms, New York: Oxford University Press, 2007, p. 499.

⑤ Didier Bigo/Julien Jeandesboz: Border Security, Technology and the Stockholm Programme, INEX Policy Brief No. 3, 11.2009, p. 1.

都被限制於資料交換、分析與協調的功能上。因此，歐盟無法直接對內部安全威脅主動採取行動，必須依賴會員國採取適當的措施，然而，僅僅依靠會員國的措施會出現許多摩擦與拖延，同時也會限制國際行動的可能性。由於上述領土與主權等原因，會員國一直都試著避免在內部安全領域中，進行任何實質的法律與制度上的統合。於是歐盟會員國聚焦於促進各國執法與司法機關間的合作，使得歐盟的內部安全行動總是一種以 27 會員國為基礎的合作模式，各會員國互相獨立自主。由於缺少權威的指揮與控制架構，因此 27 會員國的合作不僅常造成摩擦，而且需花更多的時間成本進行協調。

　　除了上述的「時間成本」問題外，歐盟內部安全行動中尚存在嚴重的「執行赤字」（Implementing Deficit）問題。在歐洲層面上，我們發現歐盟內部安全計劃的野心與動力常有由上往下遞減的現象，這也就是說，歐盟會員國國家元首與政府首長在歐洲高峰會（European Council）中經常很快就決議通過野心勃勃的目標與戰略；但是司法與內政事務理事會（Council of Justice and Home Affairs）卻不能保證能夠為這些目標與戰略制訂適當的法案（Act），而且相關的立法亦常一拖再拖；或在專家工作小組（Working Group）階段中，專家工作小組在討論與談判時將這些目標與戰略限制或縮小。然而，這些都是歐盟結構問題的一部分。其中，在內部安全領域中時常使用的一致決決策方式與支柱分割所造成的複雜性，則是歐盟層級「執行赤字」的主要因素。2008 年 7 月歐洲執行委員會有關海牙計劃的執行報告中指出，執行率僅達 38 %，其赤字缺口可見一般。⑥而在會員國層面上，所有關於歐盟內部安全的法規最終都必須落實於歐盟會員國中，換言之，歐盟會員國是歐盟內部安全法規的執行者。而執行過程的第一步即是將這些法規納入各國國內法中。然而在實際運作過程中，有些會員國基於國家特殊利益的考量，而拒絕接受歐盟法規，例如：英國與愛爾蘭

---

⑥ Communication from the Commission to the Council and the European Parliament "Report on Implementation of the Hague Programme for 2007", COM (2008) 373 final, 02.07.2008, p. 1.

未接受「申根協定執行公約」（Convention Implementing the Schengen Agreement）有關邊境開放的規定，即是明顯的例子。此外，尚有部分會員國因未做好執行某項歐盟法規的準備，而以釋憲或其他特殊立法程序為由，拖延歐盟內部安全法規的適用，德國與波蘭政府對適用歐洲逮捕令（European Arrest Warrant; EAW）議題要求憲法解釋即是一例。⑦歐盟會員國這種耗費多時才將歐盟內部安全法規納入國內法，或甚至不願意參與集體（Collective）打擊犯罪的態度，使「執行赤字」問題在會員國層面上顯得相當嚴重。

　　最後，歐盟需要制訂一套完整的「內部安全戰略」（Internal Security Strategy），以有效整合各項相關安全政策，並使歐盟與會員國之內部安全機關發揮維護內部安全最高效能。悉知，內部安全戰略所包括的內容其實已不是新的概念，這些內容早已分散在不同的計劃與行動計劃中，而且也緊密地與司法與內政事務（Justice and Home Affairs; JHA）領域的政策連結在一起。一套完善的歐洲內部安全戰略具有凝聚歐盟會員國相關內部安全政策與催化歐洲集體內部安全政策統合的雙重功能，在過去的歐洲統合歷史中，歐盟無不嘗試著為歐盟會員國提供全面性的內部安全解決方案，但成績並不理想。但目前歐盟所應扮演的角色是釐清與其他相關行為者或相關政策的關係，並將其內部安全戰略與「歐洲安全戰略」（European Security Strategy; ESS）或其他特殊領域的戰略相結合，⑧已建構一個完整的「泛歐洲安全結構」（Structure of Pan-european Security），使歐盟區域能夠既自由又安全。

## 第二節　制度主義的理論闡釋

　　制度主義為國際關係主流理論之一，亦是分析國際制度（Interna-

---

⑦ Jörg Monar: The EU and Internal Security: Origins, Progress, Limits and Prospects of a Growing Role, in: Analysis of Real Instituto Elcano (ARI), No. 112, 15.07.2009, p. 5.
⑧ Félix Arteaga: The EU's Internal Security Strategy, in: Real Instituto Elcano (ARI), No. 75, 22.06.2010, p. 7.

tional Institution）的主流途徑。⑨史密特（Manfred Schmidt）強調：
「制度主義是一種不斷運用互賴分析元素描繪衝突解決制度化與行為
規範規則化趨勢的理論。」⑩根據制度主義的論點，「制度」與「典
則」（Regime）能為國家創造合作空間，並因此而能夠產生一種和平
解決衝突的效果。但就有關歐盟內部安全的議題上，我們特別想要瞭
解的是：在何種條件下，內部安全制度會在歐盟內產生？而這些存在
的內部安全制度是否會改變，如果會的話，又是如何改變？再者，這
些歐盟內部安全制度如何影響歐盟會員國的行為？這些都是研究歐盟
內部安全制度之建構與發展的核心問題。

## 一、制度主義的基本論點

　　制度主義與現實主義（Realism）有著密不可分的關係，後者之主
要論點大部分被前者所承襲。對於現實主義的重要性與好處，學者基
歐漢（Robert O. Keohane）在其著作《現實主義及其批評》一書第七章
中有大篇幅的介紹並提出以下結論：「現實主義的洞察力是歷久不衰
的〔…〕我們（Keohane und Joseph S. Nye）是在修正現實主義，並企
圖超越現實主義，而不是要拋棄現實主義。」⑪基本上，制度主義學
者沿用了新現實主義大部分的基本論點：不論是對體系的看法（例
如：無政府狀態、不確定性與國家中心論等），或是基本的分析命題
（例如：權力、利益、功利主義與理性主義等）都是承襲新現實主義。⑫
但制度主義和新現實主義的區別在於：「前者是後者的修改計劃」。⑬

---

⑨ Anderas Hasenclever/Peter Mayer/Volker Rittberger: Theories of International Regimes, Cambridge/New York/Melbourne 1997, p. 4.

⑩ Manfred G. Schmidt: Wörterbuch zur Politik, Stuttgart 1995, p. 430.

⑪ Robert O. Keohane: Theory of World Politics: Structural Realism and Beyond, in: (ed.): Neorealism and its Critics, New York 1986, p. 160 & p. 182.

⑫ 請參見：(1) Robert O. Keohane/Lisa L. Martin: The Promise of Institutionalist Theory, in: International Security, Vol. 20, No. 1, Summer 1995, p. 39 & p. 42; (2) Robert O. Keohane: After Hegemony—Cooperation and Discord in the World Political Economy, Princeton 1984, p. 27.

⑬ Robert O. Keohane: Theory of World Politics: Structural Realism and Beyond, op. cit., p. 193.

基歐漢在其著作《霸權之後》（After Hegemony）中建構了一個批判與修訂的現實主義。基歐漢認為：「現實主義理論試圖簡單地從利益與權力的基礎預測國際行為的作法是很重要，但卻不足以解釋國際政治。因此，現實主義必須由強調國際制度重要性的理論加以補充，但並不是全盤地被替代。」⑭

　　從制度主義的角度觀之，新現實主義忽略國際政治中的「變動因素」，是其主要的弱點之一。此外，現實主義也很少討論如何解決國際問題，例如：如何減少危機與不確定性，或如何改善安全困境（Security Dilemma）等。⑮制度主義則嘗試彌補這些缺陷，並試著改變現實主義。學者巴德溫（David A. Baldwin）言簡意賅地以下列六點來區別制度主義與新現實主義的不同⑯：（一）無政府狀態的本質與影響：新現實主義者比新自由主義者更強調國際無政府狀態會對行為者之行為產生影響；（二）國際合作：新現實主義的看法認為國際合作較難管理與維持，並且相當程度上取決於行為者權力的配置；（三）相對利得（Relative Gains）與絕對利得（Absolute Gains）：新自由主義所強調的利益是行為者絕對的合作利益；而新現實主義學者則強調行為者相對的合作利益。更確切的說：新現實主義者問的是，哪一個行為者從合作中獲得較多的利益（Who will Gain More?）；而新自由主義者強調的是，如何讓所有行為者的共同利益（Common Interests）最大化；（四）國家目標優先性（Priority of State Goals）：新現實主義的觀點認為，國際無政府狀態使國家不得不急迫地處理安全（Security）與生存（Survival）問題；而新自由主義者則對國際政治經濟學的問題較感興趣。因此產生新現實主義與新自由主義對合作可能性的不同看

---

⑭ Robert O. Keohane: After Hegemony, op. cit., p. 14.

⑮ Robert O. Keohane: Theory of World Politics: Structural Realism and Beyond, op. cit., p. 159 & p. 180.

⑯ (1) David A. Baldwin: Neoliberalism, Neorealism, and World Politics, in: (ed.): Neorealism and Neoliberalism—The Contemporary Debate, New York 1993, pp. 4-11; (2) Reinhard Meyers: Theorien Internationaler Kooperation und Verflechtung, in: Wichard Woyke (ed.): Handwörterbuch Internationale Politik, 8. Aktualisierte Auflage, Bonn 2000, pp. 453-454.

法；（五）意圖（Intention）與能力（Capabilities）：新現實主義者較關注行為者之物質的行動能力；相對地，新自由主義者則較強調行為者的意圖、目標、計劃與對情勢的定義等；（六）制度與典則：新現實主義者不相信國際制度可以減弱無政府狀態抑制合作的影響力；相反地，新自由主義學者強調在無政府狀態下，制度仍然能夠有效地維持合作。基歐漢表示：「國家溝通與合作的能力立基於人類自行建構而生的制度（Human-constructed Institutions）〔…〕國家是國際政治的重心〔…〕但新自由主義者比現實主義者更重視正式與非正式規則（Rules）的角色。」⑰

由此可見，制度主義學者所主要關心的議題不外乎：「在無霸權存在的世界政治中，該如何促進合作？」⑱、「在何種條件下，合作才能在一個無中央威權的自私世界中產生？」⑲與「國際制度如何影響國家與非國家行為者的行為？」。⑳在上述之邏輯思考脈絡下，制度主義學者對國際政治的解讀主要有以下三項論點：

## （一）無政府狀態下的合作

「合作並不等同於和諧（Harmony）。和諧的產生需要各方利益完全相同，但合作僅發生於衝突利益與補充利益（Conflicting and Complementary Interests）雜陳的環境中。在這種情況下，當行為者能調整其行為以迎合其他行為者之實際與預期偏好時，合作就會發生。」㉑這也就是說，合作是「行為者相互調整的結果」，合作的促成「需要行為者積極嘗試調整其政策以符合其他行為者的需求」。㉒更確切地說，合作的形成要件為：「個別行為者或組織的行動要能透過一種政

---

⑰ Robert O. Keohane: International Institutions and State Power—Essays in International Relations Theory, Boulder/San Francisco/London 1989, p. 2.

⑱ Robert O. Keohane: After Hegemony, op. cit., p. 14.

⑲ Robert Axelrod: The Evolution of Cooperation, New York 1984, p. 3.

⑳ Anderas Hasenclever/Peter Mayer/Volker Rittberger, op. cit., p. 1.

㉑ David A. Baldwin, op. cit., pp. 4-11.

㉒ Robert O. Keohane: After Hegemony, op. cit., p. 12.

策協調（Policy Coordination）的過程，與其他行為者的行動達成一致。」㉓米爾納（Helen Milner）對合作的概念亦提出類似的看法：「合作是一種目標導向的行為（Goal-directed Behavior），需要相互的政策調整，以使各方最後能比採取其他方式的獲益更多。」㉔

　　因此，我們從上述諸多論點可以得知促成合作的三要件為：1.政策協調：國際政治因缺乏一個「超國家權威」（Autorität über die Staaten），導致各行為者得各自選擇其偏好政策，而這些政策鮮少和諧一致。瓦爾茲（Kenneth N. Waltz）強調：「在無政府狀態下，不可能自動產生和諧的政策」。㉕行為者間真實的或潛在的衝突則是刺激彼此合作的主因，因為，為了減少彼此間的衝突，行為者開始推動國際談判，從談判過程中，試著明瞭其他行為者的利益，並將各行為者的政策與態度作一規範。是故，政府是在一種「有限理性的限制下」（Under the Constraints of Bounded Rationality）㉖執行行動，所有行為者就是透過這種方式，使其政策趨於一致，最後形成一個共同行動的主導性決定；2.互惠原則：基歐漢（Robert O. Keohane）與馬丁（Lisa L. Martin）一致認為：「制度要能成功地運作，完全仰賴於互惠因素的作用。」㉗上述所提之採取共同行動之主導性決定，被所有行為者視為實踐其目標或自身利益（Self-interests）之可能性，也就是說：這項受到規範的主導性決定代表著所有行為者的「共同利益」（Common Interest），制度主義者相信這種「共同利益」是行為者在某些特定的政策領域中能夠形成合作的先決條件㉘；3.非零和遊戲㉙：梅爾斯（Re-

㉓ Robert O. Keohane: After Hegemony, op. cit., p. 51.

㉔ Helen Milner: International Theories of Cooperation among Nations—Strengths and Weaknesses, in: World Politics, Vol. 44, No. 3, April 1992, p. 468.

㉕ Kenneth N. Waltz: Man, the State and War—A Theoretical Analysis, New York 2001, p. 182.

㉖ Robert O. Keohane: After Hegemony, op. cit., p. 13 & pp. 110-134.

㉗ Robert O. Keohane/Lisa L. Martin, op. cit., p. 46.

㉘ 有關「共同利益與國際合作」之討論，請參見：Anderas Hasenclever/Peter Mayer /Volker Rittberger: Theories of International Regimes, Cambridge/New York/Melbourne 1997, pp. 23-82. (Kapitel 3: "Interest-Based Theories")

㉙ Reinhard Meyers, op. cit., p. 449 & pp. 457-458.

inhard Meyers）表示：「合作是一種以共同利益為先決條件的非零和遊戲。」㉚原則上，這種非零和遊戲與國際政治的古典環境〔亦即根據自助（Selbsthilfe）原則建構而成的國家體系〕不相衝突。典則可以利用其規範的力量遏阻行為者在非零和遊戲中的競爭，進而將「自然型態的無政府狀態」（Naturzuständliche Anarchie）國家體系轉變成一個「受規範的無政府狀態」（Regulierte Anarchie）㉛國際政治環境。

## （二）制度主義之政治經濟學世界觀點

制度主義是一個運用「政治經濟學」（Political Economy）的概念來分析國際關係的學派。季爾平（Robert Gilpin）將「政治經濟學」定義為「國際關係中，追求財富與權力之互惠的、強烈的（Dynamic）互動關係」㉜，亦是一種「市場和權力行為者（國家）」㉝間的互動關係。換言之，國家與市場是政治經濟學兩個主要元素，兩者不僅並存，而且相互作用。而政治經濟學者所探討的主要議題有二㉞：第一、市場和經濟力如何對國家間之權力與財富分配產生影響，以及如何改變國際政治與軍事權力的分配？第二、國家與其決策如何影響生產、財富分配與經濟活動？總而言之，國家與市場雙向的交互作用，深深影響國際關係中政治權力與經濟財富的分配。

---

㉚ Reinhard Meyers, op. cit., p. 449.

㉛ 凱格里（Charles W. Kegley）與雷蒙德（Gregory A. Raymond）稱這種受典則或制度影響的國際政治環境為「有限的無政府狀態」（Bounded Anarchy），亦即德國學者希德徐拉克（Alexander Siedschlag）所稱之「有限的無政府狀態」（Beschränkte Anarchie）。相關內容請參見：Alexander Siedschlag: Neorealismus, Neoliberalismus und Postinternationale Politik: Beispiel internationale Sicherheit—Theoretische Bestandsaufnahme und Evaluation, Opladen 1997, p. 181.

㉜ Robert Gilpin: U.S. Power and the Multinational Corporation, New York 1975, p. 43.

㉝ Robert Gilpin: Global Political Economy—Understanding the International Economic Order, Princeton/Oxford 2001, p. 45.

㉞ Robert Gilpin: The Political Economy of International Relations, Princeton 1987, pp. 8-11.

## （三）跨國互動與國際政治

國際政治的制度化（Institutionalisierung）影響政府的行為。秦恩（Michael Zürn）就其長期對國際政治的觀察得出底下結論：「自1970年代開始，商品與資金、資訊與文化產物、旅客與移民、以及區域性環境危機等問題的跨國互動越來越快速。」㉟國際事務隨著跨國互動頻率的增加而漸漸變得更多樣化與複雜化。特別是，在全球化時代中，除了國家的官方接觸外，國際社會中也充斥著為數可觀的民間社團跨國活動，這種發展現象，使大企業與政府的利益接合在一起。然而，透過市場規劃的例子可以清楚勾勒國家與市場的關係：單憑經濟與勞動政策並不能提升企業的產能與競爭力，而須透過跨國公司合併才能達到目的。公司企業等私部門（Private Sektoren）在國際社會中越來越活耀的表現，使國家權威（Staatliche Autorität）在某些領域受到挑戰。面對範圍廣泛的內部與外部問題，國家不可能憑藉其行政與司法權威予以解決，因此，跨國經濟與社會行為者的幫助極為重要。例如：在環境保護、人道救援、文化交流等國際問題上，跨國行為者在解決這些問題的過程中貢獻匪淺，這使國家政策的效率讓人產生質疑。秦恩表示：「當遇到大問題時，國家即顯得太小而有無法獨自解決之憾；當面對小問題時，國家卻又顯得太大而有殺雞用牛刀之感。〔…〕執政危機的產生常因政府對許多眼前問題不能提出適當的解決辦法所致。」㊱是故，在現代國際社會中，除了國家之外，非政府組織與大企業亦應扮演一定的角色，當國家與非國家行為者能充分合作時，許多國際問題自然能迎刃而解。

## 二、制度的形成與變遷

在國際政治中，「制度如何產生」是制度分析的核心問題。基歐漢簡明扼要地表示：「只有當所有行為者的期望確實地匯合在一起

---

㉟ Michael Zürn: Regieren jenseits des Nationalstaates, Frankfurt am Main 1998, p. 204.
㊱ Ibid., p. 11.

時，典則才有可能出現；為此，必須設計一些讓行為者期望匯合的措施。」[37]但關鍵的問題是：如何將國家不同的期待匯合在一起，這正是制度學者所要解答的問題。克雷斯納（Stephen D. Krasner）認為以下五個「基本因果變數」（Basic Causal Variables）為典則形成的基礎變數（Grundvariabeln）[38]：（一）自私的自身利益（Egoistic Self-interest）：國際政治中沒有所謂的「隔絕利益」（Isolierte Interessen），行為者不會關起門來憑空想像自己的利益，而會在與其他行為者互動後，盱衡全局界定自身的利益。在與其他行為者激烈互動的環境之下，每個行為者都試著設法使其自身利益最大化。而自身利益最大化是國際行為者間彼此互賴的結果，基歐漢將「利益」與「互賴」間的交互關係分為三類[39]：「利益是工具上的互賴關係」（Interests are Instrumentally Interdependent）、「利益是情勢上的互賴關係」（Interests are Situationally Interdependent）與「利益是情感上的互賴關係」（Interests are Empathetically Interdependent）。為了達到自身利益最大化的目的，行為者乃藉助國際合作而形成典則；（二）政治權力（Political Power）：權力是在為共同益處（Common Good）與特殊利益（Particular Interests）做服務，行為者通常把權力當作是提升利益的工具。克雷斯納強調：「利益是創造典則的誘因，而權力分配（Distribution of Power）則是形塑典則的動力〔…〕霸權者制訂典則不是因為想要使整個體系良好發展，而是為了提高自身的國家價值。」（三）規範與原則（Norms and Principles）：規範與原則是典則的基本要素，不僅決定與影響行為者的行為，而且在典則形成過程中扮演決定性的角色；

[37] Robert O. Keohane: The Analysis of International Regimes. Towards a European—American Research Programme, in: Volker Rittberger (ed.): Regime Theory and International Relations, Oxford 1995, p. 27.

[38] Stephen D. Krasner: Structural Causes and Regime Consequences: Regimes as Intervening Variables, in: Friedrich Kratochwil/Edward D. Mansfield (eds.): International Organization—A Reader, New York 1994, pp. 102-107.

[39] 除此之外，基歐漢將自身利益（Self-interest）分為「遠視的自身利益」（Farsighted Self-interest）與「近視的自身利益」（Myoptic Self-interest）。詳細內容請參見：Robert O. Keohane: After Hegemony, op. cit., pp. 120-132.

（四）慣例與習俗（Usage and Custom）：慣例、習俗與知識在典則形成過程中扮演一個補充與支持的角色。慣例是「以實際習慣為基礎的一般行為模式」；習俗是「存在已久的習慣」。慣例與習俗都加強了典則的功能，舉例而言，在貿易典則中，慣例與習俗居於重要地位，大部分重要貿易法乃立基於慣例與習俗；（五）知識（Knowledge）：哈斯（Ernst Haas）將知識定義為「知識是科技資訊的總和，這些資訊能在一個既定的時間內，促使一群有興趣的行為者形成充分的共識，據此制訂一個達成某些社會目的的公共政策。」⑩在這層意義上，知識具有一種闡釋功能，行為者可以藉由知識將事情的複雜關係解釋清楚。由此可見，知識不僅能夠加強匯整國家行為，而且能夠超越意識型態的分裂線，是故，知識乃成為合作形成與典則變化的基本要素。

　　楊格（Oran Young）根據長期對國際關係史的觀察將國際典則（Internatinal Regimes）區分為三個發展模型⑪：首先，自發性典則（Spontaneous Regime）：哈耶克（Friedrich A. Hayek）認為自發性典則是「眾人的行動產物，但〔…〕不是人類設計的結果。」⑫這種典則純粹是人類行為的自然產物，因此，並不需要事先與其他行為者協調或取得其他行為者的同意。「物稀則貴，物多價廉」等市場秩序（Marktordnung）即是典型的自發性典則。自發性典則出現在一個無政府社會中，於此環境下，制度可以不用借助組織（Organisation）的力量，直接對行為者產生影響⑬；其次，談判性典則（Negotiated Regime）：談判性典則是一種經由國際組織的介入而產生變化的自發性典則。除此之外，談判性典則是根據正式的談判程序，經行為者的協調與同意後逐漸形成。在國際政治中，由於談判機會的增加，使得談

---

⑩ Ernst Haas: Why Collaborate? Issue-Linkage and International Regimes, in: World Politics, Vol. 32, No. 3, April 1980, pp. 367-368.

⑪ Oran R. Young: Regime Dynamics: the Rise and Fall of International Regimes, in: Stephen D. Krasner (ed.): International Regimes, Ithaca/London 1983, pp. 98-106.

⑫ Ibid., p. 98.

⑬ Oran R. Young: International Cooperation—Building Regimes for Natural Resources and the Environment, Ithaca/London 1989, pp. 50-51.

判性典則越來越重要⑭；最後，強迫性典則（Imposed Regime）：強迫
性典則是一種被支配性強權透過「壓迫、合作與誘導」的方式所建立
的典則，意即：支配性強權利用所有的權力資源（例如：制裁、外
交、軍事等），強迫其他行為者重視與遵照其所設定之原則、規範、
規則與程序。換句話說，弱國必須「順從強國的意志」⑮，並且根據
強國所要的方式進行行動。

　　關於上述三類典則之交易成本（Transaction Cost）與變化的可能
性，楊格提出以下結論⑯：第一、有關交易成本方面，自發性典則由
於其自然生成的特性，因此其交易成本很少；然而，談判性與強迫性
典則皆須經過冗長的談判過程或權力運作才能夠產生，所以其交易成
本比較高；第二、有關典則變化的可能性方面，談判性典則可經由修
改而改變，而強迫性典則則可因強權結構的重組而產生變化；但自發
性典則不會因人為因素而改變，因為自發性典則並非「人類設計」
（Human Design）而成，因此行為者無法操縱自發性典則的轉變。

　　在開始討論典則變化之前，有必要先釐清原則與規範，以及規則
與程序間的根本差異：原則與規範是典則的「基本定義特徵」（Basic
Defining Characteristics）；規則與程序則是典則的「運作機制」（Op-
erational Mechanisms）。這也就是說：「假如原則與規範產生變化，那
麼典則本體就會因此產生轉化」，換言之，如果原則與規範對於行為
者的約束力急遽減弱，甚至根本發揮不了作用時，那麼這個典則不是
應該宣告瓦解，就是須轉變成另外一個新的典則。然而，「規則與程
序的變化，只是典則內部的變化」，並不會使原則與規範產生變化，
因此，典則仍然不會有所改變。⑰

　　除此之外，楊格進一步強調：典則是「人類製品」（Human Arti-

⑭ Ibid., pp. 51-52.

⑮ Heinrich Bodmer: Die Stellung der Staaten in den Internationalen Organisationen—unter
　besonderer Berücksichtigung der Kleinstaaten, Winterthur 1955, p. 55.

⑯ Oran R. Young: Regime Dynamics, op. cit., pp. 104-106.

⑰ Stephen D. Krasner, op. cit., p. 98.

facts），亦是「許多個體或團體的行為產物」。[48]由於典則是人類的產物，因此典則不是靜止不變，而是可以改變。根據楊格的觀察，引起典則變化的因素有三[49]：第一、內部的矛盾（Internal Contradictions）：有鑑於國際典則是國家意圖（Staatliche Intentionen）的反射，所以當典則的會員國對某項議題的立場不能一致時，其內部典則就會發生變化。而這種組織內部的衝突會使典則產生變化，當然假如內部的矛盾達到嚴重的地步時，改變典則的壓力就會隨之增高；第二、權力結構的改變（Shifts in the Power Structure）：強制性典則對於權力結構的轉變特別敏感，換句話說，強制性典則受到權力結構變換的影響相當明顯，因為在國際社會中，新的強權崛起後，都會試著將其支配力運用在典則建構上，以便發揮其影響力；第三、外來力量（Exogenous Forces）：典則亦因外部環境的改變，而產生改變的壓力。悉知，一些外部所發生的事情，常使典則會員國的行為產生變化，而這些變化常會影響典則的本體結構。例如：科技日新月異的快速發展，迫使國際通訊協定必須不斷地修改；而人口的增加則常常導致國際社會必須改變既存的自然資源分配規則。

## 三、制度的功能與效率

國際制度的三大功能為[50]：創造法律約束力、減少交易成本與排除不確定性：（一）創造法律約束力：國際制度不具有正式的法律地位，所以不能將法律權威加諸國家之上。從歷史的角度觀之，國際制度常以兩種形式展現其法律約束力：第一、國際制度即「準協定」（Quasi-agreements）：「準協定」在法律上沒辦法執行，但可協助將關係架構在雙邊互利之上；第二、國際制度即傳統或習俗：習俗是一個社群的共同知識（Common Knowledge），所有行為者皆想維持之。在習俗的影響下，行為者會對其他行為者的行為模式產生固定的期

[48] Oran R. Young: Regime Dynamics, op. cit., p. 95 & p. 96.

[49] Oran R. Young: Regime Dynamics, op. cit., pp. 107-113.

[50] Robert O. Keohane: After Hegemony, op. cit., pp. 85-109. (Chapter 6: A Functional Theory of International Regimes), pp. 88-96.

待，並發展出相互影響的關係，使在此社群中的行為者調整其行為以適應新的情勢。[51]

因此，相當程度上，國際典則是一種規範秩序的因素。基歐漢認為國際制度是「脆弱、易碎、時常改變、很少自動被執行與無法自行實現」。[52]國際制度的法律約束力顯然很薄弱。國際制度不是一種由中央權威所控制的階層秩序（Hierarchische Ordnung），具有「非中央化」（Decentralized）[53]的特性。換句話說，國際制度沒有絕對的法律權威（Legal Authority），而且絕對不是一個「在民族國家之上的新國際秩序。」（New International Order Beyond the Nation-state）。[54]

誠如制度主義學者瑞特貝格（Volker Rittberger）所言：「典則常常從許多核心國家擴大到較大的國際共同體中。」而且，一旦一套典則在國際間確實建立，並且採用施行後，就很有可能產生一種「流行般的影響」（a Model-like Impact），他們的原則（Principle）、規範（Norm）與規則（Rule）就有可能被用來解決國際間的衝突。而跨大西洋軍事安全典則就是如此，歐美倡導的防止核武擴散典則，也普遍地被世界各國所接受。[55]這種強權國家主導典則發展，若用以觀察歐盟反恐體系時，可發現其整體的反恐戰略走向深受法國、德國、英國等三大歐盟強權的影響。

（二）減少交易成本：渥特（Stephen M. Walt）強調：「制度會促成對每個國家都有利的合作」。[56]基歐漢亦同樣認為：「國際典則的主要功能在於促成特殊協定的簽訂。」[57]在國際政治中，國家極力追

---

[51] Robert O. Keohane: After Hegemony, op. cit., pp. 88-89.

[52] Robert O. Keohane: After Hegemony, op. cit., pp. 88-89.

[53] Herbert A. Simon, et al.: Centralization vs. Decentralization in Organizing the Controller's Department, New York 1978, p. 1.

[54] Robert O. Keohane: After Hegemony, op. cit., p. 63.

[55] Wyn Rees: Transatlantic Counter-terrorism Cooperation-The New Imperative: The Transatlantic Security Regime, New York: Routledge, 2006, pp. 24-25.

[56] Stephen M. Walt: International Relations: One World, Many Theories, in: Foreign Policy, Spring 1998, p. 39.

[57] Robert O. Keohane.: The Demand for International Regimes, in: International Organization, Vol. 36, No. 2, Spring 1982, p. 334.

求利益的最大化。每個國家的立場或政府首長的想法，都會受其國內因素（例如：意識型態、公共輿論、內部需求等）的影響。因此，國家間利益差距的調和是特別困難。國際典則透過獨特的談判結構協助調和各方利益，其原則、規範、規則與政治程序建立了談判秩序（例如：WTO），並為所有行為者創造難得的談判機會。換言之，國際典則是談判與再談判的事務[58]，所有成員皆可參與談判過程。如此，不僅建立了參與者間的溝通橋樑，而且也減少了交易成本。

而減少交易成本一直是簽訂國際協定的決定性因素，交易成本越少，國家就越容易簽訂協定，以下是兩個說明國際制度能減少交易成本的例子[59]：其一，國際典則可以透過與國際組織的連結而減少交易成本：誠然，國際組織除了行政總部、辦公室、職員與設備外，亦設有會議場所可供使用；此外，國際組織亦負責安排特定議題的談判，假如既存的談判原則與規則能被接受使用的話，那麼會員國政府就不須在每次會議開始時一再地討論之。梅爾斯認為：「國際典則提供協商與互動的環境，在這種環境中的合作將成為例行公事，因此合作成本會減少；相反地，不合作成本就會增加。」[60]其二，國際制度能透過「議題聯結」（Issue-linkage）和「溢出效應」（Spillover）使交易成本減少：基歐漢利用「規模經濟」（Economies of Scale）[61]的概念來分析國際制度為何能降低交易成本。在國際政治中，通常會關注國際典則間與其內部的聯結性，透過國際典則的「連結」可以使典則成員使用一系列不同談判議題的規則。基歐漢強調：當典則建立後，談判解決下一個問題的邊際成本（Die Marginalen Kosten）就會降低。此外，與歐洲共同體或者其他統合計劃緊密相連之「溢出效應」，正可用來解釋從一個政策領域溢出到另一個政策領域的統合秩序。由此可見，「溢出效應」將使成本下降。由上述分析我們可以得到以下結

[58] Robert O. Keohane: After Hegemony, op. cit.4, p. 89.

[59] Robert O. Keohane: After Hegemony, op. cit.4, p. 89.

[60] Reinhard Meyers, op. cit., p. 456.

[61] Brian C. Brush: Economies of Scale, in: Douglas Greenwald (ed.): Encyclopedia of Economics, New York 1982, p. 327.

論：在「議題聯結」與「溢出效應」的作用下，國際制度的數量與效率會不斷增加，因此國際制度的「規模經濟」必然會不斷擴大，而使交易成本漸漸下降。

（三）排除不確定性：國際典則的資訊角色對集體行動具有重要意義。[62]在談判合作的過程中，行為者常常擔心被騙或洩密，這原因在於：行為者看不清楚合作的未來發展如何，或對合作夥伴的認識太少。因此，「不確定性」與「看不見未來」的迷惑常是導致集體行動失敗的主因。在這種情況下，資訊扮演極重要的角色，因為資訊能夠減少或排除行為者的不確定感。而國際制度正是扮演一種資訊傳遞者的角色，可以使行為者獲得所需資訊，進而增加集體行動的可能性。在實務上，國際典則是一個「資訊平台」（Information-pool），各國國家元首與政府首長可以從中獲得更多、更好的資訊，隨著所獲資訊之質與量的提升，便可以減少不確定性與風險。哈森克萊佛（Anderas Hasenclever）、邁爾（Peter Mayer）與瑞特柏格（Volker Rittberger）皆強調：「不確定性是國際合作的主要障礙，而國際典則確能讓國家更容易為彼此的利益共同合作。」[63]因此，國家決策者的行事計劃在國際典則的作用下是可以協調一致的，在這層意義上，國際典則可以說是國家行為者協調其構想的論壇。[64]

在資訊豐富的社會中，由於不確定性減少，使得行為者間的互動更加頻繁。基歐漢形容：「因其能獲得充分的資訊，所以，行為者在資訊豐富的環境中的行為極為多樣；反之，則少。」[65]但是，在資訊豐富的環境中，如果資訊的分配不平均，就可能導致「不誠信行為」與「不公平議價」的情形。這就是說，相對獲得較多資訊的行為者可能會操縱關係的發展，或欺騙其他行為者。這種情形最終將會導致國

---

[62] John O. Ledyard: Market Faillure, in: John Eatwell/Murray Milgate/Peter Newman (eds.): The New Palgrave-A Dictionary of Economics, Vol. 3, London/New York/Tokyo 1987, pp. 326-329.

[63] Anderas Hasenclever/Peter Mayer/Volker Rittberger, op. cit., p. 36.

[64] Robert O. Keohane: The Demand for International Regimes, op. cit., pp. 337-341.

[65] Robert O. Keohane: Theory of World Politics, op. cit., pp. 196-197.

際合作無法實現。然而，國際制度提供其成員既客觀又可靠的資訊，因此能夠促成圓滿的合作，而上述「資訊不對稱分配」的負面影響將不會發生。[66]

除此之外，國際制度也能夠將有關其合作夥伴聲譽（Reputation）的豐富資訊提供其他成員。在國際政治中，「聲譽」極為重要，因為它是一種衡量標準，行為者可以根據「聲譽」判斷其合作夥伴是否能遵守國際制度所規範的行為標準。在這層意義上，資訊可以說是一種促進合作夥伴彼此信任的催化劑，當合作夥伴能夠相互信賴時，他們就能夠在各種不同的議題上合作。換句話說，國際制度是「國際協定的媒合者」（Facilitator of Agreement among States）[67]；在國際衝突解決上，國際制度又是「預防戰爭的媒介」（War-preventing Agencies）。[68]

有關國際制度的效率問題，哈格德（Stephan Haggard）與席孟斯（Beth A. Simmons）皆一致認為：「國家行為是受規則的規範」（State Behavior is Rule-governed）[69]，國際典則的規則就是各國政府的行為標準（Standards）與指導方針（Guidelines）；而制度是促使國際關係法制化的驅動力，並深深影響國家的行為。因此，國際制度相當於「國際法」（International Law）或「法律性的約束典則」（Legally Fixed Regimes）。除此之外，國際制度的規則常被轉換為「國內法」（Domestic Law），而對國家行為產生法律約束力。[70]因此，在某種程度上，國際制度是「國際行為的決定要素」。[71]艾沙羅德（Robert

---

[66] Robert O. Keohane: After Hegemony, op. cit., pp. 93-94.

[67] Robert O. Keohane: After Hegemony, op. cit., pp. 217-240.

[68] Inis L. Jr. Claude: States and the Global System—Politics, Law and Organization, London 1988, p. 70.

[69] Stephan Haggard/Beth A. Simmons: Theories of International Regimes, in: International Organization, Vol. 41, No. 3, Summer 1987, p. 494.

[70] Harald Müller: The Internalization of Principles, Norms, and Rules by Governments—The Case of Security Regimes, in: Volker Rittberger (ed.): Regime Theory and International Relations, Oxford 1995, pp. 384-386.

[71] Oran R. Young: The Effectiveniess of International Institutions—Hard Cases and Critical Variables, in: James N. Rosenau/Ernst-Otto Czempiel (eds.): Governance without Government: Order and Change in World Politics, Cambridge 1995, p. 175.

Axelrod）與基歐漢在描述無政府狀態下的合作時強調：國際合作是一種「混和動機遊戲」（Mixed-motive Game）。⑫每個行為者總是想到「自身利益」，這種自身利益導向的行為可能導致蔑視國際規則。不過，很可惜的是，國際規則也沒辦法製造階級秩序（Hierarchische Ordnung），因此，國際典則實不能令其成員臣服其下，對那些強權國家更是無計可施。由此可知，國際典則不能創造一種「中央化的執法能力」（Centralized Rule-enforcement）⑬，但是，只要其成員遵守國際規則，那國際典則就有效力。楊格將「效率」這個概念定義為：「在國際社會中，衡量社會制度於形塑社會行為的過程中所扮演的角色。」⑭然而，「制度的效率會因議題領域（Issue-area）、典則類型、空間設定與時間範圍的不同而改變。」⑮

　　至於如何評定國際制度的效率，楊格提出以下七個變項作為評定效率的依據⑯：（一）透明度（Transparency）：影響國際規則是否被遵守的因素有三：第一、容易性（The Ease）：違規行為應該很容易被揭露出來；第二、制裁的可行性⑰：違法行為者應該能夠受到處罰；第三、制裁的程度：制裁違法者的程度應足以發揮警告的效果為宜。楊格強調：揭發違反行為對提升國際制度的效率有正面的影響；國家行為越透明化，那麼國家就越能夠遵守國際規則。因此，我們可以推斷，現代科學技術（例如：衛星系統等）將可大幅提升透明化程度，這也就是說，因為科技可以有效地協助監督國際體系行為者的行為；（二）堅韌度（Robustness）：國際制度的效率取決於所運用的「社會選擇機制」（Social-choice Mechanisms）⑱有多堅固，而測驗「社會選擇機制」是否堅固的方式有二：第一、是否能夠承受社會事件所引發

⑫ Robert Axelrod/Robert O. Keohane: Achieving Cooperation under Anarchy: Strategies and Institutions, in: Kenneth A. Oye (ed.): Cooperation under Anarchy, Princeton 1986, p. 234.

⑬ Robert O. Keohane: After Hegemony, op. cit., pp. 237-240.

⑭ Oran R. Young: The Effectiveniess of International Institutions, op. cit., p. 161.

⑮ Oran R. Young: The Effectiveniess of International Institutions, op. cit., p. 163.

⑯ Oran R. Young: The Effectiveniess of International Institutions, op. cit., pp. 175-193.

⑰ Robert Axelrod/Robert O. Keohane, op. cit., pp. 235-236.

的動亂與紛擾；第二、對社會環境所造成的改變能否適應良好。國際
社會堅韌的制度可對個人與集體行為產生決定性的影響；（三）規則
變化（Transformation Rules）：國際制度的效率亦取決於所選定的修改
規則。修改規則的辦法可分為三個層級：一致決、三分之二多數決與
簡單多數決；修改辦法越嚴格，國際制度也就越有效率。（四）政府
的能力（Capacity of Governments）：政府層面有兩個因素影響國際制
度的效率，即政府遵守國際制度的意志與能力。而政府履行國際制度
的能力卻受到兩項挑戰：第一、政府必須運用有限的資源應付反抗制
度者；第二、政府必須能夠承受得住那些反對國際制度的利益團體；
（五）權力分配（Distribution of Power）：基本上，國際制度對弱勢或
無權力的成員較能夠產生制約的作用。當權力均衡分配時，建立國際
制度的談判過程較長，其交易成本相對較高，就難以建立國際制度；
不過，在權力均衡分配的情況下，亦代表著在組織中沒有成員強大到
能夠忽視國際制度的存在，因此，已經建立的國際制度就更能發揮效
率。當權力分配不均衡時，便會產生相反的結果。針對霸權者的角色
基歐漢清楚地表示：「霸權可以促進合作，但霸權不是合作的必要條
件，也不是充分條件。〔…〕霸權對延續合作的重要性比創造合作的
重要性來的低。」⑲（六）互相依賴（Interdependence）：楊格將互賴
定義為：「社會體系中個人行為對體系內其他成員福利所產生的影
響。」因此，互賴又可區分為內部互賴與外部互賴兩種。當外部互賴
比內部互賴強時，決策者便會專注於國家間的互動，並嘗試建立國際
制度，以將國家間的互動規則化。隨著時間的進展，在體系內會產生
一股「社會壓力」（Social Pressure），強迫體系內成員遵守國際制
度，如此，自然會提升國際制度的效率。⑳（七）智力規則（Intellec-

⑱ Larry J. Sechrest: Arrow's Impossibility Theorem, in: Frank N. Magill (ed.): Survey of
　　Social Science-Economics Series, Vol. 1, Pasadena/Englewood Cliffs 1991, pp. 79-84;
　　Craig Calhoun (ed.): Dictionary of the Social Sciences, Oxford 2002, pp. 21-22 & p. 444.
⑲ Robert O. Keohane: After Hegemony, op. cit., p. 12.
⑳ Robert O. Keohane/Joseph S. Nye: Power and Interdependence—World Politics in Tran-
　　sition, Boston/Toronto 1997, p. 11.

tual Order）：國際制度立基於意思體系（Systems of Ideas），沒有意思
（Idea）國際制度就無法生根。因此，意思力（Kraft der Ideen）決定了
國際制度效率的強弱。當國際制度的智力基礎腐化或崩解時，那麼國
際制度就起不了任何作用了。

## 第三節　歐盟內部安全制度的建構與發展

　　誠如制度主義學者所言，國際行為者因彼此的共同利益與相互的
瞭解而建立國際制度，以解決彼此間的問題。在歐盟內部安全領域
中，歐盟會員國因打擊組織犯罪與恐怖主義的需求，因而逐漸建立有
關司法與內政合作的諸多制度。如＜表1-1＞所示，自從馬斯垂克條約
起，歐盟開始以「司法與內政事務」之名發展體制內的司法與內政合
作，除了推展歐盟會員國間警察事務的合作外，更首度提出「歐洲警
政署」（European Police Office; Europol）的構想，計劃利用這個歐洲警
察機構協助會員國警察執行跨國緝捕行動。馬斯垂克條約將「司法與
內政事務」的名稱改為「刑事警察與司法合作」（Police and Judicial
Cooperation in Criminal Matters）條文內容幾乎增加1倍之多（第29～42
條），重點強調加強歐洲國家在刑事領域中的警察與司法合作，並且
首度將簽證、庇護、移民與其他有關人員自由流通等政策置於歐洲共
同體（European Community）架構中，意即將之「共同體化」（Com-
munitisation）。除此之外，歐盟會員國亦提出建立「自由、安全與司
法區域」的計劃，預計要為歐盟公民打造一個自由與安全的生存空
間。在尼斯條約的階段中，歐盟內部安全制度的結構大約與阿姆斯特
丹時期相同，特別值得一提的是，尼斯條約設立了一個旨在協助歐盟
會員國打擊跨國重大組織犯罪的「歐洲司法合作署」（European Judi-
cial Cooperation Unit; Eurojust）。到了里斯本條約階段，歐洲聯盟運作
條約（Treaty on the Functioning of the European Union; TFEU）第五篇
「自由、安全與司法區域」（第67～89條）將歐盟內部安全的最高目
標訂為一個建立自由、安全與司法區域，馬斯垂克條約、阿姆斯特丹
條約、尼斯條約所提之有關「司法與內政合作」與「刑事警察與司法

## 表＜ 1-1 ＞歐盟內部安全制度的變遷

| 條約 | 馬斯垂克條約 | 阿姆斯特丹條約 | 尼斯條約 | 里斯本條約 |
|---|---|---|---|---|
| 機構設立 | Europol: Art.K.1 (9) | Europol: Art. 29/30 (2) | Europol: Art. 29/30/31(2)(b)<br>Eurojust: Art. 29/31 | Europol: TEU Art. 12(c)<br>TFEU Art. 85.1/86.2/88<br>Protocal No. 6 (j)<br>Eurojust: TFEU Art. 85<br>COSI: TFEU Art. 71<br>歐洲公訴檢察署：TFEU Art. 86 |
| 內部安全概念的演變 | 第四篇<br>Title Ⅳ ➡<br>Justice and Home Affairs（司法與內政合作；Art. K.1-K.9） | 第四篇<br>Title Ⅳ ➡<br>Police and Judicial Cooperation in Criminal Matters（刑事警察與司法合作；Art. 29-42） | 第四篇<br>Title Ⅳ ➡<br>Police and Judicial Cooperation in Criminal Matters（刑事警察與司法合作；Art. 29-42） | 第五篇 TFEU Title Ⅴ<br>Area of Freedom, Security and Justice(自由、安全與司法區域)(Art. 67-89) *<br>第一章 General Provisions（總則）（Art. 67-76）<br>第二章 Policies on Border Checks, Asylum and Immigration（邊境管制、庇護與移民政策領域）(Art. 77-80)<br>第三章 Judicial Cooperation in Civil Matters（民事司法合作）(Art. 81)<br>第四章 Judicial Cooperation in Criminal Matters（刑事司法合作）(Art. 82-86)<br>第五章 Police Cooperation（警察合作）(Art. 87-89) |
| 特色 | ·首度提出設立歐洲警政署(Europol) (Art. K.1(9)) | ·增加 Europol 功能<br>·首度提出建立「自由、安全與司法區域」的概念（TEU: 前言，Art. 2, 29, 40.1(b); TEC Art. 61）<br>·首度將簽證、庇護、移民與其他有關人員自由流通等政策置於歐洲共同體架構中(TEC Art. 61-69)即將這些政策「共同體化」。 | ·對 Europol 的功能描述同阿約。<br>·對「自由、安全與司法區域」發展的描述同阿約。<br>·對簽證、庇護、移民與其他有關人員自由流通等政策的描述同阿約。<br>·首度提出設立「歐洲司法合作署」(Eurojust) (Art. 29/31) | ·以設立「自由、安全與司法區域」為歐盟內部安全的最高目標。<br>·將馬約/阿約/尼約所提之有關「司法與內政合作」與「刑事警察與司法合作」的概念、精神與規定全部融入「自由、安全與司法區域」的計劃中，分為五章規範各相關領域的發展。<br>·設立「內部安全委員會」(COSI) (TFEU Art. 71)<br>·首度提出設立「歐洲公訴檢察署」(European Public Prosecutor's Office) (TFEU Art. 86) |

\* 其他有關「自由、安全與司法區域」的條文包括：前言；TEU Art. 3.2; TEU Art. 12.c; TFEU Art. 4.2 (j) ; TFEU Art. 276; Protocol No. 2 Art. 7.2; Protocol No. 3 TitleⅢ; Protocol No. 19; Protocol No. 22; Protocol No. 36 TitleⅢ Art. 10.5; 36.Declaration; 56. Declaration; 65. Declaration。資料來源：作者自製。

合作」的概念、精神與規定皆全部融入「自由、安全與司法區域」的計劃中，並分為五章詳細規範各相關政策領域的發展。此外，里斯本條約亦進一步建立「內部安全委員會」（Committee on Internal Security; COSI）與「歐洲公訴檢察署」（European Public Prosecutor's Office），前者專門負責歐盟內部安全戰略的建構，後者則可加強歐洲司法案件的審理。

　　根據上文的敘述，歐洲內部安全制度的建構總共可分為馬斯垂克條約、阿姆斯特丹條約、尼斯條約與里斯本條約四個階段，每個階段中的合作制度都有所變動，從歷史發展的脈絡來看，促成歐洲司法與內政合作制度改變的主要原因為 2001 年 911 事件，2004 年馬德里事件與 2005 年倫敦事件後；歐盟會員國驚覺交換反恐資訊與開關制度化反恐合作機制的重要性，因此乃依照歐盟條約的規定之決策程序，階段性地建構歐洲警察與司法合作制度。

　　至於目前這套司法與內政合作制度的效率與影響力如何？實在可以用「漸入佳境」四個字來形容。基本上，現行歐盟司法與內政合作的核心機構有歐洲警政署（請參見本書第七章），歐洲司法合作署（本書第八章），歐洲邊境管理署（本書第九章）（Frontex），這三個內部安全機構的編制、預算與活動能力都比成立之初更加擴大；此外，歐洲逮捕令與申根資訊系統（Schengen Information System; SIS）（本書第十一章）亦逐漸發揮其引渡嫌犯或監管人員進出歐盟的輔助功能。這種核心機構與輔助機制逐漸上軌道後，將使歐盟內部安全更受到保障。

　　除此之外，歐盟司法與內政合作的決策程序亦歷經相當程度地改變。在馬斯垂克條約階段，「司法與內政事務」歸屬政府間合作（Intergovernmental Cooperation）的政策領域，決策時採取一致決的方式；阿姆斯特丹與尼斯條約階段，由於將庇護、簽證與移民政策移至第一支柱，使得這兩個時期的司法與內政合作呈現出「共同體化與政府間合作」互相混合的現象，決策時則部分採取「條件多數決」（Qualified Majority Voting; QMV），部分採取一致決。里斯本條約則將司法與內政事務界定為「共享權限」（Shared Competence），由歐盟機構與

會員國共同處理有關內部安全事宜，並且將司法與內政事務完全共同體化，使條件多數決成為主要的決策方式，這項轉變可以說是歐洲內部安全統合史上最高的成就。

　　另外一項由里斯本條約所創造出來的有利因素是法律工具（Legal Instrument）的簡化：在原本的歐盟三支柱架構下，各支柱的法律工具自成體系，各不相同。屬於第三支柱「司法與內政合作」的法律工具包括：公約（Convention）、架構決定（Framework Decision）、聯合立場（Joint Position）與共同行動（Common Action）等，與其他兩支柱的法律工具名稱[81]時常因極為相似而造成混淆，例如：第三支柱的「架構決定」之於第一支柱的「決定」（Decision）、第三支柱的「聯合立場」之於第二支柱的「共同立場」（Common Position）與第三支柱的「共同行動」之於第二支柱的「聯合行動」（Joint Action）等。里斯本條約為了達到「制度整合」的目的，因此，除將三支柱架構廢除之外，並將所有第二與三支柱的法律工具統一適用第一支柱之「規則」（Regulation）、「指令」（Directive）、「決定」（Decision）、「建議」（Recommendation）與「意見」（Opinion）等五級系統。在這項改革政策下，歐盟正陸續將原司法與內政合作法規轉換為上述五級法律工具系統。

　　總而言之，這些決策程序、法律工具系統、機構功能與輔助措施的改良，預期將使歐盟內部安全政策的決策效率提高，歐盟會員國間的「交易成本」下降，而有助於司法與內政合作的未來發展。

---

[81] 第二支柱「共同外交與安全政策」的法律工具包括：共同立場（Common Position）、聯合行動（Joint Action）與共同戰略（Common Strategy）等。

# 參考文獻

## 一、官方文件

Communication from the Commission to the Council and the European Parliament "Report on Implementation of the Hague Programme for 2007", COM (2008) 373 final, 02.07.2008.

## 二、書籍

Axelrod, Robert: The Evolution of Cooperation, New York 1984.

Barnard, Catherine: The Substantive Law of the EU: the Four Freedoms, New York : Oxford University Press, 2007.

Bodmer, Heinrich: Die Stellung der Staaten in den Internationalen Organisationen-unter besonderer Berücksichtigung der Kleinstaaten, Winterthur 1955.

Calhoun, Craig (ed.): Dictionary of the Social Sciences, Oxford 2002.

Claude, Inis L., Jr.: States and the Global System-Politics, Law and Organization, London 1988.

Gilpin, Robert: Global Political Economy-Understanding the International Economic Order, Princeton/Oxford 2001.

Gilpin, Robert: The Political Economy of International Relations, Princeton 1987.

Gilpin, Robert: U.S. Power and the Multinational Corporation, New York 1975.

Hasenclever, Anderas/Mayer, Peter/Rittberger, Volker: Theories of International Regimes, Cambridge/New York/Melbourne 1997.

Keohane, Robert O./Nye, Joseph S.: Power and Interdependence-World Politics in Transition, Boston/Toronto 1997.

Keohane, Robert O.: After Hegemony-Cooperation and Discord in the World Political Economy, Princeton 1984.

Keohane, Robert O.: International Institutions and State Power-Essays in International Relations Theory, Boulder/San Francisco/London 1989.

Melis, Barbara: Negotiating Europe's Immigration Frontiers, The Hague: Kluwer Law International, 2001.

Rees, Wyn: Transatlantic Counter-terrorism Cooperation-The New Imperative: The Transatlantic Security Regime, New York: Routledge, 2006.

Schmidt, Manfred G.: Wörterbuch zur Politik, Stuttgart 1995.

Siedschlag, Alexander: Neorealismus, Neoliberalismus und Postinternationale Politik: Beispiel internationale Sicherheit-Theoretische Bestandsaufnahme und Evaluation, Opladen 1997.

Simon, Herbert A., et al.: Centralization vs. Decentralization in Organizing the Controller's Department, New York 1978.

Waltz, Kenneth N.: Man, the State and War-A Theoretical Analysis, New York 2001.

Young, Oran R.: International Cooperation-Building Regimes for Natural Resources and the Environment, Ithaca/London 1989.

Zürn, Michael: Regieren jenseits des Nationalstaates, Frankfurt am Main 1998.

# 三、期刊論文

Axelrod, Robert/Keohane O., Robert: Achieving Cooperation under Anarchy: Strategies and Institutions, in: Oye, Kenneth A. (ed.): Cooperation under Anarchy, Princeton 1986, pp. 234-236.

Arteaga, Félix: The EU's Internal Security Strategy, in: Real Instituto Elcano (ARI), No. 75, 22.06.2010, p. 7.

Baldwin, David A.: Neoliberalism, Neorealism, and World Politics, in: ——— (ed.): eorealism and Neoliberalism-The Contemporary Debate, New York 1993, pp. 4-11.

Bigo, Didier/Jeandesboz, Julien: Border Security, Technology and the Stockholm Programme, INEX Policy Brief No. 3, 11.2009, p.1.

Brush, Brian C.: Economies of Scale, in: Greenwald, Douglas (ed.): Encyclopedia of Economics, New York 1982, p. 327.

Haas, Ernst: Why Collaborate? Issue-Linkage and International Regimes, in: World Politics, Vol. 32, No. 3, April 1980, pp. 367-368.

Haggard, Stephan/Simmons, Beth A.: Theories of International Regimes, in: International Organization, Vol. 41, No. 3, Summer 1987, p. 494.

Keohane, Robert O.: The Analysis of International Regimes. Towards a European-American Research Programme, in: Rittberger, Volker (ed.): Regime Theory and International Relations, Oxford 1995, p. 27.

Keohane, Robert O.: The Demand for International Regimes, in: International Organization, Vol. 36, No. 2, Spring 1982, pp. 334-341.

Keohane, Robert O.: Theory of World Politics: Structural Realism and Beyond, in: ――(ed.): Neorealism and its Critics, New York 1986, pp. 159-197.

Keohane, Robert O./Martin, Lisa L.: The Promise of Institutionalist Theory, in: International Security, Vol. 20, No. 1, Summer 1995, pp. 39-46.

Krasner, Stephen D.: Structural Causes and Regime Consequences: Regimes as Intervening Variables, in: Kratochwil, Friedrich/Mansfield, Edward D. (eds.): International Organization-A Reader, New York 1994, pp. 102-107.

Ledyard, John O.: Market Faillure, in: Eatwell, John/Milgate, Murray/Newman, Peter (eds.): The New Palgrave-A Dictionary of Economics, Vol. 3, London/New York/Tokyo 1987, pp. 326-329.

Meyers, Reinhard: Theorien Internationaler Kooperation und Verflechtung, in: Woyke, Wichard (ed.): Handwörterbuch Internationale Politik, 8. Aktualisierte Auflage, Bonn 2000.

Milner, Helen: International Theories of Cooperation among Nations-Strengths and Weaknesses, in: World Politics, Vol. 44, No. 3, April 1992, p. 468.

Monar, Jörg: The EU and Internal Security: Origins, Progress, Limits and Prospects of a Growing Role, in: Analysis of Real Instituto Elcano (ARI), No. 112, 15.07.2009, p. 5.

Müller, Harald: The Internalization of Principles, Norms, and Rules by Governments-The Case of Security Regimes, in: Rittberger, Volker (ed.): Regime Theory and International Relations, Oxford 1995, pp. 384-386.

Sechrest, Larry J.: Arrow's Impossibility Theorem, in: Magill, Frank N. (ed.): Survey of Social Science-Economics Series, Vol. 1, Pasadena/Englewood Cliffs 1991, pp. 79-84.

Walt, Stephen M.: International Relations: One World, Many Theories, in: Foreign Policy, Spring 1998, p. 39.

Young, Oran R.: The Effectiveniess of International Institutions-Hard Cases and Critical Variables, in: Rosenau, James N./Czempiel, Ernst-Otto (eds.): Governance without Government: Order and Change in World Politics, Cambridge 1995, pp. 161-175.

Young, Oran R.: Regime Dynamics: the Rise and Fall of International Regimes, in: Krasner, Stephen D. (ed.): International Regimes, Ithaca/London 1983, pp. 98-113.

# 第二章　司法與內政合作的發展：
## 決策與變革

# 前言

人員自由流通的規定最早可見於 1957 年羅馬條約（Treaty of Rome），之後歐盟逐步放寬邊境管制與開放旅遊自由化，歐盟公民與第三國國民跨境流通的比例增加，同時也出現越來越多的跨境犯罪與恐怖主義。學者畢哥（Didier Bigo）認為：因人員自由流通所引發之「移民、國際犯罪、警察與司法問題」合稱為「歐洲內部安全領域」（European Internal Security Field），而這些議題直接關係到公民權、國家與公民關係，以及歐洲公民與第三國國民的關係等。①為了因應與日俱增的國際組織犯罪與恐怖主義所帶來的挑戰，歐盟會員國司法與內政合作成為必要的發展。歐盟司法與內政事務的合作自馬斯垂克條約（Maastricht Treaty）開始，在決策程序上、議題上與制度上即出現一系列的討論，本文將首先以各個條約的內容為分析的主軸，將歐盟司法與內政事務的發展分為「馬斯垂克條約階段」、「阿姆斯特丹條約階段」與「歐洲憲法條約階段」等三個階段，其次，再進一步剖析司法與內政事務的發展特色並展望在里斯本條約下的未來發展。

## 第一節　司法與內政合作的決策程序

在歐洲聯盟條約簽訂前，歐盟會員國對於司法與內政事務的管理各有歧見，德國政府提出將司法與內政事務完全併入歐盟，然而英國政府強烈地表達反對意見，法國雖然聲明支持共同行動，但又非常保護其國家主權。當時的輪值主席國荷蘭更提議將「共同外交與安全政策」及「司法與內政事務」併入單一的統合架構中，但此提議完全不被考慮，取而代之的是，將外交政策與司法與內政事務維持原本的政

---

① Didier Bigo: The European Internal Security Field: Stakes and Rivalries in a Newly Developing Area of Police Intervention, in: M. Anderson/M. den Boer (eds.): Policing Across National Boundaries. London: Pinter Publishers, p. 164, cited from: John Benyon: The Politics of Police Co-operation in the European Union, in: International Journal of the Sociology of Law, Vol. 24, 1996, p. 353.

府間合作。

## 一、馬斯垂克條約階段

馬斯垂克條約在1993年11月1日生效，條約中使用「聯盟」（Union）這個概念，意謂著歐洲統合已逐漸從過去著重經濟發展，逐步將其他政策納入統合過程中。馬斯垂克條約第六篇「司法與內政事務合作條款」（Provisions on Cooperation in the Fields of Justice and Home Affairs）羅列第三支柱的合作內容，特別是在第K.1條中詳細說明了歐盟司法與內政合作的九項政策領域：（一）庇護政策；（二）人員入出境與會員國外部邊境管理；（三）移民政策與有關第三國人民之政策；（四）打擊毒品與第七及第九點未包括的部分；（五）打擊貪污與第七點未包括之國際層面；（六）民事司法合作；（七）刑事司法合作；（八）海關合作；（九）警察合作。馬斯垂克條約強調會員國間應加緊合作的速度與深度，第K.3.2條規定：第K.1條所列之政策領域，會員國應在歐盟理事會中告知與諮詢其他會員國並協調彼此的行動，為了達成此目標，歐盟會員國應建立合作機制。除建立適當的機構外，會員國亦應採納能提升合作效率的政策；若與其他會員國合作的效益勝於單一國家孤軍奮戰時，則須採取前者。第K.4至K.9條為加強歐盟機構合作的條款，包括歐洲執行委員會、歐盟理事會、歐洲高峰會與歐洲議會。

在馬斯垂克條約之前，司法與內政事務的合作都是在歐盟體制外以政府間會議（Intergovernmental Conference）與特別小組（Ad Hoc Groups）的型態來執行。馬斯垂克條約將司法與內政合作條約化，使泛歐司法與內政合作可以在歐盟架構下發展，這是歐洲統合史上的一大突破。有關決策程序上，司法與內政事務的決策程序有別於共同體化（Communitisation）政策的決策程序，其最大的特點為「歐洲執行委員會不再享有提案獨霸權。」

換句話說，依據馬斯垂克條約的歐洲執行委員會在第三支柱政策領域中僅擁有有限的提案權；歐洲執行委員會與歐盟會員國對於庇護、移民、外部邊境管制、打擊毒品走私、打擊國際詐欺與民事司法

合作等政策領域共享提案權。而歐盟會員國則在刑事司法合作、海關
合作與警察合作中享有專屬提案權。歐盟理事會仍為歐盟最主要決策
機構，應根據會員國與歐洲執行委員會的提案採取一致決的方式決議
司法與內政法規，其頒佈之法律工具包括「共同立場」（Common Po-
sition）、「共同行動」（Common Action）與「公約」（Convention）
等。有關執行上述法律工具之措施，歐盟理事會可以條件多數決決定
之。歐洲議會在司法與內政事務中，只享有「被告知權」，輪值主席
與歐洲執行委員會應定期告知歐洲議會司法與內政事務的發展。第 K.
6 條即言簡意賅地說明了歐洲議會的角色，輪值主席必須就司法與內
政政策諮詢歐洲議會，並將歐洲議會的意見納入考量。而歐洲法院
（European Court of Justice; ECJ）在司法與內政合作領域則無司法管轄
權。

　　總而言之，根據馬斯垂克條約的設計，司法與內政事務的決策程
序共分為四個層級：第一、歐盟理事會：司法與內政事務的最高決策
機構，司法與內政事務歐盟理事會，負責決議司法與內政事務的法
案；第二、常駐代表委員會（Coreper）：常駐代表委員會第二組（Co-
reper II）：由歐盟會員國大使所組成，負責籌備召開司法與內政歐盟
理事會；第三、「K4 委員會」，亦所謂的協調小組（Group of Coordi-
nators），是司法與內政事務的核心機構，負責審理相關議案專業與技
術部分，並且負責監督與管理底下三個「指導小組」（即「移民與庇
護指導小組」、「警察與海關合作指導小組」與「民刑事中的司法合
作指導小組」）。當「K4 委員會」完成專業與技術部分的審查後，即
作成意見或建議送交給「常駐代表委員會」。第四、工作小組：指導
小組底下設有十五個工作小組，為審理司法與內政法案的第一站。工
作小組由各會員國部會與執行單位的專家組成，各工作小組專司某一
特定議題，當接到「K4 委員會」的委託時，開始審理議案，經工作小
組內部充分討論與決議後，將其意見與建議上呈給「K4 委員會」參
考。司法與內政歐盟理事會的成員來自於歐盟會員國內相關部會、特
別小組與機構的資深官員，他們深受所屬國家法律系統規章的影響；
歐盟各國司法與內政部間的功能劃分也因國而異，舉例來說，德國的

聯邦架構以及英國與蘇格蘭個別的法律體系，使國家代表在與他國商議政策時，須花費許多心力與時間進行協商；法國與義大利則由中央政府維持內部治安，並且由議會與公民力量（Civil Forces）監督。此外各國打擊金融詐欺、走私與邊境管制的機構運作方式也全然不同，甚至對於犯罪的觀念與刑罰的等級也深深受到每個國家的結構與社會所影響。因此，這也是為什麼司法與內政事務領域無法以「共同體手段」（Community Method）來取代政府間合作的原因。②

　　以上所述之決策程序與組織機構仍然缺乏透明性，歐洲議會、歐洲法院與會員國之議會與司法單位幾乎無從施展其監督功能，因此引起合法性與公民權保護的問題。警察權（Policing Powers）、移民管制與許多複雜資料庫的發展都對隱私權與個人資料保護造成嚴重衝擊，而引起高度關注。③誠如＜圖2-1＞所示，馬斯垂克條約已經為司法與內政合作架構了一個相當完整的決策與運作系統，實有別於「特利維集團」時期的簡單架構。馬斯垂克條約所設計的司法與內政合作之決策架構亦成為不可取代的基礎，之後歐盟雖然亦進行了幾次改革，但仍是遵循馬斯垂克條約所立之「四層結構模式」。

## 二、阿姆斯特丹條約與尼斯條約階段

　　阿姆斯特丹條約（Treaty of Amsterdam）與尼斯條約（Treaty of Nice）第一部分「一般條款」第 2.4 條明示：歐盟應繼續發展成一個「自由、安全與司法區域」，在這個區域內應結合所有關於外圍邊境、庇護、移民與打擊犯罪的措施，以保障人員自由流通。」而兩條約之第六篇「刑事警察與司法合作條款」（Provisions on Police and Judicial Co-operation in Criminal Matters; Article 29～42）規範了第三支柱「司法與內政事務」的發展。第 29 條開宗明義表示：在不損及歐洲共同體權力的情況下，歐盟應在其會員國間推行刑事警察與司法合作

---

② Helen Wallace: Policy-making in the European Union, 5th Edition, New York: Oxford, 2005, p. 462.

③ John Benyon: The Politics of Police Co-operation in the European Union, in: International Journal of the Sociology of Law, Vol. 24, 1996, p. 354.

<圖 2-1 ＞　馬斯垂克條約下司法與內政事務決策程序圖

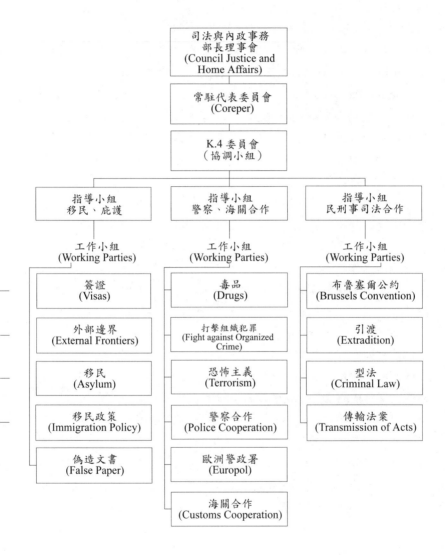

資料來源：作者自繪，資料參考自：Helen Wallace: Policy-making in the European Union, 5th Edition, New York: Oxford, 2005, p. 462.

（Police and Judicial Cooperation in Criminal Matters），並防止與打擊種族主義與仇外主義，以提供其公民一個高水準之自由、安全與司法的區域。此條款明確地勾勒出歐盟在第三支柱的目標。④

1999 年 5 月生效的阿姆斯特丹條約將第三支柱「司法與內政事務」（Justice and Home Affairs）更名為「刑事警察與司法合作」（Police and Judicial Cooperation in Criminal Matters），同（1999）年 10 月，歐洲執行委員會新設立「司法與內政事務總署」（Directorate-General Justice and Home Affairs），負責處理第三支柱的事務，自 1999 年以來該總署的重要性日益升高，並成為與歐盟理事會內負責司法與內政事務之單位的對話窗口。

為了順應大部分歐盟會員國⑤對於將移民、庇護與公民合作的政策領域轉移到第一支柱的要求，阿姆斯特丹條約特別將原屬於第三支柱中的簽證、邊境、移民與庇護等與人員自由流通相關的領域，以及民事司法合作移轉至第一支柱⑥，賦予歐洲執行委員會在這些領域的權限。然而刑事警察與司法合作則仍保留在第三支柱中。根據歐洲共同體條約第 62～63 條規定，歐盟應在阿姆斯特丹條約生效後五年內（即 2004 年 5 月）完成人員自由流通的配套措施、歐盟外部邊境人員管制的共同程序、共同簽證政策、有關庇護申請的共同措施、難民臨時保護與移民政策等措施。在決策程序方面，英國、丹麥與愛爾蘭則享有選擇性退出第三支柱事務的權利。⑦

而阿姆斯特丹條約下司法與內政事務的決策程序，繼承了馬斯垂克條約所規範的四層架構：「司法與內政歐盟理事會」、「常駐代表委員會第二組」、「特別協調委員會」（Special Coordinating Committees）與「工作小組」是由歐盟會員國相關高層官員所組成，通常每月於布魯塞爾召開一次會議，負責協調歐盟會員國間的司法與內政政策。⑧（請參見＜圖 2-2 ＞）

---

④ Helen Wallace, op. cit., p. 461.
⑤ 不包括英國、丹麥與愛爾蘭在其中。
⑥ 歐洲共同體條約第 61 條。
⑦ Helen Wallace, op. cit., p. 465.
⑧ Helen Wallace, op. cit., p. 467.

## ＜圖 2-2 ＞阿姆斯特丹條約與尼斯條約下司法與內政事務決策程序圖

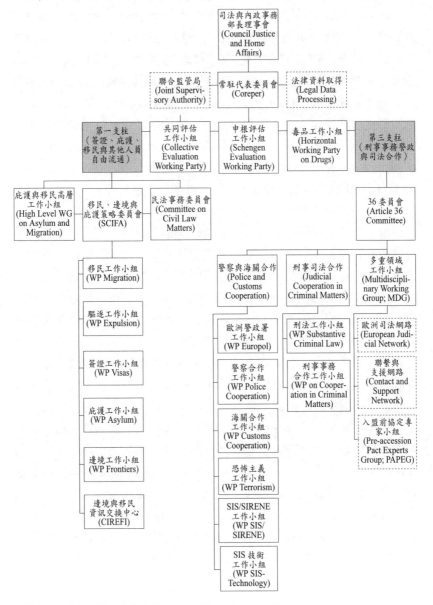

資料來源：作者自繪，資料參考自：同＜圖 2-1 ＞，p. 468.

　　阿姆斯特丹條約所建構的四層決策架構之最大特色為：融合第一支柱與第三支柱的權限與功能，增設「特別協調委員會」以促進歐盟會員國司法與內政事務的合作。首先，在第三支柱的系統中，阿姆斯特丹條約將原「K4委員會」更名為「36委員會」（Article 36 Committee）。根據阿姆斯特丹條約第36條規定：「36委員會」的權限應僅限於第三支柱的政策領域，負責推行歐盟會員國間有關警察與海關合作、刑事司法合作與多重領域合作等。其次，在第一支柱的系統中，增設「移民、邊境與庇護策略委員會」（Strategic Committee on Immigration, Frontiers and Asylum; SCIFA）與「民法事務委員會」（Committee on Civil Law Matters; CCLM）等。基本上，這兩個新委員會的官員是由會員國司法部與內政部高級官員出席組成，因此常與由外交部高級官員組成的「常駐代表委員會」（Coreper）形成相互競爭的局面，這是因為各國司法部、內政部與外交部的官員各自擁有不同的部會文化所致。但是，由於這兩個特別協調委員會召開會議的次數不多，而且又必須與其國內的部會密切聯繫，因此，削弱了與「常駐代表委員會」談判的能力；相反地，「常駐代表委員會」則因為必須籌備司法與內政歐盟理事會會議，因此，必須每週緊盯工作小組的進度，使得「常駐代表委員會」較能夠全盤掌握司法與內政議題的發展。這也就是說，在實務上，「常駐代表委員會」在司法與內政政策領域的影響力比上述兩個新委員會強。⑨

　　悉知，歐盟第一支柱政策領域具有超國家主義的特色，但是，阿姆斯特丹條約在第一支柱下增設「移民、邊境與庇護策略委員會」與「民法事務委員會」後，使第一支柱首度出現超國家主義與政府間主義共存的特殊現象。對於轉移至第一支柱的簽證、邊境、移民與庇護等政策領域，歐洲共同體條約第67條第1款規定：「阿姆斯特丹條約生效後的五年過渡期間，歐盟理事會應接受歐洲執行委員會或歐盟會員國的提案，並應就每項措施諮詢歐洲議會後，以一致決的方式進行

---

⑨ Helen Wallace, op. cit., p. 469.

表決。」這也就是說，歐洲執行委員會與歐盟會員國在過渡時期共同分享提案權，這打破了歐洲執行委員會在第一支柱政策領域中擁有提案獨佔權的特色。⑩然而，歐洲共同體條約第 67 條第 2 款隨即規定：「五年過渡期後，歐盟理事會應就歐洲執行委員會的提案表決；而歐洲執行委員會應考慮歐盟會員國的要求後，向歐盟理事會提出提案。」雖然，此規定卸除了歐盟會員國在第一支柱中的提案權，使歐洲執行委員會在過渡期後又重獲提案的獨佔權，但是，仍需考慮歐盟會員國要求，這在歐洲共同體條約中是非常罕見的條款。⑪

　　一般而言，歐洲議會在阿姆斯特丹條約之前對第三支柱政策領域幾乎無參與權。阿姆斯特丹條約生效後，歐洲議會增加了「被諮詢權」，歐盟理事會在通過議案前應諮詢歐洲議會，這代表著歐洲議會得以對司法與內政事務表示意見。尼斯條約在有關簽證與民法事務中的司法合作措施引進共同決定程序（Co-decision），賦予歐洲議會三讀的審查權力。這意謂著歐洲議會能以絕對多數決的方式拒絕歐盟理事會的共同立場，杯葛提案的審查。因此，歐盟理事會須審慎考慮歐洲議會的意見，並與歐洲議會共同分享決策權。⑫雖然阿姆斯特丹條約與尼斯條約逐漸擴增歐洲議會在司法與內政事務的權限，但除了簽證與民事司法合作措施之外，歐洲議會在其他司法與內政事務仍然無權對歐盟理事會通過的立法進行修改或抵制。儘管歐洲議會在大部分的司法與內政事務中使不上力，但是，歐洲議會「公民自由與權利、司法與內政事務委員會」（Committee on Citizens' Freedoms and Rights, Justice and Home Affairs; LIBE）卻不斷地增加其對司法與內政事務的參與，預計將來歐洲議會對歐盟司法與內政事務政策發展的影響力將會逐漸增加。⑬

---

⑩ Steve Peers: EU Justice and Home Affairs Law, Edinburgh Gate: Pearson Education Limited, 2000, p. 40.

⑪ Ibid.

⑫ 有關共同決定程序的過程，請參見：張福昌：《邁向「歐洲聯盟」之路》，三民書局，2002 年，頁 115-119。

⑬ Helen Wallace, op. cit., p. 469.

　　尼斯條約對有關司法與內政事務的改革主要有以下三個方向⑭：第一、擴大條件多數決與共同決定在司法與內政事務中的使用範圍⑮；第二、廢除歐盟會員國在歐洲高峰會使用否決權的可能性，以加速司法與內政事務的合作。根據尼斯條約第 40 條規定：在歐洲高峰會中任何會員國不得使用否決權來阻礙其他歐盟會員國的合作；第三、設置「歐洲司法合作署」（European Judicial Cooperation Unit; Eurojust）以提高歐盟會員國司法機關處理跨國重大司法案件的效率。⑯總而言之，雖然阿姆斯特丹條約將部分第三支柱的政策領域轉移至第一支柱，但核心部分仍存在第三支柱中，而且其與第一支柱政策領域的區別仍然明顯可見。阿姆斯特丹條約與尼斯條約下的司法與內政事務已成為歐盟統合領域中最活躍的領域之一，雖然歐洲執行委員會與歐洲議會的權限不斷增強，但是從決策過程中可以發現，歐盟司法與內政事務仍然屬於政府間合作的模式，歐盟會員國仍然掌握決定權。然而，阿姆斯特丹條約所擴增的「特別協調委員會」，以及尼斯條約所新設的「歐洲司法合作署」，都將使歐盟司法與內政合作更加活絡。

## 三、歐洲憲法條約與里斯本條約階段

　　2004 年歐盟統合再度往前推進。法國前總統季斯卡（Valéry Giscard d'Estaing）帶領專家學者共同制訂歐洲憲法條約（Treaty Establishing a Constitution for Europe），並於 2003 年 7 月 10 日提出歐洲憲法條約草案，然而該草案在 2005 年 5 月與 6 月間遭受法國與荷蘭公民投票否決後，宣告停止。2007 年 3 月 25 日德國總理梅克爾（Angela Mer-

---

⑭ John D. Occhipinti: The Politics of EU Police Cooperation-Toward a European FBI? London: Lynne Rienner Publishers, 2003, p. 111.

⑮ 2000 年政府間會議已經決議放棄將多數決與共同決定程序擴張至歐盟條約第五篇第六章刑事警察與司法合作領域。由於法國等歐盟會員國反對將第五篇第四章「簽證、庇護、移民與其他與人員自由流通相關政策」納入共同決定程序的使用範圍，因此，共同決定程序只適用於簽證與民事司法合作措施，而條件多數決則適用於庇護措施與難民臨時保護與司法文件跨境服務（Cross-border Service of Judicial Documents）等。

⑯ 尼斯條約第 29-31 條。

kel）政府提出精簡歐憲條約內容的「改革條約」（Reform Treaty），
並送交 2007 年底里斯本歐洲高峰會討論，會中歐盟會員國國家元首與
政府首長達成共識後，於同（2007）年 12 月 13 日簽署「里斯本條約」
（Treaty of Lisbon），該條約經各會員國依照其憲政程序批准後；於
2009 年 12 月 1 日生效，歐洲統合因此而邁入新的發展階段。

　　馬斯垂克條約將司法與內政事務條約化；而阿姆斯特丹條約則將
司法與內政事務從邊陲領域轉變為歐洲統合的重點領域之一。1999 年
坦佩雷歐洲高峰會（European Council in Tampere）隨著這股趨勢規劃出
一個為期五年的司法與內政合作計劃，逐步打造自由、安全與司法的
區域（Area of Freedom, Security and Justice）。歐洲憲法條約與里斯本
條約廢除三支柱架構，為司法與內政事務增添超國家主義色彩。原本
在打擊犯罪、管理邊境、移民與庇護以及跨境流通等領域中，屬於政
府間合作的性質，里斯本條約生效後已內化為歐盟架構中更有系統的
合作模式。[17]

　　原則上，里斯本條約[18]繼承了歐洲憲法條約的精神，但仍有些微
調整與修改。在司法與內政事務領域，里斯本條約將原先分散在第一
支柱與第三支柱的司法與內政政策全部歸納在「自由、安全與司法區
域」專章中，這種改變非但打破了支柱架構的束縛，而且直接使「共
同體手段」（Community Method）擴展到刑事警察與司法合作領域。[19]
除此之外，里斯本條約大幅改變了過去三支柱架構下雙重法律特性所
導致的缺失與弱點。[20]（請參見＜圖 2-3 ＞）

---

[17] Helen Wallace, op. cit., p. 457.

[18] 里斯本條約分為兩個部分：第一、修改後的歐洲聯盟條約；第二、將現存的歐
洲共同體條約改名為「聯盟運作條約」（Treaty on the Functioning of the European
Union; TFEU）。

[19] Sergio Carrera/Florian Geyer: The Reform Treaty & Justice and Home Affairs-Implica-
tions for the Common Area of Freedom, in: Elspeth Guild/Florian Geyer (eds.): Security
versus Justice? Police and Judicial Cooperation in the European Union, Burlington: As-
hgate Publishing Company, 2008, p. 290.

[20] Ibid., p. 289.

＜圖 2-3 ＞　里斯本條約下司法與內政事務決策程序圖

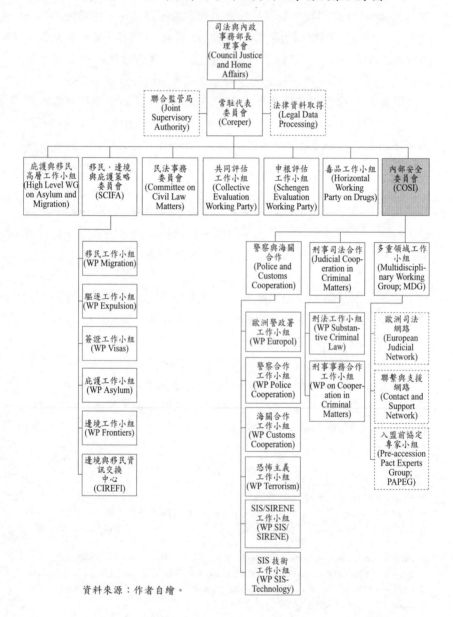

資料來源：作者自繪。

　　歐盟運作條約第五篇以「自由、安全與司法區域」為標題，將馬斯垂克條約、阿姆斯特丹條約與尼斯條約所提之有關「司法與內政合作」與「刑事警察與司法合作」、精神與規定全部融入「自由、安全與司法區域」的概念中。其下細分為五章，共二十二項條款：第一章「一般條款」（第 67～76 條）；第二章「邊境管理、庇護與移民政策」（第 77～80 條）；第三章「民事司法合作」（第 81 條）；第四章「刑事司法合作」（第 82～86 條）與第五章「警察合作」（第 87～89 條）。里斯本條約下之司法與內政事務的決策程序仍然維持「四層模式」，但卻有許多前所未有的新設計，對歐盟「自由、安全與司法區域」的發展具有重大影響，茲詳述如下：（一）以「一般立法程序」（Ordinary Legislative Procedure）為主要立法規則：有關決策程序方面，歐洲高峰會應扮演戰略指導的角色，歐盟運作條約第 68 條指出：歐洲高峰會應明確界定「自由、安全與司法區域」的戰略方針；而歐盟理事會與歐洲議會則為兩個主要機構的決策機構，兩者應依照歐盟「一般立法程序」制訂「自由、安全與司法區域」的法規。第 75 條強調：為了達成第 67 條所設定的目標，尤其是防範與打擊恐怖主義等相關的行動，歐洲議會與歐盟理事會必須依法根據一般立法程序（Ordinary Legislative Procedure），界定資金的流動與給付的行政法規，例如：凍結屬於或由自然人或法人、團體或非國家組織募集的資金、財物或經濟收入。而里斯本條約在自由、安全與司法區域所使用的「一般立法程序」，意指適用共同決定程序（Co-decision Procedure）。在共同決定程序下，歐洲執行委員會擁有提案權，歐盟理事會的決策方式採用條件多數決，歐洲議會擁有共同決策權。[21]在里斯本條約下民事司法合作與刑事司法合作，亦為一般立法程序的使用範圍。[22]刑事

---

[21] 歐洲議會與歐盟理事會根據一般立法程序，可通過共同簽證政策、外部邊境人員檢查辦法、建立外部邊境管理系統的措施、共同庇護政策與共同移民政策等。根據一般立法程序，歐盟理事會應以條件多數決表決，並且與歐洲議會共享決策權。

[22] 然而，家庭法是唯一的例外，歐盟理事會可透過特別立法程序，在諮詢歐洲議會後以一致決的方式表決。

司法合作的內容有以下幾項：建立法規與程序以確保歐盟的判決與司法決定法規與程序的承認、預防與解決歐盟會員國間的司法衝突、支援法官與司法人員的訓練以及促進歐盟會員國間司法與相關當局在刑事與判決執行程序上的合作。為了促使各國司法判決互相承認與刑事警察與司法的跨境合作能夠順利配合，歐洲議會與歐盟理事會可根據一般立法程序通過指令來建立合作法規，或規範歐洲司法合作署的架構、運作、行動範圍與任務。有關歐盟法院（The Court of Justice of the European Union）在「自由、安全與司法區域」的角色方面，里斯本條約賦予歐盟法院解釋司法與內政合作法案合法性的權力，但是，這項新權限須在里斯本條約生效後五年（即 2014 年）才能實現。不過，歐盟法院仍不能在自由、安全與司法區域中擁有充分的司法管轄權，歐盟運作條約第 276 條作了例外條款的規定：歐盟法院在刑事司法合作與警察合作領域中，無權檢視歐盟會員國警察或其他執法單位在維持內部安全與法治上的合法性或比例性。

（二）設立內部安全委員會，以統籌內部安全合作事宜：根據里斯本條約第 71 條所設立之常設性「內部安全委員會」（Committee on Internal Security; COSI）取代了「36 委員會」。兩者的差別在於「36 委員會」只是一個提供歐盟理事會意見的協調委員會；而「內部安全委員會」則是促進與強化歐盟內部安全實務的常設性機構。2009 年里斯本條約生效後，歐盟理事會即以里斯本條約第 71 條為法律基礎，於 2010 年 2 月 25 日頒佈「設立內部安全委員會決定」，授權內部安全委員會得以適當的架構、手段、政策、執行辦法與評估措施，推動相關單位間的合作。[23]然而「內部安全委員會」的功能不在於「指揮行動」，而在於「協調行動」。[24]里斯本條約第 71 條指出「內部安全委

---

[23] Council Decision of 25 February 2010 on setting up the Standing Committee on Operational Cooperation on Internal Security, OJ L 52, 03.03.2010, p. 50.

[24] 「設立內部安全委員會決定」第 4 條明確規定委員會不得介入歐盟會員國所屬權限的實際行動，同時，亦不負責準備法律規章的制訂，委員會應定期向歐盟理事會報告容並向歐洲議會與歐盟會員國國會彙報會議紀錄。第 5 條：「內部安全委員會」的重要工作是評估歐盟目前實際行動的合作弱點，並提出修正建議書。詳細內容請參見：Ibid.

員會應加強協調歐盟會員國的行動」，意指為了確保歐盟會員國能成功維護內部安全，「內部安全委員會」應協調歐洲警政署、歐洲司法合作署、歐洲邊境管理署、聯合情勢中心（Joint Situation Centre; SitCen）、歐洲警察學院（European Police College; CEPOL）與歐洲反詐欺署（European Anti-Fraud Office; OLAF）㉕等歐盟機構，以發揮整體安全防範功能。

　　（三）突顯會員國國會的角色，以改善「民主赤字」：里斯本條約亦在共同決定程序中加強了歐盟會員國國會的角色。歐盟條約第 12 條清楚規定：國會對歐盟的權利與義務。而第 1 號議定書中則進一步說明國會在歐盟中所扮演的角色㉖；第 2 號議定書亦規定：任何會員國國會可審閱歐盟法案達八週之久，並提出具明理由之意見書，以供歐盟理事會與歐洲議會參考，當三分之一會員國國會反對某項立法草案時，歐洲執行委員會必須重新修定該草案。㉗原則上，里斯本條約意圖利用「單一立法程序」（即共同決定程序）來彌補刑事警察與司法合作中長久以來民主赤字的問題。歐盟條約第二章（Title II）民主原則條款（Provisions on Democratic Principles）即規定：會員國國會得參與歐盟自由、安全與司法區域政策執行評估機制（Evaluation Mechanisms）、歐洲司法合作署活動評估與對歐洲警政署執行政治監督（Political Monitor）等。㉘

　　（四）引進「連結條款」（Bridging Clauses），以活化決策機制：「連結條款」的設計旨在「擴大條件多數決與一般立法程序的使用範圍。」如上所述家庭法相關措施不在條件多數決的使用範圍，但是，歐盟運作條約第 81 條第 3 款規定：歐盟理事會一致決同意並諮詢

---

㉕ European Union: Consolidated Versions of the Treaty on European Union and the Treaty on the Functioning of the European Union, OJ C 115, 09.05.2008, p. 74.

㉖ Protocol (No. 1) on the Role Of National Parliaments in the European Union, ibid., pp. 262-265.

㉗ Protocol (No. 2) on the Application of the Principles of Subsidiarity and Proportionality, ibid., pp. 266-269.

㉘ Sergio Carrera/Florian Geyer, op cit., pp. 292-293.

歐洲議會後，可決定家庭法相關的措施適用一般立法程序。然而，上述決定的提案必須知會會員國國會，若某一會員國國會於六個月內對該提案表示反對，則該項決定視同失敗無法執行。歐盟條約第 48 條第 7 款亦說明了「連結條款」的功能：「連結條款」的目的在於促使原本適用「特別立法程序」的政策領域，轉變為適用「一般立法程序」，而無須透過政府間會議機制與所有會員國的批准。對於歐盟運作條約規定歐盟理事會以一致決表決的領域，歐洲高峰會得以一致決決定將其表決方式轉換為條件多數決。但是，任何轉換表決方式的提案都需知會各會員國國會，各會員國國會可以阻擋歐洲高峰會的決議，以阻止「連結條款」的適用。在「自由、安全與司法區域」中，「連結條款」可以適用的範圍包括：實務警察合作、歐洲公訴檢察署的權限、有關護照、身分證、居住許可證或其他任何文件的使用與檢查，以及歐盟運作條約第 89 條規定的條件與限制。

（五）統一法律工具（Legal Instruments）以明確政策內容：里斯本條約沿用歐洲共同體第一支柱的傳統法律工具，即規則（Regulation）、指令（Directive）、決定（Decision）、建議（Recommendation）與意見（Opinion）等。現存歐盟第三支柱的法律工具，如：架構決定、共同立場、公約等將自此消失。現存多樣複雜的法律工具，以及這些法律工具的本質與法律效力的不明確對司法與內政合作所產生的負面影響都將走入歷史。這樣的變革將可強化司法與內政事務立法程序的透明性與全面性（Comprehension）。[29]

# 第二節　歐洲警察合作的發展

長久以來警察合作與反恐政策的領域屬於歐盟會員國的內政事務，在國際合作層面亦多為政府間合作性質，但是，隨著大環境的改變，歐盟會員國體認到將該領域的政策納入歐盟架構下，藉由集體力

---

[29] Sergio Carrera/Florian Geyer, op. cit., p. 292.

量推展實質合作，才能較有效率維護歐盟內部安全。茲以各個條約發展階段來剖析歐盟警察合作的內容。

## 一、馬斯垂克條約階段

1991 年 6 月 28～29 日盧森堡歐洲高峰會中，德國代表團正式提議建立一個歐洲共同體層級的警察機關，即歐洲警政署（European Police Office; Europol）。歐洲高峰會認同德國的提議並且要求將該提議納入馬斯垂克條約草案中。㉚於是，歐盟在 1995 年 7 月根據馬斯垂克條約第 K.3 條的規定，由歐盟理事會通過歐洲警政署公約（Europol Convention）草案，並於 1998 年由 15 個會員國批准後，於 1999 年歐洲警政署正式開始運作。㉛馬斯垂克條約也列出具有共同利益的事務，並鼓勵歐盟會員國加以發展，例如：恐怖主義、毒品與其他類型的國際組織犯罪。新成立的司法與內政事務歐盟理事會同時亦取代「特利維集團」的功能，使警察合作成為司法與內政事務合作的一部分。

有關「海關合作」與「警察合作」的條款則明訂於馬斯垂克條約第 K.1 條第 8 款與第 9 款，目的是防堵與打擊恐怖主義、非法毒品走私與其他重大國際犯罪行為。然而，第 K.2 條第 2 款隨即強調：「海關與警察合作不可影響到歐盟會員國現行有關維持法治與保護內部安全的措施之實行。」除此之外，條約中也並無條款賦予歐洲執行委員會在海關與警察合作領域中的提案權，因此，歐洲執行委員會在此領域中的權限非常不足。㉜

---

㉚ 德國政府不但將司法與內政事務推向政府間會議中討論，隨後更將之引入至馬斯垂克條約，使得第三支柱的結構更加具體。如此前瞻性的遠見與考量有很大的因素是德國當時正面臨劇增的庇護申請數量，與當時 12 個歐洲共同體會員國的庇護申請數量不成比例。德國政府的立場一方面希望將此舉推向一個共同歐洲庇護政策，與其他歐盟會員國平均分配庇護申請案件，以紓解過多申請案件聚集於德國的情況。請參見：Jörg Monar: The Dynamics of Justice and Home Affairs: Laboratories, Driving Factors and Costs, in: Journal of Common Market Studies, Vol. 39, No. 4, November 2001, p. 757.

㉛ John D. Occhipinti, op. cit., p. 35.

㉜ Steve Peers, op. cit., p. 189.

　　馬斯垂克條約為歐盟警察合作建立了進一步發展的新架構，然而，1996 年底，各會員國普遍認定警察合作的進程緩慢，實有必要敦促與改善。警察合作與相關事務之所以進展緩慢，不僅是一些歐盟會員國的內政部長不願作出政治承諾，第三支柱複雜的多層決策體系也衍生出許多困難。最後，歐盟理事會在第三支柱的決策須採一致決，歐洲執行委員會也只擁有限的提案權。前歐洲執行委員會總秘書處司法與內政事務司長福特斯庫（Adrian Fortescue）就直率地表示：「我們不得不誠實地說，大眾、議會，與歐洲執行委員會本身都對目前的成果感到失望。」㉝總而言之，馬斯垂克條約階段的警察合作發展成果並不盡理想。

## 二、阿姆斯特丹條約與尼斯條約階段

　　阿姆斯特丹條約的警察合作重點有二：第一、將申根既存法規（Schengen Acquis）併入歐盟條約中，從此納入歐盟的架構下。所有過去與未來的申根法規都包括於歐盟條約中。至於與部分參與申根合作的歐盟會員國；英國與愛爾蘭，以及與參與申根合作的非歐盟會員國（挪威與冰島）的特別協定也規範在申根法規中。㉞申根協定執行公約第 39～47 條為警察合作條款被視為是廢除內部邊境管制的主要補充措施。根據申根協定執行公約，歐洲警察機關應共同合作以避免報復性的攻擊。㉟警察合作的重點在於跨境合作、跨境監督（Cross-border Surveillance）、刑事案件相互協助、麻醉藥物、軍火管制的合作與資訊交換等。

　　第二、歐洲警政署權限的擴增：阿姆斯特丹條約賦予歐洲警政署

---

㉝ John Benyon, op. cit., p. 365.

㉞ House of Lords Select Committee on the European Communities, Incorporating the Schengen Acquis into the Euorpean Union, 31st Report, Session 1997-98, Paragraph 63, 28 July 1998.

㉟ Anaïs Faure Atger: The Abolition of Internal Border Checks in an Enlarged Schengen Area: Freedom of Movement or a Scattered Web of Security Checks, CHALLENGE Papers, Research Paper No. 8, 20.03.2008, pp. 12-13.

支持與協調歐盟會員國執行特定偵查行動的職權，而在歐盟理事會的同意下，歐洲警政署可要求歐盟會員國當局進行偵查與發展專業技術。阿姆斯特丹條約亦進一步改善警察合作政策，打破第一支柱與第三支柱間的藩籬。阿姆斯特丹條約第六章特別強調警察與司法合作的議題，也擴展了歐盟警察合作的範圍與層級。

　　根據阿姆斯特丹條約的規定，共同立場（Common Positions）、公約（Convention）、架構決定（Framework Decisions）與決定（Decisions）為歐盟在司法與內政事務的四種法律工具。

　　阿姆斯特丹條約第 34 條廢除馬斯垂克條約中的「聯合行動」（Joint Action）改以「架構決定」與「決定」取代之，其設計目的在於強化約束力與權威性。架構決定並不擁有直接效力（Direct Effect），而是企圖協助歐盟會員國在刑法領域（In the Area of the Criminal Justice）的法律系統與程序能夠趨於一致。在第一支柱中，歐盟利用指令（Directives）來完成單一市場的多項政策，架構決定則約束歐盟會員國在第三支柱中達成一致的成果，但並非硬性的規定。根據阿姆斯特丹條約，「決定」適用於調和規則與法律外的任何目的，例如：建立一個新的打擊犯罪機構或計劃，「決定」與「架構決定」一樣具有約束力但不具有直接效力。因此，阿姆斯特丹條約之後，「決定」與「架構決定」取代馬斯垂克條約階段的「聯合行動」，以進一步整合此領域的政策。㊱

　　阿姆斯特丹條約另外一項重要革新為：第 34 條賦予歐洲執行委員會提案權，讓歐洲執行委員會能在攸關犯罪事務的司法合作、海關合作與警察合作等司法與內政事務方面可使用四個法律工具來提案。㊲然而在「退出條款」（Opt-out Provision）下，歐盟會國得對任何公約的內容，聲明是否承認歐洲法院的司法管轄權；如果承認了歐洲法院的司法管轄權，那麼會員國國家法院可要求先行裁決（Preliminary Ruling）來處理執行警察合作上的問題。「退出條款」的設計必然削弱歐

---

㊱ John D. Occhipinti, op. cit., p. 67.
㊲ John D. Occhipinti, op. cit., p. 67.

洲法院在司法與內政事務領域中超國家性質的角色，使歐盟會員國有權自由決定歐洲法院的重要性。㊳

## 三、歐洲憲法條約與里斯本條約階段

　　歐洲憲法條約更注重歐洲警政署在推展警察合作上的角色。歐洲憲法條約與里斯本條約中，歐洲警政署不再只有促進警察合作與協調的功能，其任務擴展至支援與強化歐盟會員國警察當局的行動。條約中也規定歐洲議會與歐盟理事會應透過共同決定程序並採取條件多數決的方式，規範歐洲警政署的權限。這意謂著歐盟警察合作領域的法律結構與法規數量將日益增加，但這種改變仍然改變不了警察事務屬於會員國權限的本質，因此，這些法規實具有補充性質但不會取代歐盟會員國的國內相關法規與政策。歐洲憲法條約廢除支柱架構，使得以往三支柱架構下，歐洲警政署缺乏議會與司法監督的問題獲得改善。㊴歐洲憲法條約雖然受到法國與荷蘭公投否決，但是當時 25 個歐盟會員國均同意必須強化議會與法院對歐洲警政署的監督，歐洲憲法條約可說是歐洲警察合作的轉捩點。㊵然而，警察合作領域仍是歐盟最難取得權限的領域之一。歐洲警政署仍須與歐盟會員國警察當局簽署協定才能有實際合作的機會。㊶

　　里斯本條約承襲歐洲憲法條約對警察合作的改革，其重點有以下幾項：第一、歐盟應在歐盟會員國間建立警察合作：里斯本條約第 87 條第 1 款規定：警察合作的範圍包括：警察、海關與其他有關預防、偵查與調查刑事攻擊之專門執法單位間的合作；第二、警察合作政策

---

㊳ John D. Occhipinti, op. cit., p. 67.

㊴ 此處所指的「議會與司法監督」不僅包括歐洲層面的歐洲議會與歐洲法院，亦包括歐盟會員國國會與法院。

㊵ Wolfgang Wagner: Guarding the Guards. The European Convention and the Communitarization of Police Co-operation, Journal of European Public Policy, 13 (8), December 2006, p. 1231.

㊶ Christian Kaunert: The Area of Freedom, Security and Justice: The Construction of a 'European Public Order', in: European Security, Vol. 14, No. 4, December 2005, p. 475.

領域改為條件多數決的適用範圍：里斯本條約第 87 條第 2 款規定：歐
洲議會與歐盟理事會應採用「一般立法程序」共享警察合作領域的決
策權；第三、歐盟理事會對警察合作領域仍須採用特別立法程序
（Special Legislative Procedure）：里斯本條約第 87 條第 3 款規定：有關
實務上的警察合作，歐盟理事會應在諮詢歐洲議會後以一致決方式決
策之；第四、強化合作程序（Enhanced Cooperation Procedure）的建
立：強化合作程序最早出現於阿姆斯特丹條約，旨在提供歐盟會員國
於條約規範外，進行政府間合作的另一個選擇，並且准許志同道合的
歐盟會員國在不損及彼此與歐洲統合利益之下繼續深化統合。里斯本
條約對強化合作機制（第 326～334 條）的準備階段、提案、授權與執
行等程序中引進一些變革。[42] 根據里斯本條約第 329～331 條規定：
（一）強化合作的提案者為歐盟會員國：當歐盟會員國欲在條約規定的
某一領域[43]中建立強化合作時，應向歐洲執行委員會提出申請書，具
體指明強化合作的使用範圍與目的；（二）強化合作的成立條件：歐
洲執行委員會在收到申請書後四個月內應確認參與強化合作的歐盟會
員國，並向歐盟理事會提出提案。若歐洲執行委員會並未提出提案，
那麼應告知相關歐盟會員國不提出提案的理由。歐盟理事會應根據歐
洲執行委員會的提案與經過歐洲議會的同意後，授權強化合作的進
行；（三）強化合作的執行程序：里斯本條約第 330 條強調，歐盟理
事會的所有成員都可參與強化合作的協商過程，但只有參與強化合作
的歐盟會員國才可參與表決與使用一致決。強化合作的執行程序可由
歐盟理事會決議改變之。里斯本條約第 333 條規定：當歐盟理事會應
以一致決表決某項可以適用強化合作的政策領域時，歐盟理事會得以
一致決方式通過一項決定，使其立法可以條件多數決的方式表決之；
（四）執行強化合作的支出：里斯本條約第 332 條指出，除了機構的
行政支出外，其他支出應由參與強化合作的歐盟會員國支付。除非歐

---

[42] Funda Tekin/Wolfgang Wessels: Flexibility within the Lisbon Treaty: Trademark or Empty Promise, in: EIPASCOPE, No. 1, 2008, p. 25.

[43] 可使用強化合作程序的政策領域不包括歐盟專屬權限領域。

盟理事會全體成員在諮詢歐洲議會後以一致決的方式表決出其他決定。

　　里斯本條約第 87 條第 3 款為有關實務警察合作使用「強化合作」機制的規定：當歐盟理事會對於上述政策領域的立法提案無法取得協議時，此提案可上呈歐洲高峰會，在此情況下，應立即暫時中止「一般立法程序」，此稱為「緊急剎車機制」（Emergency Break）。「緊急剎車機制」最早出現於尼斯條約，是為了要保護部分會員國的利益。若歐洲高峰會在四個月內取得共識後，歐盟理事會得依據歐洲高峰會的意見，繼續進行一般立法程序。若歐洲高峰會無法取得共識，那麼只要有 9 個以上的歐盟會員國達成共識，就能以原草案授權進行強化合作。因此，當某些歐盟會員國的國家利益受到損害時，「緊急剎車機制」為歐盟會員國提供一個機會，將議案上呈歐洲高峰會，並讓歐盟會員國有充分的彈性時間，考慮是否繼續進行表決或授權執行強化合作。㊹然而，上述簡化的強化合作程序對歐盟來說，是機會也是一個危機。透過一群取得共識的歐盟會員國向前推展政策固然能深化相關政策的發展，相反地，也可能會加深歐盟法律與政治上的分裂。㊺

　　第五、擴展歐洲警政署的權限：里斯本條約第 88 條第 1 款規定，歐洲警政署的任務應為支援與強化歐盟會員國警察當局與其他執法單位的行動以及各單位間的互相合作，以預防與打擊跨國的重大犯罪、恐怖主義與其他影響歐盟共同利益的犯罪形式。里斯本條約第 88 條第 2 款規定，歐洲議會與歐盟理事會應根據一般立法程序通過規則（Regulation），來決定歐洲警政署的架構、運作、行動範圍與任務。歐洲警政署的任務應包括：資訊的收集、儲存、處理、分析與交換，特別是來自歐盟會員國、第三國或國際組織的資訊；歐洲警政署也應與歐盟會員國相關當局或聯合調查團（Joint Investigative Team）聯合進

---

㊹ Funda Tekin/Wolfgang Wessels, op. cit., p. 29.

㊺ Jérôme Bacquias: Freedom, Security and Justice: the New Lisbon (Treaty) Agenda, EPC Policy Brief, February 2008, p. 3.

行協調、組織與執行調查行動。歐洲議會與歐盟理事會通過的規則亦應規定歐洲議會與歐盟會員國國會對於歐洲警政署行動的監督程序。另外，里斯本條約也規定歐洲警政署應與歐盟會員國或是涉案當事國有關當局簽署協定與建構聯絡機制（In Liaison）才可執行行動，但歐洲警政署仍然無權執行任何強制措施，強制措施的執行仍為歐盟會員國有關當局的專屬權限。

第六，警察執行任務的條件與限制：里斯本條約第 89 條規定：歐盟理事會應使用特別立法程序，在諮詢歐洲議會後採取一致決，規定相關歐盟會員國當局可以在另一個歐盟會員國與相關國家領土內執行任務的條件與限制，但前提是相關國家間應已簽署協定。第七，歐盟會員國仍然與歐洲執行委員會同享警察合作領域中的提案權：里斯本條約第 76 條規定，警察合作法案與措施可由歐洲執行委員會或四分之一歐盟會員國提出提案後，進入立法程序。

## 第三節　司法與內政合作的變革

### 一、司法與內政合作的特色

馬斯垂克條約前的司法與內務合作已經歷了長時期的實踐和探索，「特利維集團」與申根合作對這一領域的發展也有重要的貢獻。進入馬斯垂克條約時期以後，歐盟的司法與內政事務雖然處於鬆散的政府間架構，但從 1990 年代末開始成為歐盟理事會的熱門議題。馬斯垂克條約也將司法與內政事務的政策領域擴展至包括：簽證、移民、庇護、警察與司法合作等面向。司法與內政事務的合作也在此時正式制度化與條約化。經過五年的醞釀，第三支柱已發展出許多政策與機構。

阿姆斯特丹條約將有關自由流通的政策納入第一支柱，刑事警察與司法合作則留在第三支柱。如此的安排使得上述兩個領域的發展從此全然迥異，警察與司法合作在以下三層面遭遇高度的不協調。首先，會員國法律體系的不協調；其次，歐盟三支柱架構所引發的機構

不協調；最後，過於著重安全而忽略公民、公民自由與基本權利的觀念上的不協調。㊻但是，阿姆斯特丹條約也規定更多刑事警察與司法合作領域內的共同行動之細節，這提供執法機構間的合作與資料的儲存與收集的法律依據。然而，阿姆斯特丹條約與尼斯條約均無解決歐洲執行委員會、歐洲議會與歐洲法院是否能充分參與第三支柱的爭議問題。㊼

　　綜合而言，歐盟司法與內政事務的發展有下列四項特點：第一、司法與內政事務的範圍擴大：從馬斯垂克條約前的政府間合作，一直到馬斯垂克條約將司法與內政事務條約化，司法與內政事務的重要性越來越高，儼然成為二十一世紀歐盟統合政策的重心之一；第二、從單一支柱的政策轉變為跨支柱的政策。例如：阿姆斯特丹條約將部分司法與內政事務移轉到第一支柱，以及歐洲憲法條約與里斯本條約打破支柱架構，將全部的司法與內政政策納入一個共同的法律架構中。這種轉變使歐盟司法與內政事務的發展顯得更積極、更有效率。第三、司法與內政事務逐漸機構化：許多相關專責機構陸續建立，例如：歐洲警政署與歐洲司法合作署；第四、歐盟對於恐怖主義的重視程度日增：自從 2001 年 911 事件後，自由、安全與司法區域就著重於刑法領域，例如：歐洲逮捕令的引進與恐怖主義的共同定義。比利時總理菲霍夫史達特（Guy Verhofstadt）相當肯定這樣的趨勢，甚至認為歐洲逮捕令之於司法與內政事務的重要性，將如同歐元之於經濟與貨幣聯盟一樣㊽，使得政策得以順利推展。

## 二、里斯本條約下的新發展

　　歐盟司法與內政合作在里斯本條約下表現出以下新的發展趨勢：（一）里斯本條約將 2007 年 12 月 12 日於史特拉斯堡通過的聯盟基本權利憲章（Charter of Fundamental Rights of the Union）納入歐盟法。該

---

㊻ Elspeth Guild/Florian Geyer: Justice and Home Affairs: Issues at European Union Level, CEPS Special Reports, November 2006, p. 2.

㊼ Helen Wallace, op. cit., p. 465.

㊽ Christian Kaunert, op. cit., p. 459.

基本權利憲章使得歐洲機構、部門與歐盟會員國在執行歐盟法時，直接受到的約束力，此外也會因此強化自由、安全與司法區域中人權保護與基本自由。⑭（二）「歐洲公訴檢察署」（European Public Prosecutor's Office）的建立：「歐洲公訴檢察署」是一個可直接執法的司法機關，負責調查、起訴與判決，應與歐洲警政署緊密聯繫與合作，並強化歐洲司法合作署的功能。前司法、自由與安全執行委員法提尼（Franco Frattini）強調⑩：「歐洲公訴檢察署應在歐洲重要利益領域（例如：歐洲層面的金融犯罪、洗錢與偽造等）中發揮功用。」但是，歐洲公訴檢察署的功能若要全然發揮，歐盟實有必要調和各會員國對犯罪行為的定義或引進一套歐洲刑事法典（European Criminal Code）；後者對於歐盟眾多會員國來說難度甚高，因此，調和各會員國對犯罪行為的定義被視為是較可行的辦法。

　　最後，「選擇性參與」與「選擇性退出」⑪的設計：里斯本條約將「選擇性參與」與「選擇性退出」的權利適用在刑事司法合作與警察合作上。這套設計主要目的之一在於規範英國與愛爾蘭對自由、安全與司法區域的立場。里斯本條約第 21 號議定書「有關英國與愛爾蘭對自由、安全與司法區域的立場」共有九條條文⑫：第 3 條規定：英國與愛爾蘭得在歐盟理事會決議某項自由、安全與司法區域執行後三個月內，向歐盟理事會主席表示參加該項執行措施的意願。如果英國與愛爾蘭於三個月期限內未向歐盟理事會提出任何參與行動的說明

---

⑭ Sergio Carrera/Florian Geyer, op. cit., p. 294.

⑩ Brussels Eyes Single European Public Prosecutor, 01.08.2007, available from: http://euobserver.com/9/24556. (Accessed 25.08.2010)

⑪ 「選擇性退出」（Opt-Outs）是歐盟統合中的彈性（Flexibility）措施，一個明顯的例子是里斯本條約引進基本權利憲章（Charter of Fundamental Rights）後，根據里斯本條約第 30 號議定書，基本權利憲章並不適用於波蘭與英國。請參見：Funda Tekin/Wolfgang Wessels, op. cit., pp. 25-31.

⑫ Protocol (No 21) on the Position of the United Kingdom and Ireland in Respect of the Area of Freedom, Security and Justice, available from: http://bookshop.europa.eu/is-bin/INTERSHOP.enfinity/WFS/EU-Bookshop-Site/en_GB/-/EUR/ViewPublication-Start?PublicationKey=FXAC08115. (Accessed 23.08.2010)

時，則視同不參與。⑤

　　當歐洲執行委員會認為某項「現行措施」（Bestehende Maβna-hme）已不合時宜應盡進行修改時，歐洲執行委員會得向歐盟理事會提出「改善措施」（Änderungsmaβnahme）的提案。對此，英國與愛爾蘭得自行決定是否參與。不過，當英國與愛爾蘭不參與「改善措施」可能會造成歐盟或其他會員國無法執行相關「改善措施」時，歐盟理事會得向英國與愛爾蘭政府提出強調要求，希望英國與愛爾蘭參與執行「改善措施」；然而，如果英國與愛爾蘭在二個月內仍未表示參與的意願，那麼即視同兩國政府放棄參與「改善措施」。在這種情況下，「現行措施」對英國與愛爾蘭失效，英國與愛爾蘭不必再執行該項「現行措施」；其他願意參與「改善措施」的會員國，得在歐盟理事會以條件多數決通過「改善措施」後，執行該項新措施。⑤

## 結論

　　歐盟司法與內政事務從九〇年代已有長足發展，在馬斯垂克條約首創第三支柱後，司法與內政合作很快成為歐盟最有活力的領域之一，歐盟會員國首腦、部長、高級官員與專家會議皆不斷聚焦於此，學者丹包爾（Monica den Boer）與華倫斯（William Wallace）更稱此盛況為「密集的跨政府網路」（Intense Transgovernmental Network）。⑤隨著歐盟內部邊境管制逐漸廢除，協調打擊恐怖主義與組織犯罪的需求增加，保護個人自由也逐漸引起關切，使得歐盟司法與內政事務產生前所未有的劇烈改變。里斯本條約為了因應上述挑戰，將一般立法程序

---

⑤ 英國與愛爾蘭在里斯本條約下有一個重要的不同。根據第 21 號議定書（Proto-col No. 21）第 9 條規定，愛爾蘭選擇部分參與的權利無法延伸至凍結恐怖份子資金（歐盟運作條約第75條），因此，愛爾蘭必須如同其他會員國一樣，加入執行上述措施的行列。

⑤ 詳細內容請參見：里斯本條約第21號議定書第4a條。

⑤ Karen E. Smith: The Justice and Home Affairs Policy Universe: Some Directions for Fur-ther Research, in: Journal of European Integration, Vol. 31, No.1, 01.01.2009, p. 2.

的使用範圍擴大到部分的歐盟司法與內政事務領域，因此化解了阿姆斯特丹條約以來司法與內政事務分裂為第一與第三支柱政策，且適用兩套法律系統的窘境，明顯提升了歐盟在司法與內政合作上的行動效率性、法律確定性（Legal Certainty）與民主控制性（Democratic Control）。[56]

　　警察合作是司法與內政合作的重要內容，原本在體制外循著「特利維集團」的模式發展，馬斯垂克條約建立第三支柱後將體制外的警察合作納入歐盟架構。馬斯垂克條約更揭櫫歐洲警政署的建立，可說是歐盟警察合作與相關事務發展的重要分水嶺。阿姆斯特丹條約擴增與強化歐洲警政署的權限，並將歐盟體制外發展的申根合作納入歐盟架構，更使歐盟警察合作如虎添翼。里斯本條約將歐盟警察合作納入一般決定程序適用範圍，未來，歐盟的警察合作將更加透明與受到民主機制的監督。學界也觀察出歐盟警察合作的擴散現象（Proliferation），非但逐漸制度化[57]，而且亦展現出多元化的特色。[58]

　　未來，歐盟司法與內政事務的合作預計將不再只是注重歐盟內部的合作，亦將發展與第三國或國際組織的合作，加強由外而內的安全功能，以維護歐盟內部安全。歐洲執行委員會強調：將自由、安全與司法區域所建構的價值散播出去，對提升歐盟內部安全具有重要意義。因此，如何讓第三國與國際組織共同參與歐盟的司法與內政合作行動，成為歐盟增進內部安全的重要議題。[59]而里斯本條約所帶來的新變革，將有助於提升歐盟對內與對外的合作效益，而使歐盟內部安全達到另一個高峰。

---

[56] 請參見 Sergio Carrera/Florian Geyer, op. cit., pp. 291-292.

[57] 例如：歐洲警政署（1998 年設立）、歐洲司法合作署（2002）、歐洲警察學院（2006）與內部安全委員會（2010）等機構都相繼建立。

[58] 其中包括：跨越多領域與包含眾多行為者（Actors）的現象，並且也出現正式與非正式合作相結合的情形。

[59] 請參見：(1) Hasso Lieber: Checks and Balances: Dividing the Directorate General for Justice, Freedom and Security in two-an Interior and a Justice Branch, in: CEPS Policy Brief, No. 158, April 2008, p. 1; (2) Sandra Lavenex/Nicole Wichmann: The External Governance of EU Internal Security, in: Journal of European Integration, Vol. 31, No.1, 01.01.2009, p. 84.

# 參考文獻

## 一、官方文件

Council: Discussion paper on the future Standing Committee on Internal Security(COSI)-Constitutional Treaty, Art. III-261, 6626/05, 21.02.2005.

Council Decisions of 25 February 2010 on setting up the Standing Committee on Operational Cooperation on Internal Security, OJ L 52, 03.03.2010.

European Union: Consolidated Versions of the Treaty on European Union and the Treaty on the Functioning of the European Union, OJ C 115, 09.05. 2008.

Eurobarometer: The Role of the European Union in Justice, Freedom and Security Policy Areas, in: Special Eurobarometer, 266/Wave 65.4-TNS Opinion & Social, Commission, pp. 1-19.

House of Lords Select Committee on the European Communities, Incorporating the Schengen Acquis into the Euorpean Union, 31st Report Session 1997-98, 28 July 1998.

## 二、書籍

Bigo, Didier: EU Police Cooperation: National Sovereignty Framed by European Security? In: Elspeth Guild and Florian Geyer: Security and Justice? Police and Judicial Cooperation in the European Union, Burlington: Ashgate Publishing Company, 2008.

Carrera, Sergio/Geyer, Florian: The Reform Treaty & Justice and Home Affairs-Implications for the Common Area of Freedom, in: Guild, Elspeth/ Geyer, Florian: Security versus Justice? Police and Judicial Cooperation in the European Union, Burlington: Ashgate Publishing Company, 2008.

Guild, Elspeth/Geyer, Florian: Security versus Justice? Police and Judicial Co-Operation in the European Union, Burlington: Ashgate Publishing Company, 2008.

Occhipinti, John D.: The Politics of EU Police Cooperation-Toward a European FBI? London: Lynne Rienner Publishers, 2003.

Peers, Steve: EU Justice and Home Affairs Law, Edinburgh Gate: Pearson Education Limited, 2000.

Wallace, Helen: Policy-making in the European Union, 5th Edition, New York: Oxford, 2005.

## 三、期刊論文

Atger, Anaïs Faure: The Abolition of Internal Border Checks in an Enlarged Schengen Area: Freedom of Movement or a Scattered Web of Security Checks, in: CHALLENGE Papers, Research Paper No. 8, 20.03.2008, pp. 1-23.

Bacquias, Jérôme: Freedom, Security and Justice: the New Lisbon (Treaty) Agenda, in: EPC Policy Brief, February 2008, pp. 1-4.

Benyon, John: The Politics of Police Co-operation in the European Union, in: International Journal of the Sociology of Law, Vol. 24, 1996, pp. 353-379.

Boer, Monica den: Towards an Accountability Regime for an Emerging European Policing Governance, in: Policing and Society, 2002, Vol. 12, No.4, pp. 275-289.

Guild, Elspeth/Geyer, Florian: Justice and Home Affairs: Issues at European Union Level, in: CEPS Special Reports, November 2006, pp. 1-16.

Guild, Elspeth, et al.: Challenges and Prospects for the EU's Area of Freedom, Security and Justice: Recommendations to the European Commission for the Stockholm Programme, in: CEPS Working Document, No. 313, April 2009, pp. 1-23.

Kaunert, Christian: The Area of Freedom, Security and Justice: The Construction of a 'European Public Order', in: European Security, Vol. 14, No. 4, December 2005, pp. 459-483.

Lavenex, Sandra/Wichmann, Nicole: The External Governance of EU Internal Security, in: Journal of European Integration, Vol. 31, No.1, 01.01.2009, pp. 83-102.

Lieber, Hasso: Checks and Balances: Dividing the Directorate General for Justice, Freedom and Security in two-an Interior and a Justice Branch, in: CEPS Policy Brief, No. 158, April 2008, pp. 1-4.

Monar, Jörg: The Dynamics of Justice and Home Affairs: Laboratories, Driving Factors and Costs, in: Journal of Common Market Studies, Vol. 39, No. 4, November 2001, pp. 747-764.

Peers, Steve: EU Reform Teaty: Analysis 1: Version 3 - JHA Provisions, in: Statewatch Analysis, 22.10.2007, pp. 1-22.

Smith, Karen E.: The Justice and Home Affairs Policy Universe: Some Directions for Further Research, in: Journal of European Integration, Vol. 31, No.1, 01.01.2009, pp. 1-7.

Tekin, Funda/Wessels, Wolfgang: Flexibility within the Lisbon Treaty: Trademark or Empty Promise, in: EIPASCOPE, No. 1, 2008, pp. 25-31.

Wagner, Wolfgang: Guarding the guards. The European Convention and the Communitization of Police Co-operation, in: Journal of European Public Policy, 13 (8), December 2006, pp. 1230-1246.

## 四、網路資料

EU: COSI - Standing Committee on Internal Security rescued from the debris of the EU Constitution, Statewatch Bulletin, Vol. 15 No. 1, 2005. Available from: http://www.statewatch.org/news/2005/sep/08eu-cosi.htm. (Accessed 09.07.2009)

Recently created Standing Committee on Internal Security (COSI) begins its work, available from: http://www.eu2010.es/en/documentosynoticias/noticias/mar11_cosi.html. (Accessed 14.07.2010)

刁任國：〈Europol 個人資料保護法制初探〉，available from: http://cpuweb2.cpu.edu.tw/border/studentpost/93/8.doc. (Accessed 06.07.2009)

# 第三章　自由、安全與司法區域：
## 歐盟內部安全的新概念

# 前言

　　1980 年代起歐盟內部安全（Internal Security）結構產生劇烈變化。首先是歐洲單一市場（European Single Market）的推行，其次是申根區域（Schengen Area）的建立，最後是歐盟版圖的擴大。在這三項政策下，歐盟廢除了內部邊境管制，且擴大人員自由流通的範圍，導致在歐盟境內流通的人員不僅數量增加，而且行動更加自由，這種新現象使歐盟的內部安全受到很大的挑戰。歐盟為了因應這項轉變，並保障歐盟公民能安全地自由進出，以及提供歐盟公民最大程度的安全保護，因此在阿姆斯特丹條約中首度提出設立「自由、安全與司法區域」（Area of Freedom, Security and Justice; AFSJ）的概念，架構廣泛的安全合作措施①，以達到上述目標。

　　悉知，「自由、安全與司法區域」所涉及之政策領域都為國家主權的核心部分，各國向來不願放棄這些議題的主導權，但是，隨著犯罪問題的複雜化，歐盟會員國亦漸漸接受跨國犯罪問題應共同合作解決的觀念，這使得歐盟會員國警察、海關與司法機關慢慢地建立起相互合作的默契。為了更有效地推行「自由、安全與司法區域」的相關政策，歐盟自阿姆斯特丹條約後即在歐洲高峰會（European Council）的架構下，慎重規劃執行「自由、安全與司法區域」的五年計劃方針，截至目前為止，共提出了三個五年計劃，依序是坦佩雷計劃（1999～2004）、海牙計劃（2005～2009）與斯德哥爾摩計劃（2010～2014），每個計劃皆有其階段任務。本文將聚焦描述這三個發展階段的內容、過程與影響，以明白「自由、安全與司法區域」未來的可能發展。

---

① 範圍包括：歐盟外圍邊境管理、警察合作、民事司法合作、刑事司法合作、打擊犯罪（包括恐怖主義、組織犯罪、人口販運與毒品走私等）、庇護政策、移民政策等。

# 第一節　坦佩雷階段

　　1996 年討論修改馬斯垂克條約的兩次政府間會議對歐洲層面的警察與司法合作有深度的討論。最後除了決議將簽證、移民與庇護政策共同體化之外，還決定推展一個名為「自由、安全與司法區域」的內部安全架構，為歐盟內部安全合作向前推進一大步。1997 年各會員國國家元首與政府首長首先簽署阿姆斯特丹條約，並交由各國按其憲政程序批准該約後，歐洲執行委員會積極準備推展「自由、安全與司法區域」。1998 年 10 月 21 日歐洲執行委員會主席桑特（Jacques Santer）在歐洲議會演說時提議召開「司法與內政事務特別歐洲高峰會」，期望透過歐洲高峰會的背書，使「自由、安全與司法區域」能獲得更高的政治支持，此次演說催生了坦佩雷歐洲高峰會。②歐盟司法與內政事務歐盟理事會於 1998 年 12 月通過「歐盟理事會與歐洲執行委員會有關如何妥當執行阿姆斯特丹條約中『自由、安全與司法區域』相關條款行動計劃」（Action Plan of the Council and Commission on how best to Implement the Provisions of the Treaty of Amsterdam on an Area of Freedom, Security and Justice），此行動計劃詳列了司法與內政合作的範疇。

　　該行動計劃第二部分強調：「缺少安全要件，歐盟難以真正建立自由的區域；〔…〕自由乃是阿姆斯特丹條約重要的目標，有關自由、安全與司法之各項衍生政策必須能夠發揮其最大效益。〔…〕雖然歐盟會員國法律自古以來即有差異，但是為了讓歐盟人民瞭解歐盟司法制度的整體性，並將威脅安全與自由的個人繩之以法，歐盟會員國實應訴諸法律並進行全面性的司法合作。」③在歐洲執行委員會與歐盟理事會的努力下，歐盟會員國國家元首與政府首長乃於 1999 年 10

---

② Available from: http://www.publications.parliament.uk/pa/ld200001/ldselect/ldeucom/ 64/6408.htm. (Accessed 02.07.2009)

③ Action Plan of the Council and Commission on how best to Implement the Provisions of the Treaty of Amsterdam on an Area of Freedom, Security and Justice, Text adopted by the Justice and Home Affairs Council of 3 December 1998, OJ C 19, 23.01.1999, pp. 3-4.

月 15～16 日於芬蘭第三大城坦佩雷（Tempere）④召開特別歐洲高峰會，商討如何推行「自由、安全與司法區域」。

## 一、自由、安全與司法區域的內容

　　歐盟會員國在坦佩雷高峰會中再度肯定阿姆斯特丹條約有關司法與內政合作的架構，並表示積極推展「自由、安全與司法區域」的政治意願（Political Will），同時視「歐盟基本權利憲章」（Charter Fundamental Rights of the European Union）為建立「自由、安全與司法區域」的必要條件，呼籲各國應加速完成制訂憲章的工作。除此之外，歐盟各國政府亦強調提升跨國合作效率的重要性，並提出評核表（Scoreboard）制度，由歐洲執行委員會監督各國完成其所制訂之行動計劃（Action Plan）中所設定的階段性任務。⑤坦佩雷高峰會決議文包括四大主題：（一）歐盟共同庇護與移民政策（A Common EU Asylum and Migration Policy）；（二）特別歐洲司法區域（A Genuine European Area of Justice）；（三）泛歐盟打擊犯罪（Union Wide Fight against Crime）；（四）強化對外關係（Stronger External Relation）等。

　　坦佩雷高峰會決議文第 7 點強調：「自由、安全與司法區域」應立基於透明性（Transparency）與民主控制（Democratic Controll）原則，增加區域中公民對該政策的接受度與支持度。⑥除敘明建立「自由、安全與司法區域」應具備的基礎條件與原則之外，決議文第 40 點也提出加強打擊重大組織犯罪及跨國犯罪。在保障個體與企業自由與基本權利的同時，亦須平衡發展全歐盟打擊犯罪措施，制訂有效與全

---

④ 依據 2003 年統計資料，芬蘭第一大城赫爾辛基（約 56 萬人）、第二大城艾斯伯（約 22 萬人）、第三大城坦佩雷（約 20 萬人），相關資料請參見：Available from: http://www.fact-index.com/l/li/list_of_finnish_municipalities_by_population.html. (Accessed 19.04.2010)

⑤ European Commission: Living in an Area of Freedom, Security and Justice: Justice and Home Affairs in the European Union, Luxembourg: Office for Official Publications of the European Communities, 2001, pp. 3-4.

⑥ European Council: Tampere Summit Conclusions, 15-16 October 1999. Available from: http://www.statewatch.org/news/2003/sep/tamp.htm. (Accessed 22.06.2009)

面的途徑保障高度安全，並將打擊犯罪與保護個人基本權利視為重要的發展條件。⑦最後，第 59 點特別強調，必須統合且一貫地運用所有歐盟的權限與工具，特別是對外關係之權限與工具，以建立「自由、安全與司法區域」。而司法與內政事務的相關政策應與其他歐盟政策與活動相配合。⑧

＜表 3-1 ＞坦佩雷計劃之打擊犯罪策略

| 歐盟層級的犯罪防治 | 整合歐盟會員國實際的行動並發展國家犯罪防治計劃 |
| --- | --- |
| 加速打擊犯罪合作 | 建立警察與司法合作機制 |
| 反洗錢特別行動 | 追蹤、凍結、扣押與充公財物 |

資料來源：作者自製。

　　在「泛歐盟打擊犯罪」的主題下共有三項重要的議題：（一）歐盟層級的犯罪防治（Preventing Crime at the Level of the Union）：以實際行動防治犯罪並發展國家犯罪防治計劃。歐盟與會員國應共同倡議歐盟內外部的犯罪防治政策，並準備訂定相關的新法案，而會員國防治犯罪的相關機構應相互合作（第 41 與 42 點）；（二）加速打擊犯罪的合作政策：歐盟應儘速在條約架構下建立聯合調查團（Joint Investigation Team; JIT），以作為打擊販毒、人口販賣與恐怖主義的首要步驟。有關警察首長的合作機制方面：歐洲警察首長行動專案小組（European Police Chiefs Operational Task Force）在跨國犯罪與實際行動上的交流合作，亦是防治犯罪的重要環節。除此之外，增加歐洲警政署的權限將有助於歐盟打擊犯罪的成效。而第 46 點中則提出建立歐洲司法合作署的倡議，歐盟會員國認為歐洲司法合作署應由會員國檢察官、公訴檢察官或相關權責單位的警官組成，負責根據歐洲警政署的分析，以及歐洲司法網絡（European Judicial Network; EJN）的協助，積極協助會員國相關單位打擊組織犯罪；（三）反洗錢特別行動（Special Action against Money Laundering）：洗錢是組織犯罪的核心問

---

⑦ Ibid.
⑧ Ibid.

題。歐盟會員國應設法透過追蹤、凍結、扣押與充公等方式,適時斷絕犯罪集團的財源,以阻止犯罪行為繼續進行。

總而言之,坦佩雷高峰會確定了阿姆斯特丹條約架構下「自由、安全與司法區域」的發展方針,且全面性地檢討歐盟相關的配套政策與行動,並由歐洲執行委員會每半年檢討一次各國的執行成果[9],使「自由、安全與司法區域」成為一個輪廓清晰的總行動計劃。

## 二、坦佩雷歐洲高峰會的後續討論

坦佩雷歐洲高峰會中涉及許多重要的議題,但是,其是否符合民主控制與決策透明化的原則仍備受爭議。坦佩雷歐洲高峰會視建立「自由、安全與司法區域」為歐盟的首要目標,這個範疇亦包括許多影響歐盟公民自由與基本權利,或難民與政治庇護者尋求逃離貧窮或迫害的政策。然而,會議第一天早上 10 點,歐盟才公佈決議文草案,第二天中午 12 點 40 分通過並在下午 2 點公佈最後版本。很明顯地,整個坦佩雷計劃的討論過程並未透明化,歐盟會員國的國會或歐盟公民幾乎沒有機會表達其對此次歷史性高峰會的看法。

按照慣例,歐洲高峰會決議文的內容草案應於會前由歐盟會員國內各利益團體表達意見後,在高峰會中彙整成決議文。儘管有這樣的常規,但許多高峰會的決議文亦未給予相關利益團體表達意見的機會。坦佩雷歐洲高峰會也是一個不尋常的特例,在會議召開之前,許多非政府組織與自願團體(Voluntary Groups)均認為重點不應只放在自由、安全與司法層面,其他政策亦應顧及。而歐盟召開坦佩雷高峰會前並未提出事前報告,這顯示坦佩雷歐洲高峰會頗有刻意避開公民參與之嫌,同時亦像是利用這樣的方式使公民社會被動接受該決議文的結果。[10]

---

[9] 從 2000 年開始到 2003 年為止,歐洲執行委員會每半年便公佈一次報告,計為 COM (2000) 167; COM (2000) 782; COM (2001) 278; COM (2001) 628; COM (2002) 261; COM (2002) 738; COM (2003) 291; COM (2003) 812。

[10] Tony Bunyan: The Story of Tampere: An Undemocratic Process Excluding Civil Society, Statewatch Briefing, September 2003, pp. 1-3.

　　坦佩雷階段期間，歐盟會員國共花了五年時間（1999～2004），首度在歐盟境內實施建設「自由、安全與司法區域」的內部安全計劃，歐洲執行委員會亦受歐洲高峰會之委託，每半年提交一份總檢討報告，以確實瞭解「自由、安全與司法區域」的進度。五年的執行成果顯示，在坦佩雷計劃中所條列的政策、行動與目標，雖然尚未完全達成，但這段期間亦完成許多計劃，例如：邊境管制法規已經正式實行、警察合作的權限也獲得提升，各國施行司法相互承認原則的合作亦已就緒，所以，建設「自由、安全與司法區域」的計劃已經向前推進了一大步。

## 第二節　海牙階段

　　2004 年底坦佩雷五年計劃即將進入尾聲，歐盟會員國再度嚴肅思考「自由、安全與司法區域」下一階段的執行計劃。2004 年 11 月 4 日歐盟會員國國家元首與政府首長集會於荷蘭海牙，會中詳細聽取歐洲執行委員會有關坦佩雷計劃執行成果報告後，決議通過「自由、安全與司法區域」第二個五年計劃（2005～2009），稱之為海牙計劃。海牙計劃不僅是「自由、安全與司法區域」基礎文件之一，而且也第一份為「自由、安全與司法區域」訂定實質目標的多年期計劃。

### 一、自由、安全與司法區域的新內容

　　悉知，2005 年前後，歐盟內部發生許多重大的恐怖攻擊事件，舉其要者例如馬德里（2004）與倫敦（2005）恐怖攻擊事件，在這種大環境下，內部安全問題當然成為 2004 年底海牙歐洲高峰會的首要問題。與會各國政府一致認為歐盟應該確實制訂強化內部安全的配套措施，以解決歐盟境內的非法移民、毒品走私、人口販運、恐怖主義與組織犯罪等問題；唯有如此，歐盟才能夠保障歐盟公民的基本權利，並實現「自由、安全與司法區域」的理想。在這種時空背景下，海牙計劃的內容遠比坦佩雷計劃具體且務實。

　　海牙計劃相當重視基本權利的保障，其執行措施[11]：（一）遵循

日內瓦難民公約（The Geneva Convention on Refugees）與其他國際條約之人權條款，保護向歐盟尋求庇護的第三國公民；（二）聯合打擊跨邊境的組織犯罪與恐怖主義；（三）激發歐洲警政署與歐洲司法合作署的潛在功能；（四）促進歐盟會員國民事與刑事司法判決相互承認，並消除跨國司法合作的障礙。

　　海牙計劃是歐盟「自由、安全與司法區域」邁向另外一個階段的象徵。歐盟根據上述的目標在 2004 年後積極加強區域內安全保障[12]；另一方面亦積極增加歐盟會員國司法單位相互瞭解與司法相互承認原則，並在刑事上共同打擊犯罪。[13]

　　歐盟在海牙計劃中特別著重安全的部分，這也是計劃中相當重要的一部分。實際上，內文的分析顯示安全條款橫跨了整個「自由、安全與司法區域」。海牙計劃中強化安全的層面，主要是要對付恐怖主義、跨國犯罪（人口販賣／走私與販毒）還有非法移民這三個議題，而三者之中，歐盟較關注恐怖主義與非法移民的問題。而打擊恐怖主義在計劃中，歐盟除了提出實際的政策之外，也相當注重反恐權責機構間的合作與互動。[14]

　　海牙計劃的第三部分：包括四大主題[15]，其中有關「自由、安全與司法區域」的內容則是規範在「強化自由」（Strengthening Freedom）與「強化安全」（Strengthening Security）中（請參見＜表3-2＞）。「強

---

[11] General Secretariat of Council of the European Union: The Hague Programme: Strengthening Freedom, Security and Justice in the European Union, Brussels, 16054/04, 13.12.2004, p.3.

[12] 這些政策為：提出共同護照政策、共同歐洲政治庇護系統、合法移民與打擊非法勞工、邊境管制政策與生物辨識資訊系統；而加強區域內安全的保障則戮力發展警察合作，包括提升歐盟會員國資訊交換的效益、打擊恐怖主義、歐盟區域內部災難管理、犯罪防制與合作行動。

[13] General Secretariat of Council of the European Union: The Hague Programme, op. cit., pp. 1-33.

[14] Thierry Balzacq/Sergio Carrera: The Hague Programme: The Long Road to Freedom, Security and Justice, in: Thierry Balzacq/Sergio Carrera: Security versus Freedom: A Challenge for Europe's Future? England: Ashgate Publishing Limited, 2006, pp. 19-21.

[15] 在第三部分中的四大主題依序為：強化自由、強化安全、鞏固司法與對外關係。

<表 3-2 >自由、安全與司法區域與反恐相關的內容

| 主題 | 內容概述 |
|------|----------|
| 強化自由 | 1. 聯盟公民權<br>2. 庇護、移民與邊境政策<br>3. 共同庇護政策<br>4. 合法移民與打擊非法勞工<br>5. 整合第三國人民<br>6. 庇護與移民政策的外部層級<br>7. 管制移民潮 |
| 強化安全 | 1. 加強資訊交換<br>2. 恐怖主義<br>3. 警察合作<br>4. 提昇管理歐盟內部跨國災害的效率<br>5. 實際行動<br>6. 犯罪防治<br>7. 組織犯罪與貪污<br>8. 歐洲反毒戰略 |
| 恐怖主義 | 1. 會員國與歐盟層級的反恐法令<br>2. 促進情報交流<br>3. 擴大反恐機構的職權 |

資料來源：作者自製。

化自由」的政策內容包括公民權利、庇護、移民與邊境政策、共同庇護政策、合法移民與打擊非法勞工、整合第三國人民、庇護與移民政策的外部層級以及管制移民潮等。⑯在此範疇中涉及到許多規範歐盟公民與第三國公民的權益的政策，例如：共同庇護政策、生物辨識資訊系統與共同簽證政策等，雖然歐盟希望在歐盟層級下建立共同的規範，但仍須考量維護公民權的原則。

　　其次，「強化安全」的內容相較於坦佩雷高峰會決議文的內容更為詳細，包括：加強資訊交換、恐怖主義、警察合作、提升管理歐盟內部跨國災害的效率、實際行動、犯罪防治、組織犯罪與貪污以及歐

⑯ Council of the European Union: The Hague Programme: Strenthening Freedom, Security and Justice in the European Union, Brussels, 16054/04, 13.12.2004, pp. 7-17.

洲反毒戰略等。就打擊恐怖主義的政策內容，歐盟特別強調在有效防治的過程中必須特別尊重個人的基本權利，而歐盟會員國除了國內立法外亦須考量歐盟層級的安全。歐盟與歐盟會員國間的情報交流為海牙計劃相當重視的部分，此外，歐盟會員國派駐歐洲警政署與「歐洲邊境管理署」的專家，應確實管理與執行打擊恐怖主義與邊境管制的措施，並且適當地支援第三國技術、訓練與行動。⑰

## 二、海牙計劃的成效

　　海牙計劃極重視安全的議題，所有關於安全的條款都被併入司法與自由條款中。有關邊境管理的統一、簽證政策與資訊系統的互容等措施的主要目標在於打擊非法移民、恐怖主義、人口販運與毒品走私。海牙計劃所規劃的行動措施大多是為打擊恐怖主義、跨境犯罪與非法移民而設，而其中非法移民與恐怖主義受到最多的關注。恐怖主義被視為是歐盟面臨的主要威脅，為了要剷除這項威脅，海牙計劃指出許多基本的原則，例如團結原則，呼籲以歐盟為整體建立安全共同體。

　　自 2005 年開始，歐洲執行委員會每年公佈一份「自由、安全與司法區域」年度評估報告，分析與整理「自由、安全與司法區域」上年度的發展狀況與歐盟會員國執行的成果與障礙，以作為下年度的改善參考。根據 2006 年第一份年度報告，歐盟會員國執行「自由、安全與司法區域」的政策成果可圈可點，整體而言，截至 2005 年底「已完成」（Achieved）的政策比例高達 65.22%；約有 21.74%的政策措施將「延至隔年」（Postponed）實施；而「未完成」（Delayed）的政策約占 12.17%。⑱ 2007 年第二份年度報告顯示歐盟會員國「已完成」的政策約有53%；「延至隔年」的政策措施約占19%；而「未完成」者達27%。⑲

---

⑰ Ibid., pp. 20-21.

⑱ Commission of the European Communities: Report on the Implementation of the Hague Programme for 2005, Brussels, COM (2006) 333 final, 28.06.2006, p. 3.

⑲ Commission of the European Communities: Report on the Implementation of the Hague Programme for 2006, Brussels, COM (2007) 373 final, 03.07.2007, p. 3.

2008 年第三份年度報告中「已完成」的政策措施約佔 38%；「延至隔年」約佔 8%；「未完成」者約有 41%。⑳（請參見＜圖 3-1 ＞）

<＜圖 3-1 ＞ 2005～2007 年自由、安全與司法區域政策完成度分析圖>

單位（%）

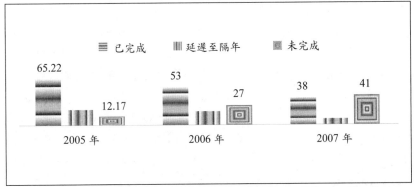

資料來源：作者自繪，資料參考自：(1) Commission of the European Communities: Report on the Implementation of the Hague Programme for 2005, Brussels, 28.06.2006, COM (2006) 333 final, p. 3; (2) Commission of the European Communities: Report on the Implementation of the Hague Programme for 2006, Brussels, 03.07.2007, COM (2007) 373 final, p. 3; (3) Commission of the European Communities: Report on the Implementation of the Hague Programme for 2007, Brussels, 02.07.2008, COM (2008) 373 final, p. 3.

　　如＜圖3-1＞所示，首先，2005年歐盟會員國單項政策執行程度的分析，我們發現對外關係（External Relation）、合法移民（包括核准程序）（Legal Migration incl. Admission Procedures）與融合第三國人民（Integration of Third Country Nationals）等政策措施的完成度高達百分之百；但有關警察司法合作領域的「一般犯罪防治」（General Crime Prevention）與「信心建立與相互承認」（Confidence Building and Mutual Trust）等均大部分「延至隔年」實施。這說明了儘管「自由、安全與司法區域」將警察與司法合作視為重要的發展政策，但歐盟會員國對於「自由、安全與司法區域」中涉及國家內政的事務仍多所保

⑳ Commission of the European Communities: Report on the Implementation of the Hague Programme for 2007, Brussels, COM (2008) 373 final, 02.07.2008, p. 3.

留。㉑其次，2006 年「未完成」的措施約 27%，相較於 2005 年的
12.17%足足上揚了 1 倍以上，原因是有關歐洲法院在「自由、安全與
司法區域」是否享有先行裁決權尚無定論，因此影響其他政策措施的
推行。因而使「未完成」的比例增多，這顯示出「自由、安全與司法
區域」的發展面臨一些嚴峻的問題，最後，2007 年「未完成」的政策
措施尚達 41%，但並非代表歐盟「自由、安全與司法區域」的發展停
滯不前。整體而言，大部分政策措施仍然維持高比例的達成率，只是
一些深化（Deepening）發展的政策措施因會員國尚未做好調適措施，
因此進展緩慢，「延至隔年」的比例明顯增加。這些政策措施包括：
歐洲共同庇護政策（Common European Asylum Policy; CEAS）、聯盟公
民權（Citizenship of the Union）、融合第三國人民（Integration of Third
Country Nationals）、簽證政策（包括發展簽證資訊系統）（Visa Pol-
icy, incl. the Development of the VIS）與歐盟危機管理（Management of
Crisis Within the EU）等。㉒

## 第三節　斯德哥爾摩階段

　　為期五年的海牙計劃，於 2009 年 12 月到期，擔任輪值主席國的瑞
典便提出斯德哥爾摩計劃（Stockholm Programme），將原本海牙計劃
的政策進行深化與廣化。提出計劃草案前，歐洲執行委員會於 2008 年
9 月 25 日著手一項調查會員國政府、國會、一般民眾與利益團體對於
未來「自由、安全與司法區域」之發展趨勢與偏好的計劃，並在八個
月後公佈計劃草案；在同（2009）年 7 月非正式司法與內政事務歐盟
理事會中再次討論草案，最後於 12 月歐洲高峰會中正式定案，是為所
謂的「斯德哥爾摩計劃」。㉓

---

㉑ 然而隨著歐盟在制度與機構方面不斷的革新，以「一般犯罪防治」措施於 2008
　年時已獲所有會員國的配合，完成度達到100%，可見歐盟會員國對於自由、安
　全與司法區域的發展仍相當重視。詳細內容請參見：Ibid.

㉒ Ibid., pp. 2-18.

㉓ Available from: http://www.sweden.gov.se/sb/d/11666/a/120682. (Accessed 02.07.2009)

# 一、斯德哥爾摩時期的挑戰

執行坦佩雷計劃與海牙計劃的十年間，歐盟在「自由、安全與司法區域」政策領域中已完成許多重要的成就，例如：（一）歐盟外部邊境管理日漸趨於一致，特別是建立歐洲邊境管理署更顯示歐盟在這一方面的努力；（二）共同移民政策訂定合法進入歐盟居住的規則，保障歐洲社會的安全。在歐盟整合模式下，使打擊非法移民與人口販賣更有效率；（三）共同政治庇護政策的推行提供需要協助的第三國人民投奔自由的管道，同時亦維護了歐盟自身的安全利益；（四）歐盟會員國執法單位的相互瞭解與相互信任，間接促使刑事的資料交換更為頻繁，此外，歐洲逮捕令簡化傳統引渡規範，使罪犯難以逍遙法外；（五）設立許多打擊網路犯罪與組織犯罪的法令，並保護重要的基礎設施；（六）階段性修改民法與刑法，使歐盟公民可循簡便管道申訴跨國案件的不當裁決。[24]雖然，兩計劃執行期間，已通過許多重要法令並納入歐盟會員國國內法，但是，歐盟仍需要繼續推展下一個建設「自由、安全與司法區域」的五年計劃，以因應當前與未來的挑戰。

斯德哥爾摩計劃預計在未來的五年內使歐盟的「自由、安全與司法區域」的政策推展更為順利。歐盟公民雖然有權利在其他會員國內自由居住或遷徙，但是在實際情形中仍存在很多障礙須要克服。根據歐洲警政署的報告，恐怖主義仍是歐盟當前的重要威脅，儘管攻擊案件的數量相較於 2007 年時稍微減少，但在 2008 年仍有約高達六百多件的攻擊案件，特別是國家分離主義與伊斯蘭主義的攻擊行動，前者高達 501 件約占總數的 50%；而後者有 187 件約占總數的 18%。[25]

---

[24] Commission of the European Communities: Communication from the Commission to the European Parliament and the Council: An Area of Freedom, Security and Justice serving the Citizen, Brussels, COM (2009) 262/4, pp. 1-3.

[25] Europol: EU Terrorism Situation and Trend Report (TE-SAT) 2009, Netherlands: Europol, 2009, p. 9.

<表 3-3 > 2006～2008 年恐怖攻擊案件與逮捕嫌犯統計

| 年度 | 攻擊（件） | 被逮捕的嫌犯（人） |
|------|-----------|-------------------|
| 2006 | 472 | 706 |
| 2007 | 683 | 1044 |
| 2008 | 616 | 1009 |

資料來源：Europol: EU Terrorism Situation and Trend Report (TE-SAT) 2009, Netherlands: Europol, 2009, p. 5.

　　移民亦是歐盟憂心的問題，部分第三國一直存在貧窮與生育率過高的問題，且青壯年人口不斷外移他國。2006 年約有 1850 萬第三國國民合法居住在歐盟境內，約占歐盟總人口數的 3.8%。由於歐盟施行嚴格的移民管制政策，因此，能經由合法申請程序進入歐盟者相當少，大部分不符資格者多利用各種非法手段進入歐盟，因此非法移民的問題成為歐盟不得不重視的內部安全問題。打擊非法移民是歐盟保護內部安全的重要政策，有鑑於此，歐盟提出斯德哥爾摩計劃以改善這十年來執行「自由、安全與司法區域」政策所遇到的困難，並更具進一步規劃與訂定各項政策。㉖

## 二、自由、安全與司法區域的新架構

　　德國內政部長修伊伯勒（Wolfgang Schäuble）在 2007 年 1 月非正式司法與內政事務歐盟理事會中，建議組織一個「未來小組」（Future Group）㉗，共同商議海牙計劃結束後，歐盟司法與內政事務未來的發展方向。這項提議受到歐盟其他會員國正面回應，「未來小組」乃於 2007 年 5 月 21～22 日舉行首次會議。㉘「未來小組」應負責在斯德哥

㉖ Commission of the European Communities: Communication from the Commission to the European Parliament and the Council, op. cit., pp. 4-6.

㉗ 「未來小組」是「有關歐洲司法政策的未來高層諮詢小組」(High-level Advisory Group on the Future of European Justice Policy; Future Group)的簡稱，該小組成立的目的在於針對歐洲司法政策(European Justice Policy)與歐洲內部事務政策(European Home Affair Policy)提供建議與意見，以促進自由、安全與司法區域的發展。

㉘ Available from: http://www.eu2007.de/en/News/Press_Releases/May/0521BMI.html. (Accessed 05.07.2009)

爾摩計劃提出之後，自 2010 年開始的五年內，提出該司法與內政事務
的改革建議，並討論哪些政策應在歐盟層級進行更緊密的合作，而哪
些政策則需要放寬歐盟會員國的權限。㉙「未來小組」的報告須定期
在歐洲執行委員會與歐盟會員國內政部的網站中公佈。「未來小組」
的機制是德國在擔任輪值主席國期間，對司法與內政事務改革所倡議
的關鍵性提案。㉚亦是斯德哥爾摩計劃定案前重要的政策協調機制。

　　斯德哥爾摩計劃共分為四大部分：（一）提升公民權：歐洲權；
（二）便利公民的生活：法治歐洲；（三）保護歐洲；（四）提升更
為整合的社會：在移民與政治庇護政策更為統合的與負責的歐盟。並
延續海牙計劃對於安全議題的重視，在第三部分「保護歐洲」的主題
中強調提升執行工具的效能、提升政策的效率與制訂共同安全目標為
未來五年內首要的安全政策目標。

　　第一部分提升公民權方面，斯德哥爾摩計劃第 2 與第 3 點為關於保
護個人資料與隱私權（Protection of Personal Data and Privacy）的規定。
歐盟的安全政策中有許多是直接牽涉到歐盟公民隱私權的機制，例
如：第二代申根資訊系統、共同簽證政策與資料分享等，使得歐盟公
民的資料經其他國家的執法單位申請通過後即可取得。因此，在第 2.3
點中特別強調為了因應資料分享的頻繁化，歐盟應更明確地制訂保護
個人基本權利與隱私權的法令。

　　而當資料涉及與第三國共同分享時，歐盟應制訂保護歐盟公民的
整體性新法令。有關歐盟現存的法律則應繼續發揮其功能，例如：在
歐洲警政署與歐洲司法合作署架構下所設置之獨立資料保護官，負責
監控資料傳遞是否合法或危及歐盟公民的權利㉛；而歐洲監察使
（European Ombudsman），則是處理民眾申訴的管道並防止人民的權

---

㉙ Future Group: First Meeting of the Future Group, Eltville (Germany), 20-21 May 2007
　　Report, pp. 1-13.
㉚ Future Group: Second Meeting of the Future Group, Brussels, 25 June 2007 Report, pp.
　　1-8.
㉛ Europol Convention, Article 24.

利不受侵害。㉜但為了因應科技的進步，歐盟亦應同時改良法律層面或非法律層面，關於資料保護的規定，以有效在國際、歐盟與歐盟會員國中執行妥當的資料保護。㉝

在提升執行工具的效能方面，斯德哥爾摩計劃強調：歐盟會員國應建立一套共同行動法則，其安全專家若能對威脅有共同的認識並利用完善的設備，將有助於維護歐盟內部安全。此外，歐盟會員國間應建立一套有效率的資訊交換機制，以讓歐盟與歐盟會員國對於行動計劃的資訊蒐集與分析能更緊密地互動與合作。㉞在提升政策的效率方面，斯德哥爾摩計劃中特別強調，歐洲警政署與歐洲司法合作署等歐洲機構在處理跨國犯罪時的功能，因此，未來歐盟將繼續維持與擴張這些歐洲安全機構的權限。除此之外，刑事司法系統是歐盟處理跨國案件的重要工具，歐盟應繼續推行「歐洲逮捕令」（European Arrest Warrant）、歐洲證物令（European Evidence Warrant）與電子化證物系統等現行司法工具，以使歐盟會員國能更有效率地處理跨國刑事案件的合作更有效率。最後，邊境管制、建立第二代申根資訊系統與簽證資訊系統（Visa Information System; VIS），以及發展共同簽證政策皆是未來五年歐盟內部安全的首要目標。㉟

在制訂共同安全目標方面，斯德哥爾摩計劃中推出解決當前安全威脅的辦法。就打擊組織犯罪而言，斯德哥爾摩計劃將人口販運、教唆兒童進行性工作與出版兒童色情刊物、網路犯罪、經濟犯罪與販毒等列為優先目標。就減少恐怖主義威脅而言，斯德哥爾摩計劃表示，歐盟應首先提高所有反恐政策與法令的可行性；其次，歐盟會員國當局應發展防範機制，以有效打擊恐怖主義對歐盟的威脅。值得一提的

---

㉜ The European Ombudsman, Annual Report 2008, Luxembourg: European Communities, 2009, p. 23.

㉝ Commission of the European Communities: Communication from the Commission to the European Parliament and the Council, op. cit., pp. 8-9.

㉞ Commission of the European Communities: Communication from the Commission to the European Parliament and the Council, op. cit., pp. 14-15.

㉟ Commission of the European Communities: Communication from the Commission to the European Parliament and the Council, op. cit., pp. 16-19.

是斯德哥爾摩計劃對於打擊恐怖主義的方法亦提出建議策略，意圖與歐盟反恐戰略結合，使歐盟的反恐政策能更為凝聚與整合，期望透過歐盟層級的反恐合作達到保障歐盟公民安全的目標。

## 第四節　自由、安全與司法區域與反恐

打擊恐怖主義是「自由、安全與司法區域」相當重要的一環，關於打擊恐怖主義的各項政策幾乎包括在「自由、安全與司法區域」的重要政策中，例如：警察與司法合作、資訊交換、打擊非法移民、邊境管制、防範與打擊組織犯罪與共同簽證政策等。911事件的後續效應以及近年來在馬德里與倫敦發生的兩次恐怖攻擊事件，促使歐盟逐步改善打擊恐怖主義的政策。不可諱言，911事件為歐盟加強各項反恐政策的轉捩點，儘管多數政策在911事件前已有初步的雛形，唯在911事件之後始獲得歐盟會員國的大力支持與推展。

### 一、911與自由、安全與司法區域的發展

悉知，在內部市場（Internal Market）的政策領域中，歐盟亦制訂了防止恐怖份子獲得財政來源與洗錢等法令，其他相關反恐措施尚包括遷徙管制、運輸系統安全維護等。[36]雖然，國際恐怖主義日益猖獗，但歐盟會員國素來不願意將司法與內政合作政策交付歐盟機構來執行，而仍得保留在政府間的合作模式。以歐洲逮捕令為例，早在1995與1996年歐洲國家就已制訂兩份歐洲引渡公約，但是當時歐盟會員國並未全數支持這兩項泛歐司法合作措施。[37]然而，在911事件後，因為恐怖主義全球化的威脅已經不是單一國家可以解決的問題[38]，因

---

[36] Frank Gregory: The EU's Response to 9/11: A Case Study of Institutional Role and Policy Processes with Special Reference to Issue of Accountability and Human Rights, in: Terrorism and Political Violence, Vol. 17, 2005, p. 112.

[37] Available from:http://europa.eu/scadplus/leg/en/lvb/l14015b.htm. (Accessed 28.02.2009)

[38] Kristin Archick: Europe and Counterterrorism: Strengthening Police and Judicial Cooperation, in: CRS Report for Congress, Order Code RL31509, 23.08.2004, p. 3.

此迫使歐盟會員國開始嘗試在歐盟架構下執行反恐政策。歐盟在「自由、安全與司法區域」下的反恐政策正逐步朝向歐洲化的機構建制，歐盟會員國之間的反恐合作更為頻繁，對於歐盟反恐法規接受度大幅增加。2003 年「歐洲安全戰略」（European Security Strategy）中闡明：「共同歐洲行動的重要性，並建議歐盟應該採取廣泛的措施來處理恐怖主義」；此外，打擊恐怖主義並非僅能透過軍事行動〔…〕必要時亦須集結情報、警察、司法、軍事與其他的手段的共同合作。」㊴

## 二、歐盟公民對自由、安全與司法區域的期待

「自由、安全與司法區域」與歐盟公民的日常生活息息相關。就打擊恐怖主義而言，由於恐怖攻擊並非如同常見於每日新聞報導中的犯罪議題一般，因此，每當發生恐怖攻擊，歐盟公民才會特別重視恐怖主義的問題。2001 年 4 月到 5 月的民調報告中，約有 88%的歐盟公民將打擊組織犯罪列為歐盟的首要目標之一。然而，在 911 事件之後，歐盟公民要求歐盟在歐盟層級的架構下打擊恐怖主義。根據 2001 年 10 月到 11 月的民調數據顯示，有多達85%的受訪民眾希望透過歐盟的決策來打擊國際恐怖主義。㊵ 2002 年的民調報告中則顯示 90%左右的民眾關注恐怖主義的問題，而有 54%的受訪民眾認為歐盟打擊恐怖主義很有效率，而有37%的民眾認為無效率。㊶ 911 事件兩年後，民調中有 80%的受訪民眾認為國際恐怖主義是最具威脅的議題，位居第二位的議題為大規模生化武器擴散問題（72%）。而有關歐盟內部安全方面，打擊國際恐怖主義是位居第二位的議題（90%）。㊷隨著 911 事

---

㊴ A Secure Europe in a Better World: European Security Strategy, Brussels, 12.12.2003, p. 7.

㊵ European Commission: Eurobarometer: Pulic Opinion in the European Union, Report Number 55, October 2001, p. 42; European Commission: Eurobarometer: Pulic Opinion in the European Union, Report Number 56, 04.2002, pp. 52-53.

㊶ 請參見：(1) European Commission: Eurobarometer: Pulic Opinion in the European Union, Report Number 57, 21.10.2002, p. 73;(2) European Commission: Eurobarometer: Pulic Opinion in the European Union, Report Number 58, 03.2003, pp. 57-58.

㊷ European Commission: Eurobarometer: Pulic Opinion in the European Union, Report Number 59, Spring 2003, pp. 9 & 58.

件調查報告的出爐，證實許多恐怖份子具有歐洲的國籍後，讓歐盟乃更重視恐怖主義在歐盟境內的發展，並積極推展與國際間的反恐合作，例如：與美國交換乘客姓名紀錄（Passenger Name Record; PNR），與加強情報交流等。⑬ 2004 年 8 月與 2005 年 9 月受訪民眾認為歐盟應優先執行的政策是就業政策，反恐政策則由 27% 下降到 19%⑭；而 2007 年與 2008 年的民調亦顯示恐怖主義的議題已漸不被受訪民眾認為是最重要的事務。⑮（請見＜圖 3-3 ＞）

＜圖 3-3 ＞ 2008 年歐盟民意調查圖

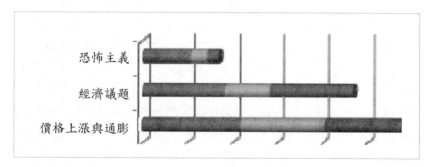

資料來源：Eurobarometer: Standard Eurobarometer 69: Public Opinion in the European Union, Spring 2008, TNS Opinion & Social, p. 12.

　　從上述的民意調查結果可以得知，歐盟公民對於恐怖主義議題在 911 事件後的幾年間投以許多關注，而歐盟亦以建立「自由、安全與司法區域」的計劃作為對歐盟公民的承諾，希望提供高度的安全保障，讓公民生活在安全無虞的歐盟區域中。所以，歐盟乃大力推動許多維

---

⑬ House of Lords: The EU/US Passenger Name Record (PNR) Agreement, 21st Report of Session 2006-07, 05.06.2007, pp. 24-25.

⑭ European Commission: Eurobarometer: Pulic Opinion in the European Union, Report Number 63, 07.2005, p 46.

⑮ Eurobarometer: Standard Eurobarometer 69: Public Opinion in the European Union, Spring 2008, TNS Opinion & Social, p.12.

護內外安全的政策,亦受到歐盟公民的普遍肯定。再者,調查報告顯示,歐盟公民對反恐的重視程度大部分與恐怖攻擊發生的時間有關。恐怖攻擊發生後,歐盟公民立即提高反恐意識,催促歐盟的反恐行動及贊同與反恐相關的措施,但是隨著恐怖攻擊的餘波過去之後,歐盟公民就降低了反恐意識。然而,恐怖主義是一種持續性的威脅,因此,歐盟乃持續地致力於為歐盟公民創造自由、安全與司法的區域。

　　在 911 事件之前,許多現行打擊恐怖主義的政策,不論是機構或法律層面都有其權限的限制。而歐盟在 911 事件後的反恐政策相較於911之前的反恐政策,其最為不同之處在於「歐盟提出許多歐盟層級的反恐法令與戰略」,除了歐盟會員國的合作之外,歐盟也相當注重與其他第三國或國際組織的反恐合作,特別是與美國之間的反恐合作關係。其次就是逐步擴增反恐機構的權限,使歐盟層級的反恐機構,例如:歐洲警政署與歐洲司法合作署都能夠更有效率地協助歐盟會員國執行跨國的反恐行動。最後,911 事件之後歐盟的反恐政策正逐步整合以形成集體共同反恐的力量,並以更為整合的模式保障歐盟公民的安全與基本權利。受到 2004 年馬德里爆炸攻擊事件的影響,歐盟內部情報交流機制愈趨完善,歐盟理事會秘書處底下的聯合情勢中心即是一個成功的歐盟會員國情報交流平台。

　　根據歐洲執行委員會委託的民意調查機構「歐洲風向標」（Eurobarometer）於 2009 年 1 月公佈調查 2008 年 9 月時的報告中指出,歐盟二十七國受訪者中,共有 80%的民眾相當關注歐盟打擊組織犯罪與恐怖主義的政策、行動與成效。⑯

## 結論

　　「自由」與「安全」無疑是歐盟應同時追求與同時發展的兩項價

---

⑯ Eurobarometer: Awareness of Key-policies in the Area of Freedom, Security and Justice: Analytical Report, Flash Eurobarometer 252-The Gallup Organization, January 2009, p. 12.

值。在「自由、安全與司法區域」的發展歷程中，坦佩雷計劃、海牙計劃與斯德哥爾摩計劃是該政策發展的三個階段，其目標在於讓歐盟公民生活在自由、安全的環境中，為了達此目的，歐盟除了全面性制訂防範恐怖主義的規範性政策之外，亦同時採取保障歐盟公民基本權利的措施。然而，建立「自由、安全與司法區域」的工程自 1999 年至今已歷經十年，其發展方向卻呈現出一種「注重安全，忽略自由」的趨勢。尤其海牙計劃中，雖然架構「強化自由」與「強化安全」兩大部分，但實際上於安全部分較為受到重視，而「強化自由」中多項政策的屬性一為「強化安全」，是故有「自由赤字」之弊。由此可見，歐盟在不斷強化安全領域措施之際，似乎忽略了保護歐盟公民的自由。除此之外，在政策落實方面，歐盟亦處於十字路口上，當歐盟理事會不斷積極促進「自由、安全與司法區域」的發展時，部分會員國內政部在其國內卻仍舊依照其國家內政傳統，繼續執行一些與建立「自由、安全與司法區域」不相容的政策，而把歐盟「自由、安全與司法區域」政策擺在一邊。歐洲執行委員會亦大聲批評：在法規、政策與執行面上存在巨大的鴻溝，即使會員國將歐盟政策與法規納入國內法，但是法規與政策是否完全落實亦是個嚴重的問題。因此，如何有效協調與監督會員國的執行成果，就成了能否成功建立「自由、安全與司法區域」的關鍵因素。

　　斯德哥爾摩計劃中對於網路犯罪普遍化，以及資助恐怖主義的情形也提出了應加以限制的辦法。2007 年德國地方法院首次將網路恐怖主義列為犯罪的事實。這一判例將使得越來越猖狂的網路恐怖主義受到司法的制裁，對於打擊恐怖主義的法律效益也相當重要。再者，資助恐怖主義也是歐盟不得不更加重視的一個問題，因為恐怖主義常會利用慈善機構或非政府組織作為募集資金的平台，監控資金流動與指認資助恐怖組織的個人或團體是打擊資助恐怖主義的重要方法。最後，歐盟應在歐洲警政署架構下建立防範機制，例如：執行防止大規模毀滅性武器擴散計劃、歐盟炸藥管制行動計劃（European Union Action Plan on Explosives）與歐洲重要基礎設施保護計劃（European Programme for Critical Infrastructure Protection）等，以提升歐盟未來因應恐

怖攻擊的能力。⑰恐怖主義已成為跨國的問題,單一的歐盟會員國已無法有效消弭恐怖主義的威脅,惟有集合所有歐盟會員國的力量,才能使興建中的「自由、安全與司法區域」成為一個「無恐怖主義威脅」的自由、安全區域。

---

⑰ Commission of the European Communities: Communication from the Commission to the European Parliament and the Council, op. cit., pp. 22-23.

# 參考文獻

## 一、官方文件

Action Plan of the Council and Commission on how best to Implement the Provisions of the Treaty of Amsterdam on an Area of Freedom, Security and Justice, Text adopted by the Justice and Home Affairs Council of 3 December 1998, OJ C19, 23.01.1999.

A Secure Europe in a Better World: European Security Strategy, Brussels, 12. 12.2003.

Council of the European Union: Treaty of Lisbon, OJ C 306, 17.12.2007.

Commission of the European Communities: Report on the Implementation of the Hague Programme for 2005, Brussels, COM (2006) 333 final, 28.06. 2006.

Commission of the European Communities: Report on the Implementation of the Hague Programme for 2006, Brussels, COM (2007) 373 final, 03.07. 2007.

Commission of the European Communities: Report on the Implementation of the Hague Programme for 2007, Brussels, COM (2008) 373 final, 02.07. 2008.

Commission of the European Communities: Communication from the Commission to the European Parliament and the Council: An Area of Freedom, Security and Justice serving the Citizen, Brussels, COM (2009) 262/4.

Commission: Living in an Area of Freedom, Security and Justice: Justice and Home Affairs in the European Union, Luxembourg: Office for Official Publications of the European Communities, 2001, pp. 3-4.

Council of the European Union: Council Framework Decision of 13 June 2002 on Combating Terrorism (2002/475/JHA), Official Journal of the European Communities L 164,13.06.2003, pp. 3-7.

Council of the European Union: The European Union Counter-terrorism Strategy, 14469/4/05 REV 4, DG H2, Brussels, 30.11.2005.

European Commission: Eurobarometer: Pulic Opinion in the European Union, Report Number 55, October 2001, p. 42.

European Commission: Eurobarometer: Pulic Opinion in the European Union, Report Number 56, April 2002.

European Commission: Eurobarometer: Pulic Opinion in the European Union, Report Number 57, 21 October 2002, p. 73.

European Commission: Eurobarometer: Pulic Opinion in the European Union, Report Number 58, March 2003.

European Commission: Eurobarometer: Pulic Opinion in the European Union, Report Number 59, Spring 2003.

European Commission: Eurobarometer: Pulic Opinion in the European Union, Report Number 63, July 2005.

European Council: Tampere Summit Conclusions, 15-16 October 1999. Available from: http://www.statewatch.org/news/2003/sep/tamp.htm. (Accessed 22.06.2009)

Europol: EU Terrorism Situation and Trend Report (TE-SAT) 2009, Netherlands: Europol, 2009.

Eurobarometer: Standard Eurobarometer 69: Public Opinion in the European Union, Spring 2008, TNS Opinion & Social.

Eurobarometer: Awareness of Key-policies in the Area of Freedom, Security and Justice: Analytical Report, Flash Eurobarometer 252-the Gallup Organization, January 2009.

Future Group: First Meeting of the Future Group, Eltville (Germany), 20-21 May 2007 Report.

Future Group: Second Meeting of the Future Group, Brussels, 25 June 2007 Report.

General Secretariat of Council of the European Union: The Hague Programme: Strengthening Freedom, Security and Justice in the European Union, Brussels, 16054/04, 13.12.2004.

House of Lords: The EU/US Passenger Name Record(PNR) Agreement, 21st Report of Session 2006-07, 05.06.2007.

## 二、書籍

Apap, Joanna (ed.): Justice and Home Affairs in the EU, UK/USA: Edward Elgar, 2004.

Balzacq, Thierry/Carrera, Sergio: Security versus Freedom: A Challenge for Europe's Future? England: Ashgate Publishing Limited, 2006.

Dinana, Desmond: Ever Closer Union: An Introduction to European Integration (Third Edition), UK: Palgrave Macmillan, 2005.

Occhipinti, John D.: The Politics of EU Police Cooperation-Toward a European FBI?, London: Lynne Rienner Publishers, 2003.

Peterson, John/Shackleton, Michael: The Institutions of the European Union, UK: Oxford University Press: 2002.

Spence, David (ed.): The European Union and Terrorism, UK: John Harper Publishing, 2007.

張福昌：《邁向「歐洲聯盟」之路》，臺北：三民書局，2002 年。

## 三、期刊論文

Archick, Kristin: Europe and Counterterrorism: Strengthening Police and Judicial Cooperation, in: CRS Report for Congress, Order Code RL31509, 23.08.2004, pp. 1-37.

Bunyan, Tony: The Story of Tampere: An Undemocratic Process Excluding Civil Society, in: Statewatch Briefing, September 2003, pp. 1-7.

Ekengren, Magnus: New Security Challenges and the Need for New Forms of EU Cooperation: The Solidarity Declaration against Terrorism and the Open Method of Coordination, in: European Security, Vol. 15. No. 1. 2006, pp. 1-23.

Gregory, Frank: The EU's Response to 9/11: A Case Study of Institutional Role and Policy Processes with Special Reference to Issue of Accountability and Human Rights, in: Terrorism and Political Violence, Vol. 17, 2005, pp. 105-123.

Lodge, Juliet: Sustaining Freedom, Security and Justice from Terrorism to Immigration, in: Liverpool Law Review 24, 2002, pp. 41-71.

Winn, Neil: The European Union's External Face: The 'Europeanisation' of JHA and CFSP, in: Perspectives on European Politics and Society, Vol. 4, No. 1, 2003, pp.147-166.

Wright, Joanne: The Importance of Europe in the Global Campaign Against Terrorism, in: Terrorism and Political Violence, Vol. 18. 2006, pp. 281-299.

## 四、網路資料

Den Boer, Monica: Justice and Home Affairs Cooperation in the European Union: Current Issues, available from: http://aei.pitt.edu/798/01/3.htm. (Accessed 22.06.2009)

# 第四章 恐怖主義的發展與定義

# 前言

　　恐怖主義（Terrorism）並非近幾年才出現的威脅，最早可追溯到二百多年前法國大革命時期的恐怖統治（régime de la terreur）。然而，隨著時代更迭與國際局勢演變，使得恐怖主義發展、恐怖份子身分、攻擊動機與攻擊對象都比以往複雜；再加上恐怖活動易與一般刑事案件混淆，導致國與國間對恐怖主義的定義相當分歧，學界與實務界亦難以賦予恐怖主義明確的定義，國際上因此缺乏一個統一的恐怖主義定義。美國國務院打擊恐怖主義辦公室（Office for Combating Terrorism at the United States State Department）前主任寬騰（Anthony Quainton）曾經表示：「恐怖主義定義沒有統一會阻礙國家與國際層面發展一個有效的反恐策略。」①因此，在國際上有必要建立一個權威的恐怖主義定義，以提高國際反恐效率。本文將追溯恐怖主義一詞的緣起，探討其歷史發展的過程，並列舉國際組織、各國政府與學者專家對恐怖主義的定義。最後，再嘗試簡單地分析恐怖主義、游擊戰（Guillar）與組織犯罪（Organized Crime）之異同，進而釐清此三種攻擊行動容易混淆之處。

## 第一節　恐怖主義的發展

　　恐怖活動從何時開始出現已難以考證，但根據史料記載則可溯及古希臘、古羅馬與中國西漢時期，當時敵方屠殺平民或為了軍事與政治目的所執行之謀殺行動等，可視為恐怖活動的開端。直到十八世紀末，各國民族主義思潮逐漸抬頭，使恐怖主義逐漸有新的發展，大體而言，可分為三階段：十八世紀末到第二次世界大戰時期、新興民族國家崛起時期與蓋達組織時期等。

---

① Alex Schmidt: Terrorism-The Definational Problem, in: Case W. Res. J. Int'L L., Vol. 36, 2004, p. 379.

# 一、十八世紀末到第二次世界大戰時期

近代恐怖主義的概念可追溯到 1793～1794 年由法國大革命激進派領導者羅柏斯皮爾（Maximilien Robespierre）②主導的暴政統治。羅柏斯皮爾是法國大革命時期最受爭議的人物，他的名字幾乎可與恐怖統治畫上等號。③在法國大革命時期，恐怖主義是指一個有系統、有目標、組織化與運用殘暴手段，試圖建立一個較好且較健全政府的行動，但是，最後建立的卻不是一個民主的政治體系，而是一個獨裁的政治體制。從 1793 年 9 月至 1794 年夏季，羅柏斯皮爾所領導的政府即以恐怖行動作為穩定社會的工具，這段期間估計約有 18,000～40,000 人被以叛國罪處以極刑。④ 1795 年（即羅柏斯皮爾統治結束隔年），愛爾蘭政論家與哲學家布爾克（Edmund Burke）對法國大革命有精闢的批判，並首度將恐怖主義的法文字源翻譯為英文。布爾克（Edmund Burke）寫道⑤：「成千隻來自地獄的狗，眾人稱之為恐怖份子〔…〕被釋放去攻擊大眾。」在此時期，恐怖主義便與軍隊、不當使用權力有極大的關聯。自此以後，恐怖主義一詞即廣泛地流傳於民族國家中。

大約從十九世紀末期開始，恐怖主義漸漸轉為：「不滿國家與政府的抗爭者，執行暗殺與攻擊政府領導者或其他政治人物的行動。」此時恐怖組織的結構更為嚴密，恐怖行動也更具規模。在這時期中，曾經發生 1881 年沙皇亞歷山大二世與 1914 年奧匈帝國斐迪南王儲遇刺等兩起對國家與社會產生巨大影響的恐怖攻擊事件。1881 年 3 月 1 日恐怖份子預謀用炸彈暗殺沙皇亞歷山大二世，案發四個月後，便有激進

---

② 羅伯斯皮爾對法國的影響力在 1792 年到 1794 年到達高峰。當時的人們對他有兩種極端不同的評價，與他同時期的法國與奧地利人視他為惡魔的化身，另一些人則認為他是自由與民主的捍衛者，後世的人們更將之與二十世紀的史達林與希特勒相提並論。

③ Available from: http://www.loyno.edu/history/journal/1983-4/mcletchie.htm. (Accessed 23.03.2009)

④ Stephen Sloan: The Present Threat in Context Terrorism, UK/USA: Berg, 2006, pp. 40-41.

⑤ Bruce Hoffman: Terrorismus: Der unerklärte Krieg: Neue Gefahren politischer Gewalt, Frankfurt am Main: S. Fischer Verlag GmbH, 1999, pp. 15-18.

份子在倫敦舉行「無政府會議」（Anarchistenkongress），目的在於呼籲具有相同理念的人們群起革命以殘暴手段推翻舊制，並且呼籲全世界的無政府主義者應該團結起來積極合作成立「國際無政府組織」（Anarchistischen Internationale）。雖然該組織並未真正成立，但是這些行動所造成的威脅逐漸在人民心中埋下陰影，尤其由個人或激進團體所採取的行動，事前甚難察覺，事後亦無從調查而難以將之逮捕，增添大眾的恐慌。⑥而 1914 年奧匈帝國斐迪南王儲遇刺事件，更直接導致第一次世界大戰的爆發。

　　二十世紀初期，恐怖主義轉變為在國內與國際間具有政治意圖的暴力行為，其定義因為國家角色介入而顯得更為混淆。第一次世界大戰前，恐怖主義雖仍具有革命推翻舊制的本義，但在德國希特勒掌權時代，反對納粹理念的抵抗者被定義為恐怖份子，希特勒乃利用軍隊做為執行掃蕩恐怖主義與殲滅種族的工具。二次世界大戰之後，恐怖主義則常與少數民族、種族、宗教、階級衝突、社會正義與意識型態相連結，而使恐怖主義的定義更為多樣化。

## 二、新興民族國家崛起時期

　　此時期恐怖主義盛行於亞洲、非洲與中東。1940 年代末至 1950 年代，這些地區陸續出現反歐洲殖民母國的組織，這些獨立運動多使用暴力手段，致使由這類組織所發起的民族復興運動通常與恐怖主義相關聯。⑦二次世界大戰後，以色列人與巴勒斯坦人的持續衝突，即是這個時期的代表性案例之一：1949 年第一次以巴戰爭以降，許多原本居住於巴勒斯坦的阿拉伯人被迫離開自己的家園，逃離到鄰國約旦、敘利亞、黎巴嫩與埃及，並在當地建立起龐大的難民營，而難民無不渴望奪回巴勒斯坦並殲滅以色列。阿拉伯國家領導者便將巴勒斯坦問題作為一種宣傳工具，於國際社會孤立以色列，並團結阿拉伯國家的力量共同對抗以色列的民族主義復興運動支持者。

---

⑥ Ibid., p. 22.
⑦ Ibid.

歷經幾次以阿戰爭，以色列均能運用謀略擊敗阿拉伯國家聯軍攻擊，而使以巴衝突也因此陷入膠著狀態。1968 年費達金（Fedajin）開始主張在中東地區之外進行攻擊行動，他認為：「唯有將這些事件擴大，才能讓世界上其他人真正地注意到他們的訴求。」⑧隨後，1972年慕尼黑奧運恐怖攻擊事件，使國際恐怖主義（International Terrorism）令各國震驚，當時隸屬於巴解組織分支的「黑色九月組織」（Black September Organization）挾持與殺害以色列運動員，使象徵和平的奧運會蒙上恐怖氣氛。⑨這項精心策劃的跨國恐怖攻擊行動，使恐怖主義的本質從原先的國內或地區性的安全威脅，轉變為國際性的安全威脅因素，換句話說，在慕尼黑奧運恐怖攻擊事件後，恐怖組織的發展、能量與攻擊手段便逐漸地國際化，其行動範圍亦隨之遍及全球。⑩

## 三、蓋達組織時期

蓋達組織（Al-Qaeda/Qaida）⑪的成立意謂著恐怖主義轉變為「一種具有濃厚政治動機與意識型態的組織，其成員結構與組織運作均與過去的恐怖組織不盡相同」。⑫ 1980 年代恰逢蘇聯（Soviet Union）入侵阿富汗，賓拉登（Osama/Usama bin Laden）為協助阿富汗人民建築

---

⑧ David Hirst: The Gun and the Olive Branch, Futura, London, 1977, cited from: Bruce Hoffman Terrorismus: Der unerklärte Krieg: Neue Gefahren politischer Gewalt, Frankfurt am Main: S. Fischer Verlag GmbH, 1999, p. 90.

⑨ 「黑色九月組織」（Black September Organization）恐怖份子秘密進入選手村，先於宿舍殺害 2 名以色列運動員後，挾持 9 名以色列運動員為人質。當時恐怖份子的訴求為要求以色列立即釋放 236 名巴勒斯坦人，還有德國亦須釋放 5 名關在德國監獄的巴勒斯坦人，本次事件最後是以悲劇收場，所有人質最終均遭殺害。

⑩ 相關內容請參見：Ulrich Schneckner: Germany, in: Yonah Alexander (ed.): Counterterrorism Strategies: Successes and Failures of Six Nations, Washington D. C.: Potomac Books Incorporated, 2006, p. 77.

⑪ 蓋達組織成員除不限任何國籍與語系且遍佈世界各地之外，組織的聯絡網路不僅較為鬆散，不易被查獲，亦與其他地區的恐怖組織，包括北非，波斯灣地區與中南亞地區均保持聯繫，其發展更為多角化。

⑫ Ulrich Schneckner, op. cit., p. 78.

防禦工事與地道，乃效力於阿贊（Abdallah Azzam）「服務辦公室」（Makhtab al-Khidmat; Services Office），並成為主要幹部。這使得賓拉登有機會接觸到世界各地的伊斯蘭激進份子，並向他們散播思想，領袖庫布（Sayyid Qutb）的中心思想：「伊斯蘭教徒都應該在全球建立沙利法則（Shari's Rule），散播與展開一場防堵美國與西方影響力進入中東或回教世界的聖戰（Jihad）。」[13] 1986 年阿贊與賓拉登建立蓋達組織，目的在於透過恐怖攻擊行動以達成上述目的。恐怖主義的全球化使得恐怖組織人員的招募、訓練營與活動範圍不限於特定的區域範圍，成員來自世界各地也使其信念與教條更容易傳播到全世界。[14] 在這層意義上，2001 年 911 事件具有重要意義，學者拉波帕特（David C. Raporpot）表示：「911 事件為恐怖主義發展史上最為漫長且血腥的一天。恐怖攻擊行動從未出現以載客飛機作為攻擊的武器，並造成重大的傷亡。」[15]也就是說，911 事件是近代恐怖威脅全球化的重要開端。恐怖主義全球化後，其活動的特點除了目的明確、組織嚴密、行動隱蔽、手段殘忍等原有特點外，還展現出組織與目標分散、資金來源撤查不易、策劃襲擊變得更專業與組織聯繫變得更緊密等新趨勢與特點，使得各國打擊恐怖主義困難重重。[16]

## 第二節　恐怖主義的定義

　　恐怖主義的複雜性使得國際組織與各國政府，都很難精確地界定恐怖主義的定義，然而，恐怖主義的定義仍是相當重要的議題，因其

---

[13] Paul Wilkinson: Terrorism versus Democracy: The Liberal State Response, Second Edition, USA/Canada: Routledge, 2006, pp. 39-40.

[14] Wilhelm Dietl, et al.: Das Terrorismus-Lexikon, Frankfurt am Main: Eichborn Verlag, 2006, p. 19.

[15] Richard E. Rubenstein: Alchemists of Revolution: Terrorism in the Modern World. New York: Basic Books, 1987, p. 10, cited from: Brigitte L. Nacos: Terrorism and Counterterrorism, United States: Pearson Education, Inc., 2008, p. 5.

[16] Available from: http://www.legaldaily.com.cn/2007hqfz/2009-01/09/content_1017124.htm. (Accessed 21.04.2009)

牽涉到刑法罪刑的判定等規則。

## 一、多樣的定義

　　恐怖主義難以定義！其最佳的寫照表現在人們對巴勒斯坦激進派的不同認知。誠如，納科斯（Brigitte L. Nacos）所云：「一方認定的恐怖主義，卻是另一方所認定的自由鬥士。」（One Man's Terrorist is Another Man's Freedom Fighter.）無疑地，恐怖主義本身就是一個情緒性的字眼，其定義大部分就是立基於某人的理念與政治議題的優越觀點。[17]同樣地，對於大多數人而言，恐怖主義是出現在電視新聞中或與切身安全有關的事件，例如：暗殺政治人物、炸彈攻擊、國家暴政或者是嫌犯在超級市場架上的商品隨機下毒等罪行，其定義模糊且籠統。但是由於恐怖主義的動機與結果與其他犯罪類型較為不同，在法律上必須尋求明確的定義，以使判決更具公信力，例如：假設恐怖攻擊被視為是犯罪行為時，那麼執法單位執行時就必須著重於蒐集證據使嫌犯伏法並盡量避免使用武器；另一方面，倘恐怖攻擊被視為戰爭，國家即應尋求防衛，必要時甚至採取軍事行動。[18]因此，清楚定義恐怖攻擊行為是為「具有政治意圖的行動」或只是「純粹的罪行」極為重要。

　　西方民主國家法律上，「仇恨犯罪」（Hate Crime）是公認的一種犯罪偏差行為。犯罪動機肇因於犯人因憎恨某特定階層的民眾，所以攻擊這些人，例如：美國新納粹黨仇視非洲裔美國人、同性戀者與宗教制度等，因而攻擊這些特定的種族與族群。「仇恨犯罪」與持反對意見的恐怖份子相比，恐怖份子攻擊的目標通常是國家體系，較少以特定的宗教或種族為仇殺對象。從上述解釋觀之，「仇恨犯罪」幾乎不涉及政治議題，因此「當政治性的暴力涉及到對於特定種族、宗教

[17] Brigitte L. Nacos: Terrorism and Counterterrorism, United States: Pearson Education, Inc., 2008, p. 19.

[18] Stephen Sloan: The Present Threat In Context Terrorism, Oxford/New York: Berg, 2006, p. 19.

或民族團體時，即同時為仇恨犯罪與恐怖主義。」[19]

　　綜觀各方的解釋，雖然備受推崇的牛津字典中對恐怖主義已有定義，但仍無法提供令人滿意的答案。牛津字典中的兩個解釋為：（一）恐怖主義係恐怖份子組成的體系，於法國大革命期間藉由黨派勢力謀反奪權，該事件建立了恐怖主義體系並付諸實行。（二）恐怖份子所持之政治觀點或採取行動，會製造大眾恐懼之情境，或利用陰謀以達目的。關於第一點除非能夠親身體驗，否則讀者只能從歷史脈絡中略知一二；而第二點則提供較多的線索來理解恐怖主義的典型特徵，即「在人群中製造恐懼，而且具有政治意圖之行為」。[20]然而這項定義的範圍很廣泛，幾乎包括了每一項能夠讓民眾陷入恐懼的行動，因此，仍有進一步詳細界定的必要，才能掌握恐怖主義的真正意涵。

## 二、國際組織對恐怖主義的定義

### （一）歐洲聯盟

　　2001 年 9 月 11 日美國遭受 911 攻擊事件後，歐盟立即意識到恐怖主義的威脅日益加深，除了同聲譴責發動攻擊的恐怖組織之外，亦於同（2001）年 9 月 21 日在布魯塞爾（Brussels）召開特別歐洲高峰會（Extraordinary European Council of 21 September 2001），會議中將恐怖主義界定為全球面臨的最主要威脅之一，並將打擊恐怖主義視為歐盟的首要目標。隨後，歐盟理事會（Council of the European Union）於 2001 年 12 月 27 日通過一項「打擊恐怖主義共同立場」（Common Position on Combating Terrorism）[21]，除了強調支持聯合國安理會 1373 號決議文所揭櫫之反恐政策外，並詳細檢討與定義歐盟境內的恐怖份子

⑲ Martin Gus: Understanding Terrorism: Challenges, Perspectives, and Issues, California/London/New Delhi: Sage Publications, Inc., 2006, p. 33.

⑳ Bruce Hoffman, op. cit., p. 13.

㉑ Council Common Position of 27 December 2001 on Combating Terrorism (2001/930/CFSP), OJ L 344, 28.12.2001, pp. 90-92.

與團體。同時，也呼籲歐盟會員國應對恐怖行動給予適當的懲罰，例
如：「打擊恐怖主義共同立場」第 8 條表明：「任何資助、籌劃、準
備、參與或支援恐怖行動的人員都應接受司法制裁，恐怖行動在法律
上應被視為是嚴重的刑事犯罪，歐盟會員國應對恐怖行動課以適當的
法律責任與刑責。」㉒歐盟為了有效預防、保護、追捕與反應恐怖攻
擊行動，因而詳實地對國際恐怖份子與恐怖組織進行調查，並於 2001
年 12 月 28 日公佈第一份恐怖份子與恐怖組織名單。名單上總共列記 29
名恐怖份子與 13 個恐怖組織，其中包括：巴斯克艾塔組織（Basque Fat-
herland and Liberty; ETA）、愛爾蘭共和軍（Irish Republican Army; IRA）
㉓、十月一日反法西斯復興組織（Anti-Fascist Resistance Group First of
October; GRAPO）㉔、哈瑪斯恐怖主義派組織（Terrorist Wing of HAM-
AS）、巴勒斯坦伊斯蘭聖戰組織（Palestinian Islamic Jihad; PIJ）㉕與其他

---

㉒ Ibid., p. 91.

㉓ 第一次世界大戰期間，愛爾蘭民族情緒高漲，因此，1921 年英國被迫同意愛爾
　蘭南部組成愛爾蘭自由邦，但北方六郡仍隸屬英國，英國於是將其國名更改為
　「大不列顛及北愛爾蘭聯合王國」。自此以後，由新芬黨（天主教政黨）資助
　的愛爾蘭共和軍，在這半個世紀的時間內，不斷以武力爭取北愛爾蘭擺脫英國
　政府的統治，雙方的衝突約造成 3,600 人死亡。1998 年，北愛爾蘭各方簽約和
　平協議，並成立地方自治政府。但由於愛爾蘭共和軍仍然拒絕解除武裝，和平
　進程多次陷入僵局。

㉔ 「十月一日反法西斯復興組織」成立於 1975 年，當時適值佛朗哥統治西班牙時
　期，主張推翻西班牙政府的統治並回歸馬克思列寧主義的體制。該組織反對美
　國在西班牙的駐軍，並自 1977 年開始不斷以攻擊美軍為目標。二十一世紀後，
　該組織轉為以強劫銀行為主要目標，2000 年 5 月曾策劃搶劫運鈔車案並殺害兩
　名安檢人員，2001 年 11 月殺害西班牙警察做為報復警方在法國逮捕多名該組織
　領導人的手段。根據統計，該組織成立至今約已殺害 90 人，並約造成 200 人受傷。

㉕ 巴勒斯坦伊斯蘭聖戰組織是一個以暴力方式反對以色列存在的民族團體，於
　1997 年被美國國務院列為恐怖組織，其創始者是兩名在埃及就學的埃及穆斯林
　兄弟會成員（The Egyptian Muslim Brotherhood）夏卡其（Fathi Shaqaqi）與阿武
　達（Abd al-Aziz Awda）。這個組織的主要政治訴求為：希望回到 1948 年土地分
　治決議前的巴勒斯坦國。1980 年代前，該組織是在埃及活動，在總統沙達特被
　暗殺後，潛逃至加薩走廊至 1987 年，之後又逃往黎巴嫩，與真主黨在 1990 年代
　開始進行多次恐怖攻擊的合作。而巴勒斯坦伊斯蘭聖戰組織的規模遠小於哈瑪
　斯，然而，兩者最大的差異在於：巴勒斯坦伊斯蘭聖戰組織從不提供社會資
　源，也不參與任何與以色列的外交談判行動，而堅持以武力消滅以色列。1987
　年至今，該組織大多以自殺炸彈攻擊方式進行恐怖攻擊行動。

改革派的恐怖組織及其旗下之獨立組織等。㉖

　　歐盟為了確實掌握恐怖主義的發展，因此，每半年更新一次恐怖份子與恐怖組織名單，而該名單乃是根據歐盟會員國司法與警察單位的調查結果製作而成。由於名單每半年更動一次的緣故，使得恐怖份子與恐怖組織的數量都不盡相同，以 2008 年 7 月所公佈的名單為例，其列出的恐怖份子僅有 28 名，而恐怖組織則有 30 個。但在 2009 年 1 月的新名單中，恐怖份子則增加到 59 名，而恐怖組織則有 47 個。（參見＜附錄 4-1 ＞與＜附錄 4-2 ＞）

　　在處理恐怖主義問題時，首先遇到的一個問題是，何謂「恐怖行為」（Terrorist Acts）對此，歐盟理事會於 2002 年 6 月 13 日通過的「反恐架構決定」（Framework Decision on Combating Terrorism）中，將「恐怖行為」定義為：「意圖進行的行動將嚴重危害國家或國際組織，其可能使用的手段包括威脅大眾、不適當之強制行為或破壞政治、憲政、經濟或社會基礎建設。」㉗而恐怖行為的犯罪型態有以下八種類型㉘：1.攻擊人身安全或危害肢體健全；2.綁架或強制拘禁；3.製造大宗危害公眾或私人設備的破壞行為，包括資訊系統；4.強制佔領公眾交通工具，如空中運輸機或船隻；5.強行製造、掠奪、占有或運輸核生化武器；6.釋放危險物質或製造火災、炸彈或洪水；7.干預或破壞水源、電力或基本自然資源供應的行為；8.指揮或參與恐怖組織的行動，包括資助恐怖行動以及供應其他物質資源。同時，歐盟於打擊恐怖主義架構決定中將「恐怖組織」定義為：「由一群意圖執行恐怖行為的個人所組成之組織完善的團體」。㉙

　　「反恐架構決定」第 1 條第 2 款明示：該架構決定不可改變歐盟條

---

㉖ 詳細內容請參見：Council Common Position of 27 December 2001 on the Application of Specific Measures to Combat Terrorism (2001/931/CFSP), OJ L 344, 28.12.2001, pp. 93-96.

㉗ Council Framework Decision of 13 June 2002 on Combating Terrorism (2002/475/JHA) OJ L 164, 22.06.2002, p. 4. (Article 1.1)

㉘ Ibid.

㉙ Ibid., p. 3. (Article 2)

約第 6 條所揭櫫的尊重基本權利與基本法律原則，也就是說，歐盟尊重歐洲人權法院（European Court of Human Rights）所定義的人權，而各國憲法所尊重的人權也是共同體法的一般原則。[30]由於有關反恐的立法必然會牽涉是否保護人權與公民自由的問題[31]，雖然歐盟會員國都是民主國家，並擁有一套被認同的人權保護系統，但是歐盟會員接受歐洲人權法院「拒絕給予在會員國領土內犯下暴力政治行為的罪犯任何人權保護」的解釋。很明顯地，歐盟會員國均同意恐怖主義為一種嚴重的犯罪攻擊，得拒絕給予人權條款的保護。[32]

## （二）國際聯盟

1937 年國際聯盟（League of Nations）通過「防範與懲治恐怖主義公約」（Convention on the Prevention and Punishment of Terrorism），將恐怖主義定義為：「對付國家的犯罪行為，並且意圖讓特定的個人、一群人或一般大眾心生恐懼。」[33]此公約的目的為禁止恐怖份子策劃與執行任何危害個人生命或自由的不法行為。該公約的簽約國達 24 國之多[34]，惟僅印度批准該公約，最終導致這項公約無法生效與實行[35]，探究其原因乃因公約規範的內容太過廣泛，簽約國無法全數認同並逐一履行。例如：該公約第 13 條規定無證照的軍火運輸業者為恐怖行

---

[30] Steve Peers: EU Response to Terrorism, in: International and Comparative Law Quarterly (ICLQ), Vol. 52, 2003, p. 236.

[31] 例如：反恐的立法常常賦予司法與執法機構特殊的權力以對嫌疑犯進行相關的調查、拘留與訴訟，與一般犯罪行為之流程有不同的規定，導致侵害了一般的人權保護法。

[32] Steve Peers, op. cit., p. 235.

[33] Article 1(2) of Convention on the Prevention and Punishment of Terrorism 1937, here cited from: Christopher L. Blakesley: Terrorism and Anti-terrorism: A Normative and Practical Assessment, New York: Transnational Publishers Inc., 2006, p. 30.

[34] 阿爾巴尼亞、阿根廷、比利時、印度、保加利亞、古巴、海地、摩納哥、荷蘭、挪威、秘魯、羅馬尼亞、捷克、斯洛伐克、多明尼哥、埃及、愛沙尼亞、法國、希臘、西班牙、土耳其、前蘇聯、委內瑞拉、南斯拉夫與厄瓜多。

[35] Ben Saul: The Legal Response of the League of Nations to Terrorism, in: Journal of International Criminal Justice, Vol. 4, No. 1, March 2006, p. 82.

為；第 14 條明示偽造旅遊證件視同恐怖攻擊行為等，這些行為在許多國家的眼中並不足以稱之為恐怖主義活動。㊱

## （三）聯合國

近年來聯合國大會（General Assembly）不斷重申恐怖主義為非正義之作為，並將之定義為「為達成某種政治目的之犯罪行為，而意圖對一般大眾、一群人或特定人群挑起恐怖氣氛。」㊲聯合國安理會在 2001 年 9 月 12 日公佈了 1368 號決議文，並提到：「任何國際恐怖主義的行為皆威脅國際和平與安全，所有恐怖行動的執行者、組織者與資助者都應該繩之以法。」㊳而聯合國的重要會員國（例如：美國、英國與法國）皆是以對其國家較有利的角度來看待，因此，這種情形導致聯合國早期有關劫機與財政恐怖主義公約中，內容較傾向國家間相互引渡合作與逮捕嫌疑犯的協議。㊴

2006 年 9 月 8 日聯合國大會通過聯合國全球反恐戰略（United Nations Global Counter-Terrorism Strategy），該戰略是聯合國會員國首次同意的全球性反恐戰略架構。此戰略旨在將所有聯合國的反恐活動納入共同的架構下，加強國家、區域與國際反恐的成效，並特別強調安全歐盟理事會的反恐執行署（Counter-Terrorism Executive Directorate; CTED）與秘書處的反恐執行專案小組（Counter-Terrorism Implementation Task Force; CTITF）的重要性。此戰略的行動計劃強調在聯合國架構內協調與統一的必要性，包括四個部分與四十七項的反恐行動措施。第一個部分是提出助長恐怖主義蔓延的條件；第二部分是預防與打擊恐怖主義，著重於避免恐怖組織取得執行恐怖行動的工具；第三部分是建立國家反恐的能力與強化聯合國的反恐角色；第四部分是以

---

㊱ John Dugard: International Terrorism: Problems of Definition, in: International Affairs, Vol. 50, No. 1, January 1974, p. 69.

㊲ Christopher L. Blakesley, op. cit., p. 32.

㊳ Ibid., p. 33.

㊴ Ibid., p. 34.

保護人權與尊重法治為基礎來打擊恐怖主義。⑩ 2005 年聯合國大會的
60/1 號決議提出聯合國「重申所有形式與示威的恐怖主義行為、方法
與做法，是旨在損害人權、基本自由、威脅領土完整、國家安全、顛
覆合法組成的政府活動、國際社會應採取必要措施與加強合作，以預
防和打擊恐怖主義。」

## 三、個別國家對恐怖主義的定義

各國對恐怖主義有不同的觀察與經驗，因此，每個國家對恐怖主
義的定義也不盡相同，茲將概略介紹國際間重要國家對恐怖主義的定
義如下。

### （一）美國

自 1983 年起，美國政府即引用美國聯邦法典（United States Code;
U.S.C.）第二十二章對恐怖主義的定義，並使用在統計與分析恐怖主
義議題上，其內容如下⑪：「『恐怖主義』一詞意指由次國家組織或
秘密組織對無反抗能力者（例如：平民與非武裝或未值勤的軍事人
員）犯下具有政治動機的預謀暴力，通常意圖影響大眾。而『國際恐
怖主義』則是指恐怖行動的影響範圍涵蓋一個國家以上的公民或領
土。至於恐怖組織則是參與任何國際恐怖主義的組織，或是擁有許多
分支的組織，其分支組織也參與了國際恐怖主義。」⑫ 美國國務院
（US State Department）在「2001 全球恐怖主義類型」（Patterns of Glo-
bal Terrorism 2001）年度報告與中央情報局（Central Intelligence Agency;
CIA），都再次強調上述定義。

---

⑩ Implementation of the UN Global Counterterrorism Strategy, paper presented at the 42nd
　Conference on the United Nations of the Next Decade, the Stanley Foundation, The Inn
　at Perry Cabin, Maryland, June 8-13 2007, pp. 15-16

⑪ Steve Less: Country Report on the USA, in: Christian Walter, et al. (eds.): Terrorism as a
　Challenge for National and International Law: Security versus Liberty?, Berlin: Springer-
　Verlag, 2004, p. 647.

⑫ Ibid.

　　上述定義中的「無反抗能力者」（Noncombatant）並無法完全解釋恐怖主義的受害者，因為「無反抗能力者」包括：非執勤之軍人。但是美國認為即使武裝或值勤中軍人遭到攻擊，此攻擊行動仍為恐怖攻擊。[43]除了美國國務院所使用的美國聯邦法典（United States Code; U.S.C.）第二十二章對恐怖主義的定義，對於恐怖主義的分析仍需要考慮到其他的聯邦層級立法，例如：美國移民法禁止屬於外國恐怖組織（Foreign Terrorist Organization）或是參與恐怖份子活動（Terrorist Activity）的人員入境美國。在這種情況下，恐怖主義的定義就由一份特定非法暴力行為的名單所界定。[44]

　　1999年美國聯邦調查局（FBI）將恐怖主義定義為：「恐怖主義是一個團體或個人為追求政治或社會目標，使用非法或威脅性的暴力，意圖威嚇個人生命或財產，以迫使政府屈服，並使民眾受到威脅。」[45] 911 事件前，聯邦緊急事件管理局（Federal Emergency Management Agency; FEMA）對於恐怖主義的定義較為籠統，並未提到一般認定應包括政治動機的部分，導致此定義涉及一般刑事犯罪。直到 911 事件發生之後受到國內各界輿論抨擊缺少精確的恐怖主義定義，在此壓力之下，聯邦緊急事件管理局才接受聯邦調查局（Federal Bureau of Investigation; FBI）的定義。[46]

　　2000 年美國國防部（Department of Defense）對恐怖主義的定義內容如下：「恐怖主義是預謀或威脅使用暴力而使人產生恐懼，通常具有政治性、宗教性或意識型態的目標，並迫使或威脅政府或社會以達到目的。」[47] 2002 年「美國眾院常設情報特別委員會」（United States

---

[43] Boaz Ganor: Defining Terrorism: Is one Man's Terrorist Another Man's Freedom Fighter?, in: Police Practice and Research. Vol. 3, No. 4, 2002, p. 292.

[44] Steve Less, op. cit., p. 648.

[45] Alex Schmidt, op. cit., p. 377.

[46] Brigitte L. Nacos: Terrorism and Counterterrorism, United States: Pearson Education, Inc., 2008, p. 22. FEMA 原先定義恐怖主義為有恐嚇、脅迫與勒索贖金動機的行為；而 FBI 將恐怖主義定義為：「擁有影響政治或社會結構的動機，其手段為非法使用武力或暴力攻擊民眾或其資產藉以威脅政府轄下任何一個單位或社會大眾與個人。」

House of Representatives Permanent Select Committee on Intelligence）將恐怖主義定義為：「恐怖主義是由次國家組織試圖強迫政府屈服，而針對個人或財產所進行的非法陰謀暴力或威脅性暴力行為，並在大眾社會中造成恐懼的效果。」[48]凡此以觀，美國對恐怖主義並沒有制訂一個全國通用的定義，而讓中央與地方政府相關單位各自依其經驗與認識來定義恐怖主義的意涵，因而呈現出一種「百家爭鳴」的特色。

## （二）法國

　　法國法律文件中並沒有為恐怖主義下定義。1986、1991、1996、2001 與 2003 年分別生效之有關恐怖主義的重要法律中，亦未對恐怖主義下個清楚的定義。法國刑法第 421 條第 1 款將恐怖攻擊定義為「旨在製造一場對公共秩序嚴重擾亂的個人或集體的行動，並透過威迫與恐怖行動的方式進行。」1996 年，法國立法者再度將恐怖行動的定義加上「蓄意的個人或集體的行為」。[49] 2001 年 11 月 5 日，法國也引進關於金融恐怖主義的法案。法國刑法對於恐怖主義的定義經過幾次的補充，現今可約略包括下列幾項行為[50]：1.對個人的生命與身體完整性進行蓄意的攻擊；綁架與挾持民眾；挾持飛機、船隻或任何交通工具（刑法第 II 篇）；2.偷竊、勒索、財產的破壞或銷毀與特定電腦犯罪（刑法第 III 篇）；3.對戰鬥部隊（Combat Groups）與撤軍行動（Disbanded Movements）的攻擊（刑法第 431 條第 13 款）與資助恐怖行動的行為（刑法第 434 條第 6 款）；4.製造與持有致命或爆炸性的機器；5.為達成上述行為所製造的產物（例如：生化武器）；6.內線交易；7.洗錢。

　　內線交易與洗錢的犯法行為是當一個人透過所有的方法，直接或

---

[47] Alex Schmidt, op. cit., p. 377.

[48] Alex Schmidt, op. cit., p. 377.

[49] Stéphanie Dagron: Country Report on France, in: Christian Walter, et al. (eds.): Terrorism as a Challenge for National and International Law: Security versus Liberty?, Berlin: Springer-Verlag, 2004, p. 269.

[50] Ibid., pp. 269-270.

間接、非法或故意地、提供或收集資金,試圖使用在完成上述1.到5.的恐怖活動之中。法國對恐怖主義的定義有一種特性,就是不斷將新的非法事件界定為恐怖主義。例如:1994與1996年對環境恐怖主義與恐怖組織的成員進行法律上的定義。環境恐怖主義被定義為「在環境中、土壤中或水資源中注入一種可能危害人類、動物或自然環境的物質。」如果上述行為與個人或組織有關連,並透過威嚇或恐怖活動以達到嚴重擾亂公共秩序之目的時,在法國刑法中則被定義為恐怖主義。[51]

## (三)德國

德國刑法(German Criminal Code)第129條第a款清楚地規定「成立恐怖組織(Bildung Terroristischer Vereinigungen)是非法的」。雖然德國在1970、1980年代以及911事件後,分別採取了許多反恐行動,但是德國法律中對於恐怖主義一詞並沒有最終版的定義,即使在左翼恐怖主義盛行的時代所通過的許多反恐法案也沒有定義恐怖主義的概念。而後,1986年的反恐法中列舉的犯罪行為並非皆為典型的恐怖攻擊行為,而且並未考慮到政治動機這項特性,而政治動機通常是構成恐怖主義的基本要素之一。嚴格地說,德國刑法第129條第a款所規範的是屬於組織犯罪而非真正的恐怖主義。[52]然而,德國對於恐怖主義一詞的定義仍有跡可循,由聯邦內政部每年出版的聯邦憲法保護局(Bundesverfassungsschutzamt)的報告中,將恐怖主義形容成:「為了達到政治目標,意圖經由攻擊他人之生命與財產,所採取的持續性鬥爭行為,特別是透過根據刑法第129條第a款所定義的重大犯罪攻擊,或是透過其他攻擊行為。」如此一來,便補足了德國刑法第129條第a款所缺乏的犯罪者之政治動機。[53]

---

[51] Ibid., p. 270.

[52] Markus Rau: Country Report on Germany, in: Christian Walter, op. cit., pp. 320-321.

[53] Ibid., p. 321.

## （四）英國

英國政府的諮詢文件將恐怖主義分為三種不同的類型：1. 愛爾蘭恐怖主義：由那些拒絕和平進程的愛爾蘭恐怖組織所發動的恐怖行動；2. 國際恐怖主義：國外政治衝突對英國的影響，例如：1988 年泛美航空 103 號(PanAm Flight 103)班機於洛克比(Lockerbie)發生恐怖爆炸空難事件；3. 國內恐怖主義：由其他非愛爾蘭恐怖組織的恐怖組織所發動的暴力事件，例如：動物權利激進份子、環保活動與反墮胎組織等。(54) 2001 年 2 月 19 日生效的 2000 年恐怖主義法案（Terrorism Act 2000）為英國防止恐怖主義與調查恐怖份子犯罪的基礎。該法案是英國反恐法上的重要分水嶺。在 2000 年恐怖主義法案生效前，英國的反恐法多是針對北愛爾蘭共和軍而設；對北愛爾蘭共和軍以外恐怖組織，英國僅選擇性地針對特定國際恐怖主義制訂一些因應的法律。然而，2000 年恐怖主義法案排除這些限制，所有預防與壓制措施，原則上都適用於所有類型的恐怖主義。

2000 年恐怖主義法案第一部分第 4 條所指的「政府」亦非專指英國政府而已，而是指世界上任何一個政府，包括了非選舉與專制政府。對於恐怖份子的目的，其定義亦非常廣泛，不僅包括政治目的，還包括宗教或意識型態的目的。對於嚴重暴力的種類也沒有多加限制。(55)而根據該法案，恐怖主義意指「為了達到政治、宗教或意識型態的目的，而影響政府或威脅大眾所策畫的行動或威脅。」這些行動或威脅包括對個人的嚴重暴力、造成財產的重大損失、危及個人生命，對大眾健康或安全產生重大的危機，或企圖中斷與妨礙電子系統。而這個恐怖主義的定義亦被使用於「2001 反恐、犯罪與安全法案」（Anti-Terrorism, Crime and Security Act 2001）的第四部分，其中特別規定：允許相關權責單位將國際恐怖份子嫌疑犯驅逐出英國或監禁

(54) Rainer Grote: Country Report on the United Kingdom, in: Christian Walter, op. cit., p. 592.

(55) Ibid., pp. 593-594.

在英國。因此,英國對於恐怖活動的手段與目的定義都顯得較為廣泛。

## (五)中國

　　在 1970 年代以前,中國對於恐怖主義的威脅認知並不充足,主要原因為這時期恐怖攻擊對象係以美國為首的西方國家為主,因此中國仍將軍事威脅視為國家安全之主要考量。中國在 1971 年取代臺灣進入聯合國之後,擴大與國際社會的接觸與交往,稍後更為對抗蘇聯,而改善與美國的關係,並大幅降低對西方世界的敵意。同時由於鄧小平實施改革開放後,中國與西方國家在政治、經貿、安全利益上的互動也逐漸增加。中國乃透過參與國際組織與簽署符合其利益的國際法,建立初步的反恐外交。[56] 1997 年中國所修訂的刑法中,以「恐怖活動」稱呼恐怖主義,並將恐怖行動的罪行分為劫持航空器罪、暴力危及飛行安全罪、劫持船隻與汽車罪、爆炸罪、組織、領導與參加恐怖組織罪等。就司法上的解釋,中國所謂的「恐怖活動」是指「採取暴力(如爆炸、暗殺、綁架人質、劫機等)或恫嚇等手段,旨在威脅政府、社會,危害社會公共安全(即不特定多數人的生命、健康和公共財產安全)的行為。」[57]

　　王崑義指出:「後冷戰時期,由於來自北方蘇聯的威脅消失,更由於新疆分離主義結合泛突厥主義與泛伊斯蘭主義,以建立『東突厥斯坦共和國』為目標,因此,形成了以西亞為大本營、中亞為橋頭堡、南亞為訓練基地、新疆為主戰場的發展模式,開始在新疆與中亞邊境製造恐怖攻擊事件,讓中國對於恐怖主義全球化的趨勢,開始有了進一步的認知與警覺。」[58]

---

[56] 王崑義:〈中亞恐怖主義與中共的反恐政策〉,「能源、恐怖主義──中亞政治經濟情勢」學術會議, 清雲科技大學中亞研究所,2008 年 9 月 25 日。資料來源:http://blog.sina.com.tw/wang8889999/article.php? pbgid=22448&entryid=582179. (Accessed 25.03.2009)

[57] 王崑義:〈中共反恐作為及對區域情勢之影響〉。資料來源:http://trc.cpu.edu.tw/meeting/paper/94/0926/3.doc. (Accessed 25.03.2009)

[58] 王崑義, op. cit.

　　2001 年 6 月 15 日中國與哈薩克、吉爾吉斯、蘇聯、塔吉克與烏茲別克，遵循聯合國憲章，簽署了「打擊恐怖主義、分裂主義和極端主義上海公約」，該公約對恐怖主義的涵義作了明確界定，恐怖主義意指「致使平民或武裝衝突情況下未積極參與軍事行動的任何人員死亡或對其造成重大人身傷害、對物質目標造成重大損失的任何行為，以及組織、策劃、共謀、教唆上述活動的行為，而此類行為因其性質或背景可認定為恐嚇居民、破壞公共安全或強制政權機關或國際組織以實施或不實施某種行為，並且依各方國內法應追究刑事責任的任何行為。」[59]此公約為簽約國提供了恐怖主義定義的法律依據，但是中國內部有關恐怖主義的法律仍存在於刑法之中。

　　從 911 事件發生以後，中國的反恐行動為了配合國際大趨勢，除了極力配合簽署聯合國的反恐公約，也就恐怖主義相關之國內法進行修改，中國首先加強了反恐立法工作。2001 年 12 月 29 日中國人大常務委員會舉行第二十五次會議，通過「中華人民共和國刑法修正案（三）」，對刑法進行補充修訂，增加與恐怖犯罪活動相關的多項新罪名，將多項恐怖行為列為刑事犯罪，並加重處罰刑責。[60]

---

[59] 打擊恐怖主義、分裂主義和極端主義上海公約第 1 條。資料來源：http://www.sectsco.org/CN/show.asp? id=99. (Accessed 30.03.2009)

[60] 刑法第 114 條修改為：「放火、決水、爆炸以及投放毒害性、放射性、傳染病病原體等物質或者以其他危險方法危害公共安全，尚未造成嚴重後果的，處三年以上十年以下有期徒刑。」第 115 條第 1 款修改為：「第 114 條所述之犯罪行為或者以其他危險方法致人重傷、死亡或者使公私財產遭受重大損失的，處十年以上有期徒刑、無期徒刑或者死刑。」第 120 條第 1 款修改為：「組織、領導恐怖活動組織的，處十年以上有期徒刑或者無期徒刑；積極參加的，處三年以上十年以下有期徒刑；其他參加的，處三年以下有期徒刑、拘役、管制或者剝奪政治權利。」增列第 120 條之一：「資助恐怖活動組織或者實施恐怖活動的個人的，處五年以下有期徒刑、拘役、管制或者剝奪政治權利，並處罰金；情節嚴重的，處五年以上有期徒刑，並處罰金或者沒收財產。」第 125 條第 2 款修改為：「非法製造、買賣、運輸、儲存毒害性、放射性、傳染病病原體等物質，危害公共安全的，依照前款的規定處罰。」第 127 條修改為：「盜竊、搶奪槍支、彈藥、爆炸物的，或者盜竊、搶奪毒害性、放射性、傳染病病原體等物質，危害公共安全的，處三年以上十年以下有期徒刑；情節嚴重的，處十年以上有期徒刑、無期徒刑或者死刑。」「搶劫槍支、彈藥、爆炸物的，或者搶劫毒害性、放射性、傳染病病原體等物質，危害公共安全的，或者盜竊、搶

而中國公安部於2003年12月15日公佈第一批正式認定的4個「東突」恐怖組織和11名恐怖份子名單，並闡釋了中國界定恐怖組織和恐怖份子的具體標準，其內容如下⑪：

「恐怖組織」為：1.以暴力恐怖為手段，從事危害國家安全，破壞社會穩定，危害人民群眾生命財產和群眾生命財產安全的恐怖活動的組織（不論其總部在國內還是國外）；2.具有一定的組織領導分工或分工體系；3.符合上述標準，並具有下列情形之一：(1)曾組織、策劃、煽動、執行或參與執行恐怖活動，或正在組織、策劃、煽動、執行或參與執行恐怖活動；(2)資助、支持恐怖活動；(3)建立恐怖活動基地，或有組織地招募、訓練、培訓恐怖份子；(4)與其他國際恐怖組織相勾結、接受其他國際恐怖組織資助、訓練、培訓，或參與其活動。

「恐怖份子」為：1.與恐怖組織發生一定的聯繫，在國內外從事危害國家安全與人民群眾生命財產安全的恐怖活動的人員（不論其是否加入外國國籍）；2.符合上述條件，並具有下列情形之一：(1)組織、領導、參與恐怖組織；(2)組織、策劃、煽動、宣傳或教唆實施恐怖活動；(3)資助、支援恐怖組織和恐怖份子進行恐怖活動；(4)接受上述恐怖組織或其他國際恐怖組織資助、訓練、培訓或參與其活動。

---

奪國家機關、軍警人員、民兵的槍支、彈藥、爆炸物的，處十年以上有期徒刑、無期徒刑或者死刑。」第191條修改為：「明知是毒品犯罪、黑社會性質的組織犯罪、恐怖活動犯罪、走私犯罪的違法所得及其產生的收益，為掩飾、隱瞞其來源和性質，有下列行為之一的，沒收實施以上犯罪的違法所得及其產生的收益，處五年以下有期徒刑或者拘役，並處或者單處洗錢數額5％以上20％以下罰金；情節嚴重的，處五年以上十年以下有期徒刑，並處洗錢數額5％以上20％以下罰金：（一）提供資金帳戶的；（二）協助將財產轉換為現金或者金融票據的；（三）通過轉帳或者其他結算方式協助資金轉移的；（四）協助將資金匯往境外的；（五）以其他方法掩飾、隱瞞犯罪的違法所得及其收益的來源和性質的。」增列第291條之一：「投放虛假的爆炸性、毒害性、放射性、傳染病病原體等物質，或者編造爆炸威脅、生化威脅、放射威脅等恐怖資訊，或者明知是編造的恐怖資訊而故意傳播，嚴重擾亂社會秩序的，處五年以下有期徒刑、拘役或者管制；造成嚴重後果的，處五年以上有期徒刑。」資料來源：http://www.law-lib.com/law/law_view.asp? id=16819. (Accessed 30.03.2009)

⑪ 鄭洪廣：〈中國與恐怖主義。資料來源〉：http://www.xingbian.cn/template/article.jsp? ID=5778&CID=681988566. (Accessed 25.03.2009)

　　然而，中國尚未通過一部完整的反恐法律，目前正在起草「反恐怖法」草案大綱。該法的內容預計包括：確定反恐基本原則、明訂反恐專責機構與權責、定義恐怖行為與刑責、提出反恐具體措施等部分。此外，中共公安部於 2005 年配合立法機關，起草並修訂與反恐相關的法案，包括：治安管理處罰法、禁毒法、消防法、護照法與出入境管理法等法律。⑥²

## （六）臺灣

　　911 事件後，恐怖主義已成為全球共同之敵人。2001 年 9 月 28 日聯合國安全第 4385 次會議通過第 1373 號決議，呼籲各國緊急合作，防制與制止恐怖行動。為了將恐怖行動參與者與支持者繩之以法，聯合國呼籲各會員國應在國內法中明確規定恐怖行動為嚴重犯罪，並應加強情報、行政與司法合作，以防制恐怖行動。此外，更鼓勵通過雙邊或多邊協議，共同合作制止恐怖行動。臺灣目前雖然不是聯合國會員國，但是面對全球共同的威脅，不能置身於世界反恐行動之外，我國政府乃積極配合建構相關反恐作為及完備法律制度，以與世界各國建立反恐合作關係。雖然我國目前相關刑事處罰及行政管制法律，對於恐怖行動有若干處罰及管制規定可資適用，但為強化對於反恐怖行動之法制、成立統一事權之專責處理小組、統合全國相關情報及執法機構，發展國際間合作關係，仍有賴制訂專法，始能有效達成，遂擬具「反恐怖行動法草案」。⑥³該草案內容共計二十條。其中第 2 條明定恐怖行動、恐怖組織及恐怖份子之定義⑥⁴：1.「恐怖行動」係指個人或組織基於政治、宗教、種族、思想或其他特定信念之目的，從事計劃性、組織性足使公眾心生畏懼，而危害個人或公眾安全之行為。2.「恐怖組織」係指 3 人以上，有內部管理結構，以從事恐怖行動為宗

---

⑥² 蔡明彥：〈中共反恐作為及對區域情勢之影響〉。資料來源：http://trc.cpu.edu.tw/meeting/paper/94/0926/5.doc. (Accessed 25.03.2009)

⑥³ Available from: http://www.moj.gov.tw/ct.asp?xItem=27404&ctNode=79&mp=001. (Accessed 21.03.2009)

旨之組織。3.「恐怖份子」係指實施恐怖行動或參加、資助恐怖組織之人員。然而，該法案迄今仍未獲立法院通過⑥，但行政院已先行於內部設置「行政院國土安全辦公室」，以統籌全國國土安全與反恐事務。

## 四、學者專家對恐怖主義的定義

　　論及恐怖主義的定義時，學者專家各有不同的看法，倘若分析者所持觀點與立場不同時，其所下的結論亦不盡相同。巴勒斯坦解放組織（PLO）的領袖阿拉法特（Yassir Arafat）在 1974 年聯合國會議中，曾發表一段他個人對於恐怖主義定義的看法：「那些稱我們是恐怖份子的人們，期望著世界輿論不要發現正義始終在我們這一方，他們試圖要為自己的恐怖暴力行為辯護，但其實我們才是自我防衛的自由鬥士。」⑥⑥學者顏金斯（Brian Michael Jenkins）在其 1980 年發表之〈1980 年代的恐怖主義〉一文中表示：「定義恐怖主義應以其行動的本質，而非以恐怖份子的意識型態或訴求作為依據。所有恐怖行動都是犯罪行為，例如：謀殺、綁架與爆炸案等。恐怖行動是暴力行為或威脅使用暴力的行為，其目標主要為平民，其動機具有政治目的。恐

---

⑥⑭ 第 2 條參考 1971 年之「美洲國家組織關於防止與懲治恐怖主義行為公約」（Convention to Prevent and Punish the Acts of Terrorism）Taking the Form of Crimes against Persons and Related Extortion that are of International Significance、1977 年「制止恐怖主義歐洲公約」（European Convention on the Suppression of Terrorism）、2001 年美國「提供阻絕恐怖主義所需適當手段以鞏固美國法案」（Uniting and Strengthening America by Providing Appropriate Tools Required to Intercept and Obstruct Terrorism）（簡稱美國愛國者法案）（Patriot Act）等國際相關反恐怖公約對於恐怖行動之定義，訂定本條有關恐怖行動、恐怖組織及恐怖份子之定義，以為執法依據。資料來源：http://www.moj.gov.tw/ct.asp?xItem=27404&ctNode=79&mp=001. (Accessed 21.03.2009)

⑥⑤ 「反恐怖行動法」草案於 2003 年 11 月 4 日送請立法院審議，惟迄今仍未通過。資料來源：http://info.gio.gov.tw/ct.asp?xItem=20159&ctNode=919. (Accessed 27.03.2009)

⑥⑥ Speech by Yassir Arafat, United Nations General Assembly, New York, November 13, 1974. Available from: http://www.weltpolitik.net/texte/policy/israel/Speecharafat_1974.pdf. (Accessed 03.04.2009)

怖行動一般會引起大眾的注意，恐怖份子通常是恐怖組織的成員，他們通常都承認恐怖行動為他們所為。最後，恐怖行動試圖要製造立即的嚴重破壞。」[67]準此以觀，假如以恐怖攻擊背後所隱含的意識型態或訴求為參考點，那麼這世上就不會有恐怖份子，因為恐怖份子可以此替自己的作為辯護，稱自己為正義鬥士或對抗外來勢力侵略保衛家園的勇士。

　　拉奎爾（Walter Laqueur）在其 1987 年的著作「恐怖主義的年代」（The Age of Terrorism）中將恐怖主義定義為：「一個群體利用暴力來達成政治目的」，而恐怖主義的特色有四：（一）集體行動，而非個人行為；（二）政治性的，而非刑事性的行為；（三）秘密性的行動，而非傳統戰爭；（四）一定是暴力性的行為。[68]

　　杜格德（John Dugard）強調在打擊國際恐怖主義的公約應包括以下重點[69]：（一）公約應重申每個國家有義務壓制任何鼓勵於他國發動游擊戰的情況；（二）公約應禁止任何危害國際秩序穩定的恐怖活動，而非那些在某些國家造成政治秩序逐漸損害的活動。因此，國際恐怖主義的定義應清楚界定「國際」的特性；（三）公約應避免國內立法廣泛定義恐怖主義，以避免將政治對手也歸類為恐怖份子；（四）公約應接受「引渡或仲裁」（Aut Dedere Aut Punire）的原則，並視之為執法程序指標。根據這項原則，拘留犯法者的國家有義務將其送交審判或引渡至另一個國家接受司法仲裁；（五）如同紐倫堡原則（Nuremberg Principles）、防制與懲戒種族屠殺公約（Convention on the Prevention and Punishment of the Crime of Genocide）以及保護人權與基本自由的國際公約所陳述內涵，公約應重申國際對國家恐怖主義之

---

[67] Brian Michael Jenkins: Terrorism in the 1980s, paper presented to the 26th Annual Seminar of the American Society for Industrial Security, Miami Beach, Florida, September 25, 1980, p. 2.

[68] Anthony Oberschall: Explaining Terrorism: The Contribution of Collective Action Theory, in: Sociological Theory, Vol. 22, No. 1, March 2004, p. 26.

[69] John Dugard: International Terrorism: Problems of Definition, in: International Affairs, Vol. 50, No. 1, 01.1974, p. 75.

痛恨。

泰屈曼（Jenny Teichman）表示：「恐怖主義是為了要達到政治或其他社會目的而發動的暴力行動，由個人或團體所為，並透過下列手段為之：（一）隨機選擇攻擊無辜民眾；（二）使用殘忍的暴力行為，例如：酷刑或殘忍地殺害，或導致殘廢或致死。」⑩普利摩拉次（Igor Primoratz）對恐怖主義的定義另有一番見解，他認為一個適當的恐怖主義定義不應依據恐怖主義的起因，也不應依據起因的最終目的，而應該著重於恐怖主義做了什麼？恐怖主義的作為有什麼立即的影響？⑪他認為恐怖主義應定義為「蓄意使用暴力或威脅無辜民眾，以達殺雞儆猴之目的。」⑫

詹姆士‧陸慈（James M. Lutz）與布蘭達‧陸慈（Brenda J. Lutz）在《全球恐怖主義》（Global Terrorism）一書中綜合三位學者對恐怖主義的定義，並分析歸納恐怖主義最重要的六個特性⑬：（一）恐怖主義包括了政治的目的與動機；（二）恐怖主義是一種暴力或宣揚使用暴力的行為；（三）恐怖主義會對暴力的受害者造成恐懼，也會將此恐懼散播於特定的群眾；（四）恐怖主義的暴力係由可辨識的組織所為；（五）恐怖主義的暴力包括非國家行為者，也可能同時是犯罪者與暴力受害者；（六）恐怖行為係為建立一種先前所缺乏的勢力（例如：恐怖暴力試圖藉由恐怖行動增強他們的勢力）。

維金生（Paul Wilkinson）認為：「政治性的恐怖主義可以簡單定義為強迫性的威脅。它有系統地使用謀殺與迫害，或威脅使用謀殺與破壞，來達到恐嚇個人、團體、社群或政府的目的，使他們屈服接受

⑩ Jenny Teichman: How to Define Terrorism, Philosophy, Vol. 64, No. 250, October 1989, p. 513.

⑪ Raja Halwani: Terrorism: Definition, Justification, and Applications, in: Social Theory & Practice, Vol. 32, Issue 2, 04.2006, p. 290.

⑫ Ibid., p. 291.

⑬ James M. Lutz/Brenda J. Lutz: Global Terrorism, 2nd Edition, New York: Routledge, 2008, p. 9.

恐怖份子的『政治要求』。」[74]科迪（C. A. J. Coady）則表示：「所謂恐怖主義是為了政治目的而使用有組織性的暴力攻擊非戰鬥人員，在特殊意思上是指無辜者，或其資產。」[75]喬夫（George Joffe'）則將恐怖主義定義為：「 恐怖主義是指針對一些與恐怖份子原本想要達到之政治目標沒有必要關聯的目標或受害者使用暴力，或威脅使用暴力，以達到恐怖份子想要達到之特殊政治目標〔…〕。」[76]顧斯（Martin Gus）則將恐怖主義定義為：「恐怖主義是團體或單位因為政治目標而預謀的非法行動，以威脅或實際軍事、暴力行動針對人與財產為目標。這些團體或參與單位試圖有目的地恐嚇政府或人民以影響政策與其行為。」[77]

## 第三節　恐怖主義、游擊戰與組織犯罪的區別

恐怖主義與游擊戰、組織犯罪在手法與目標上常有重疊，而令人無法清楚區分此三種衝突行為之不同，下文將詳細說明這三者的差異，以助於瞭解恐怖主義的真正意涵。

首先，游擊戰可追溯到 1808～1814 年拿破崙在西班牙進行的半島戰爭（Peninsular War）。1807 年 7 月拿破崙一世征服西歐、中歐地區後，即將版圖擴張的目標轉向葡萄牙與西班牙。1808 年 3 月拿破崙的軍隊侵入西班牙首都馬德里，對西班牙全國實行軍事佔領，並宣佈罷黜西班牙國王，由其兄約瑟夫・波拿帕（Joseph Bonaparte）取代之。

---

[74] Wilkinson Paul: Terrorism and the Liberal State, London: Macmillan, 1986, p. 51, here cited from George Joffe: Low-level Violence and Terrorism, in: Roberto Aliboni, et al. (eds.): Security Challenges in the Mediterranean Region, p. 140.

[75] Raja Halwani: Terrorism: Definition, Justification, and Applications, in: Social Theory and Practice, Vol. 32, No.2, April 2006, p. 290. (Review Essay)

[76] George Joffe: A View from the South, in: Thomas, C./Saravanamuttu, P. (eds.): Conflict and Consensus in South-north Security, Cambridge: Cambridge University Press, 1989, p. 161, here cited from: Roberto Aliboni, op. cit., p. 140.

[77] Martin Gus: Understanding Terrorism: Challenges, Perspectives, and Issues, California/London/New Delhi: Sage Publications, Inc., 2006, pp. 47-48.

法國的侵略使西班牙人民群情激憤，紛紛拿起武器，對法軍開展大規模的游擊戰。由於伊比利亞半島的地形複雜，適合採取游擊戰，又以氣候炎熱，疾病流行，因此，法軍嚴重水土不服。半島戰爭持續至1814 年 4 月，反法六國聯軍打敗法軍後才告結束。這場由平民發起、耗時多年的游擊戰削弱拿破崙的勢力，重挫其征服全歐的野心，亦為拿破崙失敗戰役之始。

在此之前，亦有許多類似半島戰爭中的游擊戰，惟半島戰爭可稱為現代與古代游擊戰的分水嶺，西班牙人的游擊戰係為首次出現全國性具自我防衛能力的反對軍。西文的游擊戰一詞是指「小型的戰爭」（Small War），小型的武裝部隊偵查與刺探敵方陣線，擒拿敵人以獲取敵方戰力、動線、食物補給或作戰計劃等情報。自此之後，各界便將上述類型的攻擊行為稱作游擊戰。[78]

<表 4-1 >游擊戰、組織犯罪與恐怖主義比較表

| 行動　類型 | 游擊戰 | 組織犯罪 | 恐怖主義 |
|---|---|---|---|
| 動機 | 保護領土 | 滿足自身利益 | 具有政治意圖 |
| 目的 | 奪回佔領政權統治的土地 | 獲得最大利益與報酬（金錢） | 製造群眾恐懼，擾亂政治秩序 |
| 攻擊對象 | 佔領政權之正規軍 | 利益相衝突者 | 一般大眾與政府機構 |
| 組織結構 | 配有武器的軍事團體 | 跨國犯罪集團 | 非中央化的組織 |
| 手段與型態 | 武力攻擊並不斷武裝成員與設備 | 綁架、勒索、走私與非法營利事業 | 綁架、爆炸、思想滲透與網路宣傳 |

資料來源：作者自製。

拉奎爾對游擊隊員與恐怖份子的差別作了以下的註解：「游擊戰的本質是在郊區建立小型的軍事單位，並且不斷增加成員與設備〔…〕以與政府軍隊展開戰役。在郊區的開放區域，游擊隊員建立制度、制訂計劃並參與其他開放的政治活動。上述情況並不適用於恐怖

---

[78] Ronald Fraser: Unknown Social Identities: Spanish Guerrillas in the Peninsular War, 1808-14, in: International Journal of Iberian Studies, 2003, Vol. 16, Issue 2, p. 81.

份子，恐怖份子行動的基地在城市裡，並且必須以小單位秘密行事。」[79]如＜表4-1＞所示，換句話說，游擊戰是「為了達成政治的、意識型態的與宗教的目的，因而蓄意使用暴力對付軍事或維安人員。」[80]此外，游擊戰的成員數量龐大並配有武器，攻擊目標是軍事基地與軍隊，其唯一且明顯的目標在於奪回被佔領的土地。[81]而恐怖主義的定義則是「為了達成政治的、意識型態的與宗教的目的，因而蓄意使用暴力或威脅使用暴力對付市民的攻擊行動。」[82]因此，恐怖攻擊與游擊戰最大的區別就在於目的與目標的不同。由上述游擊戰與恐怖主義的比較可知，兩者可能具有相同的目標，但達成目標的手段與型態不同。游擊戰的攻擊目標為佔領政權的正規部隊與其設備；恐怖主義的目標則為一般民眾與政府機構。

其次，「組織犯罪」的定義與「恐怖主義」的定義在學界與實務界並不盡相同：一方面，組織犯罪似乎意指「一種特定模式的犯罪行為，例如：賭博、賣淫、毒品走私與勒索等」；另一方面，亦指「在合法交易中受到組織犯罪的滲透」。是故，組織犯罪一詞除了代表一種行為，也可用來指稱像是黑手黨或其他秘密組織。因此，組織犯罪至今也沒有統一的定義。[83]早期如1967年美國總統府司法執行與行政委員會（President's Commission on Law Enforcement and Administration of Justice）將組織犯罪形容為：「一個企圖在人民與政府控制之外運作的團體。擁有數千名成員，內部具有如同大型企業中的人事結構般的複雜結構。亦建制一套比合法政府還要嚴格的法規來管制內部。其行動並非一時衝動而行之，而是經過數年精細複雜的計劃，目的在於獲得活動範圍內的控制權，以獲取最大利益與財富。組織犯罪活動的核

[79] Boaz Ganor: Defining Terrorism: Is one Man's Terrorist Another Man's Freedom Fighter?, in: Police Practice and Research. Vol. 3, No. 4, 2002, p. 296.

[80] Ibid., p. 288.

[81] Bruce Hoffman, op. cit., p. 52.

[82] Boaz Ganor, op. cit., p. 288.

[83] Angela Veng Mei Leong: Definitional Analysis: The War on Terror and Organised Crime, in: Journal of Money Laundering Control, Vol. 8, No. 1, 09.2004, p. 19.

心是提供無以計數的人民非法商品與服務,例如:賭博、放高利貸、買賣毒品與任何形式的犯罪行為。」[84]美國聯邦調查局將組織犯罪定義為:「持續長時間進行密謀犯罪行為,成員結構組織化,其手段為恐嚇或販毒以達己欲。」[85]

組織犯罪與恐怖主義時常被混淆,因為二者使用的手段都是威嚇並使用暴力攻擊,但兩者最根本的動機卻有極大的不同。首先,恐怖主義的動機一般而言都具有政治、宗教或意識型態的目的,並試圖改變既有政治結構或體系;然而組織犯罪的行動完全是出於私利考量並不具政治、宗教或意識型態意圖,組織犯罪也對於改變政治結構完全沒有興趣,甚至不希望政治動盪而影響他們的犯罪生意(Crime Business)。再者,恐怖份子被教導的信念是犧牲自己,完成大我,因此,恐怖攻擊事件中,恐怖份子自身都有可能是攻擊事件的受害者,例如:自殺炸彈客與挾持飛機撞擊建築物的攻擊事件等。相反地,組織犯罪的本質是貪婪,並以暴力謀取利益,這些利益以金錢為最大宗。[86]

## 結論

各界對於恐怖主義的定義仍有爭議,例如:某些學者認為個體進行的恐怖攻擊行動不應被視為恐怖主義;另一派學者則認為凡具有政治目的的攻擊行動,不論其人數多寡皆應視為恐怖攻擊。[87]恐怖主義定義之所以如此重要,乃是因為按照罪刑法定原則,刑法規定為犯罪行為者應依照刑法定罪處刑;刑法未明文規定為犯罪行為者,不得定罪量刑。即使是在倡導廢除死刑的國家中,對恐怖攻擊嫌疑犯之定罪仍十分嚴苛,所以個人的攻擊行動,例如:暗殺國家元首或政治人

---

[84] Ibid., p. 20.

[85] Gupta Dipak K.: Understanding Terrorism and Political Violence, New York: Routledge, 2008, p. 147.

[86] Bruce Hoffman, op. cit., p. 55.

[87] Stephen Sloan, op. cit., pp. 19-20.

物，仍需判定其背後是否受恐怖組織操縱抑或已密謀恐怖攻擊一段時間；若僅因個人好惡發起攻擊行動則不應稱之為恐怖份子。

　　由於各國對於恐怖主義的定義存有不同考量，因此，國際間甚難達成統一的恐怖主義定義。例如：美國國內各機構間對恐怖主義各有不同定義。法國對恐怖主義的定義甚至排除政治動機的部分。德國與英國對恐怖主義的定義也是由許多相關反恐法互相補充而成。中國與臺灣的反恐法仍在發展階段，但對其恐怖主義的定義均取法西方國家。甚至在學界，每位學者對於恐怖主義各有不同的詮釋。然而，在全球架構下達成共同的恐怖主義定義是非常迫切且重要的議題，因為惟有如此，方能避免恐怖份子藉由法律漏洞逃脫刑責，並使恐怖份子接受適當之懲罰。

　　前文對於恐怖主義、游擊戰與組織犯罪的不同做了明顯的比較。恐怖主義與游擊戰最大差異在於目標不同，兩者可能有類似之政治、宗教與意識型態的目的，惟恐怖主義的目標為無反抗能力之平民與其財產；而游擊戰的目標則為敵方的軍事人員與設備。至於恐怖主義與組織犯罪最大的不同在於最根本的動機，恐怖主義的暴力行為充滿政治、宗教與意識型態的目的；而組織犯罪的最終目的為利益取向，目的為增強活動範圍內的影響力，獲取大量金錢以快速累積財富。認清恐怖主義與這些犯罪行為的不同，將有助於判斷恐怖主義的本質，以及如何應付恐怖主義帶來的威脅。

　　綜上所述，恐怖主義的定義應包括以下四項要件：（一）具有政治、宗教或意識型態的目的，其行動經過縝密計劃與密謀；（二）試圖改變政治與社會結構，深信自己的信仰並用暴力方式達成理想；（三）使用炸彈、槍砲或其他武器，並試圖以謀殺、炸彈攻擊的方式，在社會大眾間造成恐懼，其目標通常為無反抗能力者與其財產；（四）恐怖組織為非中央化的組織，其組織結構較為鬆散，行動時，多以簡單的小組行動秘密攻擊目標對象。

# 參考文獻

## 一、官方文件

Council Framework Decision on 13 June 2002 on Combating Terrorism (2002/475/JHA), OJ L 164, 22.06.2002.

## 二、書籍

Aliboni, Roberto, et al. (eds.): Security Challenges in the Mediterranean Region, Great Britain: Frank Cass & Co. LTD, 1996.

Alexander, Yonah (ed.): Counterterrorism Strategies: Successes and Failures of Six Nations, Washington D. C.: Potomac Books Incorporated, 2006.

Blakesley, Christopher L.: Terrorism and Anti-terrorism: A Normative and Practical Assessment, New York: Transnational Publishers Inc., 2006.

Dietl, Wilhelm, et al.: Das Terrorismus-Lexikon, Frankfurt am Main: Eichborn Verlag, 2006.

Dipak K., Gupta: Understanding Terrorism and Political Violence, New York: Routledge, 2008.

Gus, Martin: Understanding Terrorism: Challenges, Perspectives, and Issues, California/London/New Delhi: Sage Publications, Inc., 2006.

Hoffman, Bruce: Terrorismus: Der unerklärte Krieg: Neue Gefahren politischer Gewalt, Frankfurt am Main: S. Fischer Verlag GmbH, 1999.

Lutz, James M./Lutz, Brenda J.: Global Terrorism, 2nd, New York: Routledge, 2008.

Nacos, Brigitte L.: Terrorism and Counterterrorism, United States: Pearson Education, Inc., 2008.

Sloan, Stephen: The Present Threat in Context Terrorism, UK/USA: Berg, 2006.

Walter, Christian, et al. (eds.): Terrorism as a Challenge for National and International Law: Security versus Liberty?, Berlin: Springer-Verlag, 2004.

Wilkinson, Paul: Terrorism versus Democracy: The Liberal State Response, Second Edition, USA/Canada: Routledge, 2006.

## 三、期刊論文

Dugard, John: International Terrorism: Problems of Definition, in: International Affairs, Vol. 50, No. 1, January 1974, pp. 67-81.

Fraser, Ronald: Unknown Social Identities: Spanish Guerrillas in the Peninsular War, 1808-14, in: International Journal of Iberian Studies, 2003, Vol. 16, Issue 2, pp. 81-99.

Ganor, Boaz: Defining Terrorism: Is one Man's Terrorist Another Man's Freedom Fighter?, in: Police Practice and Research. Vol. 3, No. 4, 2002, pp. 287-304.

Halwani, Raja: Terrorism: Definition, Justification, and Applications, in: Social Theory & Practice, Vol. 32, Issue 2, April 2006, pp. 289-310.

Leong, Angela Veng Mei: Definitional Analysis: The War on Terror and Organised Crime, in: Journal of Money Laundering Control, September 2004, Vol. 8, No. 1, pp. 19-36.

Oberschall, Anthony: Explaining Terrorism: The Contribution of Collective Action Theory, in: Sociological Theory, Vol. 22, No. 1, March 2004, pp. 26-37.

Peers, Steve: EU Response to Terrorism, in: International and Comparative Law Quarterly (ICLQ), Vol. 52, 2003, pp. 227-243.

Saul, Ben: The Legal Response of the League of Nations to Terrorism, in: Journal of International Criminal Justice, Vol. 4, No. 1, March 2006, pp. 78-102.

Schmidt, Alex: Terrorism-The Definational Problem, in: Case W. Res. J. Int'L L., Vol. 36, 2004, pp. 375-391.

Teichman, Jenny: How to Define Terrorism, Philosophy, Vol. 64, No. 250, October 1989, pp. 505-517.

Wright, Joanne: The Importance of Europe in the Global Campaign against Terrorism, in: Terrorism and Political Violence, Vol. 18, 2006, pp. 281-299.

# 四、網路資料

Implementation of the UN Global Counterterrorism Strategy, paper presented at the 42nd Conference on the United Nations of the Next Decade, June 8-13 2007, the Stanley Foundation, The Inn at Perry Cabin, Maryland, available from: http://www.stanleyfoundation.org/resources.cfm? id=255. (Accessed 27.03.2009)

Jenkins, Brian Michael: Terrorism in the 1980s, paper presented to the 26th Annual Seminar of the American Society for Industrial Security, Miami Beach, Florida, September 25, 1980, available from: http://www.rand.org/pubs/papers/2006/P6564.pdf. (Accessed 26.03.2009)

Speech by Yassir Arafat, United Nations General Assembly, New York, November 13, 1974. Available from: http://www.weltpolitik.net/texte/policy/israel/Speecharafat_1974.pdf. (Accessed 03.04.2009)

王崑義：〈中亞恐怖主義與中共的反恐政策〉，「能源、恐怖主義——中亞政治經濟情勢」學術會議，清雲科技大學中亞研究所，2008年9月25日。資料來源：http://blog.sina.com.tw/wang8889999/article.php? pbgid=22448&entryid=582179. (Accessed 25.03.2009)

王崑義：〈中共反恐作為及對區域情勢之影響〉。資料來源：http://trc.cpu.edu.tw/meeting/paper/94/0926/3.doc. (Accessed 25.03.2009)

打擊恐怖主義、分裂主義和極端主義上海公約第一條。資料來源：http://www.sectsco.org/CN/show.asp? id=99. (Accessed 30.03.2009)

鄭洪廣：〈中國與恐怖主義〉。資料來源：http://www.xingbian.cn/template/article.jsp? ID=5778&CID=681988566. (Accessed 25.03.2009)

蔡明彥：〈中共反恐作為及對區域情勢之影響〉。資料來源：http://trc.cpu.edu.tw/meeting/paper/94/0926/5.doc. (Accessed 25.03.2009)

## ＜附錄 4-1 ＞恐怖份子名單

| 編號 | 人名 | 國籍 | 編號 | 人名 | 國籍 |
|---|---|---|---|---|---|
| 1 | Abou, Rabah Naami | 阿爾及利亞 | 31 | Iriondo Yarza, Aitzol | 西班牙 |
| 2 | Aboud, Maisi | 阿爾及利亞 | 32 | Izz-Al-Din, Hasan | 黎巴嫩 |
| 3 | Alberdi Uranga, Itziar | 西班牙 | 33 | Lassassi, Saber | 阿爾及利亞 |
| 4 | Albisu Iriarte, Miguel | 西班牙 | 34 | Martitegui Lizaso, Jurdan | 西班牙 |
| 5 | Alegría Loinaz, Xavier | 西班牙 | 35 | Mohmmed, Khalid Shaukh | 巴基斯坦 |
| 6 | Al Mughassil, Ahmed Ibrahim | 沙烏地阿拉伯 | 36 | Moktari, Fateh | 阿爾及利亞 |
| 7 | Al Nasser, Abdelkarim Hussein Mohamed | 沙烏地阿拉伯 | 37 | Morcillo Torres, Gracia | 西班牙 |
| 8 | Al Yacoub, Ibrahim Salih Mohammed | 沙烏地阿拉伯 | 38 | Narváez Goñi, Juan Jesús | 西班牙 |
| 9 | Apaolaza Sancho, Iváan | 西班牙 | 39 | Nouara, Farid | 阿爾及利亞 |
| 10 | Arioua, Azzedine | 阿爾及利亞 | 40 | Olano Olano, Jjuan María | 西班牙 |
| 11 | Asli, Mohamed | 阿爾及利亞 | 41 | Olarra Aguiriano, José María | 西班牙 |
| 12 | Asli, Rabah | 阿爾及利亞 | 42 | Orbe Sevillano, Zigor | 西班牙 |
| 13 | Aspiazu Ruina, Miguel de Garikoitz | 阿爾及利亞 | 43 | Palacios Alday, Gorka | 西班牙 |
| 14 | Arzallus Tapia, Eusebio | 西班牙 | 44 | Perez Aramburu, Jon Iñaki | 西班牙 |
| 15 | Atwa, Ali | 西班牙 | 45 | Quintana Zorrozua, Asier | 西班牙 |
| 16 | Beloqui Resa, María Elena | 黎巴嫩 | 46 | Ressous, Hoari | 阿爾及利亞 |
| 17 | Asli, Mohamed | 西班牙 | 47 | Reta de Frutos, José Iganacio | 西班牙 |
| 18 | Bouyeri, Mohammed | 荷蘭 | 48 | Rubenach Roig, Juan Luis | 西班牙 |
| 19 | Campos Alonso, Miriam | 西班牙 | 49 | Sedkaoui, Noureddine | 阿爾及利亞 |
| 20 | Corta Carrion, Mikel | 西班牙 | 50 | Selmani, Abdelghani | 阿爾及利亞 |
| 21 | Darib, Noureddine | 阿爾及利亞 | 51 | Senouci, Sofiane | 阿爾及利亞 |
| 22 | Djabali, Abderrahmane | 阿爾及利亞 | 52 | Sison. Jose Maria | 菲律賓 |
| 23 | Echeberria Samarro, Leire | 西班牙 | 53 | Tinguali, Mohammed | 阿爾及利亞 |
| 24 | Echegaray Achirica, Alfonso | 西班牙 | 54 | Txapartegi Nieves, Nekane | 西班牙 |
| 25 | Eguibar Michelena, Mikel | 西班牙 | 55 | Uranga Artola, Kemen | 西班牙 |
| 26 | El Fatmi, Nouredine | 摩洛哥 | 56 | Urruticoechea Bengoechea José Antonio | 西班牙 |
| 27 | El Hoorie, Ali Saed Bin Ali | 沙烏地阿拉伯 | 57 | Vallejo Franco, Iñigo | 西班牙 |
| 28 | Fahas, Sofiane Yacine | 沙烏地阿拉伯 | 58 | Vila Michelena Fermín | 西班牙 |
| 29 | Gogeascoechea Arronategui, Eneko | 阿爾及利亞 | 59 | Walters, Jason Theodore James | 荷蘭 |
| 30 | Iparraguirre Guenechea, Ma Soledad | 西班牙 | | | |

資料來源：Council Common Position 2009/67/CFSP of 26 January 2009 updating Common Position 2001/931/CFSP on the application of specific measures to combat terrorism and repealing Common Position 2008/586/CFSP, OJ L 23, 27.01.2009, pp. 38-40.

## <附錄 4-2 >恐怖組織名單

| 編號 | 恐怖組織名稱 | 編號 | 恐怖組織名稱 |
|------|-------------|------|-------------|
| 1 | Abu Nidal Organisation | 25 | Kurdiatan Workers Party |
| 2 | Al Aqsa Martyrs Brigade | 26 | Liberation Tigers of Tamil Eelam |
| 3 | Al Aqsa e. V. | 27 | Loyalist Volunteer Force |
| 4 | Al-Takfir and al-Hijra | 28 | Ejécito de Liberacion Nacional |
| 5 | Cooperative Artigiana Fuoco ed Affini- Occasionalmente Spettacolare | 29 | Orange Volunteers |
| 6 | Nuclei Armati per il Comusismo | 30 | Palestine Liberation Front |
| 7 | Aum Shinrikyo | 31 | Palestine Islamic Jihad |
| 8 | Babbar Hkalsa | 32 | Popular Front for the Liberation of Palestine |
| 9 | Cellula Contro Capitale, Carcere i suio Carcerieri ele sue Celle | 33 | Popular Front for the Liberation of Palestine General- Command |
| 10 | Communist party of Philippines | 34 | Real IRA |
| 11 | Continuity Irish Republic Army | 35 | Red Frigades for the Contruction of the Fighting Communist Party |
| 12 | Epanastatikos Agonas | 36 | Red Hand Defenders |
| 13 | Vasque Fatherland and Liberty | 37 | Fuerzas Armadas Revolucionarias de Colombia |
| 14 | Gamaa al Islamiyya | 38 | Epanastatiki Pirines |
| 15 | Islami Büyük Dogu Akincilar Cephesi | 39 | Dekati Ezdomi Noemvri |
| 16 | Groupos de Resistencia Antifascista primero de Octubre | 40 | Devrimci Halk Kurtulus Partisi- Cephesi |
| 17 | Hamas | 41 | Sendero Luminoso |
| 18 | Hiabul Mujahideen | 42 | Stichting Al Aqsa |
| 19 | Hofstadgroep | 43 | Teyrbazan Azadiya Kurdistan |
| 20 | Holy Land Foundation for Relief and Development | 44 | Brigata XX Juglio |
| 21 | International Sikh Youth Federation | 45 | Ulster Defence Association |
| 22 | Solidarieta Internazionale | 46 | Autodefensas Unidas de Colombia |
| 23 | Kahane Chai | 47 | Federazione Anarchia Informale |
| 24 | Khaliatan Zindabad Force | 48 | Txapartegi Nieves, Nekane |

資料來源：同<表 4-1 >, pp. 40-42.

# 第五章　恐怖主義的類型：
## 歐盟的觀點

# 前言

　　各國政府與國際組織，在觀察眾多恐怖活動與實務經驗後，各自歸納出許多不同版本的恐怖主義類型，例如：美國紅十字會（American Red Cross）依照恐怖份子的攻擊手段與使用的工具，將恐怖主義分為：建築物爆炸（Building Explosion）、化學武器、生物武器、放射性武器（Radiological Dispersion Devices; RDD）、核子武器、農業恐怖主義（Agroterrorism）、網路恐怖主義等七類恐怖主義。[1]英國學者威金森（Paul Wilkinson）將恐怖主義分類成：（一）罪犯恐怖主義（Criminal Terrorism）：以奪取財物、物質利益為主；（二）心理恐怖主義（Psychic Terrorism）：為達到宗教信仰目標，採取恐怖攻擊；（三）戰爭恐怖主義（War Terrorism）：採取各種手段消滅敵人；（四）政治恐怖主義（Political Terrorism）：使用暴力、恐懼、襲擊、劫機、謀殺及恐嚇等攻擊行為。[2]

　　而歐盟根據歐洲警政署自2008年起每年公佈之「歐盟恐怖主義情勢與趨勢報告」（EU Terrorism Situation and Trend Report; TE-SAT）[3]，將恐怖主義分成以下四類：伊斯蘭恐怖主義（Islamist Terrorism）、種族／民族主義與分離主義恐怖主義（Ethno-nationalist and Separatist Terrorism）、左派與無政府恐怖主義（Left-wing and Anarchist Terrorism）與右派恐怖主義（Right Wing Terrorism）等。茲將這四大類型恐怖主義的緣起、主要組織、行動範圍與其在歐洲的行動與影響詳細敘述如後。

---

[1] American Red Cross: Talking About Disaster: Guide for Standard Messages, 03.2007, pp. 5-18. Available from: http://www.redcross.org/images/pdfs/code/terrorism.pdf. (Accessed 23.03.2009)

[2] Paul Wilkinson: Political Terrorism, London: Macmillan, 1976, p. 32. 亦參見：彭正中：〈後冷戰時期恐怖主義發展對國家安全的影響與省思〉，刊載於：《國防雜誌》，第21卷，第1期，2006年，頁55。

[3] Europol: TE-SAT 2008—EU Terrorism Situation and Trend Report, 2008, p. 8.

# 第一節　伊斯蘭恐怖主義

在全球化時代下，一些犯罪問題或恐怖主義透過網路無國界的模式擴散到世界各地，使防範更為困難。以賓拉登（Osama/Usama bin Laden）馬首是瞻的蓋達組織（Al-Qaeda/Qaida）正是利用反美之名，透過科技的便利滲透至穆斯林社群。許多攻擊行動的執行者甚至畢生從未與賓拉登謀面。蓋達組織為恐怖主義發展的分水嶺，其象徵著恐怖組織的運作模式與過去以民族主義或民族復興運動為訴求的恐怖組織大不相同。蓋達組織的出現同時亦催促各國的反恐政策轉為情報蒐集為主的方式。而蓋達組織網路中散佈著各型組織，這些小組織不一定與蓋達組織有聯繫，這不僅增加的困難度，而且也使其攻擊行動更具威脅性。

## 一、緣起

伊斯蘭恐怖主義起源於二十世紀伊斯蘭遜尼教派（Sunni Islam）的改革運動，也稱為聖戰運動（Jihad Movement）。最早，一位埃及伊斯蘭學者與思想家庫特布（Sayyid Qutb, 1906～1956）④曾提出宣揚激進穆斯林的理念。庫特布於 1951 年發表的作品「伊斯蘭與文明世界的問題」（Islam and the Problem of Civilization）中表示：「穆斯林應該如何仲裁現行的人工合成文明？〔…〕美國與西方世界又該如何處理他們對人類社會所造成的重大危機？〔…〕難道不應該將他們判處死刑

---

④ 庫特布出身於埃及阿斯亞特（Asyut）的一戶貧窮家庭，曾在開羅擔任教育部督察與大學教授，同時他也是一名作家。1948 年埃及教育部曾派庫特布到美國加州大學進修，在赴美期間庫特布領會到：「西方文明的精神就如羅馬帝國一樣，正陷入腐敗。」此後，庫特布便開始鑽研伊斯蘭教。當他回到埃及後，因提倡反美思想，而被政府辭退。之後，庫特布加入穆斯林兄弟會（Muslim Brotherhood），在 1954 年被捕入獄，但是他在獄中仍然持續創作，其中《邁向里程碑的標的》（Signposts on the Road Milestones）後來成為伊斯蘭世界運動的啟蒙讀物，在書中他曾將世界分為伊斯蘭秩序與無知兩個部分，而他所主張的伊斯蘭教義亦獲得穆斯林的推崇。

嗎？難道這不是對於犯罪者最適當的判決嗎？」⑤不過，僅管庫特布對西方文明世界大肆撻伐，庫特布本身卻反對使用暴力，他認為穆斯林以聖戰之名攻擊非穆斯林是一種煽動暴力的行為；然而相反地，激進派的庫特布理念追隨者卻意圖以聖戰之名推翻世俗政府，並建立嚴格遵行伊斯蘭教律法的國度。最後，庫特布反被當成是伊斯蘭教的叛徒，直至庫特布去世後，其思想才漸被阿拉伯世界接受，並被後人視為伊斯蘭教的殉道士。⑥

　　1977 年農業工程師穆司塔法（Shukri Mustafa）起而領導伊斯蘭極端團體，並將庫特布部分的理念修改為：「這個世界是一個沒有伊斯蘭教的野蠻國度（Jahiriyya），因為除了真正的追隨者之外，穆斯林信徒並不存在。」穆司塔法的觀點將全人類一分為二，他認為這個世界上除了伊斯蘭教徒之外，其他的人都是可被判處死刑的非穆斯林（Kafir）。⑦簡而言之，伊斯蘭教在草創期並未出現教導信徒使用暴力的觀念。但是，後來少數的激進份子利用伊斯蘭教與生活合一的特性，使部分教徒也開始信仰具有政治色彩的伊斯蘭教，就如庫特布的追隨者將他的理念與思想轉化成充滿暴力色彩的激進行為一般。

　　伊斯蘭恐怖組織在歐美地區的攻擊行動，不僅對區域安全造成威脅，更成為西方國家普遍的隱憂。歐盟在 2008 年「恐怖主義現況報告」中，特別將伊斯蘭恐怖主義組織列為重點觀察對象，而這些為數眾多的伊斯蘭恐怖組織中，以底下三個組織最具代表性：蓋達組織、哈瑪斯與塔利班。

---

⑤ Miller Judith: God Has Ninety-nine Names: Reporting from a Militant Middle East, New York: Simon & Schuster, 1996, p. 62, cited from: Dilip Hiro: War without End: The Rise of Islamist Terrorism and Global Response, New York: Routledge, 2002, pp. 66-67.

⑥ Dilip Hiro, ibid.

⑦ Gilles Kapel: Jihad: The Trail of Political Islam, US: Harvard University Press, 2002, p. 84.

## 二、具代表性的恐怖組織

伊斯蘭恐怖主義近年來已成為歐盟的主要威脅，伊斯蘭恐怖份子與組織多是地下運作並有許多潛在的支持者，追查不易且攻擊規模廣大、死傷眾多，其所造成的影響與帶給人民的壓迫感遠勝於其他三類型恐怖主義。其中最重要的因素即是信徒恪守嚴格的教義與理念[8]，恐怖份子已將個人生死置之度外，並把殉教行為視作至高無上的榮譽。以蓋達組織為例，賓拉登即呼籲全世界的聖戰士應消滅美國與其盟國的人民，並將伊斯蘭的律法弘揚到其他非伊斯蘭的國家中。在伊斯蘭恐怖主義，最受矚目的便是蓋達組織、哈瑪斯（Hamas）與塔利班（Taliban）三者，這些組織儘管理念、訴求與攻擊手段不盡相同，但各組織的最終目標都是要建立正統的伊斯蘭教國家，茲將這三個組織的成立背景與發展敘述如後。

### （一）蓋達組織

蓋達組織的領袖賓拉登出生於沙烏地阿拉伯，是一名當地從事建築業的富翁之子。1979 年 12 月蘇聯（Soviet Union）入侵阿富汗，賓拉登為了協助被蘇聯軍隊鎮壓的阿富汗人民，毅然投身加入阿富汗游擊隊，並利用家族事業之便，運輸許多起重機等大型建築器材協助防禦工事，亦提供大量資金給抵抗蘇聯的聖戰軍（Mujahideen）。1984 年賓拉登與其景仰的伊斯蘭學者阿贊（Abdullah Azzam），合作成立阿富汗事務部（Afghan Service Bureau），負責提供阿富汗難民基本生活照護，同時也負責招募成員提供軍事訓練與分派成員加入游擊隊或從事

---

[8] 伊斯蘭基本教義派的宗旨是為保護伊斯蘭世界不受現代化與世俗化潮流的影響，並相信這個世界最終將回到以宗教為核心的社會型態。一開始，基本教義派僅為少數信徒遵從的教條，在發展期間，大幅修改原來的伊斯蘭教教義後，在全球設立跨國性的宗教組織，並且教化信徒成為恐怖份子，為宗教犧牲奉獻。從基本教義派衍生出來的激進恐怖主義份子約佔所有伊斯蘭教徒的 1 ％。請參見：(1) Peter Waldmann: Terrorismus: Provokation der Macht, München: Gerling Akademie Verlag, 1998, pp. 103-104; (2) Wilhelm Dietl, et al.: Das Terrorismus-Lexikon, Frankfurt am Main: Eichborn Verlag, 2006, p. 24 & p. 123.

恐怖攻擊。⑨

　　在蘇聯軍隊撤出阿富汗後，賓拉登與阿贊共同成立「蓋達組織」，以一個凝聚所有穆斯林，並將他們認為的正統伊斯蘭教義散播到世界各地。「蓋達」一詞出自於庫特布作品中的「al-qaedah al-sulbah」，意即「穩固的基地」（Solid Base）。2001 年蓋達組織在全球約有四千名成員，並透過網路媒體宣傳與招募新成員，換句話說，蓋達組織的成員仍在持續擴增中。⑩

　　蓋達組織的核心教義與目標為：1.建立嚴格的沙利律法（Shari）⑪；2.防堵美國勢力與思想輸入中東地區與伊斯蘭世界；3.對抗親美的阿拉伯國家，視這些國家為伊斯蘭教的背叛者；4.設立哈里發制度（Caliphate）⑫；5.成立聖戰伊斯蘭陣線組織（Islamist Front for Ji-had）。⑬賓拉登認為，單在阿富汗境內從事反抗戰爭仍然不夠，必須在所有受到共產黨或西方國家壓迫的地方繼續作戰。此外，賓拉登曾在 1998 年的演說中強調：「聖戰伊斯蘭陣線的任務在於呼籲所有伊斯

---

⑨ 坊間許多文獻提到美國中情局在蘇聯入侵阿富汗期間訓練賓拉登等好戰份子，作者詳讀許多文獻後乃同意下述論點：美國當時的確提供許多資金給阿富汗用以對抗蘇聯，但美國的角色僅限於資金提供者。部分訪談中情局官員的資料顯示，當時負責阿富汗事務部的官員人數不多，而且多數人也並未在戰時實際造訪阿富汗。美國提供資金給阿富汗政府後，便由阿富汗政府全權處理。因此，論及賓拉登或蓋達組織與美國的培訓掛勾乃言過其實。

⑩ Rohan Gunaratna: Ideology in Terrorism and Counter Terrorism, in: Anne Aldis/Graeme P. Herd (eds.): War on Terror, US: Routledge, 2007, p. 22 & p. 24.

⑪ 沙利律法（Shari）綜合了西元七世紀到九世紀流傳的可蘭經（Korana）及先知穆罕默德（Mohammed）所宣揚的教義。Wilhelm Dietl, et al., op. cit., p. 123.

⑫ 哈里發（Caliphate）意指先知穆罕默德的繼承者，是伊斯蘭宗教領袖的名稱，在歷史上亦是阿拉伯帝國統治者的稱號。在阿拉伯帝國鼎盛時期，哈里發擁有最高權威，並掌管勢力龐大的伊斯蘭帝國。阿拉伯帝國滅亡之後，哈里發制度仍然延續到 1924 年才被廢除。近代以來，阿拉伯國家的政治實權掌握在蘇丹手中，哈里發的權力已經與世俗政治脫離，無法干涉阿拉伯國家的內政，而僅作為宗教領袖的意義。

⑬ 1998 年 2 月賓拉登成立「世界伊斯蘭聖戰陣線組織」（World Islamic Front for Ji-had），是一個蓋達組織所支持的恐怖團體，以恐怖手段殺害美國與以色列人民為其目標。請參見：Harvey W. Kushner: Encyclopedia of Terrorism, California: Sage Publication, 2003, p. 22.

蘭教徒屠殺美國人民，攻擊美國軍事組織、基地與美國在世界各地的盟友。」而這種全面性的作戰觀念，正是日後蓋達組織在世界各地不斷發動反美行動的指導原則。⑭蓋達組織的成員結構相當鬆散，賓拉登的幕僚利用網路散播賓拉登宣傳聖戰的影片，呼籲世界各地的穆斯林起而抗爭。911事件後，美國隨即進行打擊蓋達組織的反恐戰爭，出兵掃蕩阿富汗的塔利班政權與蓋達組織的基地，賓拉登與其同夥遂潛逃至阿富汗山區或阿拉伯國家等地。但是，美軍2003年出兵攻打伊拉克的行動，引發中東地區更嚴重的反美情緒，蓋達組織趁機在伊拉克、阿拉伯國家與北非地區大肆宣揚反美運動。美國的反恐戰爭，非但未徹底消滅蓋達組織，反而替賓拉登旗下的恐怖主義事業做了最好的宣傳，至今，眾多恐怖組織仍活躍在伊拉克、阿富汗、北非與動盪的中東國家中。

## （二）塔利班

塔利班（Taliban）是阿富汗境內的宗教與軍事組織，該組織的領袖為歐瑪（Mohammed Omar）。「塔利班」在波斯語中，意指「宗教學生」（Religious Student），由於其大部分成員皆為阿富汗難民區的伊斯蘭學校學生，故又稱為「伊斯蘭學生軍」。1992年，一支保衛阿富汗民族的聖戰軍，起而反抗蘇聯所支持的阿富汗人民民主黨（People's Democratic Party of Afghanistan; PDPA），但是，當反抗軍贏得勝利後，阿富汗卻出現群雄割據的亂象。聖戰軍的將領為爭奪領導權，相互攻擊兩年之久，其所到之處無不滿目瘡痍，人民生活苦不堪言。1994年，當時在阿富汗南部坎達哈（Kandahar）地區講學的教師歐瑪，為了反抗爭鬥不休的軍閥，遂成立塔利班。⑮

塔利班成立之初，雖然成員不多（約僅800人），但卻紀律嚴明且驍勇善戰，而塔利班主張振興經濟與反貪腐的理念，也深得阿富汗

---

⑭ Available from: http://www.mcu.edu.tw/department/genedu/2echelon/92report/a03/ 0807_11. htm. (Accessed 21.03.2009)

⑮ Harvey W. Kushner, op. cit., pp. 357-358.

人民的支持與歡迎。隨著塔利班聲勢日益上揚，其成員亦迅速增為 3
萬人，而且擁有上百輛坦克與數十架戰機。1995 年 5 月，塔利班攻擊
首都喀布爾，並在 1996 年順利拿下阿富汗政權，控制了阿富汗近九成
的領土。然而，阿富汗人民原本相信塔利班能使國家恢復安定，但掌
權後的塔利班不但對國家的重建工作毫無建樹，更提出許多嚴格限制
人民的政策，使阿富汗變成一個大型恐怖監獄。⑯

　　塔利班奪取政權的過程中，賓拉登曾提供大量的援助，於是塔利
班乃公開支持蓋達組織，並提供軍事訓練基地供其使用，雙方關係日
益密切。因此，2001 年 12 月，美國出兵攻打阿富汗，成功圍剿塔利班
政權，然而，塔利班卻沒有因此銷聲匿跡，其成員仍繼續以綁架人質
與恐怖攻擊的手段，反抗阿富汗、美國與其他支持美國的國家。⑰
2009 年 3 月 27 日美國公佈「阿富汗與巴基斯坦政策」（U.S. Policy to-
wards Afghanistan and Pakistan）指出：阿富汗與巴基斯坦的激進份子與
恐怖主義的威脅對美國的安全利益造成莫大的影響。⑱因此美國未來
將徹底執行底下五項行動：1. 打擊阿富汗與巴基斯坦的恐怖份子網
絡，防止未來國際恐怖主義的橫行；2. 提升阿富汗與巴基斯坦政府的
民主素質與增加政府效能，提供當地居民安全的環境並盡量利用本國
資源縮小外國資源的介入；3. 增加阿富汗安全部隊的反恐與反滲透能
力，盡量減少美國安全情報資源的介入；4. 協助管理民眾並建立穩定
的憲政政府；5. 在聯合國架構下，提升重建阿富汗與巴基斯坦的效
率。⑲

　　阿富汗與巴基斯坦政府對美國的新政策均表達高度的支持，而美
國的政策重點在於公眾基礎建設的重建，包括協助當地軍隊與警察的
訓練，與增派 1 萬 7 千士兵到南亞地區。除此之外，美國認為蓋達組織

---

⑯ Harvey W. Kushner, op. cit., p. 358.

⑰ Harvey W. Kushner, op. cit., p. 359.

⑱ Available from: http://www.cfr.org/publication/18952/. (Accessed 20.07.2009)

⑲ White Paper of the Interagency Policy Group's Report on U. S. Policy towards Afghani-
stan and Pakistan, available from: http://www.whitehouse.gov/assets/documents/Af-
ghanistan-Pakistan_White_Paper.pdf. (Accessed 19.07.2009)

將巴基斯坦視為組織發展的重要據點，因此乃積極協助巴基斯坦政府執行反恐政策。⑳美國總統歐巴馬認為，單純地以武力攻擊恐怖份子並不是最根本的解決辦法，因此計劃在未來五年中增加 1,500 萬美元的預算協助巴基斯坦建設學校、道路與醫院等設備。㉑歐巴馬這種較溫和的新政策，是否能緩和蓋達組織與塔利班對美國的敵意，殊值觀察。

## （三）哈瑪斯

　　1987 年 12 月 9 日被以色列佔領的巴勒斯坦地區發生第一次抗暴運動（Intifada I）㉒，以巴雙方嚴重衝突，12 月 14 日哈瑪斯㉓成立其初期的目標在於消滅以色列與重建巴勒斯坦國。為達成此一目標，哈瑪斯經常對以色列發動恐怖攻擊，製造自殺爆炸案件、綁架或殺害以色列

⑳ Available from: http://news.bbc.co.uk/2/hi/americas/7966982.stm. (Accessed 20.07. 2009)

㉑ Available from: http://features.csmonitor.com/politics/2009/03/27/obamas-strategy-for-afghanista n-and-pakistan/. (Accessed 21.07.2009)

㉒ 「Intifada」在阿拉伯文中，意思為「起義」（Shaking off）。巴勒斯坦的抗暴運動總共有兩次：第一次抗暴運動（Intifada I）是發生在 1987 年到 1993 年間，由於被以色列佔領的巴勒斯坦地區長期不滿以色列政府施行的高壓統治與歧視待遇，因此，號召平民百姓以非武裝的方式，用石頭、農具和簡單的槍械反抗以色列。以色列政府則以武裝部隊與坦克車鎮壓反抗民眾，而在抗暴的民眾中，甚至有許多手無寸鐵的孩童與老人。經過雙方長達六年的激烈衝突，巴勒斯坦和以色列的傷亡人數懸殊，而此次的巴勒斯坦抗暴運動，也引起了國際的關注與介入。第二次巴勒斯坦抗暴運動（Intifada II）發生的原因，是由於 2000 年 9 月 28 日以色列總理夏隆（Ariel Sharon）拜訪耶路撒冷的阿薩克清真寺（Al-Aqsa Mosque），引起巴勒斯坦人的強烈反彈；兩天後，巴勒斯坦人朝以色列軍人丟擲石頭抗議夏隆的來訪，而慘遭以色列軍人槍殺，因而引發了第二次抗暴運動；之後，加薩地區和以色列境內的巴勒斯坦人也陸續加入抗爭，最後則演變成一連串的嚴重衝突。然而，這次抗暴運動與上一次抗暴運動的不同點在於，第二次抗暴運動有哈瑪斯、伊斯蘭聖戰組織（Islamic Jihad）、艾克薩烈士旅（Al-Aqsa Martyrs Brigade）等恐怖組織，從中策劃許多自殺爆炸事件，並以武裝革命的方式反抗以色列政府。Available from: http://palinfo.habago.org/archives/2003/11/17/17.41.25/. (Accessed 08.04.2009)

㉓ 「Hamas」一詞源自阿拉伯文「Harakat al-Muqawama al-Islamia」的字母縮寫，意指「伊斯蘭反抗運動」（Islamic Resistance Movement）。

人民等，因此，以色列、美國與歐盟公認其為恐怖組織。㉔最早，哈
瑪斯原屬於巴勒斯坦穆斯林兄弟會（Muslim Brotherhood）的分支，精
神領袖雅辛（Sheikh Ahmed Yassin）在巴勒斯坦各地的清真寺、學校、
醫院廣泛宣傳與提供社會救助給予貧困者，哈瑪斯遂逐漸獲得基層民
眾的支持。㉕有鑑於哈瑪斯在巴勒斯坦與中東地區的影響力日益擴
大，美國為首的西方國家乃對當時巴勒斯坦領導人阿拉法特（Yasir
Arafat）施加壓力，要求阿拉法特嚴加管制巴勒斯坦地區的武裝團體。
1996 年阿拉法特下令關閉所有哈瑪斯與伊斯蘭聖戰的相關機構，並逮
捕 1,000 多名哈瑪斯的支持者。不過，哈瑪斯的勢力在阿拉法特的施壓
下並未消失。成立於1992年的哈瑪斯軍隊──卡薩姆軍團（Al-Qassam
Brigades），為報復以色列 1996 年刺殺哈瑪斯軍事指揮官阿亞胥
（Yahya Ayyash），遂激烈攻擊以色列。㉖

　　2000 年發生第二次巴勒斯坦抗暴運動（Intifada II）後，哈瑪斯的
恐怖攻擊行動越來越頻繁，以色列、美國與歐盟再次要求阿拉法特抵
制哈瑪斯的恐怖活動。㉗阿拉法特隨後於 2001 年 12 月，再次下令執行
多項打壓哈瑪斯的行動，然而，當以色列聲明即將重新佔領巴勒斯坦
時，民眾顯示逐漸不相信阿拉法特與以色列和談的效用，對阿拉法特
政府失去信心，而此時正是哈瑪斯壯大組織的機會。2003 年夏天，阿
拉法特繼承人阿巴斯（Mahmoud Abbas）提出有條件停火協議，呼籲
哈瑪斯與巴勒斯坦伊斯蘭聖戰組織（Palestinian Islamist Jihad; PIJ）停止
抗爭。但是 8 月在耶路撒冷的巴士爆炸攻擊案，再度將和平協議推入
深淵，以色列隨後便執行暗殺哈瑪斯領袖的行動。2004 年 3 月，以色
列成功暗殺精神領袖雅辛，但卻難以阻止哈瑪斯繼續發展勢力。㉘

---

㉔ Harvey W. Kushner, op. cit., p. 160.

㉕ Harvey W. Kushner, op. cit., p. 160.

㉖ 哈瑪斯在 1996 年犯下多起巴士爆炸案件，總共造成 60 名以色列人罹難：1997
　年又對耶路撒冷發動攻擊，造成 15 人死亡。Harvey W. Kushner, op. cit., p. 161.

㉗ 哈瑪斯在 2000 年 10 月 1 日至 2001 年 9 月 10 日期間，犯下 20 件爆炸案、2 件槍
　擊案與一起綁架案，前後總計造成 77 人死亡、547 人輕重傷。Harvey W.
　Kushner, op. cit., p. 161.

㉘ Jonathan R. White: Terrorism and Homeland Security, USA: Thomson, 2006, pp.
　164-165.

2006 年的國會選舉，哈瑪斯成為國會最大黨並出組內閣，成為巴勒斯坦最有影響的政黨。

　　哈瑪斯執政對於以巴衝突的局勢可說是憂喜參半，一方面，哈瑪斯執政後可望與法塔合作改善巴勒斯坦的政治現況；另一方面，在政局仍不穩固的國家體系，哈瑪斯恐怖組織的身分增添許多不確定性。巴勒斯坦內亂延續到哈瑪斯於 2007 年武裝佔領加薩走廊，才終止哈瑪斯與法塔好幾個月的抗爭。目前巴勒斯坦分裂為兩個政權各有地盤：法塔控制約旦河西岸，而哈瑪斯則掌控加薩走廊。

## 三、在歐洲之行動、影響與特色

　　根據歐洲警政署 2009 年恐怖主義情勢分析報告，可發現伊斯蘭恐怖主義實際的攻擊行動雖不若分離主義恐怖主義多，但在比利時、西班牙與法國所逮捕的嫌犯均供稱正意圖策劃大規模恐怖行動。部分會員國亦提到由於目前在伊拉克與阿富汗的戰爭導致許多伊斯蘭恐怖份子鎖定參戰國家為攻擊目標（請參見〈表 5-1〉）。㉙

　　伊斯蘭恐怖組織的宣傳手法、資金與物資運送方式亦是歐盟與各會員國關注的焦點。在資訊化時代，恐怖主義多利用網路與平面媒體進行宣傳手法、招募成員或宣揚理念。2004 年時，賓拉登曾藉由公開播放錄影帶的方式，宣揚伊斯蘭聖戰理念，並將恐怖攻擊合理化為自我防衛的戰爭。㉚其次，伊斯蘭恐怖份子組成「全球伊斯蘭媒體陣線」（Global Islamic Media Front; GIMF），專門散播恐怖主義思想與發行各種恐怖主義的刊物。㉛在資金與物資輸送方面，西班牙政府發現伊斯蘭恐怖份子以房地產公司作為掩護，將國外資金匯入法國與德國當地的恐怖組織，並透過葡萄牙、西班牙與摩洛哥之間的聯繫網絡，

㉙ Europol: TE-SAT 2009, EU Terrorism Situation and Trend Report, p. 10 & p. 17. Available from: http://www.europol.europa.eu/publications/EU_Terrorism_Situation_and_Trend_Repor t_TE-SAT/TESAT2009.pdf. (Accessed 12.07.2010)
㉚ 賓拉登的副手薩瓦希立（Ayman al Zawahiri）也曾多次透過媒體發表演說，並搭配英文翻譯字幕，以吸引更多的觀眾支持蓋達組織的恐怖行動。
㉛ Europol: TE-SAT 2008, op. cit., pp. 21-22.

<表 5-1 > 2008 年恐怖主義案件統計

| 會員國 | 伊斯蘭 | 分離主義 | 左翼 | 右翼 | 未分類 | 總數 |
|---|---|---|---|---|---|---|
| 比利時 | 5 | 7 | 0 | 0 | 0 | 12 |
| 丹麥 | 10 | 0 | 0 | 0 | 7 | 17 |
| 法國 | 31 | 44 | 0 | 0 | 0 | 75 |
| 德國 | 8 | 2 | 0 | 0 | 0 | 10 |
| 愛爾蘭 | 0 | 9 | 0 | 0 | 0 | 9 |
| 義大利 | 20 | 3 | 2 | 0 | 0 | 25 |
| 西班牙 | 49 | 85 | 25 | 0 | 3 | 162 |
| 瑞士 | 1 | 0 | 0 | 0 | 0 | 1 |
| 荷蘭 | 13 | 0 | 0 | 0 | 0 | 13 |
| 英國 | 53 | 5 | 0 | 2 | 0 | 60 |
| 總數 | 190 | 155 | 27 | 2 | 10 | 384 |

資料來源：Europol: TE-SAT 2009, EU Terrorism Situation and Trend Report, available from: http://www.europol.europa.eu/publications/EU_Terrorism_Situation_and_Trend_Report_TE-SAT/TESAT2009.pdf. (Accessed 12.07.2010)

將竊取之贓車運至北非國家販賣，以換取現金供應當地的伊斯蘭恐怖組織使用。此外，義大利政府也發現伊斯蘭恐怖組織透過上述聯繫網絡提供偽造文件，以協助恐怖份子在歐洲國家進行恐怖行動。[32]

## 第二節　種族／民族主義與分離主義恐怖主義

相較於伊斯蘭恐怖主義，種族／民族主義與分離主義在西元前就已存在，例如受到打壓與歧視的猶太人渴望建立自己的國家，這樣的民族情結與長期壓迫的環境容易衍生此類型的恐怖主義。這些激進份子為了達到政治訴求不惜使用恐怖手段，對於國家內部安全造成莫大的威脅。

[32] Europol: TE-SAT 2008 Europol: TE-SAT 2008, op. cit., p. 23.

# 一、緣起

種族／民族主義與分離主義常被認為是激進份子轉化為恐怖份子的導因，這些具有強烈種族與民族意識的激進份子，為了重新讓族群享有自主權，不惜採取暴力攻擊手段迫使政府接受其要求。[33]在歐洲，西班牙的巴斯克民族是較為著名案例。根據歐洲警政署 2008 年恐怖主義現況報告，歐盟境內的恐怖攻擊事件共計有 515 件，其中 390 件皆起因於西班牙與法國的分離主義。[34]

歐洲種族／民族主義與分離主義類型的激進組織約在 1960 年代左右出現，後來到了 1970 年這些團體轉而發展成具有攻擊性的恐怖組織，其中成立時間較長、較具有代表性的組織包括：西班牙艾塔組織（Euskadi Ta Askatasunal; ETA）與法國科西嘉民族解放陣線（Front de la Libération de la Corse; FLNC）與土耳其庫德工人黨（Workers' Party of Kurdistan; PKK）等。茲將此三組織介紹如後。

# 二、具代表性的恐怖組織

## （一）艾塔組織

十九世紀末的西班牙開始興起民族運動，居住在西班牙西北方的巴斯克區人為了抵抗西班牙政府的統治，維護自身的民族傳統文化，在 1895 年組成了巴斯克民族黨（Partido Nacionalista Vasco/Basque Nationalist Party; PNV），希望透過抗爭與恐怖攻擊的方式，脫離西班牙的統治，建立主權國家。1936 年到 1939 年西班牙內戰期間，西班牙第二共和政府賦予巴斯克地區自治權，藉以當作拉攏巴斯克人共同對抗佛朗哥（Francisco Franco Bahamonde）的條件，然而，佛朗哥擊敗第二共和政府，成立西班牙共和國後，採行高壓統治取消巴斯克地區的自

---

[33] James M. Lutz/Brenda J. Lutz: Global Terrorism, Second Edition, London/New York: Routledge, 2008, p. 102.

[34] Europol: TE-SAT 2009, op. cit., p. 12.

治權，更禁止當地的文化與語言。㉟ 1959 年 7 月 31 日，巴斯克地區的學生團體認為巴斯克民族黨推動獨立的成效不彰，因此脫離該黨，另組艾塔組織。㊱「艾塔」一詞原為巴斯克民族黨創立者與民族主義作家－阿哈納（Sabino Arana）所創，意指「巴斯克自由祖國」（Basque Fatherland and Liberty）。㊲雖然，艾塔組織在佛朗哥高壓統治下未有積極行動，但自 1975 年佛朗哥逝世後，艾塔組織的恐怖攻擊行動大幅增加，並於 1978 年成立了「人民團結黨」（Herri Batasuna），希望透過政治管道達到主權獨立的訴求。艾塔組織自成立至今一直是西班牙政府的心頭大患。雖然，目前艾塔組織已趨式微，巴斯克地區獨立建國的可能性亦不大，但艾塔組織仍然持續在西班牙及法國部分地區進行恐怖攻擊行動。

巴斯克地區在 1979 年開始施行自治，雖然，西班牙政府放鬆對巴斯克地區的管制政策，卻仍無法終止艾塔組織的恐怖行動。根據官方的統計，自 1968 年起至 2008 年 5 月 14 日為止，艾塔組織的恐怖行動總共造成823人喪生。㊳為了阻止艾塔組織的惡行，西班牙政府分別在 1988 年、1995 年與 1998 年與艾塔組織舉行三次停火談判，但是始終無法達成令雙方滿意的協議，反倒使艾塔組織採取更激烈的攻擊手段。1990 年代後，西班牙政府除了在國內積極推展反恐機制外，也積極尋求國際間的互助與合作共同打擊恐怖主義，以降低艾塔組織的恐怖活動。

## （二）科西嘉民族解放陣線

科西嘉民族解放陣線成立於 1976 年，由兩個倡導科西嘉島獨立的暴力團體共同組成㊴，是當時許多反抗法國政府的暴力團體之一。事

---

㉟ Jan Oskar Engene: Terrorism in Western Europe: Explaining the Trends since 1950, US: Edward Elgar Publishing, 2004, p. 126.

㊱ 在艾塔組織的恐怖攻擊行動中，最廣為人知的案件是1973 年西班牙總理白朗哥（Carrero Blanco）暗殺事件；其次，艾塔組織也將馬德里人民黨（People's Party）與支持西班牙統一者視為攻擊對象。

㊲ Wilhelm Dietl, et al., op. cit., p. 57.

㊳ Available from: http://www.mir.es/. (Accessed 21.03.2009)

㊴ 這兩個團體分別為：Ghjustizia Paolina 與 Fronte Paesanu Corsu di Liberazione。

實上，早在 1769 年科西嘉島納入法國領土前，當地的居民就對法國的
統治十分不滿。從過去到現在，法國政府一直拒絕賦予科西嘉島地方
自治的權力，反對將科西嘉語列為官方語言；再者，歷年來非科西嘉
島人的大量遷入，使得科西嘉人的排外意識與反政府行動逐漸加深。
為此，科西嘉民族解放陣線在維護科西嘉人民利益的旗幟下，堅決反
抗法國政府對科西嘉島施加的「內部殖民主義」（Internal Colonia-
lism）。1980 年代，科西嘉民族解放陣線內部分裂成兩派，其中一派
在 1999 年與當地的地下組織結合，成員約有 600 餘人，每年約犯案
200～800 件，並且經常藉由收取「革命稅」（Revolution Taxes），勒
索人民財產或搶劫銀行，以作為組織運作的資金。[40]在科西嘉民族主
義運動中，科西嘉民族解放陣線是組織規模最大、攻擊手法最殘暴的
一支，其最常見的攻擊手段包括：以炸彈攻擊科西嘉、法國政府機
關、公共設施、旅遊景點與非科西嘉人財產等。[41]主要活動範圍集中
在科西嘉島，其次是法國本土；該組織的主要是透過恐怖行動威脅法
國政府，以達到獨立建國的目標。

　　過去科西嘉民族解放陣線在科西嘉島與法國本土的恐怖行動頻
仍，但這些恐怖活動的威脅性不大，因此，法國政府一直沒有正式與
該組織進行談判。直到 2003 年，情況發生逆轉，法國政府同意賦予科
西嘉島地方自治權，並提供新的援助計劃、協助科西嘉島的發展、鼓
勵當地小學傳授科西嘉語。法國政府希望透過這些改善計劃，減少科
西嘉島人民對法國政府的不滿，進而勸使科西嘉民族解放陣線終止長
達二十多年的恐怖活動。[42]根據法國政府統計，從 1976 年到 1991 年之
間，科西嘉民族解放陣線總計發起 1,291 次恐怖攻擊，約占同時間法國
境內所有恐怖行動的一半。[43]儘管法國政府有意解決科西嘉島的問

[40] 1980 年代，科西嘉民族解放陣線分裂成兩個恐怖組織：歷史派（Canal Histori-
que/Historical Faction）與一般派（Canal Habituel/Usual Faction），後者在 1997 年
停止運作。

[41] Harvey W. Kushner, op. cit., p. 256.

[42] Harvey W. Kushner, op. cit., pp. 256-257.

[43] Jan Oskar Engene: Terrorism in Western Europe: Explaining the Trends since 1950, US:
MPG Books Ltd, 2004, pp. 123-125.

題，然而，科西嘉島的經濟與法國相比仍有一段差距，科西嘉民族解放陣線仍不時有恐怖活動。

## （三）庫德工人黨

庫德族人直至今日仍與土耳其人衝突不斷，庫德族人甚至團結起來建立庫德工人黨，該黨擁有自己的武裝部隊，並試圖透過暴力推翻土耳其政府。1993 年夏季，庫德工人黨在土耳其許多旅遊景點發動流血暴動，造成多人傷亡，其中也包括德國旅客。由於德國境內有大量的土耳其人與庫德族移民，因此自 1990 年代開始，庫德工人黨也以武裝暴力攻擊德國的軍事機構與一般民眾，或駐德的土耳其機構、銀行與旅行社。[44]庫德工人黨的資金來自私人捐款，支持者包括土耳其東南部的庫德商人，或是在敍利亞、伊朗與歐洲對庫德工人黨的支持者。[45]德國政府在 1993 年 11 月正式將庫德工人黨列為非法團體，但是此舉卻招來二萬名庫德人在波昂進行激烈的抗議，這波抗議浪潮也蔓延到其他德國城市。德國政治家也開始警覺到，這波由庫德工人黨所引發的社會動盪，必須藉更以嚴格的移民法來對抗恐怖主義與暴力事件，並嚴格限制來自土耳其的移民。[46]

## 三、在歐洲之恐怖行動、影響與特色

2007 年，8 個歐盟會員國總計逮捕了 548 名分離主義恐怖主義嫌犯[47]，比 2006 年，增加了 1 倍以上。[48]其中 57%的嫌犯來自法國（315名），其次是西班牙（36%，196 名）與愛爾蘭（4%，24 名）。在法國方面，自從 2007 年 12 月科西嘉分離恐怖主義份子科洛納（Yvan Col-

---

[44] Elspet Guild/Anneliese Baldaccini (eds.): Terrorism and the Foreigner: A Decade of Tension around the Rule of Law in Europe, The Netherlands: Martinus Nijhoff Publishers, 2007, p 185.

[45] Available from: http://zh.wikipedia.org/w/index.php? title=%E5%BA%AB%E5%BE%B7%E5%B7%A5%E4%BA%BA%E9%BB%A8&variant=zh-tw. (Accessed 20.06.2008)

[46] Elspet Guild/Anneliese Baldaccini (eds.), op. cit., p. 186.

[47] Europol: TE-SAT 2008, op. cit., p. 30.

[48] 2006 年歐盟會員國總計逮捕 226 名嫌犯。Europol: EU Terrorism Situation and Trend Report 2007, 03.2007, p. 14.

onna）被判刑入獄後，許多推崇科洛納為民族英雄的科西嘉青年發起一連串的激烈抗爭運動，使得科西嘉島的分離主義恐怖攻擊持續增加，也因此逮捕了不少示威抗議者。值得注意的是，有 12%的嫌犯是女性，成為女性參與程度最高的恐怖主義團體。從嫌犯的年齡層分類來看，巴斯克分離主義恐怖主義嫌犯的平均年齡較科西嘉分離恐怖主義嫌犯年輕。在法國和西班牙被逮捕的巴斯克分離主義嫌犯有 55%在三十歲以下，在科西嘉分離恐怖主義的嫌犯當中，只有 31%是在三十歲以下。⑭

　　在西班牙有超過 70%的分離主義恐怖主義嫌犯是因加入恐怖組織遭到逮捕；在法國的科西嘉分離主義恐怖主義嫌犯則是因為涉及恐怖攻擊而遭逮捕。2007 年比利時、法國、德國、荷蘭與斯洛伐克等 5 個歐盟會員國中，總計有 38 人因參與庫德工人黨的恐怖攻擊活動而被起訴逮捕。同（2007）年 2 月，比利時政府就曾查獲庫德工人黨的歐洲首腦涉嫌以毒品走私取得資金進行恐怖活動，因此將其逮捕到案。在德國發生的分離恐怖攻擊事件主要都是庫德工人黨所為，庫德工人黨因為與土耳其的衝突情況持續加劇，所以不斷在德國製造恐怖攻擊事件。⑮

　　巴斯克分離主義恐怖份子向來都從法國運送物資與資金，也把法國當作是艾塔組織策劃行動的後方根據地（Operational Rear Base），同時，艾塔組織也把法國當作訓練成員與協助恐怖份子暫時藏匿的地點。恐嚇勒索是艾塔組織奪取恐怖活動經費的慣用手法，在 2007 年，西班牙媒體就曾多次報導該組織在巴斯克地區與北西班牙納瓦拉（Navarre）地區，對商人恐嚇取財的事件。相同地，科西嘉民族解放陣線與泰米爾伊斯蘭解放之虎也都是經常以恐嚇勒索取得犯案資金的恐怖團體。此外，2007 年西班牙政府也發現艾塔組織所使用的攻擊工具有所改變。與以往不同的是，過去艾塔組織主要使用商業炸藥（Commercial Explosives）與自製炸藥（Home-made Explosives; HMEs）同時

---

⑭ Europol: TE-SAT 2008, op. cit., pp. 30-31.

⑮ Europol: TE-SAT 2008, op. cit., p. 31.

進行攻擊，但是，最近西班牙政府卻發現，艾塔組織的恐怖攻擊變成以自製炸藥使用居多，而這種改變可能跟法國政府近來為防止艾塔組織取得作案爆炸物，因此對炸藥製造工廠、軍方補給單位與炸藥運送過程實施的安全管制有直接影響關係。(51)

## 第三節　左派與無政府恐怖主義

中世紀後期，歐洲爆發農民抗爭，當時的農民因受到地主剝削與社會階級不平等的待遇，遂群起抗爭。(52)另外，法國大革命時期，反抗社會不公而攻陷巴士底監獄的巴黎市民，亦是引發法國大革命的推手。所以中產與低階層的人民希望限制上層統治階級與貴族的權力，這些抗爭運動也隱含左派的思想。簡而言之，左派恐怖主義是偏向共產主義思想的激進份子，他們接受共產主義的意識型態(53)並認為消除資本社會所造成的不平等、社會貧富不均與教育資源分配不當，乃是建立一個平等的國度的重要原則。

### 一、緣起

十九世紀時無政府主義者透過恐怖主義的手段對抗統治階級，其與左派意識型態的關係相當密切，他們透過暗殺統治人物的方法(54)替

(51) Europol: TE-SAT 2008, op. cit., pp. 32-33.

(52) James M. Lutz/Brenda J. Lutz, op. cit., p. 131.

(53) 共產主義思想的建立首推馬克思與恩格爾的理論，他們是左派意識型態最重要的精神領袖。馬克斯當時出版許多文稿，批評十九世紀的歐洲陷入了資本主義社會的泥淖中，不理社會的不平等與限制。此後，俄國的列寧與中國的毛澤東均尊崇共產主義的思想，進而發揚其理念並以其理念治國。在冷戰時期，以蘇聯為首的共產主義陣營與美國為首的資本主義陣營形成長達五十年左右的意識型態對抗，左派恐怖主義在此時期最為盛行。

(54) 根據估計，無政府主義者對於許多政治人物進行暗殺行動，因而喪命的政治人物計有：1894 年法國總統卡諾（Carnot）、1897 年西班牙總理卡斯提歐（Canova del Castillo）、1898 年奧匈帝國的伊麗莎白（Empress Elizabeth of Austria-Hungary）、1900 年義大利國王溫伯托（Umberto）、1901 年英國首相麥肯立（Mckinley）。另外，被無政府主義暗殺但幸運生還的政治人物為：英國維多利亞女皇、法國飛利浦國王與德國威廉一世大帝。

自身的理念發聲。普遍而言，無政府主義者並不認為一場單純的暗殺行動可以改變社會的現況，其所追尋的目標是透過暗殺行動告訴社會大眾一場改革正欲成形，呼籲大眾群起抗爭。同樣地，左派反對組織也是期望推翻整個社會制度，認為國內與國外的資本主義已結合為一個聯盟，視國內的政治團體為攻擊目標，亦常攻擊國內的外國資本主義。[55]對於左派反對組織而言，能獲得大眾支持並影響他們一起進行政治制度的改革是最終的目標。

　　左派恐怖主義發跡於 1970 年代，並活躍於 1970～90 年代，亦稱為社會改革派恐怖主義（Sozialrevolutionärer Terrorismus）。冷戰結束後，激進的共產主義思想已經逐漸消失，取而代之的是資本社會對環境所造成的威脅。近年來，資本主義國家便成為左派反對組織主要的抗爭對象。[56]

## 二、具代表性的恐怖組織

　　左派反對組織通常並不僅單純希望透過暴力迫使政治領導者下台，他們認為由特定的階層所主導且遵行一定體系的當代社會是政治之惡。因此，左派反對組織反抗之目的是：反對資本主義社會造成的貧富差距，並透過恐怖活動企圖迫使政府改革。左派的恐怖組織較為著名的是紅軍黨團（Red Army Fraction; RAF）[57]、希臘「11 月 17 日革命組織」（17 November Organization）[58] 與義大利紅軍旅（Red Brigades）[59]，茲將各組織的發展與影響敘述如後。

---

[55] James M. Lutz/Brenda J. Lutz, op. cit., p. 132.

[56] James M. Lutz/Brenda J. Lutz, op. cit., p. 138.

[57] 德文原文為：Rote Armee Fraktion.

[58] 亦另名為：Epanastatiki Organosi 17 Noemvri. Available from: http://www.nps.edu/Library/Research/SubjectGuides/SpecialTopics/TerroristProfile/Current/RevolutionaryOrganization17November.html. (Accessed 18.07.2009)

[59] 義大利文原文為：Brigate Rosse.

## （一）紅軍黨團

在紅軍黨團創立之前，約在 1960 年代中葉出現一群以學生為主的「議會外反對團體」（Ausserparlamentarische Opposition; APO），其動機是反抗當時季辛格（Kurt Georg Kiesinger）組成的大聯合政府（Grosse Koalition）。這些學生受到格瓦拉（Ernesto Rafael Guevara de la Serna; Che Guevara）反對美國越南戰爭等事件的影響，開始要求社會進行根本上的改革行動，包括新的社會制度、政治結構需階級化等左派思想，其活動絕大部分獲得「社會主義德國學生聯盟」（Sozialistischer Deutcher Studentenbund; SDS）的贊助並在 1967 與 1968 年間達到高峰。

1968 年 4 月 2 日第一代紅軍黨團的先驅巴德（Andreas Baader）主謀一項縱火案[60]，此事件被視為是德國左派恐怖主義的開端。事件主謀巴德被捕後，其同夥開始商議對策，紅軍黨團第一項活動就是在 1970 年 5 月 14 日營救巴德，之後他們便開始暗殺或以炸彈攻擊警長或美軍駐德國指揮官，造成多名警官與美軍死傷。[61]第一代紅軍黨團在其主要領導人於 1977 年遭多起罪名起訴後告一段落。[62]

紅軍黨團是德國 1970 年代左右開始出現的左派地下暴力組織，創立者為巴德、恩斯林（Gudrun Enslinn）與馬勒（Horst Mahler），其理念為反對現行政府體系、資本主義與美國主義擴散。德國境內的恐怖行動並未因為第一代紅軍黨團的重要領導人物被捕而結束，相反地，

---

[60] 兩家位於法蘭克福（Frankfurt am Main）的百貨商場遭到縱火，參與該事件的尚有恩斯林、普洛爾（Thorwald Proll）與儒來恩（Horst Söhnlein）3 人，犯案三天後即被逮捕並各處三年有期徒刑。隨後聯邦法院（Bundesgerichtshof）更審 3 人無罪。之後，此 3 人遂將活動轉為地下化並與其辯護律師馬勒（為約旦人，曾參與巴解組織位於阿富汗的恐怖份子訓練營）共組城市游擊隊，行動綱領則以巴西人馬利蓋拉（Carlos Marighella）所著之城市游擊隊手冊（Minihandbuch des Stadtguerillero）為依歸。

[61] 1971 年夏季，警方逮捕紅軍黨團恐怖份子薛爾姆（Petra Schelm），10 月時，警長施密特（Norbert Schmidt）在巡邏時遭槍殺；隨後，紅軍黨團發動「佩特拉‧薛爾姆指令」，以炸彈攻擊美軍法蘭克福駐地並造成 1 名軍人死亡、13 人受傷；同時亦攻擊判刑紅軍黨團成員的法官與警官；最後一場攻擊行動為「7 月 15 日指令」，以薛爾姆死亡當日定為指令名稱，1972 年炸彈攻擊美軍駐海德堡指揮部，造成 2 名美軍喪生與多人輕重傷。

被拘禁在各監獄的紅軍黨團成員開始自成一個資訊系統。1974 年 11 月
9 日麥斯（Holger Meins）死於絕食抗議，此事件導致更多左派人士與
激進份子更強烈希望重新整裝進行抗爭行動。而在監獄內的情形則因
為絕食的影響，紅軍黨團的成員獲得較為寬鬆的待遇，他們開始與地
下紅軍黨團分支合作行動，其中最重要的聯絡人就是巴德，當組織網
路逐漸成形時，第二代紅軍黨團也因運而生。⑥

　　紅軍黨團獨特之處在於，儘管執政當局大舉殲滅其領導者，紅軍
黨團仍可發展出另一個遵循該組織理念的新世代。紅軍黨團是西德政
府多年來揮之不去的威脅。第三代紅軍黨團約於 1984 年左右出現，他
們的強硬派核心人物約有 20 人，並以攻擊軍事工業及政治經濟人物為
目標。但是第三代紅軍黨團的行動已經與原先設定的理念相去甚遠，
最後也只淪為犯罪組織。除此之外，在蘇聯與東歐等共產國家垮台以
及東西德合併後，紅軍黨團過去鮮明的「反資本主義、推崇馬克思主
義」的色彩逐漸消逝。雖然，1991 年仍有許多攻擊與暗殺行動，共產
主義瓦解亦促使紅軍黨團省思組織的未來方向。⑥有鑑於此，紅軍黨
團於 1998 年公佈解散聲明，文中論及紅軍黨團近三十年間造成的人員
傷亡，以及恐怖攻擊的方式實無法撼動聯邦德國的政治體制，此後紅
軍黨團便正式走入德國歷史。⑥

---

⑥ 1977 年發生了多起由紅軍黨團發起的重大綁架謀殺事件，史上稱之為德國之秋
（Der Deutsche Herbst）。第一起暗殺事件發生於 1977 年 4 月 7 日聯邦大法官
（Generalbundesanwalt）布巴克（Siegfried Buback）連同司機與 1 名隨行警察在
上班途中被殺害；同（1977）年 7 月綁架德列斯登銀行董事會發言人（Vorstan-
dssprecher）龐托（Jürgen Ponto）並將之殺害，這兩起暗殺事件震驚德國，但是
隨之而來更為重大的綁架事件是 1977 年 9 月 5 日工會聯盟主席施萊爾（Hanns-
Martin Schleyer）綁票事件，紅軍黨團的條件為要求釋放包括巴德與恩斯林在內
的 11 名被捕的成員，施密特總理採取拖延戰術，答應紅軍黨團的要求並同時追
查施萊爾的下落，可惜戰術未成功，1977 年 10 月 19 日施萊爾的屍體被發現在
亞爾薩斯（Elsass）1 臺車輛的後車廂中。

⑥ Philipp H. Schlte: Terrorismus- und Anti-Terrorismus-Gesetzgebung: Eine Re-
chtssoziologische Analyse, Münster: Waxmann, 2008, pp. 58-59.

⑥ James M. Lutz/Brenda J. Lutz, op. cit., p. 141.

⑥ Wilhelm Dietl, et al., op. cit., pp. 69-80.

## （二）11月17日革命組織

　　希臘的「11月17日革命組織」是歐洲歷史悠久的左派反對組織之一。組織規模不大，成員多尊崇馬克思主義。[66]組織名稱是為了紀念1973年11月17日希臘安全部隊襲擊雅典工藝技術學校（Polytenisisches Institut）的學生，這次事件造成 34 名支持民主的抗爭者喪生以及超過800多人受傷，而「11月17日革命組織」為一秘密組織，1975年執行一項恐怖活動後開始為人所知。[67] 1970 年代後期，希臘軍政府垮台，然而，抗爭者仍然持續懷疑新政府之能力，該組織乃持續對資本主義與守舊主義進行鬥爭。「11月17日革命組織」成員在往後的二十五年間仍持續發動攻擊，目標設定為著名的守舊派人士、多國企業高層、英美軍方與美國中情局位於雅典的駐點等。

　　「11月17日革命組織」從不發展軍事肢翼，以躲避希臘安全部隊或國外組織的追查，事實證明他們隱藏身分的做法相當成功。[68]組織發動攻擊後，通常會立即發佈有關組織訴求的聲明書面文稿，有些文稿長達十頁之多。[69] 1990 年開始，「11月17日革命組織」將土耳其外交官、歐盟機關與外國投資公司納入攻擊的目標，同時也開始使用火箭炮作攻擊的武器。多年來，「11月17日革命組織」一直以小規模型態發展，參與者的身分更需要再三確認才准許新成員加入，導致希臘政府難以追查組織動向。但也因為組織規模較小，「11月17日革命組織」雖然進行多次計劃完善的攻擊行動，仍難撼動希臘政治體制。[70]

　　「11月17日革命組織」活動的資金通常來自搶劫銀行獲得的不法

---

[66] 該組織歷年來的攻擊行動均集中在首都雅典。Yonah Alexander/Dennis A. Pluchinsky: Europe's Red Terrorists: The Fighting Communist Organizations, London: Frank Cass and Company Limited, 1992, pp. 91-93.

[67] 「11月17日改革組織」的成員將美國中情局駐希臘總部的首長威爾希（Richard Weich）謀殺於自家中。Wilhelm Dietl, et al., op. cit., p. 88.

[68] James M. Lutz/Brenda J. Lutz, op. cit., p. 146.

[69] 然而希臘政府自 1991 年起禁止特定的文稿出版，這項政策迫使該組織出版的文稿數量大不如前。Yonah Alexander/Dennis A. Pluchinsky, op. cit., p. 91.

[70] James M. Lutz/Brenda J. Lutz, op. cit., p. 146.

資金，2002 年 9 月 5 日，該組織在雅典派瑞爾斯港（The Port of Pira-eus）執行爆炸攻擊事件未成功，導致 19 名成員被希臘警方逮捕，其中更包括組織的重要領導者之一庫多帝納斯（Dimitris Koudodinas）。此事件終於使希臘警方揭發過去難以追查的「11 月 17 日革命組織」，2003 年希臘法院將 15 名嫌犯治罪，其中 5 名涉及多項罪名，但是有 4 名嫌犯因為罪證不足被飭回。⑦ 2005 年希臘警方再次針對組織成員進行攻堅，在搜索 1 名成員家中時成功破解組織網路並逮捕多人到案，而漸漸控制該組織的發展。

## （三）義大利紅軍旅

　　義大利紅軍旅活躍於 1960 年代末期至 1990 年代，其出現是因 1960 年代中期，義大利出現舊墨索里尼支持者與年輕右派激進份子，目標為阻止義大利共產黨獲勝，這促使尊崇馬克思主義的左派組織起而對抗。1969 年 12 月 12 日的一次恐怖攻擊中，造成 16 人死亡與 88 人受傷，儘管右派恐怖份子明顯涉案，然而義大利警方卻僅鎖定左派恐怖份子，並逮捕 1 名無政府主義者皮耐利（Pino Pinelli）。⑦這名嫌犯最後從米蘭警局四樓跳下身亡，警方的說詞為嫌犯自殺，然而，左派份子卻認為是謀殺的謊言。最後，左派恐怖份子槍殺義大利警官卡勒伯斯（Luigi Calabresi）作為報復。由於警方與司法明顯偏袒右派，為了平衡右派的勢力，左派的紅軍旅順應情勢成為恐怖組織，該組織可說是大時代的產物，也是 1970 年代歐洲規模最大，行事作風最血腥的共產主義激進組織。⑦

　　義大利紅軍旅認為二戰後的議會民主體制，是法西斯主義之延續，因此，其目標為摧毀中產階級與資本主義社會，最終建立無產階級的治理制度，對 1970 年代的義大利政府造成莫大的威脅。義大利紅

---

⑦ 2005 年 12 月希臘法院重啟審判，最後於 2007 年 5 月的判決書中，19 名被逮捕的嫌犯中有 17 名被判以涉及恐怖主義的罪名。

⑦ Wilhelm Dietl, et al., op. cit., pp. 84-85.

⑦ Yonah Alexander/Dennis A. Pluchinsky, op. cit., p. 194.

軍旅成立之初，大部分的成員都是年輕並具有鮮明意識型態的大學生。組織領導者向成員灌輸馬克思主義，並將學生塑造成社會改革與公平正義的重要行為者，並以對抗資本主義與解放工人階層為目標。以紅軍旅活動初期（1976～1979）為例，該組織乃依照義大利城市劃分的方式，分為羅馬、熱那亞、米蘭、杜林與拿坡里等地方旅，再將三到五人分成一個基層單位。[74]組織的財源多來自綁票與搶劫銀行所得之不法資金。[75]

　　義大利紅軍旅在 1980 年代末期逐漸式微，在組織成立將近十年後，犯案手法更為殘暴。起初，義大利紅軍旅的綁票目標鎖定在公司主管階級人物與不實報導的記者，恐怖份子會射擊被害人的雙膝限制活動；然而，成員在 1978 年殺害前總理暨基督民主黨主席莫洛（Aldo Moro），該案件是義大利紅軍旅最嚴重的一次犯罪，同時亦引來政府更為嚴峻的打壓，義大利政府通過限制紅軍旅的安全法，並設置專門處理恐怖主義的特別部隊。至 1980 年代中期，義大利警方逮捕多數義大利紅軍旅恐怖份子，削弱該組織的行動能力，此後，僅出現一些零星的攻擊事件。2002 年義大利經濟部長因為同意放寬臨時解雇勞工的規定，被僅存的義大利紅軍旅成員暗殺，但義大利紅軍旅已無力撼動義大利的政治體制。[76]

## 三、在歐洲之恐怖行動、影響與特色

　　2007 年歐洲的左派與無政府恐怖主義的攻擊案件中，有 55%屬於縱火攻擊，攻擊對象主要為政府與私人商家。西班牙政府也指出在2006 年犯下五起恐怖攻擊的「10 月 1 日反法西斯抵抗組織」（Antifascist Resistance Groups October First; GRAPO），在 2007 年也犯下一起綁架案。在德國方面，一家製造私人與軍用船艦公司的代表人遭到不明人士蓄意攻擊。另外，漢堡兩名經理的公務用車及其中一名經理的住

---

[74] Yonah Alexander/Dennis A. Pluchinsky, op. cit., p. 194.

[75] James M. Lutz/Brenda J. Lutz, op. cit., p. 143.

[76] James M. Lutz/Brenda J. Lutz, op. cit., pp. 143-144.

所也遭人蓄意破壞。德國政府認為這些破壞行動皆與左派及無政府恐怖組織有關。

在義大利方面，也出現越來越多支持義大利紅軍旅的左派恐怖團體，這些團體主要以義大利上層社會的企業家與政治家為攻擊目標。而希臘的極端無政府活動者主要以縱火方式，攻擊銀行、私人汽車與政黨辦公室。在 2007 年 3 月 5 日，義大利左派恐怖組織「共產主義革命陣線」（Fronte Rivoluzionario per il Comunismo）就曾在米蘭警察局放置自製爆炸裝置。另外，一個支持義大利紅軍旅的小型左派團體「共產戰鬥黨」（Partito Comunista Combatente; PCC）為了抵制義大利經濟政策與義大利對北約戰略活動的貢獻，在 2007 年也發動了兩起攻擊事件。

2007 年，在法國、德國、義大利、荷蘭與西班牙總計逮捕到 48 名左派與無政府恐怖主義嫌犯。[77]其中，有 40 名嫌犯是在義大利與西班牙被捕，在這些嫌犯中，12 名是無政府恐怖主義嫌犯，其餘是左派恐怖主義嫌犯。2007 年 G8 高峰會在德國海利根達姆（Heiligendamm）舉行，該高峰會吸引了大量從世界各地來的左派與無政府恐怖主義者，他們以暴力、示威等行動反對高峰會的召開，因此，德國政府也特別為此展開兩項阻止恐怖團體攻擊高峰會的調查行動。同（2007）年，義大利政府也發現無政府恐怖團體與個別極端團體相結合[78]，這種結合現象也表示這些個別團體在未來很可能會轉向成為以暴力達成目標與訴求的團體。

## 第四節　右派恐怖主義

右派恐怖主義的理念為反對任何改革與堅持守舊並提倡激進的民族主義，強調種族淨化的必要性。在歐洲，右派恐怖主義通常不若左派恐怖組織具有規模，常以小型暴力團體或以仇恨犯罪的型態出現，

---

[77] 在四十八名嫌犯中，有八分之一（六名）為女性。
[78] 例如：反軍國主義、移民、環境保護與社會權利等。

多數帶有強烈的暴力攻擊心態與種族歧視理念，也因為右派恐怖組織規模小、未制度化，因此難以界定該組織的架構。[79]

## 一、緣起

右派與左派的意識型態是兩種相互競爭的價值觀，右派激進份子認為左派的理念將導致國家變成另一個右派所反對的政治體制，因此，主張維持國家過去的光榮（例如希特勒掌政時期），是右派恐怖主義的根本思想。基本上，學界並未明確定義右派恐怖主義，但是，右派激進思想大致上包括五種特色：民族主義、種族主義、仇外主義、反對民主體制與建立一個強硬的政府。[80]

右派恐怖組織的理念甚為清楚，認為民主國家提供太多空間讓左派自由發展，並將民主國家視為敵人。除此之外，右派恐怖主義也試圖建立回歸傳統的政治制度與秩序。[81]右派恐怖組織存在的時間通常相當短暫，以次軍事團體與暴力組織方式出現，其恐怖活動相較於左派恐怖主義較不具威脅性。在第一次世界大戰之前，右派是當時政治體制中的主流意識型態，然而，至二次世界大戰之後，面臨共產主義興起，反共產主義的右派恐怖組織開始活躍，組織也傾向將罪責推給左派份子，在社會間建立反共潮流。

希特勒第三帝國的衰敗並未影響右派恐怖組織的活動，相反地，現在的右派份子喜好沿用當時的一些標章作為組織的象徵。到了 1970 與 1980 年代，歐洲社會面臨經濟不景氣的危機，此時右派認為移民到歐洲的工人為影響經濟發展的原因。[82]時至 1990 年代初期，右派恐怖份子在蘇聯瓦解後，將目標轉向新移民，組織型態類似街頭的抵抗團體，沒有明確的組織架構，成員鬆散，也不太強調政治意圖。

---

[79] Wilhelm Dietl, et al., op. cit.

[80] 20th Century Right Wing Group in Europe: Prone to Extremism or Terrorism, Case Study, Work Package 3, in: Transnational Terrorism, Security & the Rule of Law, available from: http: www.transnationalterrorism.eu. (Accessed 17.07.2009)

[81] James M. Lutz/Brenda J. Lutz, op. cit., pp. 161-162.

[82] 20th Century Right Wing Group in Europe, op. cit.

## 二、具代表性的恐怖組織

右派恐怖主義在戰後的發展不像左派恐怖主義那樣蓬勃，以德國1970年至1980年代為例，主要的恐怖攻擊行動來自於左派恐怖組織。[83]右派恐怖份子具有法西斯與納粹主義的理念，有優越的種族主義思想與仇外意識，茲將在歐洲仍活躍的右派恐怖組織詳述如後。

### （一）德國光頭黨

納粹政權垮臺後，西方盟軍與當時的西德政府聯手剷除納粹的黨羽，因此 1960 年代以前，德國沒有明顯的納粹活動。光頭黨（Skinhead）最早出現於 1960 年代的英國，成員主要為長期不滿社會現況的年輕人，其使用的手段經常是以激烈、暴力的方式攻擊外國人、同性戀者或殘障人士，對德國社會安全造成相當大的隱憂。

1970 年代，德國國家民主黨的激進納粹份子在聯邦國會選舉失利後，轉向以恐怖手段達到政治目標，於 1972 年另組新右派行動（Aktion Neue Rechte）、民族陣線（Nationalistische Front）等武裝團體。右派恐怖組織興起的原因包括：1.新納粹主義仍然延續納粹使命，崇尚白人優越主義，支持種族主義與國家主義，並強烈否認希特勒屠殺猶太人的歷史；2.二戰後德國經濟衰退，失業率節節升高，為了復興國家經濟，德國政府引進大量東歐勞工，但是隨之而來的種族融合問題，卻導致德國人集體仇視外來移民與勞工。

東西德合併後，右派恐怖主義的攻擊大幅增加，這種現象在前東德地區更是明顯，原因是東德人民不願與非東德人民共處一地，同時亦不願為納粹在戰時的殘暴行為負責，寧將此行為歸咎於前西德地區的法西斯主義者身上。光頭黨為德國右派恐怖組織的代表，2005 年時，東德發生多起中國留學生遭不明人士襲擊或黑人在火車上被殺害

---

[83] 1969 年到 1987 年，左派恐怖組織攻擊西德的案件有 11,660 件，造成 7 人死亡；而右派恐怖組織則有 550 件，造成 26 人死亡。James M. Lutz/Brenda J. Lutz, p. 187, cited from: A. J. Jongman: Trends in International and Domestic Terrorism in Western Europe 1968-1988, in: Terrorism and Political Science, Vol. 4, No. 4, pp. 26-76.

的事件。目前，光頭黨仍持續在俄羅斯、奧地利、希臘、克羅埃西亞等國家進行恐怖攻擊活動。

## （二）鮮血與榮耀

　　「鮮血與榮耀」（Blood & Honor）於 1987 年在英國成立，其名稱翻譯自德國納粹時代希特勒青年（Hitler Nazi Youth）的標語「Blut und Ehre」。該組織活躍於整個歐洲地區並在 1992 年時成立軍事分支「18 戰鬥部隊」（Combat 18），並因其暴力種族主義思想廣為人知。自 2000 年開始，「鮮血與榮耀」在德國已被官方列為非法組織並禁止其活動；在西班牙也因逮捕多名成員，而並自2005年起禁止該組織的活動。

　　「鮮血與榮耀」的創始者為一個龐克搖滾風樂團（Skrewdriver）的團長多納森（Ian Stuart Donaldson），他透過音樂與網路的力量散播新納粹主義的思想，在網路上建立論壇與各項活動記錄[84]，在音樂上更組織反共產主義搖滾樂團（Rock Against Communism; RAC）。[85]「18 戰鬥部隊」取自希特勒的名字縮寫開頭的字母 A 與 H，正是拉丁文字母的第一與第十八個字母。自 1990 年開始，「18 戰鬥部隊」進行許多與恐怖主義或犯罪相關的行動。[86] 1999 年「18 戰鬥部隊」在布麗斯頓（Blexton）和倫敦的多元族群社區犯下爆炸案，造成 3 人喪生 139 人受傷。

　　歐洲警政署「歐盟恐怖主義情勢與趨勢報告」強調右派恐怖組織在歐洲的活動已愈來愈盛行，報告中特別提到「鮮血與榮耀」這個組織在歐洲造成的威脅大於以往，成員所選擇的攻擊對象已涉及恐怖攻擊的要素。[87] 2006 年 9 月，隸屬於「鮮血於榮耀」的激進份子在比利時以執行與資助恐怖攻擊和非法販賣武器被逮捕。這個組織雖未造成

---

[84] 請參考「鮮血與榮耀」網站論壇：http://www.bloodandhonour.com/forum/. (Accessed 17.07.2009)

[85] Lucian Constantin: Neo-Nazi Forum Hacked, available from: http://news.softpedia.com/news/Neo-Nazi-Forum-Hacked-92774.shtml. (Accessed 19.07.2009)

[86] Available from: http://news.bbc.co.uk/2/hi/programmes/panorama/1672100.stm. (Accessed 19.07.2009)

[87] Europol: 2007, op. cit., p. 35.

重大的傷亡，但是其人數的擴張對於各國的安全有極大的威脅。

## 三、在歐洲之恐怖行動、影響與特色

根據歐洲警政署「2007 年歐盟恐怖主義情勢與趨勢報告」顯示，歐盟會員國中由右派激進份子造成的攻擊事件數量正不斷增加。在 2007 年中受到右派恐怖組織威脅的國家共計有荷蘭、波蘭、義大利與瑞典。以荷蘭為例，雖然攻擊事件增多，但是其危害的強度還不致於太過嚴重。波蘭境內的右派激進份子活躍的範圍擴及網路，而其中發展最快的組織就是「鮮血與榮耀」以及其暴力支派「18 戰鬥部隊」。此外，歐盟「2008 年歐盟恐怖主義情勢與趨勢報告」中對於右派恐怖組織的發展情況仍表示憂心，但是，相較於伊斯蘭恐怖主義的威脅，右派發動的攻擊事件較常被解讀為右派暴力攻擊案件或右派激進主義。而右派與左派激進組織的紛爭，亦較常見於網路上，並未對民眾或政府造成直接威脅。[88]在 2007 年時，德國與英國多次遭受右派激進組織暴力或爆炸攻擊，造成多人受傷。而 2007 年在英國共有 7 名右派激進份子因為犯下爆炸攻擊案件被逮捕，另外還有搜索出右派激進份子家中藏有準備針對清真寺進行炸彈攻擊的大量炸藥。根據英國提供給歐洲警政署的報告中提到，現在英國的右派激進組織規模都不大，但是卻有許多具相同理念的小團體，是不可忽視的潛在威脅。[89]右派激進份子曾經也與中東的反猶太人組織關係密切，伊斯蘭組織是因為反對猶太人建國；而右派的激進份子則是不承認對猶太人進行種族屠殺的歷史。但是，由於伊斯蘭組織開始攻擊西方國家，這一情形也導致右派激進份子將目標擴及伊斯蘭組織。根據「2008 年歐盟恐怖主義情勢與趨勢報告」，英國與荷蘭境內皆呈現右派恐怖主義威脅逐漸增加的趨勢。[90]

---

[88] 例如：2005 年右派激進組織侵入一個左派激進組織的郵件信箱系統，盜取並公開會員的個人資料，而 2008 年一個左派組織也入侵右派激進組織「鮮血與榮耀」的網站癱瘓其伺服器。Lucian Constantin, op. cit.

[89] Europol: TE-SAT 2008, op. cit., p. 38.

[90] Europol: TE-SAT 2009, op. cit., p. 39.

# 結論

　　恐怖主義是歐盟其內外部安全的首要問題,因為恐怖主義通常是秘密結社並暗地計劃攻擊行動,而增加追查的困難性。近年來在歐洲因進行恐怖攻擊被逮捕的人數仍是居高不下,所以歐盟各國仍繼續推行全面的反恐合作計劃,以有效打擊恐怖主義。本文所介紹的四種恐怖主義的類型也隨著時間,出現與以往不相同的發展與樣貌,其特色如下:(請參見<表5-2>)

<表5-2>四類型恐怖主義的特色

| | 攻擊目標 | 攻擊手段 | 攻擊對象 | 攻擊規模 |
|---|---|---|---|---|
| 伊斯蘭恐怖主義 | 具有反美與反親美國家的理念 | 炸彈、綁架 | 一般民眾 | 意圖造成大規模的傷亡 |
| 種族／民族主義與分離主義恐怖主義 | 以建立單一民族國家為訴求 | 炸彈 | 政府機關或商業機構 | 達成警告效果,時有多人傷亡的案件發生 |
| 左派恐怖主義 | 反資本主義與追求馬克思列寧主義的平等思想 | 炸彈、綁架與搶劫 | 政府機關或商業機構 | 達成警告效果,小規模破壞 |
| 右派恐怖主義 | 仇外傾向與反左派思想,呼籲應回歸某一個光榮的政治體制中 | 炸彈 | 新移民、非白人種族 | 達成警告效果,小規模破壞 |

資料來源:作者自製。

　　國際間普遍認為伊斯蘭恐怖主義是較為棘手的問題。在歐洲,比利時政府於2005年調查蓋達組織召募自殺炸彈客活動中發現,蓋達組織為了召募大量歐盟人民前往伊拉克與阿富汗參與「聖戰」行動,已經在歐洲與中東地區之間搭設了一條聯繫網路。而歐盟會員國反恐機構也發現北非的伊斯蘭恐怖份子利用設在歐洲的聯絡據點,從法國、

西班牙與義大利召募青年前往北非、西非或伊拉克接受訓練。由於伊斯蘭恐怖主義具有激進的宗教意識型態，因此其成員不一定來自於歐洲本土，無論其組織的宣傳方式、成員或資金募集的方式均不限於歐洲國家，具有全球化的性質。此外，歐洲警政署也指出，英國境內參與伊斯蘭恐怖行動的嫌犯人數逐年遞增：911事件發生時，英國境內估計約有250名伊斯蘭恐怖主義嫌犯，至2004年人數增加一倍達500人，在2006年底又上升到1600名，2007年11月則約有2000人左右。[91]根據上述的統計數字，歐洲似乎已成為伊斯蘭恐怖主義潛在的攻擊目標。

其次，2007年蓋達組織在北非馬格里布地區（Maghreb Region）[92]的活動頻率增加，義大利政府擔心恐怖份子利用地理位置鄰近的義大利作為跳板，伺機潛入歐洲大陸。而其他像芬蘭、匈牙利、波蘭、斯洛伐克、斯洛維尼亞、立陶宛等國家，過去雖然較少受到伊斯蘭恐怖組織的攻擊，但是仍有報告指出恐怖份子透過這些國家輸送恐怖行動所需的物資或違禁品。除了這些國家外，鄰近黑海與中東地區的羅馬尼亞與保加利亞，亦容易被巴基斯坦的恐怖份子當作進入歐盟的過境國，使歐盟會員國的安全受到威脅。[93]

2004年馬德里與2005年英國的炸彈攻擊案件，都是與蓋達組織有關係的組織或激進份子所為。但是，若是以攻擊案件發生的次數與逮捕的嫌犯人數觀之，則是種族／民族與分離主義恐怖主義影響歐洲較大。觀察種族／民族主義與分離主義恐怖主義的發展可以發現其多為地區性的恐怖組織，為了向本國政府表達組織的訴求，因而採取暴力的恐怖攻擊手段，其攻擊的對象亦多為本國的政府機關或商業機構。而在歐盟會員國中受到種族／民族主義與分離主義恐怖主義威脅的國

[91] 然而，這些數據尚未包括其他以提供資金與軍事訓練的潛在恐怖份子，因此，實際人數應比上述公告的數字還要多。請參見：Europol: TE-SAT 2008, op. cit., p. 21.

[92] 馬格里布地區（Maghreb Region）泛指今北非茅利塔尼亞、摩洛哥、阿爾及利亞、利比亞與突尼西亞等國家。

[93] Europol: TE-SAT 2008, op. cit., p. 17 & pp. 23-24.

家也很多,例如西班牙與法國是受該類型恐怖攻擊最多的國家,其他如德國等亦受到來自種族／民族主義與分離主義恐怖主義的威脅。

左派與無政府主義恐怖份子大部分的攻擊對象是政府機關或是商業機構,但左派激進份子的行動中較少造成人員傷亡。而右派恐怖主義方面,根據「2009 年歐盟恐怖主義情勢與趨勢報告」指出,並未有任何會員國回報右派恐怖主義的活動,這顯示了在歐洲右派恐怖主義已逐漸被各國視為激進主義的趨勢。另外,右派與左派激進組織的紛爭,亦較常在網路上出現,並未對民眾或政府造成威脅,例如:2005年右派激進組織侵入一個左派激進組織的郵件信箱系統,盜取並公開會員的個人資料,而 2008 年一個左派組織也入侵右派激進組織「鮮血與榮耀」的網站,癱瘓伺服器。⑭

對歐盟而言,雖然恐怖主義早已不是一個新的名詞。然而,隨著犯罪方式與宣傳手法的翻新,恐怖主義對歐洲整體安全的威脅也持續加劇。在 911 事件與馬德里、倫敦爆炸案發生後,歐盟對恐怖主義的防範提出了許多新的因應措施⑮,強調歐盟必須透過會員國間執法單位的合作與資訊情報交換,凝聚歐盟會員國的力量共同打擊恐怖主義。因此,聯合調查恐怖主義活動與防堵潛在恐怖份子進入歐盟,無疑已成為當前歐盟會員國執法單位的首要任務。

---

⑭ Lucian Constantin, op. cit.

⑮ 例如:2005 年 12 月 21 日歐盟理事會通過一項反恐共同立場,並公佈 45 名恐怖份子與 48 個恐怖團體與組織的名單,以協助歐盟會員國打擊恐怖主義。請參見:Council Common Position 2005/936/CFSP of 21 December 2005 "Updating Common Position 2001/931/CFSP on the Application of Specific Measures to Combat Terrorism and Repealing Common Position 2005/847/CFSP," OJ L 340, 23.12.2005, pp. 80-84.

# 參考文獻

## 一、官方文件

Council Common Position 2005/936/CFSP of 21 December 2005 "Updating Common Position 2001/931/CFSP on the Application of Specific Measures to Combat Terrorism and Repealing Common Position 2005/847/ CFSP," OJ L 340, 23.12.2005.

Europol: EU Terrorism Situation and Trend Report 2007, 03.2007.

Europol: TE-SAT 2008—EU Terrorism Situation and Trend Report, 2008.

Europol: TE-SAT 2009—EU Terrorism Situation and Trend Report, 2009.

White Paper of the Interagency Policy Group's Report on U. S. Policy towards Afghanistan and Pakistan, 2009.

## 二、書籍

Alexander, Yonah/Pluchinsky, Dennis A.: Europe's Red Terrorists: The Fighting Communist Organizations, London: Frank Cass and Company Limited, 1992.

Aldis, Anne/Herd, Graeme P. (eds.): War on Terror, US: Routledge, 2007.

Dietl, Wilhelm, et al.: Das Terrorismus-Lexikon, Frankfurt am Main: Eichborn Verlag, 2006.

Elspet, Guild/Baldaccini, Anneliese (eds.): Terrorism and the Foreigner: A Decade of Tension around the Rule of Law in Europe, the Netherlands: Martinus Nijhoff Publishers, 2007.

Engene, Jan Oskar: Terrorism in Western Europe: Explaining the Trends since 1950, US: Edward Elgar Publishing, 2004.

Gunaratna, Rohan: Ideology in Terrorism and Counter Terrorism, in: Aldis, Anne/Herd, Graeme P. (eds.): War on Terror, US: Routledge, 2007.

Hiro, Dilip: War without End: The Rise of Islamist Terrorism and Global Response, New York: Routledge, 2002.

Kapel, Gilles: Jihad: The Trail of Political Islam, US: Harvard University Press, 2002.

Kushner, Harvey W. : Encyclopedia of Terrorism, California: Sage Publication, 2003

Lutz, James M./Lutz, Brenda J.: Global Terrorism, Second Edition, London/ New York: Routledge, 2008.

Schlte, Philipp H. : Terrorismus- und Anti-Terrorismus-Gesetzgebung: Eini Rechssoziologische Analyse, Münster: Waxmann, 2008.

Waldmann, Peter: Terrorismus: Provokation der Macht, München: Gerling Akademie Verlag, 1998.

White, Jonathan R.: Terrorism and Homeland Security, USA: Thomson, 2006.

Wilkinson, Paul: Political Terrorism, London: Macmillan, 1976.

# 三、期刊論文

Jongman, A. J.: Trends in International and Domestic Terrorism in Western Europe 1968-1988, in: Terrorism and Political Science, Vol. 4, No. 4, pp. 26-76.

# 四、網路資料

20th Century Right Wing Group in Europe: Prone to Extremism or Terrorism, Case Study, Work Package 3, in: Transnational Terrorism, Security & the Rule of Law, available from: http: www.transnationalterrorism.eu. (Accessed 17.07.2009)

American Red Cross: Talking About Disaster: Guide for Standard Messages, 03.2007, pp. 5-18. Available from: http://www.redcross.org/images/pdfs/ code/terrorism.pdf. (Accessed 23.03.2009)

Lucian Constantin: Neo-Nazi Forum Hacked, available from: http://news.soft-pedia.com/news/Neo-Nazi-Forum-Hacked-92774.shtml. (Accessed 19.07. 2009)

White Paper of the Interagency Policy Group's Report on U. S. Policy towards

Afghanistan and Pakistan, available from: http://www.whitehouse.gov/as-
sets/documents/Afghanistan-Pakistan_White_Paper.pdf. (Accessed 19.07.
2009)

# 第六章　歐盟反恐進程、戰略與政策

# 前言

　　過去，在歐洲國家的恐怖主義，無論是訴求獨立的民族主義激進份子，或是追求政治目標的恐怖組織，都傾向以國家或政府機構為特定的攻擊對象，因此，反恐政策多為各國內政事務，屬於會員國專屬權限或是僅透過雙邊合作的模式進行合作。直到 2001 年 911 事件後，恐怖主義的型態、攻擊的方式與威脅的程度產生不同以往的變化，引起各國政府與國際組織密切地關注。在二十一世紀恐怖主義國際化與複雜化的趨勢下，單一國家難以單獨解決恐怖主義問題，跨國合作成為極重要的反恐方法。特別是 2004 年馬德里火車爆炸案與 2005 年倫敦地鐵爆炸案，讓歐盟重新思考舊有反恐政策的有效性，除了強調在機構層級（包括歐盟理事會、歐洲執行委員會、歐洲警政署、歐洲司法合作署、歐洲邊境署）的合作之外，也呼籲歐盟會員國應建立情報交流的機制。①馬德里爆炸案發生後的第五天，歐盟理事會公佈反恐聲明（Declaration on Combating Terrorism），提出會員國應依據歐洲憲法條約草案第 42 條團結條款的精神，共同打擊恐怖主義，各會員國應加強國內執法單位間的合作並與第三國建立情報交流機制。②

　　目前，歐盟會員國對於將反恐列為共同的首要議題並遵守歐盟訂定的打擊恐怖主義法案並無太大異議。③然而，由於各國刑法仍存在差異性，會員國將歐盟法律納入國內法時，常出現執行上的困難，因此，歐盟如何克服障礙並加強會員國間的反恐合作即是重要的課題。在歐盟領域內，試圖藉由整合歐盟會員國的力量以因應恐怖主義所產生的內部安全問題。儘管歐盟會員國仍然保留各自國內反恐立法的權

---

① Björn Müller-Wille: The Effect of International Terrorism on EU Intelligence Co-operation, in: JCMS, Vol. 46, No. 1, 2008, pp. 49-73.

② The Council of the European Union: Declaration on Combating Terrorism, Doc. 7906/04, 03.2004, p. 3 & p. 6.

③ Mark Rheinard, et al.: Managing Terrorism: Institutional Capacities and Counter-Terrorism Policy in the EU, in: David Spence (ed.): The European Union and Terrorism, UK: John Harper Publishing, 2007, p. 88.

力，但歐盟層級的反恐政策已逐漸成為歐盟會員國反恐立法的重要參考依據。本章將首先敘述歐盟體制外的反恐合作，再說明歐盟體制內反恐合作的進程。如今歐盟已擁有多個負責打擊恐怖主義的專責機構，並建立多項資訊輔助系統，使歐盟反恐實力大幅提升。

# 第一節　歐盟反恐合作的進程

　　歐盟的反恐合作有很長一段時間為體制外的合作，這個時期最重要的反恐合作機構就是所謂的「特利維集團」（TREVI Group），該集團為後來歐盟反恐合作奠定基礎。1993 年生效的馬斯垂克條約賦予歐盟許多統整司法、內政與安全事務的權力，於是歐盟體制內的反恐合作開始蓬勃發展。本節將分述歐盟體制內與體制外的反恐合作進程。④

## 一、體制外合作時期

　　在 1960～70 年代間，部分歐洲國家面臨國內恐怖組織的威脅，其中以英國⑤與德國⑥為最大宗，此外，德國因為 1972 年慕尼黑奧運恐怖攻擊事件，更意識到打擊恐怖主義極需仰賴與其他國家的共同合作。因此，德國為最早建立恐怖份子電子資料庫的國家。但相較之

---

④ The Council of the European Union: The European Union Counter-Terrorism Strategy, Doc.14469/4/05, 11.2005, pp. 1-17. Available from: http://europa.eu/scadplus/leg/en/lvb/l33275.htm. (Accessed 05.10.2009)

⑤ 英國長期以來面臨北愛爾蘭共和軍（Irish Republican Army; IRA）的威脅，1941 年即成立空軍特勤單位（Special Air Service; SAS）負責反恐事務，由於 911 事件的影響與恐怖主義全球化，擴大其威脅，英國國防部長於 2001 年 10 月即聲明有必要擴大 SAS 特勤部隊的編制與架構重整。Available from: http://news.bbc.co.uk/2/hi/uk_news/1574333.stm. (Accessed 02.10.2009)

⑥ 德國在 1972 年慕尼黑奧運恐怖攻擊事件中，由於警方經驗不足導致過程備受爭議，事件發生後德國便成立獨立於警察系統之外的邊境防衛第九隊（Grenzschutzgruppe 9），主要負責反恐任務。1977 年一次成功的營救行動之後，許多國家便爭相與該特勤部隊合作以學習其經驗。隨著德國恐怖組織消逝，現今邊境防衛第九隊已併入警察系統，而因應恐怖主義全球化的影響，德國主要的反恐機制現已由情報單位負責。

下，法國的國內恐怖主義並不若英德那般嚴重，也由於戴高樂保守主義的影響，法國強調國家主權的行使，在歐洲層級的合作機制中並不願意接受國內警察與情報單位需受他國指揮的模式，因而法國特勤單位⑦偏好單獨執行任務而不太與外國交流反恐技術。⑧ 1970 年代，歐盟建立歐洲政治合作（European Political Cooperation; EPC）機制，負責協調歐盟外交與處理安全事務，另外，歐盟會員國為因應局勢發展於 1975 年設立同屬體制外政府間合作性質的「特利維集團」，該集團是一歐洲層級的組織，設有專職反恐的小組，並扮演各國情報交流與警察合作的平台，這項機制乃為歐盟司法、內政與安全合作奠定良好基礎。⑨

　　歐洲層面的警察合作直到 1970 年代才有些微的發展。1969 年法國總統龐畢度（George Pompidou）在歐洲理事會（Council of Europe）底下建立了一個常設性的打擊毒品濫用與禁藥走私小組（Group to Combat Drug Abuse and Illicit Traffic in Drugs）。這個小組一般稱之為龐畢度小組（Pompidou Group），小組成員由部長與其他官員組成，主要從事研究毒品教育計劃與收集有關毒品走私與洗錢資料的方法。龐畢度的繼任總統季斯卡（Valery Giscard）亦相當重視內部安全合作，因此，於 1975 年進一步建立一個警察與刑事合作組織，亦即所謂的「特利維集團」。該集團可以說是歐盟第三支柱與歐洲警政署的前身。1976 年特利維集團在盧森堡舉行第一次會議⑩，其成立之初的主要功

---

⑦ 法國國家憲兵特勤隊（Groupe d'intervention de la gendarmerie nationale; GIGN）是受到德國慕尼黑奧運恐怖攻擊事件的影響，於 1973 年成立，但是在特勤隊的任務項目中，反恐僅為其中一個要項。

⑧ Jörg Friedrich: Fighting Terrorism and Drugs: Europe and International Police Cooperation, USA/Canada: Routledge, 2008, pp. 64-66.

⑨ Oldrich Bures: EU Counterterrorism Policy: A Paper Tiger?, in: 2007 Annual Meeting of the American Political Science Association, August 30 - September 2, 2007, copyright by the American Political Science Association. Available from: http://www.allacademic.com/meta/p_mla_apa_research_citation/2/1/0/8/2/p210820_in dex.html. (Accessed 02.10.2009)

⑩ Tony Bunyan: TREVI, Europol and the European State, Statewatching the new Europe, 1993, p. 1, available from: http://www.statewatch.org/news/handbook-TREVI.pdf. (Accessed 12.06.2009)

能在於警察資訊交換與打擊恐怖主義。⑪其後，逐漸擴展至防制毒品走私與打擊組織犯罪。特利維集團組織架構分為三個層級（請參見＜圖6-1＞）：（一）部長會議：為特利維集團最高決策單位，由歐盟會員國司法與內政部長組成，主席由歐盟理事會（Council of the European Union）輪值主席國擔任，通常於每年 6 月與 12 月各集會一次；（二）資深官員會議：由歐盟會員國資深官員或警官組成，負責政策諮詢與工作小組的協調與聯絡，通常於每年 5 月與 11 月各集會一次

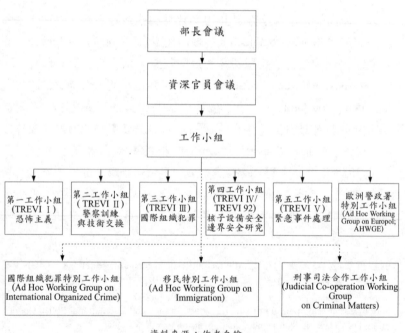

＜圖 6-1 ＞特利維集團組織架構圖

資料來源：作者自繪。

---

⑪ John Benyon: Policing the European Union: The Changing Basis of Cooperation on Law Enforcement, in: International Affairs, Vol. 70, No. 3, 1994, p. 499.

⑫；（三）工作小組：特利維集團共設有五個工作小組，第一工作小組即專門負責分析恐怖主義發展情勢、追查恐怖組織資金來源與建立反恐聯絡網絡等。由於，部長會議與資深官員會議每年僅召開兩次，因此，大部分的反恐行動規劃與報告都交由工作小組執行。⑬

　　除此之外，尚有三個 TREVI 架構外的特別工作小組，然而是這三個特別工作小組仍須向部長提出報告。此三特別工作小組分別是「國際組織犯罪特別工作小組」（Ad Hoc Working Group on International Organized Crime）、「移民特別工作小組」（Ad Hoc Working Group on Immigration）與「刑事司法合作特別工作小組」（Judicial Co-operation Working Group on Criminal Matters）。「國際組織犯罪特別工作小組」是因 1992 年義大利反黑手黨法官佛肯（Giovanni Falcone）與波塞里諾（Paolo Borsellino）被謀殺後所設立。此特別工作小組負責黑手黨與其他歐盟內部組織犯罪的分析，並提出打擊此類犯罪的合作措施。「移民特別工作小組」成立於 1986 年目的在於協助起草都柏林庇護公約（Dublin Convention on Asylum）與外部邊境公約（Convention on External）。「移民特別工作小組」下設六個小組，分別負責入出境、簽證、偽造文件、庇護、外圍邊境與難民問題等。「刑事司法合作特別工作小組」則是一個討論引渡、打擊恐怖主義與法院判決互相承認等議題的平台。⑭

　　1980 年代起，恐怖主義的威脅增加，「特利維集團」提出許多反恐措施與設立反恐工作小組之為因應。「特利維集團」的重要性在於，歐盟在即將實施開放人員流動等有關開放內部市場的政策前夕，其為商議與評估維護區域內部安全的重要平台。在 1970 與 1980 年代中，學者專家對特利維集團的組織與運作多所批評，舉其要者有以下兩點：第一，特利維集團缺少警察執行權，且其任務多著重於鑑識科學與防制洗錢等靜態性專業知識與技術的交流，對實際之聯合打擊恐

---

⑫ Ibid. p. 362.

⑬ Ibid.

⑭ Ibid. p. 508.

怖主義行動貢獻有限；第二，特利維集團的運作缺乏透明性，各國議會與公眾的監督闕如，且資料交換過程常有侵害個人基本權利的疑慮。⑮歐洲議會（European Parliament; EP）曾對此不民主的運作方式提出嚴厲的批評。⑯儘管如此，在歐盟體制內尚未設立泛歐警察合作專責機構之前，特利維集團仍然是歐洲國家反恐與警察合作的主要平台。在「特利維集團」運作時期，會員國與歐洲共同體相當信賴「特利維集團」的功能與效能，許多國家甚至認為「特利維集團」的資料庫與資訊交流平台比國際刑警組織（International Police Organisation; Interpol）更具可信度。⑰

## 二、體制內反恐合作時期

馬斯垂克條約生效後，「特利維集團」與歐洲政治合作的功能被併入第三支柱司法與內政合作中，此舉代表著恐怖主義等安全問題正式被納入歐盟的政策領域，在歐盟條約的規範下逐步建構各項歐盟反恐機制。

在歐盟條約中，將恐怖主義定義為歐盟內外部安全的嚴重威脅，而歐盟的目標在於建立一個「自由、安全與司法區域」（Area of Freedom, Security and Justice；AFSJ）；對於歐盟而言，恐怖主義是一個具有共同利益的事務，也是共同的巨大威脅。⑱歐盟面臨此一問題亦在歐盟條約第 29 條揭櫫打擊恐怖主義的三項合作原則：第一、與警察、海關或相關單位（例如：歐洲警政署）密切合作；第二、會員國間司法與相關單位密切合作；第三、必要時協調歐盟會員國之間的刑事合

---

⑮ Wolfgang Wagner: Europäisierung der Polizeiarbeit ohne Europäisierung von Grundrechtsschutz und parlamentarischer Kontrolle?, in: Erwin Müller/Patricia Schneider (eds.): Die Europäische Union im Kampf gegen den Terrorismus: Sicherheit vs. Freiheit?, Baden-Baden: Nomos Verlag, 2006, p. 261.

⑯ John Benyon, op. cit., p. 509.

⑰ Frank Gregory: The EU's Response to 9/11: A Case Study of Institutional Role and Policy Processes with Special Reference to Issue of Accountability and Human Rights, in: Terrorism and Political Violence, Vol. 17, 2005, p. 109.

⑱ Ibid. p. 110.

作。

　　歐盟條約簽訂後，歐盟內部反恐機制漸趨完善。歐盟在第一支柱
社會經濟議題方面，公佈防堵恐怖份子財政來源與洗錢等法令，其他
尚包括遷徙管制、運輸系統安全維護等。在第二支柱共同外交與安全
政策架構之下建立「國際層面恐怖主義工作小組」（Working Party on
Terrorism/International Aspects; COTER）。第三支柱司法與內政事務
（Justice and Home Affairs; JHA）下亦成立「恐怖主義工作小組」（Ter-
rorism Working Group）。1996 年 10 月司法與內政事務歐盟理事會要求
建立一個「特別反恐權限、技術與專業署」（Directory of Specialized
Counter-terrorist Competencies, Skills and Expertise）。[19]這些機構的成立
表示歐盟在跨支柱的反恐工作上更為整合。警察合作方面：歐洲警政
署（Europol）已成為協調各國反恐機制的角色。

　　2001 年 9 月 20 日，歐盟於布魯塞爾召開司法與內政事務緊急歐盟
理事會，會中歐盟通過兩項重要草案：（一）明確界定恐怖活動定義
和建立共同的犯罪制裁條款；（二）以歐洲逮捕令取代傳統的引渡程
序。[20]其他尚有許多重要的草案亦於該會議中通過，例如：建立反恐
調查小組、在歐洲警政署下建立反恐小組、強化外圍邊境安全、加強
與美國情報資訊交流等合作。[21]

　　2001 年 9 月 21 日歐盟各國國家元首與政府首長召開歐洲高峰會，
提出打擊恐怖組織七項計劃[22]：（一）制訂歐洲逮捕令，並達成定義
恐怖主義之共識；（二）列出恐怖組織名單，交換情報資料與建立聯
合調查團（Joint Investigation Teams; JITs）；（三）與歐洲警政署共享
所有資料，並在歐洲警政署下設立一個反恐小組；（四）履行現行之
國際恐怖主義公約；（五）頒佈凍結資產與防制洗錢法規，並履行聯
合國防止恐怖份子或組織非法募集資金公約；（六）強化空中安全；

[19] Ibid. p. 110.
[20] John D. Occhipinti: The Politics of EU Police Cooperation-Toward a European FBI? Lon-
　　don: Lynne Rienner Publischers, 2003, pp. 149-150.
[21] Ibid., p. 151.
[22] Ibid., p. 152.

（七）協調與提升歐盟反恐能力。根據這七項計劃，歐盟與其他受恐怖主義威脅的國家積極展開政治對話，並發展「共同外交與安全政策」與「歐洲安全與防衛政策」的反恐能力，使歐盟成為全球反恐的重要行為者。但是，共同外交與安全政策仍未在反恐議題扮演重要的角色，因為歐盟會員國在歐洲安全與防衛政策的實際運作上難以達成共識。㉓

　　拉肯歐洲高峰會於2001年12月14～16日召開，會中歐盟重申「與美國人民和國際社會團結一致共同打擊恐怖主義，並充分尊重個人權利與自由的原則。」同時亦決議以下四點重要的革新措施㉔：（一）歐洲執行委員會應加強蒐集與分析非法移民和人口販賣的情報，並提案制訂相關法規以規範之㉕；（二）歐盟會員國應建立共同簽證辨識系統，並考慮建立共同領事局；（三）加強歐洲警政署的職權與成立歐洲警察學院（European Police College; CEPOL）；（四）創立歐洲司法合作署，以促進歐洲司法合作。上述諸多反恐機構的設立與反恐指導方針的倡議，顯示歐盟已將反恐定調為「跨支柱合作」議題，而逐漸整合相關資源，共同對抗恐怖主義的威脅。

## 第二節　　歐盟反恐戰略

　　911事件為恐怖主義發展的分水嶺，恐怖組織透過各種聯絡管道招募成員或募集資金，伊斯蘭恐怖組織遂成為各國關注的問題，美國總統布希亦宣佈將進行全面性的「反恐戰爭」（War on Terror），包括運用美國強大的軍事實力摧毀阿富汗塔利班政權與伊拉克海珊政權㉖與積極推動中東國家民主化 。歐盟反應 911 事件之措施包括在同

---

㉓ Frank Gregory, op. cit., p. 112.
㉔ John D. Occhipinti, op. cit., p. 172.
㉕ 例如：界定難民的定義與申請庇護或移民的條件等。
㉖ 徐正祥：〈9/11 之後的中東恐怖主義與反恐戰爭〉，論文發表於第四屆「恐怖主義與國家安全」學術研討會，2008 年，頁 195。

（2001）年 10 月提出「共同行動計劃」（Common Action Plan）㉗與 2002 年 6 月 13 日通過「打擊恐怖主義架構決定」（Council Framework Decision of 13 June 2002 on Combating Terrorism）。㉘

　　2004 年馬德里火車爆炸案後，歐盟立即提出反恐團結聲明。2005 年歐盟提出歐盟反恐戰略，本章將說明上述多份文件的產生背景與重要內容。

　　西班牙 2004 年 3 月 11 日發生馬德里火車爆炸案與 2005 年 7 月 7 日倫敦地鐵和公車爆炸案發生後，歐盟認為自 911 攻擊事件後所建置的反恐體制未能應付恐怖主義的發展，這兩起事件使歐盟更加關注恐怖主義的問題，並制訂更為完整的反恐方針。2004 年西班牙馬德里恐怖攻擊事件後，歐盟於同（2004）年 6 月提出「反恐行動計劃」（Anti-Terrorism Action Plan），提反恐實際行動方案。㉙倫敦事件發生後，歐盟理事會於 2005 年 11 月 30 日決議通過「歐盟反恐戰略」（European Union Counter-Terrorism Strategy）㉚，該戰略完整規範四大範疇的反恐戰略，包括「預防」（Prevent）、「保護」（Protect）、「追捕」（Pursue）與「反應」（Respond）等四階段的戰略，茲將此「3P1R」反恐戰略的重要內容與意義敘述如後。

㉗ EurActive: Anti-Terrorism Policy, 15 March 2005, available from: http://www.euractiv. com/en/security/anti-terrorism-policy/article-136674. (Accessed 14.12.2009)

㉘ Akiva Lorenz: The European Union's Response to Terrorism, 01.05.2006, available from: http://www.ict.org.il/Articles/tabid/66/Articlsid/212/currentpage/12/Default.aspx. (Accessed 04.12.2009)

㉙ Availabe from: http://ec.europa.eu/justice_home/fsj/terrorism/strategies/fsj_terrorism_ strategies_political_en.htm. (Accessed 11.11.2009)

㉚ Council of the European Union: The European Union Counter-Terrorism Strategy, 14469/4/05 REV4, DG H2, Brussels, 30.11.2005, pp. 1-17.

<圖 6-2 >歐盟反恐戰略

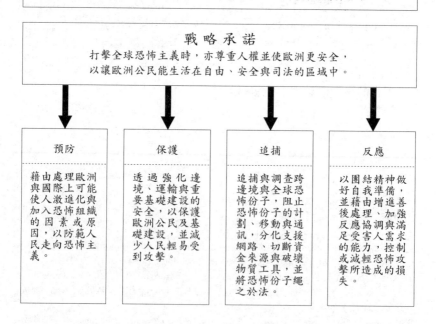

歐洲高峰會：政治監督

高層反恐政治對話
歐盟理事會—歐洲議會—歐洲執行委員會
確保機構內部的有效管理

常駐代表委員會監督反恐戰略過程
根據反恐協調官員與歐洲執行委員會定期與更新的情勢報告

戰略承諾
打擊全球恐怖主義時，亦尊重人權並使歐洲更安全，
以讓歐洲公民能生活在自由、安全與司法的區域中。

| 預防 | 保護 | 追捕 | 反應 |
|---|---|---|---|
| 藉由處理歐洲與國際上可能使人激進化與加入恐怖組織的因素或原因，以防範人民走向恐怖主義。 | 透過強化邊境、運輸與重要基礎建設的安全，以保護歐洲公民及基礎建設，並減少人民輕易受到攻擊。 | 追捕與調查跨邊境與全球恐怖份子，阻止恐怖份子的計劃、移動與通訊，分化支援網路、切斷資金來源與破壞物質工具，並將恐怖份子繩之於法。 | 以團結精神做好自我準備，並藉由增進善後處理、加強反應協調與滿足受害人需求的能力，控制或減輕恐怖攻擊所造成的損失。 |

資料來源：Council of the European Union: The European Union Counter-Terrorism Strategy, 14469/4/5 REV 4, DG H2, Brussels, 30.11.2005, pp. 1-17

# 一、預防

歐盟反恐戰略將「預防」列為反恐行動的第一階段，旨在防堵恐怖攻擊的發生，是一種較難實施的策略，因為並非所有的意外事故與攻擊行動都是可預防，但人民仍期待政府能夠對於預防恐怖主義提出實質的政策。[31]有鑑於激進恐怖主義與蓋達組織恐怖主義已成為歐盟近年來的主要威脅[32]，因此，為了防止一般民眾成為恐怖份子，並且阻止恐怖主義在下一代萌芽，歐盟將此階段的反恐重要設定為打擊激進主義與防範蓋達恐怖組織召募新成員。而為了達到預防民眾加入上述恐怖組織的目的，應該與良善的或尚未受恐怖主義思想汙染之穆斯林與伊斯蘭團體合作，以防範恐怖主義深入此會。

在全球化時代下，旅行、金錢交流與網路聯繫極為便捷，而成為恐怖主義散播激進思想的最佳途徑。除此之外，貧窮專制政府與管理不當的社會都是孳生恐怖主義思想的溫床。因此歐盟認為在「預防戰略」階段，應嚴密「會員國層級」與「歐盟層級」等兩道防線，以層層防堵恐怖思想的傳播：在歐盟會員國層級，「歐盟會員國中央、區域與地方政府」應扮演防止恐怖組織招募新血的第一道防線；而歐盟層級則應由「歐洲執行委員會（European Commission）統籌歐盟整體的預防方法，提供會員國協調與情報交流等合作事宜」。[33]

然而，有鑑於恐怖主義思想高滲透力的特性，因此，第三國[34]的恐怖主義思想可能進入歐盟境內，是故如何提升或提前將這些恐怖思想消除成為「預防戰略」階段的另一重要工作。鑒於這種體認，歐盟將積極在第三國促進良善治理、人權、民主、教育與經濟發展並注意第三國社會中不平等與歧視問題，同時促進跨文化對話與長期整合等。

---

[31] Mark Rheinard, et al., op. cit., p. 91.

[32] 有關恐怖主義類型之分析，請參見本書第五章或汪毓瑋：〈歐盟打擊恐怖主義與組織犯罪現況及未來推動台歐相關合作之啟示〉，論文發表於：第一屆「國境安全與人口移動」學術研討會，桃園，中央警察大學，2007年12月。

[33] The European Union Counter-Terrorism Strategy, op. cit., pp. 7-8.

[34] 指非歐盟國家。

　　準此以觀，「預防戰略」之優先執行事項可以為：（一）發展處理問題的共同途徑，特別應嚴格禁止網路不法使用，以阻止恐怖組織利用網路發展傳播恐怖主義思想；（二）在監牢或宗教場所加強宣傳正確宗教思想以防止恐怖組織進行煽動與招募新兵；（三）發展媒體與通訊策略，以有效宣傳歐盟反恐政策；（四）提升歐盟與會員國反恐合作計劃，例如：加強良善治理、民主、教育與經濟前景等；（五）在歐盟內外層級發展跨文化的對話以防偏激思想的產生；（六）避免使用情緒性詞彙來討論反恐議題，以免在社會形成思想對立團體與社群；（七）持續研究與分享經驗與分析結果，以擴大「預防效果」。[35]

## 二、保護

　　「保護」為反恐戰略的重要部分，其主要的功能為「減少恐怖攻擊所造成的傷害與衝擊」。在「保護戰略」下，有三項重點：（一）對基礎建設的保護：歐盟會員國應加強對國內重要基礎設施的防護，因為基礎建設是各國經濟工業發展之基礎，若遭破壞則會影響國家整體發展。歐盟建立全歐重要基礎建設加強保護計劃，以減少全歐重要基礎建設受到恐怖攻擊。至於邊境安全、交通與跨邊境的基礎設施，歐盟應以有效的集體行動給予保護。（二）邊境安全的保護：歐洲執行委員會在邊境與運輸安全上，應扮演主導角色，特別對於歐盟外國邊境的安全管理應該加強，因為如果能把恐怖勢力阻擋在外國邊境之外，那麼歐盟內部的「人民」與「基礎建設」就無受恐怖攻擊之虞，這是最佳的「保護戰略」之一。關於歐盟外國邊境管理的重要性，在「歐盟反恐戰略」特別強調「歐洲邊境管理署」（Frontex）[36]的角色。「歐洲邊境管理署」成立於 2004 年，是一個管理邊境安全的獨立機構，具有威脅評估的功能，能夠在外國邊境上利用「申根資訊系統」的資訊，在第一時間立刻逮捕已被認定或可疑之恐怖份子，使其

---

[35] The European Union Counter-Terrorism Strategy, op. cit., p. 9.
[36] 有關 Frontex 的組織、運作與功能請參見本書第九章。

無法進入歐盟內從事非法活動。此外，在歐洲機構的支援下，會員國應發展一套合作制度，彼此協調反恐政策，並相互交換反恐情報，藉此塑造嚴密的「保護國」。（三）交通運輸網的保護：在國際上，歐盟必須就運輸安全議題與國際組織合作，並提供第三國安全技術的協助，防止核武、小型、輕型武器的擴散。在交通安全方面，為了阻止恐怖攻擊及應付運輸工具受到恐怖傷害，歐盟應就陸、海、空各方面進行合作，強化機場、港口及飛行安全。

　　綜合而言，「保護戰略」的細部措施為以下六項：（一）引進生化特徵認證，加強護照通行安全；（二）建立簽證資訊系統（Visa Information System; VIS）及第二代申根資訊系統（SIS II）；（三）透過歐洲邊境管理署（European Agency for the Management of Operational Co-operation at the External Borders of the Member States of the European Union; Frontex），發展歐盟外圍邊境的風險分析；（四）實行國內航空、港口及航海共同安全標準協定；（五）實行歐洲基礎建設計劃；（六）加強歐盟層級的研究活動。㊲

## 三、追捕

　　「追捕戰略」中，歐盟特別強調：會員國應注重歐盟整體的安全，而不應僅注重國家安全。在整體安全佈局下，歐盟會員國應密集交換資訊與情報，並提供威脅分析與執法合作」，以有效阻止恐怖組織的計劃、網絡、召募成員、募款、獲得炸藥原料等，而最終應有能力將恐怖份子繩之以法。有兩項措施提供參考：（一）會員國權責機關應有充分的收集、分析與逮捕恐怖份子的能力與工具；（二）強化攔截恐怖行動的機制與追查跨邊境恐怖份子的策略與行動。㊳

　　歐盟反恐戰略中「追捕戰略」特別強調「歐洲逮捕令」（European Arrest Warrant; EAW）的功能，歐盟會員國認為「歐洲逮捕令為追捕與調查逃竄到他國之恐怖份子之重要工具」，在實際運作上儘速促

---

㊲ The European Union Counter-Terrorism Strategy, op. cit., p. 11.
㊳ The European Union Counter-Terrorism Strategy, op. cit., p. 12.

使各會員國施行司法判決相互承認，這項原則相當重要，它將直接影
響「歐洲逮捕令」的執行成效。而用於 2009 年生效的「歐洲證物逮捕
令」（European Evidence Warrant）㊴則是司法相互承認的重要機制，
藉由歐盟會員國司法機關間證物（Objects），文件（Documents）與資
料（Data）的相互承認與交流，使刑事司法程序更順暢，如此將可快
速逮捕恐怖份子，將之繩之以法。除此之外，歐盟會員國應該擅用現
存的反恐機構與行動機構，例如：「歐洲警政署」、「歐洲司法合作
署」與「聯合調查團」等，唯有在這些泛歐反恐機構與機制下，歐盟
會員國才能充分交流跨國資訊並採取更有效的反恐聯合行動，達到維
護歐盟內部安全的目標。㊵

　　有鑑於恐怖活動日益國際化的趨勢，歐盟「追捕戰略」亦一再突
顯國際合作（International Cooperation）的重要性。從實務經驗中歐盟
發現，大部分歐盟境內的恐怖主義威脅源自於歐盟域外，因此歐盟計
劃與聯合國、其他國際組織與重要夥伴國家簽訂反恐協議與條約，以
建立國際反恐架構並將調查拘捕的範圍擴大至全球，由此經由全球性
與跨國性的集體合作。以達到攔截恐怖份子聯絡訊息，並阻斷其發動
攻擊的可能性與破壞其通訊及籌組計劃的能力。㊶

　　總括而言，「追捕戰略」之優先措施應包括：（一）加強歐盟會
員國國內反恐機構的權限；（二）充分利用歐洲警政署與歐洲司法合
作署來推行泛歐警察與司法合作，並持續將「聯合情勢中心」（Joint
Situation Centre；SitCen）的威脅評估整合至反恐政策中；（三）進一
步發展司法判決互相承認，包括採用「歐洲證物逮捕令」；（四）確
保完整執行與評估現行之立法與國際上締結之條約與協定；（五）追
查恐怖份子武器與炸藥的來源，範圍應涵蓋從自製炸藥到核生化材
料；（六）藉由立法阻斷恐怖主義的資金來源，以避免非營利組織遭

---

㊴ 2008 年 12 月 18 日歐盟理事會通過一項有關歐洲證據逮捕令架構決定。該架構
　　決定於 2009 年 1 月 19 日生效，歐盟會員國應於 2011 年 1 月 19 日前將該架構決
　　定納入國內法。

㊵ The European Union Counter-Terrorism Strategy, op. cit., p. 13.

㊶ The European Union Counter-Terrorism Strategy, op. cit., p. 14.

到恐怖組織的濫用，同時歐盟持續監視會員國在這方面的表現，以監控恐怖組織資金的動向。[42]

## 四、反應

悉知，歐盟並不能完全排除恐怖主義的威脅，換言之，縱使歐盟徹底執行上述「預防」、「保護」與「追捕」戰略後，歐盟境內仍然存在恐怖主義威脅內部安全的問題。是故，歐盟應審慎規劃「反應戰略」，以妥善處理遭受恐怖攻擊後之善後事宜。不論是自然、科技或人為意外，因應措施大抵相同，而因應措施的目的在於降低恐怖攻擊後對人民產生的影響。在處理跨邊境恐怖攻擊事件時，歐盟必須與歐盟會員國就行動、政策與資訊方面進行協調，並快速提供包括軍隊資源在內之任何可用的方式與工具，以有效執行共同行動。[43]

然而，當某一歐盟會員國境內發生恐怖攻擊事件時，該會員國應扮演主導角色，迅速啟動國內資源並執行因應措施。不過假如恐怖攻擊的破壞力超出當事國所能負荷的程度時，歐盟機構（特別是歐洲執行委員會）都應賦有主動援助的義務，並動員所有能力對當事國進行援助。在「反應戰略」中，歐盟為了確保安全防衛的機制能保持最佳狀態，隨時可以應急使用，因此在「反應戰略」中明示修改與更新一「共同體民防機制」的重要性。[44]

「反應戰略」的另一項重點工作為事後賠償與照料。悉知，反恐是一場無法讓人稍有怠慢的安全防衛戰，歐盟應周詳設計完整的反恐措施，從風險評估機制的設立到事先準備因應措施與緊急應變的能力。當歐盟執行反恐行動時，應設法保護人民的財產，行動結束之後，應立即調查受害情形，並對受恐怖攻擊之受害者與其家屬給予適當的協助與賠償，以令受害人能迅速恢復正常生活。[45]

---

[42] The European Union Counter-Terrorism Strategy, op. cit., pp 14-15.

[43] The European Union Counter-Terrorism Strategy, op. cit., p. 15.

[44] 「共同體民防機制」（The Community Mechanism for Civil Protection）是目前施行於歐盟內部的民防制度，主要功能在於支援與協助歐盟會員國處理天然災害與生命救援等事務。The European Union Counter-Terrorism Strategy, op. cit., p. 15.

[45] The European Union Counter-Terrorism Strategy, op. cit., p. 16.

綜合而言，「反應戰略」的目標在於使歐盟與歐盟會員國在恐怖攻擊之後，能夠具備充分的善後處理能力。其優先執行的能力建構措施為：（一）制訂歐盟層面之危機協調辦法。（二）修定與增補歐盟民防立法。（三）發展風險評估工具，以建立反應能力。（四）加強與第三國或國際組織就反應恐怖攻擊與其它重大災難的進行協調與合作。[46]

歐盟反恐戰略提出後，歐盟仍不斷檢視與檢討其戰略方針與實際狀況的契合度。2010 年 5 月 10 日歐盟反恐協調員向歐盟理事會與歐洲高峰會提出報告時強調：2005 年的反恐戰略仍具實用性與時效性；而2009 年聖誕節蓋達組織在底特律的恐怖攻擊行動被機上乘客成功制伏後，再次顯現恐怖主義的威脅依然存在；值得一提的是「內部安全委員會」（COSI）於 2010 年 3 月首次會議時，已著手評估與分析歐盟目前面臨的威脅，「內部安全常設委員會」的設立與運作將使歐盟反恐更有成效。歐盟反恐協調員亦特別強調歐盟「3P1R」反恐戰略在歐盟反恐上的重要性。[47]

# 第三節　歐盟反恐政策

歐盟的反恐政策主要內容可分為五大部分[48]：（一）警察合作：積極設立「歐洲警政署」（European Police Office; Europol）與歐盟警察首長專案小組（EU Police Chiefs' Task Force; PCTF）等歐盟內部反恐機構，以深化歐盟會員國警察事務的合作；（二）司法合作：建立「歐

---

[46] The European Union Counter-Terrorism Strategy, op. cit., p. 16.

[47] EU Counter-Terrorism Coordinator: EU Counter-Terrorism Strategy - Discussion Paper, 9685/10, Brussels, 10.05.2010, p. 3.

[48] 有關歐盟反恐政策的參考文獻如下：(1) 張福昌：〈歐盟反恐戰略研究：制度、運作與網路〉，論文發表於「第三屆歐洲聯盟人權保障學術研討會」，中央研究院歐美研究所，臺北，2007 年 10 月 19-20 日；(2) David Spence (ed.): The European Union and Terrorism, London: John Harper Publishing, 2007; (3) Erwin Müller/ Patricia Schneider (eds.): Die Europäische Union im Kampf gegen den Terrorismus: Sicherheit vs. Freiheit?, Baden-Baden: Nomos Verlag, 2006.

洲司法合作署」（European Judicial Cooperation Unit; Eurojust）與「歐洲逮捕令」等，以利歐盟會員國檢調單位之間的合作；（三）資訊交換：設置泛歐情報交換系統，鼓勵歐盟會員國廣泛交換警察與司法資料，以妥善監督與管理歐盟境內流動之人員；（四）邊境安全管理：設立「歐洲邊境管理署」，以嚴密管理歐盟陸、海、空等外圍邊境的安全；（五）防止資助恐怖主義：整合歐盟會員國間財政情報系統，以抑止任何提供恐怖主義財政支援的可能。歐盟這些反恐政策已完整建構歐盟內部打擊恐怖主義的藍圖，然而，這些政策機制是否能夠有效地整合與強化歐盟會員國的警察與情報系統，以有效提升歐盟境內的反恐效益，殊值觀察與研究。

## 一、歐盟重要反恐法規

除了上述之「3P1R」反恐戰略外，有關反恐的重要法規尚有（一）共同行動計劃；（二）打擊恐怖主義架構決定；（三）反恐團結聲明三項，茲概略介紹如下，其他重要的反恐法規因篇幅的限制，不能逐一詳述，僅條列於〈表6-1〉，以供讀者參考與延伸閱讀。

### （一）共同行動計劃

911事件後十天，歐盟提出一個打擊恐怖主義的「共同行動計劃」（Common Action Plan），內容重點有四：第一、警察與司法合作，包括對恐怖主義的共同定義、共同逮捕令與聯合調查團，並加強警察與情報合作；第二、增進與標準化歐盟內部的飛航安全；第三、加強核子技術之醫藥與科學研究，以因應相關緊急事件；第四、嚴密歐盟內外恐怖份子的資金調查。[49]「共同行動計劃」在制訂初期廣受矚目，但在2004年3月11日馬德里爆炸案後，卻顯現兩項問題：1.德國、義大利、奧地利、希臘與荷蘭均未於最後期限內將歐洲逮捕令納入國內法，而其餘國家則未完成處理洗錢與犯罪起訴的立法；2.各國對於資

---

[49] Joanne Wright: The Importance of Europe in the Global Campaign Against Terrorism, in: Terrorism and Political Violence, Vol. 18, 2006, p. 286.

料保護意見分歧，特別是有關手機、網際網路與情報分享等資料的使用問題等。這些都是歐盟會員國國家元首與政府首長在馬德里爆炸案後，透過緊急高峰會與例行高峰會所提出的討論議題。⑤是故，有關「共同行動計劃」的內容仍需歐盟積極協調並制訂相關的法規才能付諸實現。

## （二）打擊恐怖主義架構決定

2002 年 6 月 13 日歐盟理事會所通過的「反恐架構決定」（Frame-work Decision on Combating Terrorism）是歐盟反恐機制的主要文件。該架構決定要求各會員國採取必要行動以達成歐盟的需求，這些需求包括：對恐怖主義的「共同定義」、對恐怖攻擊的「共同判決」（Common Sentencing）與「共同管轄權」（Common Jurisdiction）。「反恐架構決定」的重要規定如下：第一條定義了恐怖主義行動、恐怖組織、牽連恐怖主義的攻擊、與確定應受懲罰之煽動或教唆的恐怖攻擊行動；第五與第六條款規定了對恐怖攻擊者的「共同判決」架構；第九條款建立了「共同管轄權」等。⑤

## （三）反恐團結聲明

2004 年 3 月馬德里火車爆炸事件後，歐盟會員國國家元首或政府首長於同（2004）年 5 月 1 日集會通過「反恐團結宣言」（Solidarity Declaration against Terrorism），表明歐盟未來將積極面對恐怖主義，並透過交流合作與資源整合，以協助會員國有效預防恐怖攻擊行動，或妥善處理發生恐怖攻擊後的善後工作。⑤「反恐團結宣言」中強調：根據歐洲憲法條約第 I-43 條「團結條款」（Solidarity Clause）指出，當某一歐盟會員國成為恐怖攻擊的受害國時，歐盟其他會員國應根據

---

⑤ Ibid., p. 287.
⑤ Ibid., p. 286.
⑤ Malena Britz: Nordic Co-operation and the European Union, available from: www.forskningsradet.no. (Accessed 21.07.2010)

「團結條款」採取共同行動，並協調與提供人員或物資（包括軍事資源在內），以達到下列三項目標：1.避免恐怖威脅出現在任一國家的領土內；2.保護民主制度與防止歐盟人民遭遇任何恐怖攻擊；3.各國應協助遭恐怖攻擊的受害國，並在該國政府的同意下，參與善後處理。㊽

里斯本條約生效後，歐洲聯盟運作條約第 222 條「團結條款」繼承了歐洲憲法條約第 I-43 條的團結精神，於第 222 條第 3 款中特別強調：必要時，政治與安全委員會（Political and Security Committee；PSC）應與「內部安全常設委員會」向歐盟理事會提出協助遭受恐怖攻擊之會員國的共同立場。㊾然而，「反恐團結宣言」亦面臨一些挑戰，例如：歐盟會員國如何有效協調民事與軍事資源？歐盟應該如何評估跨邊境的危機管理成效？歐盟與會員國間如何清楚劃分法律權限？歐盟會員國間之緊急應變架構應如何相互援助？如何才能建立一個有效打擊恐怖主義的共同能力？上述問題皆有待歐盟與歐盟會員國共同規劃與解決。㊿

## 二、歐盟重要反恐機構與機制

設立反恐權責機構是歐盟反恐政策的重要一環。歐盟自 2004 與 2005 年接連遭受恐怖攻擊之後，決定強化警察與司法合作機構的功能，在第三支柱司法與內政事務領域中，積極賦予「歐洲警政署」、「歐洲司法合作署」與「歐洲邊境管理署」等機構的功能，以增強歐盟反恐能力。

---

㊽ Draft Declaration on Solidarity against Terrorism, available from: http://www.consilium. europa.eu/uedocs/cmsUpload/79635.pdf. (Accessed 22.07.2010)

㊾ 其為一份整合各項反恐政策的全面性戰略文件，然而，「歐盟反恐戰略」並未取代「反恐行動計劃」，兩者並存。Consolidated Version of the Treaty on the Functioning of the European Union, OJ C115, 09.05.2008, p. 47.

㊿ Magnus Ekengren: New Security Challenges and the Need for New Forms of EU Cooperation: The Solidarity Declaration against Terrorism and the Open Method of Coordination, in: European Security, Vol. 15. No. 1, 2006, p. 100.

## ＜表 6-1 ＞歐盟重要反恐法規一覽表

| | |
|---|---|
| 文件主題 | Council Regulation No. 2580/2001 of 27122001 Measures Directed against Certain Person and Entities with a View to Combating Terrorism, OJ L 344, pp. 70-76. |
| 決議日期／公佈日期 | 2001.12.27/2001.12.28 |
| 重要內容 | 凍結、清查資助恐怖主義的個人財產或資金來源 |
| 文件主題 | Council Common Position of 27 December 2001 on Combating Terrorism, OJ L 344, pp. 90-92. |
| 決議日期／公佈日期 | 2001.12.27/2001.12.28 |
| 重要內容 | 加強國際合作並強化警察與司法單位的合作 |
| 文件主題 | Council Common Position concerning Usama Bin Laden and Al-Qaeda Organization, OJ L139, pp. 4-5. |
| 決議日期／公佈日期 | 2002.05.27/2002.05.29 |
| 重要內容 | 打擊賓拉登、蓋達組織與塔利班政權或相關組織的政策 |
| 文件主題 | Council Regulation No 881/2002 concerning Usama Bin Laden and Al-Qaeda Organization, OJ L 139, pp. 9-22. |
| 決議日期／公佈日期 | 2002.05.27/2002.05.29 |
| 重要內容 | 明定凍結資金與財產的各項規定 |
| 文件主題 | Council Framework Decision of 13062002 on Joint Investigation Teams, OJ L 162, pp. 1-3. |
| 決議日期／公佈日期 | 2002.06.13/2002.06.20 |
| 重要內容 | 聯合調查團的相關規範 |
| 文件主題 | Council Framework Decision on 13 June 2002 on Combating Terrorism, OJ L164, pp. 3-7. |
| 決議日期／公佈日期 | 2002.06.22/2002.06.22 |
| 重要內容 | 界定 8 項恐怖活動 |
| 文件主題 | Council Framework Decision of 19 July 2002 on Combating Trafficking in Human Rights, OJ L 203, pp. 1-4. |
| 決議日期／公佈日期 | 2002.08.01/2002.08.01 |
| 重要內容 | 打擊人口走私 |
| 文件主題 | Commission Regulation No 742/2003 of 28 April 2003 Amending for the 17th Time Council Regulation (EC) No 881/2002 Imposing Certain Specific Restrictive Measures Directed against Certain Persons and Entities Associated with Usama Bin Laden, the Al-Qaida Network and the Taliban, and Repealing Council Regulation (EC) No 467/2001, OJ L 106, pp. 16-17. |
| 決議日期／公佈日期 | 2003.04.28/2003.04.29 |
| 重要內容 | 禁止支持賓拉登、蓋達組織與塔利班政權的規定 |

## ＜表 6-1 ＞歐盟重要反恐法規一覽表（續一）

| | |
|---|---|
| 文件主題 | Council: Final Report on the Evaluation of National Anti-Terrorist Arrangements-Council of the EU, 26.09.2005 |
| 決議日期／公佈日期 | 2005.09.26 |
| 重要內容 | 評估歐盟司法與內政歐盟理事會對國家反恐行動與各機構的準備工作 |
| 文件主題 | Council: The EU Strategy for combating Radicalisation and recruitment to Terrorism |
| 決議日期／公佈日期 | 2005.11.24 |
| 重要內容 | 打擊恐怖主義的三項方針 |
| 文件主題 | Directive 2005/60/EC of the European Parliament and the Council of 26 October 2005 on the Prevention of the Use of the Financial System for the Purpose of Money Laundering and Terrorist Financing |
| 決議日期／公佈日期 | 2005.11.25 |
| 重要內容 | 協助會員國與各財政機構防制恐怖份子洗錢 |
| 文件主題 | Council: The EU Counter-Terrorism Strategy |
| 決議日期／公佈日期 | 2005.11.30 |
| 重要內容 | 界定歐盟反恐 4 項戰略 |
| 文件主題 | Council: Communication of the EU Policies and Objectives in Counter Terrorism |
| 決議日期／公佈日期 | 2006.09.27 |
| 重要內容 | 反恐戰略的主要功能與建立共同的資訊庫 |
| 文件主題 | Council: ESDP Dimension of the Fight Against Terrorism |
| 決議日期／公佈日期 | 2007.02.02 |
| 重要內容 | 在歐洲安全與防衛政策架構下執行反恐事務 |
| 文件主題 | Council: Second Round of Peer Evaluation of National Counter Terrorism Agreements |
| 決議日期／公佈日期 | 2007.05.29 |
| 重要內容 | 評估歐盟會員國反恐政策之執行狀況 |
| 文件主題 | Proposal for a Council Framework Decision on the Use of Passenger Name Record (PNR) for Law Enforcement Purposes |
| 決議日期／公佈日期 | 2007.06.11 |
| 重要內容 | 乘客資料交換的合作要項 |
| 文件主題 | Council Decision of 12 February 2007 Establishing for the Period 2007 to 2013, as Part of General Programme on Security and Safeguarding Liberties, the Specific Programme 'Prevention, Preparedness and Consequence Management of Terrorism and Other Security Related Risks' |
| 決議日期／公佈日期 | 2007.02.24 |
| 重要內容 | 協助歐盟會員國防範與保護國民或基礎設施免於恐怖攻擊的策略 |

### ＜表6-1＞歐盟重要反恐法規一覽表（續二）

| 文件主題 | Council Decision of 6 April 2009 Establishing the European Police Office (Europol) |
|---|---|
| 決議日期／公佈日期 | 2009.05.11 |
| 重要內容 | 修訂歐洲警政署職權 |
| 文件主題 | EU Action Plan on Combating Terrorism |
| 決議日期／公佈日期 | 2009.11.26 |
| 重要內容 | 回報會員國與歐盟機構反恐工作成效與建議報告 |
| 文件主題 | Draft Internal Security Strategy for the European Union: "Towards a European Security Model" |
| 決議日期／公佈日期 | 2010.02.23 |
| 重要內容 | 提出歐盟內部面臨的安全威脅，並提出因應策略 |
| 文件主題 | EU-US Agreement on the Transfer of Financial Messaging Data for purposes of the Terrorist Finance Tracking Programme |
| 決議日期／公佈日期 | 2010.02.09 |
| 重要內容 | 制訂歐盟與美國就防制恐怖份子洗錢與資金來源管道的合作 |
| 文件主題 | Council Decision of 25 February 2010 on Setting up the Standing Committee on Operational Cooperation on Internal Security |
| 決議日期／公佈日期 | 2010.03.03 |
| 重要內容 | 設立內部安全委員會 |

資料來源：作者自製。

## （一）聯合情勢中心

歐盟理事會秘書處內所設置的反恐機制，都在協助歐盟理事會秘書長研擬相關政策㊾，在諸多反恐機制中，又以「聯合情勢中心」最為重要。「聯合情勢中心」負責多種情勢分析與監控，包括：歐盟內部安全、各情報安全單位的調查與行動、邊境管制與危機管理等。而「聯合情勢中心」的報告直接提供給歐盟決策單位（例如：常駐代表

---

㊾ 例如：2004年打擊恐怖主義宣言（Declaration on Combating Terrorism）中宣佈由高級代表指派一名隸屬於歐盟理事會秘書處架構之下的「反恐協調員」（Counter Terrorism Coordinator），「反恐協調員」不僅需協調歐盟內部反恐事務，同時也應監督各項反恐行動是否在歐盟會員國內落實。但就實際狀況而言，反恐協調員不具任何推動反恐法令的權力，也不能發揮監督的效用。

委員會、政治與安全委員會等），以利制訂戰略層級的政策，因此，「聯合情勢中心」的情報分析在歐盟打擊恐怖主義上，亦扮演重要角色。唯「聯合情勢中心」所做成的任何分析報告僅供歐盟內部參考，不對外公開。(57)

## （二）加強歐盟會員國警察與情報部門的合作

2001年12月27日公告的文件中指出，歐盟將加強國際合作並同時增進歐洲警政署、歐洲司法合作署、情報單位、警察系統與司法單位的合作以打擊恐怖主義。(58) 2002年6月13日，歐盟公佈許多重要的法令，其中之一就是聯合調查團（Joint Investigation Team; JIT），包括其召開方式、組成人員與主席（Leader）人選，以及在何種情勢之下可以由會員國召開聯合調查團。(59)

### 1. 強化歐洲警政署的功能(60)

2001年11月15日歐盟司法與內政歐盟理事會（Council of Justice and Home Affairs）決議，在「歐洲警政署」架構下成立一個反恐專案小組（Counter Terrorism Task Force; CTTF），其任務為(1)蒐集恐怖主義重要資訊與歐盟恐怖主義現況的情報；(2)分析情報與戰略步驟；(3)分

(57) Available from: http://www.euractiv.com/en/security/gijs-vries-terrorism-islam-democracy/articl e-136245. (Accessed 13.11.2009)

(58) Council Regulation No. 2580/2001 of 27.12.2001 "Measures Directed against Certain Person and Entities with a View to Combating Terrorism", OJ L 344, 28.12.2001, pp. 70-75.

(59) Council Framework Decision of 13.06.2002 on Joint Investigation Teams, OJ L 162, 20.06.2002, p. 1.

(60) 有關「歐洲警政署」的參考文獻如下：(1)張福昌：〈歐洲警政署：歐盟反恐政策的基石？〉，論文發表於「第四屆恐怖主義與國家安全學術研討會」，中央警察大學，桃園，2008年12月15日；(2) Satish Sule: Europol und Europäischer Datenschutz, Baden-Baden: Nomos Verlag, 1999; (3) Nikolaos Lavranos: Europol and the Fight Against Terrorism, in: European Foreign Affairs Review 8, 2003; (4) Oldrich Bures: Europol's Fledgling Counterterrorism Role, in: WISC 2008 Second Global International Studies Conference, 14.06.2008; (5) Charles Elsen: From Maastricht to The Hague: The Politics of Judicial and Police Cooperation, Europäische Rechtsakademie: ERA Forum, 2007.

析潛在威脅、執行方法與安全情勢。⑥然而，反恐專案小組僅運作一年，2002 年底即併入「歐洲警政署」「重大犯罪部門」（Department SC）中的「反恐處」（SC5）。⑥ 2004 年馬德里事件後，使歐盟再度檢討其反恐機制，並決定再度將反恐專案小組從「歐洲警政署」「反恐處」獨立出來，其貢獻在於建立一個專門監督與分析伊斯蘭恐怖行動現況的「伊斯蘭恐怖主義分析工作檔案」（Analysis Work Files; AWFs），並完成歐盟內部恐怖組織名單與其活動情形的「海豚檔案」（Dolphin Files）。

### 2. 加強歐盟會員國警察與情報部門的合作

2001 年 911 事件之後，歐盟即呼籲其會員國的警察、安全與情報單位改善彼此之間，以及其與「歐洲警政署」之間的情報交換系統⑥，並提議歐盟會員國情報單位間應設立一個專門討論恐怖主義議題的合作機制，於是便促成「反恐小組」（Counter Terrorism Group; CTG）的誕生。「反恐小組」的主要任務在於草擬打擊恐怖主義的提案、促進反恐合作與提供恐怖主義相關資訊（特別是有關伊斯蘭恐怖主義之威脅評估）等。⑥

「警察首長專案小組」與「警察反恐工作小組」（Police Working Group on Terrorism; PWGT）是歐盟會員國警察部門間重要的合作機

---

⑥ Mathieu Delfin: Europol and the Policing of International Terrorism: Counter-Terrorism in a Global Perspective, in: Justice Quarterly, Vol. 23, No. 3, 2006, p. 344.

⑥ 反恐專案小組無法繼續運作的主要原因有三：其一，反恐專案小組的設立僅具象徵意義，歐盟會員國並未給予太大重視；其二，其人事與「歐洲警政署」雷同，兩者都是由歐盟會員國的警察或情報人員組成，有疊床架屋的批評；其三，就實際運作的經驗來看，其在促進歐盟會員國資訊交流上，亦未能發揮預期的功能。相關的內容，請參見：Wilhelm Knelangen: Die innen- und justizpolitische Zusammenarbeit der EU und die Bekämpfung des Terrorismus, in: Erwin Müller/ Patricia Schneider (eds.), op. cit., p. 149.

⑥ 歐盟內部有部分會員國並不願意交換資訊，2004 年西班牙馬德里爆炸案即披露出這個問題，西班牙安全單位事先已經掌握一些嫌疑犯，但是其他會員國卻多不知情。

⑥ Lauri Lugna: Institutional Framework of the European Union Counter-Terrorism Policy Setting, in: Baltic Security & Defence Review, Vol. 8, 2006, pp. 115-116.

制。「警察首長專案小組」是一個提供歐盟會員國就當前跨邊境犯罪問題的警察實務與資訊交換的平台。從實務經驗中可以得知「警察首長專案小組」的決定可以影響「歐洲警政署」的政策走向，例如：2003 年歐盟執行波西尼亞—赫塞哥維納警察任務（EU's Police Mission in Bosnia-Herzegovina）時，「警察首長專案小組」即成功地促成「歐洲警政署」制訂「阿爾巴尼亞民族主義組織犯罪報告」（Ethnic Albanian Organized Crime Groups）。[65]

## （三）加強歐盟會員國司法機關的合作

採取法律途徑解決恐怖主義問題一直是歐盟一貫的主張，因此，如何促使歐盟會員國司法單位合作以有效打擊恐怖主義，乃成為歐盟反恐政策的重點內容。

### 1.建立歐洲司法合作署[66]

2002 年 2 月 28 日歐盟會員國正式設立「歐洲司法合作署」，會址設於荷蘭海牙。「歐洲司法合作署」是歐洲司法領域中第一個常設的司法機關，其主要的目標有三：第一、促進與提升歐盟會員國相關司法單位的合作；第二、加強歐盟會員國之間的司法相互承認與「歐洲逮捕令」的執行；第三、協助歐盟會員國處理重大跨國犯罪與組織犯罪的調查與起訴。[67]歐洲司法合作署除了內部運作單位外，還有一個

[65] Tony Bunyan: The EU's Police Chief Task Force (PCTF) and Police Chiefs Committee, in: Statewatch Analysis, pp. 6-7. Available from: http://www.statewatch.org/news/2006/mar/pctf.pdf. (Accessed 10.11.2009)

[66] 有關「歐洲司法合作署」的參考文獻如下：(1) Council Decision: Setting up Eurojust with a View to Reinforcing the Fight against Serious Crime (2002/187/JHA), OJ L 63, 06.03.2002; (2) Hans Nilsson: Judicial Cooperation in Europe against Terrorism. In: David Spence (ed.): The European Union and Terrorism, UK: John Harper Publishing, 2007; (3) House of Lords: European Union Committee: Judicial Cooperation in the EU: The Role of Eurojust, 23rd Report of Session 2003-04, 21.07.2004; (4) Peers Steve: EU Response to Terrorism, in: The International and Comparative Law Quarterly, Vol. 52, No. 1, January 2003.

[67] Rajka Vlahovic: Eurojust: An Overview, Background, Structure and Work, paper presented at the Regional Expert Workshop on International Co-operation on Counter Terrorism, Corruption and the Fight against Transational Organised Crime, 07-09.03.2009.

獨立的「聯合監督機構」（Joint Supervisory Body; JSB），負責監控「歐洲司法合作署」在傳輸資料的過程是否有侵害個人基本權利的情事。

### 2. 建立適用全歐盟的歐洲逮捕令[68]

「歐洲逮捕令」乃根據歐盟於 2002 年 6 月 13 日所頒佈的「歐洲逮捕令架構決定」（Framework Decision on the European Arrest Warrant）而設立，該架構決定的條文共有三十五條。「歐洲逮捕令」是歐盟為了打擊恐怖主義所執行的一大變革，同時也是歐盟會員國在司法合作上的里程碑，它樹立了「司法機關對司法機關」直接完成解送程序的先例，取代過去冗長的外交途徑引渡程序。在「歐洲逮捕令架構決定」中明定三十二項罪行可以直接適用「歐洲逮捕令」[69]，並且規定在最多九十天內必須完成「歐洲逮捕令」解送程序，使得整個解送罪犯的時間大幅縮短，程序亦隨之簡化。「歐洲逮捕令」這種簡化解送程序的功能，預計將可以解決恐怖份子流竄歐盟各國的問題，並且可以提升審理恐怖主義攻擊案件的速度。[70]

---

[68] 有關「歐洲逮捕令」的參考文獻如下：(1) Rob Blekxtoon: Introduction, in: Judge Rob Blekxtoon/Wouter van Ballegooij (eds.): Handbook on the European Arrest Warrant, The Netherlands: T.M.C. Asser Press, 2005; (2) Council Framework Decision of 13 June 2002 on the European Arrest Warrant and the Surrender Procedures between Member States (2002/584/JHA), OJ L 190, 17.08.2002; (3) Jan Wouters and Frederik Naert: Of Arrest Warrants, Terrorist Offences and Extradition: An Apprisal of the EU's Main Criminal Law Measures against Terrorism After 11 September, in: Common Market Law Review 41, 2004; (4) Elies Van Sliedregt: The European Arrest Warrant: Between Trust, Democracy and the Rule of Law, Untroduction. The European Arrest Warrant: Extradition in Transition, in: European Constitutional Law Review, Vol. 03, 2007; (5) Michael Plachta: European Arrest Warrant: Revolution in Extradition?, in: European Journal of Crime, Criminal Law and Criminal Justice, Vol. 2, 2003; (6) Scott Siegel: Courts and Compliance in the European Union: The European Arrest Warrant in National Constitutional Courts, in: The Jean Monnet Program, 2008, pp. 5-6. Available from: www. JeanMonnetProgram. org. (Accessed 20.11.2009)

[69] 這三十二項罪行包括：恐怖攻擊、幫派犯罪、走私人口、貪污與謀殺等。應逮捕之嫌疑人若被以這三十二種罪刑定罪，則可以直接適用「歐洲逮捕令」將之解送。

[70] Scott Siegel, op. cit.

## （四）設立歐洲邊境管理署[71]

2003 年 11 月歐洲執行委員會提出建立「歐洲邊境署」（European Border Agency）的提案，內容包括：提供歐盟會員國邊境管制、情報與訓練計劃、協助管理特別案件與協調歐盟處理非法移民等。最後，歐盟理事會於 2004 年 10 月 26 日通過第 2007/2004 號「規則」（Regulation）成立了「歐洲邊境管理署」。2005 年 4 月 26 日歐盟理事會通過一項決定（Decision）將「歐洲邊境管理署」的會址設於波蘭華沙。[72] 同（2005）年 10 月 3 日「歐洲邊境管理署」正式開始運作，其主要任務包括：1.協調歐盟會員國的邊境行動；2.訓練歐盟會員國的邊境人員；3.執行外圍邊境危機分析；4.推展有關邊境管理的研究與發展；5.提供緊急支援；6.協調共同遣返行動。[73]

## （五）完善防止資助恐怖主義的機制

在歐洲單一市場的架構下，資金得以在歐盟境內自由流通，使恐怖份子與恐怖組織常利用歐盟這種資金自由流通的環境，靈活調度資

---

[71] 有關「歐洲邊境管理署」的參考文獻如下：(1)張福昌：〈歐盟東擴與外圍邊境安全：Frontex 的角色與功能〉，論文發表於「歐盟東擴研究」學術研討會，中央研究院歐美研究所，臺北，2008 年 10 月 24～25 日；(2) Fu-chang Chang: EU Enlargement and Security Challenge in Wider Black Sea Region, paper presented on the International Conference "EU's 5th Enlargement: Challenge and Perspective" on 19. December 2006, at the Tamkang University, Taipei; (3) European Commission: Communication from the Commission to the Council and the European Parliament — Towards Integrated Management of the External Borders of the Member States of the European Union, COM (2002) 233 final, 07.05.2002; (4) Stefano Bertozzi: Schengen: Achievements and Challenges in Managing an Area Encompassing 3.6 million km², Working Document, Centre for European Policy Studies, No. 284, 02.2008; (5) Didier Bigo, et al.: The Changing Landscape of European Liberty and Security: Mid-Term Report on the Results of the CHALLENGE Project, in: Research Paper, Centre for European Policy Studies, No. 4, 02.2007; (6) Jill Donoghue, et al.: Report on Frontex. The European Union's New Border Security Agency, Institute of European Affairs, 10.2006.

[72] Council Decision of 26 April 2005 designating the Seat of the European Agency for the Management of Operational Cooperation at the External Borders of the Member States of the European Union, OJ L 114, 04.05.2005, p. 13.

[73] Frontex: General Report of Frontex for 2005, p. 1.

金以支持其恐怖行動。因此，歐盟乃將如何防止恐怖份子與恐怖組織取得財政資助，視為其反恐政策的核心任務。

### 1.頒佈反洗錢指令

首先，歐盟於過去十幾年中提出三項反洗錢指令：(1) 1991 年 6 月歐盟頒佈第一個防制洗錢指令，目的在於強化歐盟會員國之銀行金融系統與禁止資助任何恐怖活動等[74]；(2) 2004 年 6 月歐洲執行委員會提出第二防制洗錢指令建議案，內容包括：擴大洗錢的定義、防止合法資金被用於資助恐怖行動等[75]；(3) 2006 年 8 月歐盟通過第三個防制洗錢指令[76]，歐盟「反洗錢金融行動專案小組」（Financial Action Task Force on Money Laundering; FATF）[77] 於 2003 年所擬定之反洗錢與打擊資助恐怖主義策略，強調歐盟未來防止財政資助恐怖主義的重點工作在於：擴大觀察名單的範圍，將慈善機構、律師、法官等專業團體與人士列為監控目標。[78]

其次，歐盟為了有效防止個人、公司、銀行等團體秘密支持恐怖行動，因此乃於 2002 年 5 月 29 日公佈一份詳細名冊，總共條列了 213 名自然人（Natural Persons）與 68 個法人（Legal Persons）、團體（Groups）與組織（Entities）。[79] 而這些名單上的自然人大多是賓拉登

---

[74] Council Directive of 10 June 1991 on the Prevention of the Use of the Financial System for the Purpose of Money Laundering (91/308/EEC), OJ L 166, 28.06.1991, pp. 77-83.

[75] Available from: http://www.anti-moneylaundering.org/Europe.aspx. (Accessed 08.04. 2009)

[76] Commission Directive 2006/70/EC of 01.08.2006.

[77] 反洗錢金融行動特別小組是國際社會中專門致力於控制洗錢行為的國際組織，其反洗錢策略<40 ＋ 9 項建議>是國際反洗錢領域中最重要的指導性文件，對各國立法以及國際反洗錢法律制度的發展影響深遠。

[78] Etay Katz: Implementation of the Third Money Laundering Directive-An Overview, in: Law and Financial Market Review, 05.2007, pp. 208-210.

[79] 詳細內容請參見：Council Regulation (EC) No. 881/2002 of 27 May 2002, Imposing Certain Specific Restrictive Measures Directed against Persons and Entities Associated with Usama Bin Laden the Al-Qaida Network and the Taliban, and Repealing Council Regulation (EC) No. 467/2001 Prohibiting the Export of Certain Goods and Services to Afghanistan, Strengthening the Flight Ban and Expanding the Freeze of Funds and Other Financial Resources in Respect of the Taliban of Afghanistan, OJ L 139, 29.05.2002, pp. 12-20.

（Osama/Usama bin Laden）、蓋達組織（Al-Qaeda/Qaida）與塔利班（Taliban）的成員與支持者。至於，名單上的法人、團體與組織則包括：銀行⑧、公司⑧⑩與其他伊斯蘭組織⑧⑫等。歐盟呼籲歐盟會員國應該凍結上述自然人、法人、團體與組織的所有資金與經濟來源，以消弭再度資助恐怖行動的可能性。除此之外，歐盟於 2002 年 2 月公佈一項「全歐洲資產凍結命令」（Establishing an EU-wide Asset-freezing Order），這項命令可以適用申請「歐洲逮捕令」，因此，預期可以簡化凍結程序，提高執行效率。⑧

　　恐怖份子透過洗錢的手法獲得資金是各國極力防堵的犯罪問題，因此，2001 年 12 月 27 日歐盟理事會就通過了一項針對調查資助恐怖主義的個人或團體之法規，該法規中說明根據聯合國安理會公佈之 1373 號決議文，各會員國必須凍結、清查各項資助恐怖攻擊行動之個人財產或資金來源，以限制恐怖行動。⑧ 2002 年 5 月 27 日亦公告一份規定各項資助恐怖活動資金與財政來源的定義，以及明定凍結資金與財產的法令。⑧ 2005 年 10 月 26 日，歐盟再度公佈一項指令，若是個人攜

---

⑧ 例如：Al-Barakaat Bank (Somalia), Al-Barakat Bank of Somalia (Somalia), Barakat Banks and Remittances (Dubai/UAE), De Afghanistan Momtaz Bank (Afghanistan), etc.

⑧ 例如：Aaran Money Wire Service, Inc. (USA), Al-Barakaat Wiring Service (USA), Al-Barakat Financial Holding Co. (Somalia), Al Rashid Trust (Pakistan), Asat Trust Reg. (Liechtenstein), Barakaat International Foundation (Sweden), Barakat Computer Consulting (Somalia), Mamoun Darkazanli Import-Export Company (Germany), Parka Trading Company (Dubai/UAE), Youssef M. Nada & Co. (Austria), Youssef M. Nada (Switzerland), etc.

⑧ 例如：Afghan Support Committee (ASC), Al-Qaida/Islamic Army, Al-Jihad/Egyptian Islamic Jihad, Armed Islamic Group (GIA), Islamic Army of Aden, Islamic Movement of Uzbekistan (IMU), Libyan Islamic Fighting Group, Somalia International Relief Organization, etc.

⑧ Kristin Archick: Europe and Counterterrorism Strengthening Police and Judicial Cooperation, in: CRS Report of Congress, 23.08.2004, p. 6.

⑧ Council Regulation No 2580/2001 of 27.12.2001, op. cit., p. 70.

⑧ Council Common Position of 27 May 2002 concerning Restrictive Measures against Usama Bin Laden, op. cit., p. 9.

帶 1 萬歐元現金或等價商品進出歐盟時，應主動向相關當局報備。⑧

## 2. 限制蓋達組織等活動

　　2002 年 5 月 27 日，歐盟公佈因應賓拉登、蓋達組織、塔利班政權或其他相關組織的政策，而這些政策多遵照聯合國安理會 2002 年 1390號有關凍結目標資金來源、拒發簽證等仲裁的決議文。⑧ 2004 年 4 月28 日，歐盟再次呼籲各國遵守各項禁止特定物資、資金或服務輸入阿富汗的規定，以防止資金或物質資源流入賓拉登、蓋達組織與塔利班政權等恐怖組織手中。⑧

## 3. 評估機制

　　有鑑於 911 事件所造成的嚴重後果，2001 年 9 月 20 日歐盟司法與內政理事會啟動一項名為「皮爾評估報告」（Peer Evaluation）的評估機制，來檢視會員國反恐機制的法律面、執行面與技術面。之後於2005 年 9 月 26 日，歐盟再度提出評估報告，其主要的目標是提供會員國反恐架構與評估能力、提升良好的執行能力、提供國家加強反恐能力的意見與確保會員國有能力執行各項工作。報告中亦提出改進方法，在政策面，會員國間需加強資訊交流、國家與國際間的相互合作與協調、保護基礎建設與危機風險管理；同時在制度面，歐盟於歐洲警政署架構下建立反恐專案小組（Counter Terrorism Task Force; CTTF），並加強歐盟情勢中心與反恐小組（Counter Terrorism Group; CTG）的合

---

⑧ Council, Regulation (EC) No 1889/2005 of the European Parliament and of the Council of 26 October 2005 on Controls of Cash Entering or Leaving the Community, OJ L 309, 25.11.2005, p. 10.

⑧ Council Common Position of 27 May 2002 concerning Restrictive Measures against Usama Bin Laden, op. cit., pp. 4-5.

⑧ Commission Regulation (EC) No 742/2003 of 28 April 2003 amending for the 17th time Council Regulation (EC) No 881/2002 imposing certain specific restrictive measures directed against certain persons and entities associated with Usama bin Laden, the Al-Qaida network and the Taliban, and repealing Council Regulation (EC) No 467/2001, OJ L 106, 29.04.2003, pp. 16-17.

作與擴大其職權。⑧

　　第一份「皮爾評估報告」包括歐盟反恐戰略的核心部分：預防、保護、追捕與反應。歐盟理事會秘書處於 2007 年 5 月 29 日提出第二份「皮爾評估報告」，歐盟強調的反恐改善措施有以下四點：(1)加強視訊監控作業、防止資助恐怖組織與阻止恐怖組織徵募成員；(2)發展歐盟反應攻擊與善後處理的能力；(3)加強緊急反應的能力；(4)制訂資訊交換規則與安排定期危機管理訓練活動等。⑨

## 三、歐盟重要反恐資訊與情報合作系統

　　從反恐實務經驗中，各國逐漸發現過去單由警察單位負責處理恐怖主義問題，已經不合時宜，必須佐以情報單位的協助才可以有效打擊恐怖主義。因此，如何強化歐盟會員國間資訊與情報單位的合作，遂成為歐盟反恐政策的至高策略。

## （一）第二代申根資訊系統 ⑨

　　1985 年 6 月 15 日法國、德國、荷蘭、比利時與盧森堡等五個歐盟會員國簽訂「申根協定」（Schengen Agreement），計劃逐步廢除彼此邊境管制。因應「申根協定」的發展，申根會員國自 1995 年 3 月 26 日起建立了維護人員管制的「申根資訊系統」（Schengen Information Sys-

---

⑧ Council: Final Report on the Evaluation of National Anti-terrorist Arrangements-Council of the EU, 26.09.2005.

⑨ Council: Second Round of Peer Evaluation of National Counter Terrorism Agreements, Brussels, 29.05.2007, pp. 2-4.

⑨ 有關「第二代申根資訊系統」的參考文獻如下：(1) Council of the European Union: Analysis of the Impact of SISone4ALL on the SIS1 and SIS II projects, 14773/06, Brussels, 20 November 2006; (2) House of Lords: The European Union Committee: Schengen Information System II (SIS II), 9th Report of Session 2006-07, London: The Stationery Office Limited, 2 March 2007; (3) Council Regulation (EC) No 1987/2006 of the European Parliament and of the Council of 20 December 2006 on the Establishment, Operation and Use of the Second Generation Schengen Information System (SIS II), OJ L 381, 28.12.2006; (4) Communication from the Commission to the Council and the European Parliament-Development of the Schengen Information System II, COM (2001) 720 final, Brussels, 18.12.2001.

tem; SIS），但是，隨著申根會員國不斷地增加[92]，「申根資訊系統」
已不敷使用，因此，歐盟理事會於 2001 年 12 月 6 日決定發展「第二代
申根資訊系統」（Schengen Information System II; SIS II）。[93]「第二代
申根資訊系統」除了保留第一代「申根資訊系統」所儲存的資料外，
更引進生物辨識資訊，例如：與個人直接相關的身體特徵資料、相
片、指紋、DNA 檔案或視網膜掃描等[94]，使「第二代申根資訊系統」
對入出境歐盟的人員辨識更加精確，這使歐盟能夠更有效地封鎖恐怖
份子進入歐盟境內。唯「第二代申根資訊系統」原先計劃於 2007 年正
式啟用，但因 2004 年歐洲執行委員會與「第二代申根資訊系統」計劃
的得標者發生法律糾紛。初審法院（Court of First Instance）宣判終止
該得標者繼續推展「第二代申根資訊系統」。權宜之計，歐盟乃同意
自 2007 年 9 月 1 日起暫時由葡萄牙的 SISone4all 資訊系統替代「第二代
申根資訊系統」。[95]

## （二）歐洲指紋系統[96]

悉知，歐盟會員國於 1990 年 6 月 15 日簽定都柏林公約（Dublin
Convention），該公約要求歐盟會員國有義務檢驗該國政治庇護申請者
的身分。而為了落實都柏林公約，因此掀起在歐盟架構下建立一個
「歐洲指紋系統」（European Dactylographic System; Eurodac）的構

---

[92] 歷經八次的擴大，使申根會員國增加為二十八國：法國、德國、荷蘭、比利
　　時、盧森堡、義大利、西班牙、葡萄牙、希臘、奧地利、丹麥、芬蘭、瑞典、
　　挪威、冰島、愛沙尼亞、拉脫維亞、立陶宛、波蘭、捷克、斯洛伐克、匈牙
　　利、斯洛凡尼亞、馬爾他、瑞士、保加利亞、羅馬尼亞與列支士敦。（保加
　　利亞、羅馬尼亞與列支士敦等三國，雖然已簽訂申根協定，但尚未廢除內部
　　邊境管制。）

[93] Council Decision of 6 December 2001 on the Development of the Second Generation of
　　the Schengen Information System (SIS), OJ L 328, 13.12.2001, pp. 1-3.

[94] House of Lords: The European Union Committee, op. cit., p.12.

[95] 請參見：(1) Council Regulation (EC) No 1987/2006 of the European Parliament and of
　　the Council of 20 December 2006, op. cit., p. 9; (2) House of Lords: The European Union
　　Committee, op. cit., p. 8 & p.15.

想。2002 年 2 月歐盟建立了「歐洲指紋系統」，該資料庫不僅可以防
止難民在不同歐盟會員國內重複申請政治庇護的現象，同時也可以防
止在某一歐盟會員國非法居留的居民，到其他歐盟會員國申請政治庇
護的情形。換句話說，「歐洲指紋系統」是歐盟因應內部區域開放與
打擊恐怖主義的重要措施。

「歐洲指紋系統」是歐盟建立的第一個指紋資料庫，於 2003 年 1
月 15 日開始運作，除了丹麥外，所有歐盟會員國均有參與。⑰「歐洲
指紋系統」登錄所有十四歲以上之政治庇護申請者的指紋資料，這些
資料會以表格化的電子資料形式傳到由歐洲執行委員會控管的中央資
料庫（Central Unit），並與已儲存在內的資料進行自動比對。這可以
讓歐盟會員國當局立即明白該申請者是否持有必要文件進出歐盟或是
已向某歐盟會員國提出政治庇護申請。

「歐洲指紋系統」不僅可以加速政治庇護申請程序，而且也可以
防止重複申請政治庇護的情形。按照規定，當某一歐盟會員國收到政
治庇護申請案件時，應立即將申請人之指紋資料輸入歐洲執行委員會
的中央資料庫進行比對，若該申請人的指紋資料與已儲存的指紋資料
相吻合時，該國可將該申請案送交當事人首次抵達或首次申請政治庇
護的國家進行審理。為了防止指紋資料被濫用，每一歐盟會員國均設
有一個獨立監督機構（Independent Supervisory Body）監控指紋資料的
使用。而在歐盟層級則設有 1 名歐洲資料保護監督官（European Data
Protection Supervisor），負責確認歐洲執行委員會中央資料庫是否確實

---

⑯ 有關「政治庇護申請者指紋資料庫」的參考文獻如下：(1) Council Regulation
(EC) No. 2725/2000 of 11 December 2000 concerning the Establishment of Eurodac for
the Comparison Fingerprints for the Effective Application of Dublin Convention, pp.
1-17; (2) Jonathan P. Aus: Eurodac: A Solution Looking for a Problem?, in: Centre for
European Studies, University of Dublin, Working Working Paper, No. 9, 05.2006, pp.
4-27; (3) Council Regulation (EC) No. 343/2003 of 18 February 2003 Establishing the
Criteria and Mechanisms for Determining the Member States Responsible for Examining
Asylum Application Lodged in one of the Member States by a Third-country National,
OJ L 50, 25.02.2003, pp. 1-10.

⑰ 挪威與冰島是兩個參與「政治庇護申請者指紋資料庫」的兩個非歐盟國家。

保護政治庇護申請者人權。⑱

## （三）生物辨識護照

　　2003 年 6 月 19～20 日在希臘舉行的泰薩羅尼奇歐洲高峰會（European Council in Thessaloniki）中，歐盟會員國達成協議，呼籲儘快建立第三國國民的生物辨識護照（Biometric Passport）與資料庫，並適用於歐盟簽證資訊系統（Visa Information System; VIS）與「第二代申根資訊系統」。⑲ 2003 年 9 月歐洲執行委員會提議將臉部辨識特徵與指紋顯示在歐盟護照與居留許可證上，但未獲通過。2004 年 2 月歐洲執行委員會再度提案要求在歐盟護照上顯示有臉部特徵的數位照片，這項提案於 2004 年 6 月獲得通過。這項政策的目標是希望能夠加強歐盟打擊偽造護照和文件的功能，以保障持有合法護照與文件者的安全與歐盟區域內人員流通的安全。⑳

　　歐盟規定護照與旅行文件中須包括臉部樣貌照片（Facial Image），歐盟會員國亦須在檔案中提供指紋資料。㉑ 其中臉部照片必須提供一年半以內的照片，而指紋則需三年內。㉒按照歐盟的構想，臉部掃描須在 2006 年 2 月 28 日前應用到所有新護照上，而指紋資料則須在 2008 年 2 月 28 日前實施，這種一體化的規範對整合歐盟會員國的護照與旅行文件辨識系統有相當大的助益。㉓

　　許多反對生物辨識護照的美國人認為：如果這套系統的安全出現漏洞時，將會讓恐怖份子輕易取得海外美國人的資料，進而採取攻擊或傷害行動；而對非美國人而言，恐怖份子也同樣能夠透過這套系統取得個人資料，進而採取攻擊，或盜用其身分進行偽造或偽裝。儘管

---

⑱ European Commission, Directorate-General Justice, Freedom and Security, Eurodac, The Fingerprints Database to Assist the Asylum Procedure, pp. 1-2.

⑲ Council of the European Union, Thessalonoki European Council 19 and 20 June 2003, Presidency Conclusions, point 11, Brussels, 01.10.2003, p. 3.

⑳ Council of the European Union, Council Regulation on Standards for Security Features and Biometrics in Passports and Travel Documents Issued by Member States, Brussels, 10.12.2004, p. 3.

美國與歐盟均設計許多反制辦法，但是這套系統的確存有一定的資料安全風險。[104]

## （四）乘客姓名記錄

美國政府於 2001 年 11 月 19 日簽署「航空與運輸安全法」（The Aviation and Transportation Security Act），賦予「美國海關與國境保護局」（US Bureau of Customs and Border Protection; CBP）取得航空公司有關機組人員與乘客電子檔案資料的權力，其中包括「乘客姓名記錄」（Passenger Name Records; PNR）的取得，以期能夠有效監控飛機乘客的動向。[105]航空公司若不遵守這項法規，班機可能受到不准落地的懲罰。美國這項法規於 2003 年 2 月 5 日正式生效，一個月後（即 2003 年 3 月 5 日）歐洲執行委員會即與美國簽訂「乘客姓名記錄協定」，美國根據協定內容可以獲得往返美國或過境美國之所有歐洲乘客名單。

雖然，歐美雙方已經簽訂了「乘客姓名記錄協定」，但是，歐盟機構（特別是歐洲議會）對於協定的內容是否有違個人資料保護法，一直沒有定論，導致「乘客姓名記錄協定」一直不能執行。[106] 2004 年 5 月 17 日歐洲執行委員會認為美國所有有關乘客姓名取得之規定，已

---

[101] 但是規則中所提及的規範並不包括歐盟會員國公民身分證或暫時居留證以及十二個月以下的旅行文件。（詳見 Article 1.3）

[102] 設立此項辨識技術的基礎是參考國際標準化組織（International Organization for Standardization; ISO）與國際民航組織（International Civil Aviation Organization; ICAO）所設定的基準而定。請參見：Council Regulation on Standards for Security Features and Biometrics, op. cit., p. 9. (Article 6)

[103] Available from: http://www.morerfid.hk/article/0105/hk_05010301.html. (Accessed 02. 04.2010)

[104] Available from: http://www.theregister.co.uk/2005/04/01/eu_bio_passport_delay/. (Accessed 03.04.2010)

[105] House of Lords: European Union Committee, op. cit., p. 8.

[106] European Union Factsheet, Passenger Name Record Agreement Signed, 28.05.2004. Available from: http://www.dhs.gov/xnews/releases/press_release_0421.shtm. (Accessed 25.04.2010)

達到歐盟資料保護的標準，遂提案交由歐盟理事會決議通過。但是，歐洲議會則認為這項「乘客姓名記錄協定」已違反個人資料保護，因而將此案提交歐洲法院解釋。歐洲法院於 2006 年 5 月 30 日以部長理事會與歐洲執行委員會所做的決定「不具適當的法律基礎」（Legal Bases Were Inadequate），判定「乘客姓名記錄協定」無效。

　　之後，歐美雙方仍然繼續協商可行辦法。2006 年 7 月 23 日，歐盟外交理事會同意一項長期的協議，允許航空公司提供乘客資料給美國反恐部門，但所提供的資料數量由原先的三十四項減為以下十九項⑩：1. 乘客姓名記錄代碼；2. 機票訂位／核發日期；3. 預定旅行的日期；4. 姓名；5. 經常搭乘的班機與優惠資訊（例如：艙位升等、免費機票等）；6. 其他同行者資料；7. 乘客聯絡資料；8. 付款／帳單資料（不包括連接信用卡或銀行帳戶等交易細節）；9. 旅行行程；10. 旅行社；11. 共享資訊代碼；12. 合併／分開的資料；13. 乘客訂位紀錄（包括：確認訂位與報到資訊）；14. 票務資訊（包括：機票號碼、單程機票與電子機票價格等）；15. 行李資訊；16. 機位資訊（包括：座位號碼）；17. 所有 OSI, SSI 與 SSR 資訊；18. 所有 APIS 資訊；19. 所有第 1～18 項的歷史資料。

　　雖然，交換「乘客姓名記錄」存有洩漏乘客個人資料之疑慮，但從反恐的角度來看，如果歐盟的反恐權責單位能夠充分得到乘客資料的話，那麼歐盟反恐機構就能利用資料比對或過濾的方式，事先發現恐怖份子而予以限制入境或逮捕，在這層意義上，「乘客姓名記錄」確有相當的反恐功能。最後，歐洲執行委員會於 2007 年 11 月 17 日向歐盟理事會提出歐盟「乘客姓名記錄」的協議草案，幾個禮拜後再向「防範組織犯罪跨部會小組」（Multidisciplinary Group on Organized Crime; MDG）報告相關內容，經過歐盟內政事務理事會多次商議內容

---

⑩ Council of the European Union: Agreement between the European Union and the United States of America on the Processing and Transfer of Passenger Name Record (PNR) Data by Air Carriers to the United States Department of Homeland Security (DHS), Brussels, 18.07.2007, pp. 3-4.

後，歐洲執行委員會再度於 2009 年 4 月 17 日提出草案。[108]「乘客姓名記錄」架構決定的草案共分為兩章十條，目標是為了防範、偵查、調查與起訴恐怖活動或重大犯罪利用載客機犯案，飛往歐盟會員國的國際線班機應傳遞乘客姓名資料給飛航局，國際航班的定義是指由第三國起飛的飛機，目的地是在歐盟會員國內的客機，除機組人員外，所有乘客的姓名必須登記。[109]

架構決定第 3 條規範歐盟會員國內應設立「乘客資料中心」（Passenger Information Unit），負責收受航班提供的乘客資料，同時並儲存與分析這些資料。歐盟會員國須在架構決定生效後一年內知會歐洲執行委員會與歐盟理事會；兩個以上的歐盟會員國亦可以同時設立同一個「乘客資料中心」，中心位於其中一個參與國內，其他參與國應同意中心運作的方式，包括資料管理、資料安全與監控等。[110]而歐盟會員國須設立權責單位以接收「乘客資料中心」寄來的檔案，並評估是否應採取下一步的資料檢驗與行動。架構決定第 7 條規範歐盟會員國交換資料的程序，僅能由各國的「乘客資料中心」做為收受單位，而且情況必須與防範、偵查、調查與起訴恐怖主義和重大犯罪等事宜相關，才可以進行資料交換。收到來自他國「乘客資料中心」的檔案並經過分析後，交給國內相關的重要部會。[111]

## 結論

國家遭受到恐怖主義的威脅時，首要的應變之道乃是成立特別反恐機構，當許多國家面臨同樣的威脅時，就更容易出現多國的合作機制，合作的出現不但可以展現國家之間團結，在打擊恐怖主義的成效

---

[108] Proposal for a Council Framework Decision on the Use of Passenger Name Record (PNR) for Law Enforcement Purposes, Brussels, 17 April 2009, p. 1.

[109] Ibid., pp. 4-5.

[110] Ibid., pp. 7-9.

[111] Ibid., pp. 13-15.

方面亦更有效力。⑫歐洲反恐合作早期主要由國內特勤單位負責偵查與逮捕，基於不干涉他國內政原則，當時歐洲國家的反恐合作並未涉及政策層面的合作機制。雖然，直至現今反恐的實務工作仍是以各會員國為主角，以歐盟的反恐相關機構歐洲警政署與歐洲司法合作署為例，其所扮演的角色主要是整合與聯繫而非偵查或起訴，而歐盟會員國主權行使亦難以改變，因此不易出現歐盟管轄下之聯合執法（Law Enforcement）或司法單位。

　　雖然體制外的反恐機制無法有太大的成效，但卻為歐盟未來的反恐進程建立起基礎。911 事件後，歐盟戮力推行反恐法規，其特色如下：首先，歐盟將重點放在追查資助恐怖主義的個人或團體，2002 年歐盟提出界定恐怖主義的定義與八種刑罰，以及規範蓋達組織或塔利班等恐怖組織的法令，緊接著便著手進行在刑事上警察與司法合作。另外，在 2004 年與 2005 年西班牙與英國接連發生恐怖攻擊事件之後，歐盟也提出了歐盟反恐戰略，除了在實務層面打擊恐怖主義之外，亦提出戰略性質的反恐策略。

　　歐盟的反恐法規雖然試圖達成全面打擊恐怖主義的效果，但是因為反恐的立法常常賦予司（執）法機構特殊的權力對嫌犯進行相關的調查、拘留與起訴，與一般犯罪行為之流程有不同的規定，導致有侵害人權之嫌，所以打擊恐怖主義常涉及公民權與隱私權，例如：2002年公佈的「反恐架構決定」第 1.2 條指明，不可違背歐盟條約第 6 條所揭櫫的尊重基本權利與基本法律原則，亦即歐盟尊重歐洲人權法院所定義的人權，而各國憲法所尊重的人權也是共同體法的一般原則，例如：抗議者的攻擊行為可能被視為是「破壞私人財產」；或是示威遊行的抗議者傷害警察被視為是「攻擊人身完整性」而這些行為都有可能會被誤解為恐怖攻擊行動的參與者。⑬

　　隨著里斯本條約生效後，內政、司法與安全範疇的各項機制與政策也有新的面貌。自 911 事件後，歐盟大刀闊斧提出許多革命性的政

⑫ Jörg Friedrich, op. cit., p. 59.
⑬ Steve Peers, op. cit., pp. 235-236.

策，包括強化許多負責反恐事務的部會小組以及強化安全機構的職權，同時在司法認同與歐洲逮捕令也在近年逐漸獲得歐盟會員國的配合。歐盟提出的反恐戰略與許多反恐政策在短時間內雖仍存在著闕漏與效率不彰的問題，但是在里斯本條約生效後，歐盟重新調整機制運作方式，並提出重要的「內部安全委員會」，而各部會內的反恐小組亦持續協助歐盟反恐機制，歐盟未來仍會持續提出評估各項反恐政策的報告，並依據歐盟機構與歐盟會員國反恐活動之成效來改善現況。

　　一直以來，反恐政策常涉及敏感的司法主權問題，所以儘管歐盟提出相當完善的反恐政策，但仍須考量會員國的立場與國內立法程序，而使歐盟反恐政策的實行日期延緩，整體反恐功效受限，這是未來仍有待突破的重要環節。

# 參考文獻

## 一、官方文件

A Secure Europe in a Better World—European Security Strategy, Brussels, 12.12.2003. Available from: http://www.consilium.europa.eu/uedocs/cms Upload/78367.pdf. (Accessed 10.10.2007)

Commission Regulation (EC) No 742/2003 of 28 April 2003 Amending for the 17th Time Council Regulation (EC) No 881/2002 Imposing Certain Specific Restrictive Measures Directed against Certain Persons and Entities Associated with Usama Bin Laden, the Al-Qaida network and the Taliban, and repealing Council Regulation (EC) No 467/2001, OJ L 106, 29.04.2003, pp. 16-17.

Consolidated Version of the Treaty on the Functioning of the European Union, OJ C 115, 09.05.2008.

Council Decision of 26 April 2005 Designating the Seat of the European Agency for the Management of Operational Cooperation at the External Borders of the Member States of the European Union, OJ L 114, 04.05.2005, p. 13.

Council Directive of 10 June 1991 on the Prevention of the Use of the Financial System for the Purpose of Money Laundering (91/308/EEC), OJ L 166, 28.06.1991, pp. 77-83.

Council Framework Decision of 13 June 2002 on Combating Terrorism, OJ L 164, 22.06.2002, pp. 3-7.

Council Framework Decision of 13 June 2002 on Joint Investigation Teams, OJ L 162, 20.06.2002, pp. 1-3.

Council of the European Union, Council Regulation on Standards for Security Features and Biometrics in Passports and Travel Documents issued by Member States, Brussels, 10.12.2004.

Council of the European Union, Thessalonoki European Council 19 and 20

June 2003, Presidency Conclusions, Brussels, 01.10.2003.

Council of the European Union: The European Union Counter-terrorism Strategy, 14469/4/05 REV 4, DG H2, Brussels, 30.11.2005.

Council of the European Union: The European Union Strategy for Combating Radicalisation and Recruitment to Terrorism, 14781/1/05 REV 1, 25.03. 2005.

Council Regulation (EC) No. 2725/2000 of 11 December 2000 concerning the Establishment of Eurodac for the Comparison Fingerprints for the Effective Application of Dublin Convention, pp. 1-17.

Council Regulation (EC) No. 343/2003 of 18 February 2003 Establishing the Criteria and Mechanisms for Determining the Member States Responsible for Examining Asylum Application Lodged in one of the Member States by a Third-country National, OJ L 50, 25.02.2003, pp. 1-10.

Council Regulation (EC) No. 881/2002 of 27 May 2002, Imposing Certain Specific Restrictive Measures Directed against Persons and Entities Associated with Usama Bin Laden the Al-Qaida Network and the Taliban, and Repealing Council Regulation (EC) No. 467/2001 Prohibiting the Export of Certain Goods and Services to Afghanistan, Strengthening the Flight Ban and Expanding the Freeze of Funds and other Financial Resources in Respect of the Taliban of Afghanistan, OJ L 139, 29.05.2002, pp. 9-22.

Council Regulation No. 2580-2001 of 27.12.2001 "Measures Directed against Certain Person and Entities with a View to Combating Terrorism", OJ L 344, 28.12.2001, pp. 70-75.

Council-final Report on the Evaluation of National Anti-Terrorist Arrangements.

Council-Second Round of Peer Evaluation of National Counter Terrorism Agreements.

Draft Declaration on Solidarity against Terrorism, available from: http://www.consilium.europa.eu/uedocs/cmsUpload/79635.pdf. (Accessed 22.07.2010)

EU Counter-terrorism Coordinator: EU Counter-terrorism Strategy-Discussion

Paper, 9685/10, Brussels, 10 May 2010.

European Commission, Directorate-General Justice, Freedom and Security, Eurodac, The Fingerprints Database to Assist the Asylum Procedure.

European Union Factsheet, Passenger Name Record Agreement Signed, 28.05.2004. Council of the European Union: Agreement between the European Union and the United States of America on the Processing and Transfer of Passenger Name Record (PNR) Data by Air Carriers to the United States Department of Homeland Security (DHS), Brussels, 18.07. 2007.

Frontex: General Report of Frontex for 2005.

House of Lords: European Union Committee: The EU/US Passenger Name Record (PNR) Agreement, 05.06.2007.

Proposal for a Council Framework Decision on the Use of Passenger Name Record (PNR) for Law Enforcement Purposes, Brussels, 17 April 2009.

Regulation (EC) No 1889/2005 of the European Parliament and of the Council of 26 October 2005 on Controls of Cash Entering or Leaving the Community, OJ L 306, 25.11.2005, pp. 9-12.

The Council of the European Union (03.2004). Declaration on Combating Terrorism, Doc. 7906/04, 05.10.2008, p. 3 & p. 6. Available from: http://register.consilium.eu.int/pdf/en/04/st07/st07906.en04.pdf. (Accessed 11.11. 2009)

The Council of the European Union (11.2005), The European Union Counter-Terrorism Strategy, Doc. 14469/4/05, pp. 1-17. Available from: http://europa.eu/scadplus/leg/en/lvb/l33275.htm. (Accessed 11.11.2009)

The Secretary of State for the Home Department: Countering International Terrorism: The United Kingdom's Strategy, July 2006.

## 二、書籍

Friedrich, Jörg: Fighting Terrorism and Drugs: Europe and International Police Cooperation, USA/Canada: Routledge, 2008.

Müller, Erwin/Schneider, Patricia (eds.): Die Europäische Union im Kampf gegen den Terrorismus: Sicherheit vs. Freiheit?, Baden-Baden: Nomos Verlag, 2006.

Occhipinti, John D.: The Politics of EU Police Cooperation-Toward a European FBI?, London: Lynne Rienner Publishers, 2003.

Rheinard, Mark, et al.: Managing Terrorism: Institutional Capacities and Counter-terrorism Policy in the EU, in: David Spence (ed.): The European Union and Terrorism, UK: John Harper Publishing, 2007.

Spence, David (ed.): The European Union and Terrorism, London: John Harper Publishing, 2007.

Yonah, Alexander (ed.) : Combating Terrorism, Strategies of Ten Countries, United States: The University of Michigan, 2002.

Yonah, Alexander (ed.): Counterterrorism Strategies, Successes and Failures of Six Nations, Washington, D. C.: Potomac Books Inc., 2006.

# 三、期刊論文

Archick, Kristin: Europe and Counterterrorism: Strengthening Police and Judicial Cooperation, in: CRS Report for Congress, Order Code RL 31509, 23.08.2004, pp. 1-37.

Archick, Kristin: European Approaches to Homeland Security and Counterterrorism, CRS Report for Congress, Order Code RL 33573, pp. 1-51.

Ekengren, Magnus: New Security Challenges and the Need for New Forms of EU Cooperation: The Solidarity Declaration against Terrorism and the Open Method of Coordination, in: European Security, Vol. 15, No. 1. 2006, pp. 89-111.

Gregory, Frank: The EU's Response to 9/11: A Case Study of Institutional Role and Policy Processes with Special Reference to Issue of Accountability and Human Rights, in: Terrorism and Political Violence, Vol. 17, 2005, pp. 105-123.

Katz, Etay: Implementation of the Third Money Laundering Directive-An

Overview, in: Law and Financial Market Review, May 2007, pp. 207-211.

Müller-Wille, Björn: The Effect of International Terrorism on EU Intelligence Co-operation, in: JCMS, Vol. 46, No. 1, 2008, pp. 49-73.

Peers, Steve: EU Response to Terrorism, in: International and Comparative Law Quarterly (ICLQ), Vol. 52, 2003, pp. 227-243.

Wright, Joanne: The Importance of Europe in the Global Campaign Against Terrorism, in: Terrorism and Political Violence, Vol. 18, 2006, pp. 281-299.

張福昌：〈歐盟反恐戰略研究：制度、運作與網路〉，論文發表於「第三屆歐洲聯盟人權保障學術研討會」，中央研究院歐美研究所，臺北，2007 年 10 月 19-20 日，頁 1-44。

張福昌：〈歐洲警政署：歐盟反恐政策的基石？〉，論文發表於「第四屆恐怖主義與國家安全學術研討會」，中央警察大學，桃園，2008 年 12 月 15 日，頁 81-104。

# 四、網路資料

Algemene Inlichtingen- en Veiligheidsdienst; AIVD: Violent Jihad in the Netherlands: Current Trends in the Islamist Terrorist Threat, 2006 March, available from: http://www.fas.org/irp/world/netherlands/violent.pdf. (Accessed 26.09.2010)

Aus, Jonathan P.: Eurodac: A Solution Looking for a Problem?, in: Centre for European Studies, University of Dublin, Working Working Paper, No. 09, May 2006, available from: http://www.arena.uio.no/publications/working-papers2006/papers/wp06_09.pdf. (Accessed 27.09.2009)

Britz, Malena: Nordic Co-operation and the European Union, available from: www.forskningsradet.No. (Accessed 21.07.2010)

Block, Ludo: Devising a New Counter Terrorism Strategy in Europe, in: Terrorism Monitor Volume 4, Issue 21. Available from: http://www.jamestown.org/programs/gta/single/? tx_ttnews%5Btt_news%5D=955&tx_ttne ws%5BbackPid%5D=181&no_cache=1.

Bures, Oldrich: EU Counterterrorism Policy: Paper Tiger?, in: Prepared for delivery at the 2007 Annual Meeting of the American Political Science Association, 30.08.2007, copyright by the American Political Science Association. Available from: http://www.allacademic.com/meta/p_mla_apa_research_citation/2/1/0/8/2/p210820_in dex.html.

Bunyan, Tony: The EU's Police Chief Task Force (PCTF) and Police Chiefs Committee, in: Statewatch Analysis, pp. 6-7. Available from: http://www.statewatch.org/news/2006/mar/pctf.pdf. (Accessed 10.11.2009)

EurActive: Anti-terrorism Policy, 15 March 2005, available from: http://www.euractiv.com/en/security/anti-terrorism-policy/article-136674. (Accessed 14.12.2009)

Lorenz, Akiva: The European Union's Response to Terrorism, 01.05.2006, available from: http://www.ict.org.il/Articles/tabid/66/Articlsid/212/currentpage/12/Default.aspx. (Accessed 04.12.2009)

Siegel, Scott: Courts and Compliance in the European Union: The European Arrest Warrant in National Constitutional Courts, in: The Jean Monnet Program, 2008, pp. 5-6. Available from: www. JeanMonnetProgram.org.

Vlahovic, Rajka: Eurojust: An Overview, Background, Structure and Work, Presentation in: Regional Expert Workshop on International Co-operation on Counter Terrorism, Corruption and the fight against Transational Organised Crime, 7-9.03.2009.

# Part II

# 核心機構

# 第七章　歐洲警政署：

## 歐盟反恐的基石？

# 前言

　　十九世紀末，歐洲開始舉辦多項討論辦案技術與資訊交流的會議，會中熱烈討論警察合作（Policing Cooperation）事宜。1923 年成立的國際刑警組織（International Police Organization; Interpol），開啟了國際間警察合作的新頁。雖然遭逢第二次世界大戰，使得合作的步伐稍有停滯，但國際刑事技術與資訊交流仍有所進展，然而國際刑警組織在協調情報交流的功能上並未達到預期的效果。1960 年初，因歐洲國家對於當時的反恐情報交流頗有微詞，於是開始思索創立一個區域性反恐架構。①然而，警察合作涉及國家主權，歐洲共同體（European Community; EC）成立後，有相當長的時間未將司法與內政合作列為共同體事務。②在這段期間，歐洲國家發展許多體制外的警察合作機制③，共同在歐洲與國際上從事反恐情報的交流與合作。歐洲聯盟條約（Treaty of The European Union; TEU，以下簡稱歐盟條約）建立了歐洲聯盟（European Union; 以下簡稱歐盟），並將司法與內政事務（Justice and Home Affairs; JHA）定為歐盟第三支柱（The Third Pillar）的政策領域後，正式啟動了歐盟架構內的警察合作，而歐洲警政署（European Police Office; Europol）則是這波警察合作的主角之一。雖然歐洲警政署被賦予打擊恐怖主義的權限，但在司法與內政事務上歐盟會員國仍堅持國家主權至上的原則，在這一層限制下，歐洲警政署能不能在實際反恐行動中發揮功能？歐洲警政署對歐盟整體的反恐政策能提供何種貢獻？這些都是值得探討的課題。

---

① Juliet Lodge: Terrorism and The European Community: Towards 1992, in: Terrorism and Political Violence, Vol. 1, No. 1, January 1989, p. 30.

② Satish Sule: Europol und Europäischer Datenschutz, Baden-Baden: Nomos Verlag, 1999, pp. 18-19.

③ 例如：警察反恐工作小組（Police Working Group on Terrorism; PWGT）、反恐小組（Counter Terrorism Group; CTG）與維也納俱樂部（Vienna Club）等。請參見本章第二節。

# 第一節　歐洲警政署的緣起與組織架構

1970 年代，德國與英國飽受國內恐怖組織的威脅，於是在 1975 年歐洲共同體國家成立體制外的反恐機制，稱之為特利維集團（TREVI Group）④，其目標為共同打擊恐怖主義與國際組織犯罪。1987 年單一歐洲法（Single European Act; SEA）逐步促進人員、商品、勞務與資金四大自由流通後，歐洲單一市場與疆界開放使歐盟會員國警察官員意識到犯罪率可能迅速提升的隱憂，因此各國便開始研議在歐洲共同體架構下成立泛歐警察合作單位，以解決歐盟內部安全問題，歐洲警政署於是因應而生。⑤

## 一、歐洲警政署的緣起

歐洲警政署的設立過程相當漫長與艱辛。早在 1991 年 12 月 9～10 日馬斯垂克歐洲高峰會時，當時歐盟 12 會員國國家元首與政府首長即同意設置歐洲警政署，以整合歐盟會員國間有關毒品走私的資訊，並統籌歐洲層面的防制措施。1992 年 6 月 26～27 日的里斯本歐洲高峰會提議起草歐洲警政署公約（Europol Convention），當時歐盟會員國對於歐洲警政署權限範圍的界定與資訊交換的辦法，存有相當大的歧見，再加上如果要以「公約」（Convention）的架構建立歐洲警政署，因其為國際條約的性質，必須經由各歐盟會員國國會批准通過後，才能生效，耗時冗長。會員國深覺在這種條件下，要迅速成立歐洲警政署幾無可能。然而，為了因應日益嚴重的國際組織犯罪，歐盟乃提出權宜之計，再推行簽署歐洲警政署公約的同時，同步推動一個不須經過各會員國國會批准程序，而僅需由各會員國內政部長同意的合作架

---

④ TREVI 是法文 " Terrorism, Radicalism, Extrémisme, Violence Internationale" 的字首組合。但另有一說認為 TREVI 名稱是源自於當時的會議地點義大利 Fontana di TREVI。John D. Occhipinti: The Politics of EU Police Cooperation—Toward a European FBI ?, London: Lynne Rienner, 2003, p. 31.

⑤ Rachel Woodward: Establishing Europol, in: European Journal on Criminal Policy and Research, Vol. 1, Issue 4, 1993, p. 9.

構，於 1993 年 6 月 2 日設立了「歐洲警政署毒品單位」（Europol Drugs Unit; EDU），會址設於荷蘭海牙（The Hague），1994 年 1 月開始運作。

「歐洲警政署毒品單位」是一個臨時性的機構，其設置的目的是為了填補歐洲警政署設立之前的空窗期，換句話說，當歐洲警政署正式獲准成立之後，即取代「歐洲警政署毒品單位」。因為這種臨時性質的特點，使得「歐洲警政署毒品單位」的組織發展一直未被重視，其職權亦被嚴格限制在防止非法毒品走私的議題上。1995 年 3 月 10 日歐盟司法與內政事務理事會（Council for Justice and Home Affairs）依據歐盟條約第 K.3 條通過一項「有關歐洲警政署毒品單位聯合行動」，將「歐洲警政署毒品單位」的權責範圍擴大至非法移民、非法人口買賣、核物料非法交易、洗錢等問題。然而，就其本質而言，「歐洲警政署毒品單位」並不是一個執法單位，其內部職員每天的工作僅止於收集、交換與分析相關議題的資訊與情報，以供歐盟會員國參考。而就組織而言，「歐洲警政署毒品單位」的編制不大，大約僅有 80 人。⑥總而言之，「歐洲警政署毒品單位」的設立僅是歐洲國家間的妥協方案，刻意避開冗長辯論的國會立法途徑，而採取一種較為簡單、迅速的行政機構合作的辦法，這突顯了底下兩層意義：第一，歐洲國家一致重視跨國組織犯罪的嚴重性；第二，歐洲國家結合歐洲整體力量，共同打擊組織犯罪的急迫性。1995 年 7 月 26 日歐盟十五會員國終於簽署歐洲警政署公約⑦，三年之後，歐盟會員國國會於 1998 年 10 月 1 日完成批准，1999 年 7 月 1 日歐洲警政署正式成立，取代了「歐洲警

---

⑥ 詳細內容請參見：(1) Tony Bunyan: Ministers Agree New Steps towards Euro-Police Force, in: New Statesman & Society, Vol. 8, 17 March 1995, p. 10; (2) Council of the European Union, Joint Action 95/73/JHA of 10 March 1995 adopted by the Council on the Basis of Article K.3 of the Treaty on European Union concerning the Europol Drugs Unit, OJ L 62, 20.03.1995, pp. 1-3.

⑦ The European Police Office: The Europol Convention, July 18, 1995, http://www.sach-sen-anhalt.de/LPSA/fileadmin/Elementbibliothek/Bibliothek_Politik_und_Verwaltung/Bibliothek_LFD/PDF/binary/english_text/europol-convention.pdf. (Accessed 18.07.2009)

政署毒品單位」的角色與功能，其會址仍設於荷蘭海牙。

　　雖然，歐洲警政署在 1999 年才正式運作，但其權限與功能卻早在 1993 年 11 月 1 日生效的歐盟條約中即有所規範。悉知，歐盟條約是第一個將司法與內政事務合作條約化的基礎條約，使歐洲國家的合作領域擴及警察與司法事務，打擊恐怖主義、防制毒品走私與消弭國際組織犯罪等成為歐盟會員國的共同利益，而在第三支柱的架構下，司法與內政事務歐盟理事會全權負責歐盟內部的反恐合作。⑧歐盟條約第 K.1 條⑨明示：為使歐盟公民生活在一個自由、安全與司法的區域（Area of Freedom, Security and Justice; AFSJ）中，歐盟應透過會員國的警察、海關、司法部門與其他相關機關的合作，建立警察與司法合作制度。同時，歐盟條約首度揭櫫設立歐洲警政署的意圖，掀起在歐盟體制內發展反恐與警察合作的新頁。該條約第 K.1.9 條強調：歐洲警政署成立的宗旨在於加強歐盟會員國間的警察合作，以便有效打擊恐怖主義、非法毒品走私與重大國際組織犯罪。然而，這些綱領式的合作定義仍然不能清楚描繪歐盟警察合作的整體架構。⑩

　　1999 年 5 月 1 日生效的阿姆斯特丹條約對歐洲司法與內政合作措施有顯著的貢獻，它不僅補充了司法與內政合作的相關法律規定，而且進一步將歐洲警政署的權限予以深化與廣化。⑪一般而言，阿姆斯特丹條約對歐盟司法與內政合作有三項重要貢獻：第一、將簽證、庇護、移民與其他有關人員自由流動的政策移至第一支柱政策領域中，

---

⑧ 2004 年海牙計劃（The Hague Program）呼籲司法與內政事務理事會應與一般事務與對外關係理事會（General Affairs and External Relations Council）共同為打擊恐怖主義制訂指導性政策。Lauri Lugna: Institutional Framework of the European Union Counter-terrorism Policy Setting, in: Baltic Security & Defense Review, Vol. 8, 2006, p. 109.

⑨ 原歐盟條約第 K.1 條，經阿姆斯特丹條約修正後編碼改為第 29 條。

⑩ Charles Elsen: From Maastricht to the Hague: The Politics of Judicial and Police Cooperation, Europäische Rechtsakademie: ERA Forum, 2007, p. 15.

⑪ 阿姆斯特丹條約生效後，歐盟會員國對該條約所規範的司法與內政合作內容相當重視，因此，乃於 1999 年 10 月 15～16 日特別召開專門討論司法與內政合作的坦佩雷歐洲高峰會（European Council in Tampere），而坦佩雷歐洲高峰會也是歐盟首次僅討論單項議題的歐洲高峰會。

使歐盟司法與內政事務成為跨第一與第三支柱的政策領域⑫；第二、新設立一項具有統一歐盟會員國法律的「架構決定」（Framework Decision）⑬，以便更有效地執行歐盟司法與內政合作政策；第三、將申根既存法規（Schengen Acquis）納入歐盟，使歐盟會員國與申根會員國共享資源，共同打擊恐怖主義與組織犯罪。⑭

　　阿姆斯特丹條約第 30.2.a 條規定：「歐盟理事會將促使歐洲警政署能夠便利與支持各會員國權責機關對調查特別案件的規劃（其中包括與歐洲警察學院的代表共同組成一個調查團），並且也使歐洲警政署能參與協調與執行這些調查措施。」第 30.2.b 條規定：「歐盟理事會將採取措施使歐洲警政署得要求各會員國權責機關參與規劃與協調特別案件的調查，這可使會員國的權責機關從中學習到辦案的專業知識，而有助益於日後歐盟會員國對組織犯罪的調查工作。」第 30.2.c 條規定：「歐盟理事會將促進各會員國專門負責打擊組織犯罪的執法與調查官員與歐洲警政署緊密合作。」第 30.2.d 條規定：「歐盟理事會將建立一個跨國犯罪研究、文件與統計的網絡。」

　　在阿姆斯特丹條約第 30.2 條的推波助瀾下，使歐洲警政署的角色從原先的「資料處理機構」轉變為「協助調查機構」。雖然，歐洲警政署的角色變得重要了，但是，歐洲警政署還是與一般國家的警察機

---

⑫ 詳見歐洲共同體條約第 61～69 條。

⑬ 「架構決定」（Framework Decision）見於阿姆斯特丹條約第 34 條，是一項專門為促進歐盟警察與司法合作所量身打造的法規，目的在於使歐盟會員國的司法與內政法律能夠趨於一致。歐盟會員國與歐洲執行委員會都擁有「架構決定」的提案權，經歐盟會員國一致同意（Unanimously）後，對所有會員國具有約束力，惟各會員國仍可以自由選擇執行的形式（Form）與方法（Method）。總而言之，「架構決定」是一項更權威、更具約束力的法規，預期將使阿姆斯特丹條約重新規劃下的第三支柱更有效地推行。有關「架構決定」的內容，請參見：http://europa.eu/scadplus/glossary/framework_decisions_en.htm. (Accessed 15.05.2009)

⑭ 有關歐盟接納申根既存法規（Schengen Acquis）的議題，請詳見：(1) 阿姆斯特丹條約第 2 議定書（Protokoll zur Einbeziehung des Schengen-Besitzstands in den Rahmen der Europäischen Union）；(2) The Schengen Acquis and New Member States, in; EurActiv, available from: http://www.euractiv.com/en/enlargement/schengen-acquis-new-member-states/article-135273. (Accessed 15.05.2009)

關不同，並不具備執法的權力，也就是說，歐洲警政署既不能夠收押嫌犯，也不能夠搜查住所，其核心功能僅止於促進歐盟會員國間的資訊交換、分析資訊與協調跨會員國間的警察行動等。警察事務是民族國家內政主權的重要部分，至今歐盟會員國仍緊握不放，且非常小心翼翼地開放其合作的範圍，就連與歐洲警政署的接觸上，亦是關卡重重，生怕歐洲警政署會過度干涉會員國的警察活動。這種特殊心態的作用下，使得歐洲警政署與歐盟會員國的聯繫方式顯得非常的特別。

　　根據歐盟與其會員國之間的協議，歐洲警政署與歐盟會員國警察權責機關不能夠直接接觸，而必須透過所謂的「歐洲警政署國家單位」（Europol National Unit; ENU）從中聯繫，換句話說，「歐洲警政署國家單位」是歐洲警政署與歐盟會員國警察權責機關唯一的聯繫窗口。在各歐盟會員國國內都設有一個「歐洲警政署國家單位」來專門應付歐洲警政署的要求，同時，「歐洲警政署國家單位」也派任一個或多個「聯絡官」（Liaison Officer）進駐歐洲警政署，即所謂的「歐洲聯絡官」（European Liaison Officer），負責在歐洲警政署內傳遞該會員國的意見與代表會員國的利益。根據統計，目前歐洲警政署內約有 130 位「歐洲聯絡官」，他們分別來自歐盟會員國的警察、海關、憲兵隊與移民署等部門。⑮

## 二、歐洲警政署的組織架構

　　在組織結構上（請參見＜圖 7-1 ＞），歐洲警政署並不是一個龐大的單位，根據2008 年的統計，歐洲警政署共有605 位職員，比起1999 年剛成立時的 144 人已有明顯增加。⑯而歐洲警政署的主要機構有四⑰：

---

⑮ Available from: http://www.europol.europa.eu/index.asp? page=facts. (Accessed 12.08. 2010)

⑯ 歐洲警政署的人數每年都有成長：1999 年時僅有 144 人，2000 年有 323 人，2002 年386 人，2003 年426 人，2004 年493 人，2005 年536 人，2006 年566 人，2007 年581 人，2008 年605 人。Europol: Europol Personnel, available from: http://www.europol.europa.eu/index.asp? page=personnel. (Accessed 25.08.2009)

⑰ 請參見歐洲警政署公約第 27 條。

管理委員會（Management Board）、署長（Director）、財政稽查員（Financial Controller）與財政委員會（Financial Committee）等。管理委員會是歐洲警政署最高權力機關，由歐盟會員國與歐洲執行委員會（European Commission）推派 1 名代表組成，每年召開兩次會議，由歐盟理事會輪值主席國的代表擔任主席。⑱歐洲警政署設署長 1 人，由歐盟理事會以一致決方式表決通過，經管理委員會表示意見後任命之。署長底下設有 3 名副署長，亦由歐盟理事會選任之，負責執行署長所交付之任務。署長與副署長的任期皆為四年，得連選連任一次。此外，歐洲警政署設有 1 名財務稽查員，由管理委員會以一致決方式選任之，負責規劃與管理歐洲警政署的財務。而財政委員會由歐盟會員國派 1 名代表組成，負責審查歐洲警政署的預算案。⑲

　　如＜圖7-1＞所示，歐洲警政署的組織結構分為「資訊管理與技術部門」（Department Information Management and Technology）、「重大犯罪部門」（Department Serious Crime）與「總管理部門」（Department Corporate Governance）等三部分。除了「總管理部門」的工作傾向於內部管理，與反恐沒有直接的關係外，其他兩個部門都以打擊恐怖主義與防止非法組織犯罪為其核心任務。

　　「資訊管理與技術部門」是專門負責收集、分析與管理資訊與情報的單位，其下設有 3 個「資訊與通信技術組」（Information and Communication Technology; ICT）⑳，負責技術研發、系統架建與資料處理。而「會員聯繫與支援組」（IMT 6）與「資料保密與機密處理組」（IMT 7）是兩個資料管理與應用單位，負責整理所收集的資料，並完成機密等級分類後，提供給歐盟會員國、夥伴國或國際組織使用。

　　「重大犯罪部門」是歐洲警政署打擊恐怖主義與重大組織犯罪的核心機制，下設「組織犯罪組」、「毒品組」、「人身攻擊犯罪

---

⑱ 請參見歐洲警政署公約第 28.1.(1), (2), (4), (15), (18), (22)條。
⑲ 請參見歐洲警政署公約第 29 條。
⑳ 即 ICT 基礎建設與執行組（IMT 1）、ICT 系統架建與資料處理組（IMT 2）與 ICT 障礙處理與研發組（IMT 3）。

## ＜圖 7-1 ＞歐洲警政署組織結構圖

資料來源：European Police Office: Europol Organization Chart, available from: http://www.europol.eu.int/index.asp? page=orgchart. (Accessed 12.06.2009)

組」、「金融與財產犯罪組」、「恐怖主義組」（SC 5，一般亦稱之為「反恐組」）[21]、「偽造貨幣組」與「分析組」等單位。各單位的成員都是有經驗的安全、情報與調查人員，其主要任務在於協助歐盟會員國打擊恐怖主義與重大組織犯罪。其中，「反恐組」乃根據歐盟與其會員國的需求，提供反恐行動分析資料，以打擊恐怖主義與抑制非法走私核子放射性物質、武器、彈藥與炸藥。由「反恐組」積極推動的打擊恐怖主義與重大犯罪計劃包括[22]：「反恐計劃」（Counter Terrorism Program; CTP）[23]、「反擴散計劃」（Counter Proliferation Program; CPP）[24]、「網路計劃」（Networking Program; NP）[25]、「籌備計劃」（Preparedness Program; PP）[26] 與「訓練與教育計劃」（Training and Education Program; TEP）[27] 等。除此之外，「反恐組」還負責蒐集所有可能之炸彈裝置與內容物的資料，並建立一個「歐洲警政署炸彈資料庫」（Europol Bomb Database），以有效預防與解除炸彈恐怖攻擊行為。[28]

　　歐洲警政署繼承了「特利維集團」的反恐任務後，積極推動歐盟會員國反恐合作。911事件使歐盟更加重視恐怖主義的威脅，因此，乃迅速研擬與發展歐盟危機管理政策（Crisis Management Policy; CMP），以事先預防的概念因應潛在的恐怖威脅，就在這種背景下，司法與內政歐盟理事會於 2001 年 11 月 15 日決議在歐洲警政署架構下

---

[21] 在歐洲警政署官方文件中，歐盟官員交互使用「恐怖主義組」（Terrorism）與「反恐組」（Counter Terrorism Unit at Europol）來形容「重大犯罪部門第五組」（SC5）。

[22] 請參見：Europol: An Overview of the Counter Terrorism Unit Activities 2006, 2006, pp. 1-2.

[23] 提供戰略行動層面的反恐威脅分析與事前預警作業等相關資料。

[24] 目標在於防制散播核生化武器、彈藥與炸藥。

[25] 建立歐盟會員國、第三國與國際組織反恐與反大規模毀滅性武器走私之專家定期聯繫。

[26] 協助處理歐盟會員國遭受恐怖攻擊後，重建工作之推展。

[27] 協助執法機關與情報機關工作人員建立互信基礎。

[28] Europol: Europol Bomb Database, June 10, 2004, abailable from: http://serac.jrc.it/nose/minutes/pdf/les_bishop.pdf? PHPSESSID=7284520ac65a64c96c4684e75e28a4a6. (Accessed 25.08.2009)

成立一個專門負責收集恐怖主義情報的「反恐專案小組」（Counter Terrorism Task Force; CTTF），每一歐盟會員國派兩名來自警察或情報機關的恐怖主義專家組成，其任務有以下三項：（一）收集歐盟境內恐怖主義資訊與現況發展情報；（二）分析恐怖主義情報；（三）分析歐盟潛在威脅與安全情勢。㉙然而，「反恐專案小組」卻僅運作一年，於 2002 年底被併入歐洲警政署「反恐組」中。㉚

　　2004 年馬德里火車爆炸事件後，歐盟再度將「反恐專案小組」從歐洲警政署「反恐組」獨立出來，其成員由原先 30 名增加為 47 名。㉛重新再出發的「反恐專案小組」在打擊恐怖主義上的主要貢獻為：建立一個專門監督與分析伊斯蘭恐怖主義行動的「伊斯蘭恐怖主義分析檔案」（Analysis Work Files; AWFs）、完成歐盟內部恐怖組織名單與監控恐怖活動的「海豚檔案」（Dolphin Files）等。㉜2006 年歐洲警政署設立一個由歐盟會員國反恐專家組成的「第二反恐專案小組」（Counter Terrorism Task Force 2; CTTF2），實際在歐盟會員國內支援大約二十項調查伊斯蘭恐怖組織的行動。㉝

---

㉙ Mathieu Delfin: Europol and the Policing of International Terrorism: Counter-terrorism in a Global Perspective, in: Justice Quarterly, Vol. 23, No. 3, 2006, p. 344.

㉚ 「反恐專案小組」無法繼續運作的主要原因有三：其一，「反恐專案小組」的設立僅具象徵意義，歐盟會員國不太重視；其二，其人事與歐洲警政署雷同，兩者都是由歐盟會員國的警察或情報人員組成，有疊床架屋的問題；其三，就實際運作的經驗來看，其在促進歐盟會員國資訊交流上，亦未能發揮預期的功效。相關的內容，請參見：Wilhelm Knelangen, "Die innen- und justizpolitische Zusammenarbeit der EU und die Bekämpfung des Terrorismus," in: Erwin Müller/Patricia Schneider, (eds.): Die Europäische Union im Kampf gegen den Terrorismus: Sicherheit vs. Freiheit?, Baden-Baden: Nomos Verlag, 2006, p. 149.

㉛ 包括：15 位「反恐組」官員、10 位歐盟會員國指派的反恐專家（其中兩名為兼職）與 22 名歐洲警政署「分析組」（SC7）官員。請參見：Europol, EU Plan of Action on Combating Terrorism-update, 9156/05 GdK/kve, Brussels, 2005, p. 4.

㉜ Mathieu Delfin, op. cit., p. 344.

㉝ Monica den Boer, et al.: Legitimacy under Pressure: The European Web of Counter-terrorism Networks, in: JCMS, Vol. 46, No. 1, 2008, p. 110.

## 第二節　歐洲警政署內外合作關係

　　歐洲警政署公約第 26.1 條賦予歐洲警政署國際法律人格的地位，使歐洲警政署可與第三國或國際組織簽約合作。歐洲警政署的目標為改善歐盟會員國警察與調查機關的合作效力，並協助提升歐盟會員國打擊恐怖主義、販毒與重大跨國刑事犯罪合作的效率與加強資訊交流。該署為一歐洲層級的機構，其對外合作關係如＜表 7-1 ＞與＜表 7-2 ＞所示，共與 6 個歐盟機構、14 個第三國與 3 個國際組織簽訂合作協定，使其對內對外的反恐合作網絡涵蓋歐盟會員國層面、歐洲層面與國際層面，這是歐盟其他反恐機構無法匹敵的優勢。（請參見＜圖 7-2 ＞）。

＜圖 7-2 ＞歐洲警政署對內對外關係圖

資料來源：作者自繪。

## 一、歐洲警政署與歐盟機構間的反恐合作

歐盟內部涉及反恐的機構，除了歐洲警政署外，尚有歐洲司法合作署與歐洲執行委員會、歐洲中央銀行、歐洲毒品監控中心、歐洲反詐欺署與歐洲邊境管理署（Frontex）。歐洲警政署與這些機構都簽訂合作協定（請參見＜表7-1＞），其中只有歐洲司法合作署與歐洲警政署簽訂包括個人資料交換的「運作協定」（Operational Agreement），其他則僅為「戰略協定」（Strategic Agreement），由此可見，歐洲警政署與歐洲司法合作署之間的合作比其他機構更為緊密。

### （一）歐洲警政署與歐洲司法合作署的反恐合作

歐洲警政署與歐洲司法合作署的反恐合作始於 2003 年 11 月 27 日的丹麥議定書（Danish Protocol），雙方同意合作維護歐盟內部的安全。2004 年 6 月 9 日歐洲警政署與歐洲司法合作署簽訂協定（Agreement between Eurojust and Europol），將兩機構合作的範圍擴及制訂「伊斯蘭恐怖主義分析檔案」與交換反恐情報等。[34]歐洲司法合作署內部亦成立反恐小組，其工作內容為輔助反恐協調會議的進行。2007 年 6 月歐洲警政署再度與歐洲司法合作署簽署合作協定，指派「會員國成員」（National Members）與判例分析官（Case Analysts）擔任司法合作事務的聯繫工作。[35]在雙方合作的工作範圍內，歐洲司法合作署設有專家聯絡窗口，並提供即時協助。2007 年歐洲警政署曾與歐洲司法合作署舉辦四場有關「民族／國家分離主義恐怖組織」會議，會中雙方相互交換反恐經驗與情報。[36]

### （二）歐洲警政署與歐洲執行委員會的反恐合作

歐洲執行委員會「司法、自由與安全總署」（Directorate-General

---

[34] Agreement between Eurojust and Europol, pp. 7-8, available from: http://www.europol. europa.eu/index.asp? page=agreements. (Accessed 25.09.2009)

[35] Eurojust, Annual Report 2007, p. 46.

[36] 參加這四次會議者尚包括第三國與 19 個歐盟會員國。Eurojust: Annual Report 2007, pp. 26-27.

for Justice, Freedom and Security）成立於 1999 年 10 月，負責歐盟內部安全事務，其下設有「安全署」（Directorate for Security），專門負責打擊恐怖主義與警察合作事務。雖然在 1997 年之前，歐洲執行委員會在安全領域上所能扮演的角色相當有限，但阿姆斯特丹條約後，歐盟的反恐立法提案絕大部分都是由歐洲執行委員會草擬㊲，換言之，歐洲執行委員會在歐盟安全政策上逐漸發揮協調與整合的功能。㊳ 2003 年 2 月 18 日歐洲執行委員會與歐洲警政署簽署「行政協定」（Administrative Agreement），雙方同意以「司法、自由與安全總署」為聯絡中心，加強雙方在打擊重大國際犯罪上的合作。2005 年 7 月 18 日歐洲執行委員會提出爆裂物安全法案，建議將歐洲警政署、聯合情勢中心、歐盟會員國、歐洲執行委員會與各反恐工作小組之火藥專家組成「爆破安全專家小組」（Explosives-security Expert Group），以預防與排除爆炸恐怖攻擊事件的發生。2005 年 11 月 24 日歐洲執行委員會提案推行簽證資訊系統（Visa Information System; VIS）以協助歐盟會員國執法機關與歐洲警政署防範、偵查與調查恐怖攻擊事件。除此之外，歐洲執行委員會還根據歐盟會員國提供的資料製成國家情勢分析，並在環境總署架構下，運用共同體民事保護機制，以處理恐怖攻擊事件發生後的重建工作。㊴從這些事證中，我們不難看出歐洲執行委員會試圖整合歐盟內部鬆散之反恐機制的企圖。

## （三）歐洲警政署與其他歐盟機構的反恐合作

2005 年 11 月歐洲警政署與「歐洲邊境管理署」（European Agency for the Management of Operational Cooperation at the External Borders of the

---

㊲ Lauri Lugna, op. cit., p. 112.

㊳ 詳細內容請參見：Commission of the European Communities, Proposal for a Council Decision concerning Visa Information System, COM (2005) 600 final, 24.11.2005.

㊴ Commission of The European Communities, Communication from the Commission on Measures to Ensure Security in Explosives, Detonators, Bomb-making Equipment and Fire-arms, COM (2005) 329 final, 18.07.2005, p. 3.

Member States of the European Union; Frontex）[40]建立交換安全資料的合作關係，並定期舉辦高層會議，相互諮詢政策議題及協調彼此的反恐行動。[41]除了上述的機構外，歐洲警政署尚與歐洲毒品監控中心（The European Monitoring Centre for Drugs and Drug Addiction; MECDDA）、歐洲中央銀行（European Central Bank; ECB）與歐洲反詐欺署（The European Anti-Fraud Office; OLAF）亦簽訂合作協定，惟這些協定都是屬於不涉及交換個人資料的「戰略協定」性質。

### ＜表 7-1＞歐洲警政署與歐盟機構合作協定一覽表

| | 締約方 | 開始談判日期 | 簽訂日期 | 生效日期 | 歐盟機構內聯絡單位 |
|---|---|---|---|---|---|
| 歐盟機構 | 歐洲司法合作署* | 28.05.2002 | 09.06.2004 | 10.06.2004 | 依第 9 條設立的聯絡據點 |
| | 歐洲中央銀行** | 05.12.2000 | 13.12.2001 | 14.12.2003 | 聯絡官員（Contact Persons） |
| | 歐洲執行委員會** | 05.12.2000 | 18.02.2003 | 19.02.2003 | 「司法、自由與安全總署」 |
| | 歐洲毒品監控中心** | 05.12.2000 | 19.11.2001 | 20.11.2001 | n.a. |
| | 歐洲反詐欺署** | n.a. | 08.04.2004 | 09.04.2004 | OLAF 調查與行動總署 |
| | 歐洲邊境管理署** | n.a. | 28.03.2008 | 29.03.2008 | n.a. |

n. a. = not available
* 表示歐洲警政署與對方所簽訂之合作協定內容屬「運作協定」（Operational Agreement）性質。
**表示歐洲警政署與對方所簽訂之合作協定內容屬「戰略協定」（Strategic Agreement）性質。
資料來源：作者自製，資料參考自：歐洲警政署各項合作公約，Europol, International Relations-Cooperation Agreements, available from: http://www.europol.europa.eu/index. asp? page=agreements. (Accessed 15.08.2009)

---

[40] "Frontex"一字源自於法文"Frontières extérieures"，是「外圍邊境」的意思。有關 Frontex 請參見：張福昌：〈歐盟東擴與外圍邊境安全：Frontex 的角色與功能〉，發表於「歐盟東擴研究學術研討會」，臺北：中央研究院歐美研究所，2008 年 10 月 24～25 日，頁 1。

[41] Hélène Jorry: Construction of a European Institutional Model for Managing Operational Cooperation at the EU's External Borders: Is the FRONTEX Agency a Decisive Step Forward?, in: Research Paper, Centre for European Policy Studies, 22.03.2007, p. 17.

## 二、歐洲警政署與歐盟會員國間的反恐合作

在歐盟反恐機制中,除了上述機構與工作小組外,仍有一些由歐盟會員國主導的反恐合作,例如:「反恐小組」(Counter Terrorism Group; CTG)、「警察首長專案小組」(Police Chiefs Task Force; PCTF)與「警察反恐工作小組」(Police Working Group on Terrorism; PWGT)。

### (一)「反恐小組」

在 1970 年代,歐洲共同體國家認為警察與司法事務涉及國家主權,因此乃發展體制外的合作模式。1971 年「伯恩俱樂部」(Bern Club)就在這種背景下成立,為當時唯一的安全與情報論壇,由會員國安全與情報首長組成。[42] 2001 年 911 事件後,歐洲高峰會提議歐盟會員國情報機關應設立特別討論恐怖主義議題的合作機制,於是「反恐小組」乃於 2001 年 9 月 21 日成立。該小組由歐盟會員國、挪威與瑞士等國的反恐專家組成,每三個月召開一次會議,由歐盟理事會輪值主席國擔任主席,但其運作仍獨立於歐盟理事會之外,「反恐小組」應向歐盟會員國駐歐盟代表提交工作報告。「反恐小組」的主要任務是草擬打擊恐怖主義的提案、促進反恐合作與交換恐怖主義相關資訊(特別是有關伊斯蘭恐怖主義之威脅評估)等。[43]根據 2005 年 6 月 10 日歐盟理事會所頒佈之「打擊恐怖主義行動計劃」(The Action Plan to Combat Terrorism)的內容,「反恐小組」與「聯合情勢中心」已簽訂情報交換協定,同時也與歐洲警政署建立聯繫關係,其反恐角色不容忽視。[44]

---

[42] 伯恩俱樂部是一個討論內部安全問題的論壇,但恐怖主義並非其討論的重點。Björn Müller-Wille: The Effect of International Terrorism on EU Intelligence Co-operation, in: JCMS, Vol. 46, No. 1, January 2008, p. 55.

[43] Lauri Lugna, op. cit., pp. 115-116.

[44] Council of the European Union, Implementation of the Action Plan to Combat Terrorism, 9809/1/05 REV 1, 10.06.2005, p. 3.

## （二）「警察首長專案小組」與「警察反恐工作小組」

　　「警察首長專案小組」與「警察反恐工作小組」是警察部門間重要的合作機制。「警察首長專案小組」是一個討論跨國犯罪問題的平台，其設立的法律基礎首見於坦佩雷歐洲高峰會決議文第 44 點：歐盟會員國應成立一個歐洲警察首長專案小組（European Police Chiefs Operational Task Force）以與歐洲警政署交換經驗與資訊，以利推動打擊跨國犯罪的雙邊合作與行動計劃。[45]「警察首長專案小組」的主席由歐盟理事會輪值主席國擔任，每半年召開一次會議。從實務經驗中得知，「警察首長專案小組」的決定對歐洲警政署具有影響力，例如：2003 年歐盟執行波西尼亞－赫塞哥維納警察任務（EU's Police Mission in Bosnia-Herzegovina）時，歐洲警政署就在「警察首長專案小組」的要求下，制訂一份詳細的「阿爾巴尼亞組織犯罪團體報告」（Ethnic Albanian Organized Crime Groups）。[46]「警察反恐工作小組」於 1979 年因英國大使在荷蘭海牙被暗殺而成立，其成員除了歐盟會員國外，尚包括挪威與瑞士兩國。[47]該小組每年集會兩次，由參與國輪流主辦，會議都在主辦國內舉行。就會議層級而言，參與「警察反恐工作小組」的層級略比「警察首長專案小組」低。[48]

## 三、歐洲警政署與第三國或國際組織間的反恐合作

　　歐洲警政署的組織結構中，設有與「歐盟會員國」或「第三國」的聯絡據點，這不僅反映了反恐行動國際化的必要性，而且也說明了

[45] European Council, Tampere Summit Conclusions, October 15-16, 1999, available from: http://www.statewatch.org/news/2008/aug/tamp.html. (Accessed 25.06.2009)

[46] Tony Bunyan: The EU's Police Chief Task Force (PCTF) and Police Chiefs Committee, in: Statewatch Analysis, pp. 6-7, available from: http://www.statewatch.org/news/2006/mar/pctf.pdf. (Accessed 25.06.2009)

[47] Andrew Welch: Memorandum by Association of Chief Police Officers—Terrorism and Allied Matters(ACPO-TAM), House of Lords, September 14, 2004, available from: http://www.publications.parliament.uk/pa/ld200405/ldselect/ldeucom/53/4102703.htm. (Accessed 19.08.2009)

[48] Lauri Lugna, op. cit., p. 116.

歐洲警政署積極擴展對外關係，以建構一個完整的「歐盟反恐對外網路體系」的意圖。⑭歐洲警政署現與第三國或國際組織的反恐合作，主要在於提升雙邊警察調查能力、規範情報交換與派駐聯絡官等。

## （一）歐洲警政署與第三國的反恐合作

2000 年 3 月 27 日歐洲警政署開始陸續與單一國家簽訂合作協定。截至目前為止，歐洲警政署共與澳洲、加拿大、克羅埃西亞、冰島、挪威、瑞士與美國等 7 國簽訂「運作協定」（Operational Agreements）；與阿爾巴尼亞、波西尼亞－赫塞哥維納、哥倫比亞、馬其頓、摩達維亞、俄羅斯與土耳其等 8 國則簽有「戰略協定」（Strategic Agreement）。⑮前者規範的合作內容較為詳細廣泛，後者則較籠統狹隘。

在「運作協定」下簽約雙方得進行個人資料的交換，其基本架構包括三部分：1. 交換特定案件調查結果⑯之資料；2. 協助執法機關打擊組織犯罪與恐怖主義；3. 在第三國內設立一個與歐洲警政署聯繫的「國家聯絡據點」（National Contact Point）。在其本文或附錄中均詳細載明共同打擊非法販毒、運送核武原料、非法移民、人口走私、汽車竊盜、危害生命自由的犯罪、恐怖攻擊行動與製造偽鈔等七項合作內容。⑰

「戰略協定」的內容並未涉及個人資料的交換，同時也未明定合作項目，僅模糊界定在歐洲警政署的職權範圍內合作。「戰略協定」

⑭ 有關歐洲警政署對外關係的發展，請參見：Europol: International Relations-Cooperation Agreements, available from: http://www.europol.europa.eu/index.asp?page=agreements. (Accessed 12.07.2009)
⑮ 歐洲警政署尚與玻利維亞、秘魯、摩洛哥、摩納哥、塞爾維亞-蒙特內哥羅、烏克蘭與以色列等 7 國展開締約談判。（請參見＜表 7-2 ＞）
⑯ 包括：專業知識、概略情況報告、結果分析、犯罪調查過程資訊、防範犯罪、對於訓練活動之建議與提供個別刑事調查等。
⑰ 參見各非歐盟國家的運作協定。Europol: International Relations-Cooperation Agreements, available from: http://www.europol.europa.eu/index.asp? page=agreements. (Accessed 25.08.2009)

中規定簽約雙方應互設聯絡據點，以交換相關資訊，而交換之資料僅限於刑事犯罪之調查、起訴與防範犯罪之用途。除此之外，締約雙方應進行專家交流，刑事執法機關與行政人員均可參與會議與訓練課程。

## （二）歐洲警政署與國際組織的反恐合作

目前歐洲警政署僅與國際刑警組織（Interpol）簽訂「運作協定」，與世界海關組織（World Customs Organization; WCO）以及聯合國毒品與犯罪局（United Nations Office on Drugs and Crime; UNODC）簽訂「戰略協定」。歐洲警政署與國際刑警組織的合作目標在於建立雙方打擊國際重大犯罪的合作關係，並透過相關戰略與技術資料的傳遞與共同行動、訓練活動與互派聯絡官員的方法加強雙方的聯繫。有關資料來源正確性與可靠度評估（Assessment of the Source and Reliability of the Information）之規範上，傳遞方必須在文件中註明使用上的限制，並說明資料來源與可信度。接受方若欲將資料傳遞給第三者必須事先徵詢傳遞方，並不得違反規定始得以執行。接受方在接到文件後可將此資料儲存在資料庫中，若無此考慮時，則應知會傳遞方，並儘速將此資料刪除。雙方若產生爭端時，必須由至多 3 名歐洲警政署管理委員會成員與 3 名國際刑警組織成員組成，共同商議雙方均可接受的解決方案。

世界海關組織與歐洲警政署締結合作協定的宗旨為共同打擊國際重大組織犯罪，互派聯絡官員（Contact Persons）以加強合作效果，並就反恐政策與共同利益定期相互諮詢，而資料交換不得包括任何形式的個人資料。協定範圍內特別的資料交換僅可透過世界海關組織總秘書處與歐洲警政署交涉。雙方若在協定規定範圍內，發生任何糾紛，應交由世界海關組織總秘書處和歐洲警政署共同尋求解決辦法。當一方認為對方違反協定的義務，而擬申請爭端訴訟時，另一方有權利得不履行條約所規定的義務。[53]而歐洲警政署與聯合國毒品與犯罪局之合作協定與世界海關組織相同。

### ＜表 7-2 ＞歐洲警政署與第三國／國際組織合作協定一覽表

| | 締約國 | 開始談判日期 | 簽訂日期 | 生效日期 | 第三國國內聯絡機關 |
|---|---|---|---|---|---|
| 第三國 | 澳洲* | 05.12.2004 | 20.02.2007 | 完成國內憲法程序並書面知會歐洲警政署之日起生效 | 澳洲聯邦警察局 |
| | 加拿大* | 27.03.2000 | 14.10.2004 | n.a. | 加拿大皇家騎警隊高階警官 |
| | 克羅埃西亞* | 06.2002 | 25.10.2004 | n.a. | 內政部刑警局國際警察合作處歐洲警政署科 |
| | 冰島* | 27.03.2000 | 28.06.2001 | 完成國內憲法程序並書面知會歐洲警政署之日起生效 | 冰島警局國家高階警官 |
| | 挪威* | 27.03.2000 | 28.06.2001 | 完成國內憲法程序並書面知會歐洲警政署之日起生效 | 國家刑事調查局 |
| | 瑞士* | 27.03.2000 | 24.09. 2004 | n.a. | 聯邦警察局 |
| | 美國* | 27.03.2000 | 06.11.2001 | 07.12.2001 | 美國聯邦、州與地方警察機關。 |
| | 阿爾巴尼亞** | 06.2002 | 05.02. 2007 | 完成國內憲法程序並書面知會歐洲警政署之日起生效 | 阿爾巴尼亞國家警察總局歐洲警政署科 |
| | 波西尼亞-赫塞哥維那** | 06.2002 | 26.01.2007 | 27.01.2007 | 安全部(Ministry of Security) |
| | 哥倫比亞** | 27.03.2000 | 02.09.2004 | 10.02.2004 | 哥倫比亞國家警察局 |
| | 馬其頓** | 06.2002 | n.a. | n.a. | 內政部國際警察合作處 |
| | 摩達維亞** | 29.09.2004 | 12.02.2007 | 完成國內憲法程序並書面知會歐洲警政署之日起生效 | 內政部國家聯絡據點 |

## ＜表 7-2 ＞歐洲警政署與第三國／國際組織合作協定一覽表（續）

| | 締約國 | 開始談判日期 | 簽訂日期 | 生效日期 | 第三國國內聯絡機關 |
|---|---|---|---|---|---|
| 第三國 | 俄羅斯** | 27.03.2000 | 06.11.2003 | 06.11.2003 | 內政部、聯邦安全局、國家委員會、國家海關委員會與財政監督委員會 |
| | 土耳其** | 27.03.2000 | 18.05.2004 | 19.05.2004 | 內政部安全總長下國際刑警組織部門、安全總署、憲兵總指揮部、海岸巡防指揮部與海關副秘書處 |
| | 玻利維亞 | 27.03.2000 | 尚未簽訂 | n.a. | n.a. |
| | 秘魯 | 27.03.2000 | 尚未簽訂 | n.a. | n.a. |
| | 摩洛哥 | 27.03.2000 | 尚未簽訂 | n.a. | n.a. |
| | 摩納哥 | 01.2000 | 尚未簽訂 | n.a. | n.a. |
| | 塞爾維亞—蒙特內哥羅 | 06.2000. | 尚未簽訂 | n.a. | n.a. |
| | 烏克蘭 | 29.09.2004 | 尚未簽訂 | n.a. | n.a. |
| | 以色列 | 14.02.2005 | 尚未簽訂 | n.a. | n.a. |
| | 締約方 | 開始談判日期 | 簽訂日期 | 生效日期 | 國際組織內聯絡單位 |
| 國際組織 | 國際刑警組織* | n.a. | 05.11.2001 | 完成內部憲法程序並書面知會歐洲警政署後第三十天起生效 | n.a. |
| | 世界海關組織** | 13.06.2002 | n.a | n.a. | 聯絡官員 |
| | 聯合國毒品與犯罪局** | 06.12.2001 | 16.03.2004 | 16.03.2004 | 聯絡官員 |

n. a. = not available

\* 表示歐洲警政署與對方所簽之合作協定內容屬於「運作協定」（Operational Agreement）性質。

\*\*表示歐洲警政署與對方所簽之合作協定內容屬於「戰略協定」（Strategic Agreement）性質。

資料來源：作者自製，資料參考自：⑴ Europol: International Relations-Cooperation Agreements, available from: http://www.europol.europa.eu/index.asp? page=agreements. (Accessed 25.09.2009) ⑵ Wolfgang Wagner: Europäisierung der Polizeiarbeit ohne Europäisierung von Grundrechtsschutz und parlamentarischer Kontrolle?, in: Erwin Müller/Patricia Schneider (eds.): Die Europäische Union im Kampf gegen den Terrorismus: Sicherheit vs. Freiheit?, Baden-Baden: Nomos Verlag, 2006, p. 269.

## 第三節　歐洲警政署的功能與問題

　　歐洲警政署在實際反恐行動的影響力實難以評斷，原因是歐洲警政署與其反恐機構一樣都是新建立的機構；再者，歐洲警政署協助歐盟會員國執行反恐調查行動的詳細內容並不公開，因此，難以清楚斷定其反恐的實際功效。⑭除了功能面向外之外，「歐洲警政署」所面臨的問題與挑戰，亦是受到熱烈討論的議題。

### 一、歐洲警政署的功能

　　歐洲警政署是一個初出茅廬的反恐機構，從上文關於歐洲警政署的成立、組織運作與其內外關係的描述中，我們發現歐洲警政署並無逮捕罪犯與偵查案件等執行權，在整個打擊恐怖主義的過程中，歐洲警政署的主要功能有二⑮：

### （一）情報中樞功能

　　大體而言，歐洲警政署已經具備「歐盟反恐情報中心」的雛型，負責「收集、分析與分享情報」。歐洲警政署公約第三條明示：歐洲警政署之主要任務在於加強歐盟會員國間的資訊與情報交換，並分析歐盟會員國所提供的安全資料。歐洲警政署將收集的情報處理後，分別歸類儲存於底下三種電腦系統⑯：

　　1.**資訊系統**（Information System）：是一個儲存嫌疑犯或涉案人

---

⑬ 請參見：「世界海關組織與歐洲警政署合作協定」（Cooperation Agreement between the World Customs Organization (WCO) and the European Police Office (Europol) 第 1 與 4～6 條與「聯合國毒品與犯罪局及歐洲警政署合作協定」（Cooperation Agreement between The United Nations Office on Drugs and Crime and the European Police Office)。

⑭ Davide Casale: EU Institutional and Legal Counter-terrorism Framework, in: Defense against Terrorism Review, Vol. 1, No. 1, 2008, p. 56.

⑮ 相關資料請參見：Fijnaut Cyrille: Introduction to the Special Issue on Police Accountability in Europe, in: Policing and Society, Vol. 12, No. 4, 2002, p. 244.

⑯ 請參見歐洲警政署公約第 7～11 條。

員資訊的資料庫。歐洲警政署公約第 7.1 條規定：資料傳遞僅能透過「歐洲警政署國家單位」、「歐洲聯絡官」與歐洲警政署，唯第三方（Third Parties）傳遞來的資訊獨由歐洲警政署負責分析。第 8.1 與 8.2 條特別規定：「歐洲警政署國家單位」只能透過「歐洲聯絡官」取得包括個人資料在內的檔案與其他罪刑、刑罰與所屬犯罪組織等資料，但這些資料僅供資料解析之用途。

　　2. **分析系統**（Analysis System）：由許多分析檔案組成，而這些分析檔案是由「歐洲聯絡官」、歐洲警政署分析人員與來自歐盟會員國的專家所組成的「分析小組」（Analysis Group）[57]負責建立。[58]歐洲警政署公約第 10 條明定：在分析系統中不能外流之重要資訊，須經過警察機關評估才能傳遞，而且，必須與通緝中的罪犯或嫌疑犯有關聯的資料才得以傳輸。第 10.1 條與第 8 條提及關於被害人、證人或聯絡人之相關資料的傳遞，必須得到歐盟理事會的執行確定同意文，才能傳遞。第 10.6 條則規定「共同戰略分析」與「單一事件分析」傳輸對象的差異，前者為概略資訊，可以傳輸給所有的歐盟會員國；而後者則僅能傳輸給特定的歐盟會員國。

　　歐洲警政署內部自行整理的分析資料，又可分為以下兩項：第一、「歐洲警政署資訊系統」（Europol Information System）：主要搜集涉及某項犯罪的個人或團體之檔案，其內容侷限在簡單的身分介紹（包括姓名、出生地、出生日期、國籍與性別）、曾犯罪行、意圖進行的犯罪、參與過的犯罪組織或曾被判刑的資料等。[59]歐洲警政署資訊系統可有效提供歐洲警政署與「歐洲警政署國家單位」（Europol National Unit）相關資料，「歐洲聯絡官」（Liaison Officers）亦可透過該系統獲得資訊。2007 年該系統重整過後，配置新的功能以及較強的

---

⑤⑦ 歐洲警政署會根據不同性質的問題組成不同的分析小組，然僅歐洲警政署相關負責人員才能使用資料，歐盟會員國不可透過「歐洲聯絡官」詢問資料細節。

⑤⑧ 這些檔案是來自歐洲警政署資訊系統的犯罪資訊與其他類型的情報，包括可能在調查中被傳喚作證的人，例如：受害人、潛在受害人、嫌疑犯接觸與相關人與任何有助於調查的人。

⑤⑨ 歐洲警政署公約第 8 條。

資料儲存系統,並能快速偵測病毒或非法侵入電腦,使歐洲警政署資訊系統的安全性大增。⑩第二、「情報工作檔案」(Work Files):由歐洲警政署的官員與「歐洲聯絡官」所主導,主要分析特定犯罪的型態,包括嫌犯接觸過的人、犯罪的意圖與其他的重要資訊。⑪在第二類情報工作檔案中,歐洲警政署將犯罪事件與現象的資訊分析過後,利用電腦技術與工具繪製成可提供歐盟會員國參考的資料檔,以作為打擊組織犯罪或跨邊境犯罪之用途。⑫

　　3.**索引系統**(Index System):索引系統的內容是上述兩大資料庫的系統整理,目的在於便利署長、副署長與相關人員之查詢。「歐洲聯絡官」可以透過索引系統確定哪些資料已被儲存,但不能修改檔案或建立檔案內容的連結。

　　雖然,歐洲警政署並非執行機構,亦無專職警隊或自主調查能力⑬,但歐洲警政署擁有運作良好的資料庫、資訊整合與數位化管理,並與第三國或國際組織建立資訊交換平台⑭,使「歐洲警政署」扮演一種重要的情報傳遞的角色。不過,歐洲警政署的權限仍受到相當的限制,使其在反恐行動過程中,未能創造更多有利的附加價值。首先,歐洲警政署的主要職責乃被界定為建立一套情報資訊系統,以提供相關國家必要的反恐情報,而歐洲警政署情報來源的一大特色就是透過會員國的警察與情報機關傳遞資訊並加以分析之。⑮

---

⑩ European Police Office (Europol): Annual Report 2007, The Netherlands: Den Haag, 2008, p. 33.

⑪ James I. Walsh: Intelligence-Sharing in the European Union Institutions are not Enough, in: JCMS 2006, Vol. 44, No. 3, pp. 632-633.

⑫ Tom Schalken/Maarten Pronk: On Joint Investigations Teams, Europol and Supervision of their Joint Actions, in: European Journal of Crime, Criminal Law and Criminal Justice, Vol. 10, No. 1, 2002, p. 72.

⑬ Mathieu Delfin, op. cit., p. 342.

⑭ 歐洲警政署與許多國家簽訂資訊交換協議(例如:與美國簽訂定期交換戰略技術情報),而且許多國際組織或第三國也派人進駐歐洲警政署。Europol: Relations with the Third States, available from: http://www.europol.europa.eu/index.asp?page=agreements. (Accessed 22.08.2009)

⑮ Thierry Balzacq: The Policy Tools of Securitization: Information Exchange, EU Foreign and Interioi Policies, in: JCMS 2008, Vol. 46, No. 1, pp. 84-85.

　　歐洲警政署對會員國所提供的情報分析完成後，並不可以擅自將情報傳遞給歐盟決策機構，因此，就實務而言，歐洲警政署鮮少能對歐盟反恐政策的形成產生影響。再者，歐洲警政署與歐盟會員國情報機關的功能頗多重疊之處。因此，歐盟會員國幾乎不曾委託歐洲警政署執行任務，是故，歐洲警政署既不能減輕歐盟會員國情報機關的工作，也不能替歐盟會員國情報機關完成其無法完成的工作。⑥雖然，歐洲警政署自 2002 年起定期出版組織犯罪威脅評估報告（Organized Crime Threat Assessment; OCTA）與歐盟恐怖主義現況報告（EU Terrorism Situation and Trend Report; TE-SAT）⑥等兩種統整歐盟會員國內恐怖主義情勢的出版品，但以歐盟恐怖主義現況報告為例，其內容大多著墨於恐怖主義現況的報導，缺少情報分析與行動效果的檢討，對歐盟實際反恐行動的貢獻實屬有限。

## （二）聯繫與協調功能

　　歐洲警政署之聯繫與協調功能主要表現在「聯合調查團」機制中。「聯合調查團」的成立是歐盟會員國刑事司法合作的第一步，而其首要任務在於消除歐盟會員國不同法律體系的障礙，以促使合作更為順利。⑥「聯合調查團」制度首見於阿姆斯特丹條約第 30 條，該條文指出：歐洲警政署將協助與支援歐盟會員國權責機關，就特定議題的調查，由歐洲警政署扮演協調與促進合作的進行，其中包括歐洲警政署的官員能夠協助參與的聯合調查行動。條文中提到聯合團隊的「行動措施」，但同時也將歐洲警政署明確界定為「協助的功能」。隨後，1999 年坦佩雷歐洲高峰會決議文第 43 點中，歐盟會員國一致聲明，儘速建立一個由歐盟會員國執法人員組成的「聯合調查團」，該

---

⑥ Björn Müller-Wille: For Our Eyes Only? Shaping an Intelligence Community within the EU, in: Occasional Papers, No. 50, January 2004, pp. 34-35.

⑥ 2002 至 2005 年間，歐盟恐怖主義現況報告（TE-SAT）是由歐盟輪值主席國負責製作；2006 年起，改由歐洲警政署負責。歐洲警政署在報告中根據歐盟會員國傳遞的資料，統計歐盟會員國整年遭受恐怖攻擊的次數與逮捕嫌犯的數量。

⑥ Tom Schalken/Maarten Pronk, op. cit., p. 70.

機制是歐盟會員國與歐洲警政署,雙邊合作執行跨國刑案調查重要的第一步驟,目的在於有效打擊販毒、人口販賣與恐怖主義。最後,在911 事件發生後的第十天,歐盟特別高峰會(The Extraordinary Meeting of the European Council of 21 September 2001)中亦指出建立「聯合調查團」的必要性。但是,「聯合調查團」的創立意圖僅出現在這些綱領式的條文或文件中,卻沒有一份詳細的代表性文件說明成立「聯合調查團」的各項細節。⑥⑨

　　雖然,並未有詳盡敘述「聯合調查團」職權的文件,但是,2000年刑事互助公約(Convention on Mutual Assistance in Criminal Matters 2000)第 13 條規定了「聯合調查團」所需具備的一些條件。首先,「聯合調查團」為非常設性的調查機制,需由兩國或兩個以上的歐盟會員國權責機關發起,並載明擬調查之案件、理由與執行期限等。⑦⓪「聯合調查團」設主席(Leader)1 人,由參與行動國代表互選產生,負責領導「聯合調查團」執行調查行動。而會員國代表必須為調查人員、法官或公訴機關官員;歐盟則可指派歐洲警政署、歐洲司法合作署與歐洲反詐欺署的官員參加;而參與調查之非歐盟國家官員則須有任職於國際組織的條件。⑦①公約第 13 條關於「聯合調查團」的建制中,最有獨創性的規則是關於「指派成員」(Seconded Member)的規定。所謂的「指派成員」是指「在所屬國之外執行調查工作的官員」,換句話說,「指派成員」僅能參與在非本國境內所執行的調查行動。例如:當在甲國境內執行調查行動時,參與調查的「指派成員」不得為甲國的調查人員,僅能由非甲國的調查人員參加。惟有當「聯合調查團」主席基於調查上的需要時,才可例外准許甲國的調查

---

⑥⑨ 詳細內容請參見:(1) Bart de Buck: Joint Investigation Teams: The Participation of Europol Officials, in: ERA Forum, 2007, pp. 253-254; (2) Tom Schalken/Maarten Pronk, op. cit., pp. 72-73.

⑦⓪ 然而,條文中並未說明可執行調查的犯罪種類,甚至跨國犯罪亦非啟動聯合調查團的必要條件。請參見:Bart de Buck, op. cit., p. 255.

⑦① Tom Schalken/Maarten Pronk, op. cit., p. 71.

人員參加調查行動。[72]

　　歐盟在成立「聯合調查團」時，即將歐洲警政署的功能界定為支援功能，意指：歐洲警政署可以協調調查行動與提供行政協助，但不具備執行能力。例如：當參與調查行動的國家不願意交換情報時，歐洲警政署可利用其政治影響力扮演催化情報交流的角色。[73]而在執行調查任務時，歐洲警政署亦可以整合與協調各項合作，並且提供過去聯合調查的經驗，使「聯合調查團」之調查行動更有效率。[74]

　　然而，歐洲警政署只有在下列三種情況下得以參加「聯合調查團」的行動[75]：1.當一個或一個以上的歐盟會員國提出邀請時，歐洲警政署才可以參與「聯合調查團」；2.需有兩個或兩個以上之「聯合調查團」參與國與歐洲警政署簽訂合作協定；3.歐洲警政署若實際參與「聯合調查團」的工作時，僅能行使歐洲警政署公約中職權的範圍。換言之，歐洲警政署不可主動要求參加「聯合調查團」，而以歐盟會員國的邀請為其前提條件；同時，歐洲警政署在「聯合調查團」中的調查權也受到嚴格的限制，譬如說，當「聯合調查團」參與國權責機關執行調查時，歐洲警政署不可參與強制執行的行動（例如：住家搜索與訊問嫌犯等），因為在功能設計上，歐洲警政署官員一開始就被界定為「無逮捕能力，且不佩帶槍枝的警務人員」。因此，在實際行動中，歐洲警政署並無執法的權力。[76]歐洲警政署在「聯合調查團」中的角色與影響力仍屬有限。綜上所述，歐洲警政署在「聯合調

---

[72] 詳細內容請參見：(1) Bart de Buck, op. cit., p. 255; (2) Tom Schalken/Maarten Pronk, op. cit., pp. 71-72.

[73] 在實務上，歐洲會員國會儘量滿足歐洲警政署的要求，同時，歐洲執行委員會是歐洲警政署的後盾，當某些會員國不願意交流情報時，歐洲執行委員會得要求會員國提出合理的解釋。這種歐盟會員國尊重歐洲警政署要求的表現，以及歐洲執行委員會的背後撐腰，無形中增添了歐洲警政署的政治影響力。請參見：Tom Schalken/Maarten Pronk, op. cit., pp. 74-75.

[74] Tom Schalken/Maarten Pronk, op. cit., p. 74.

[75] Bart de Buck, op. cit., p. 257.

[76] 但是，在執行住宅搜索時，歐洲警政署官員得告知執法的警察那些證物必須扣留，以節省許多調查往返的時間。請參見：Tom Schalken/Maarten Pronk, op. cit., p. 75.

查團」的主要貢獻如下[77]：1.協助「聯合調查團」快速與其他歐盟會員國聯繫；2.歐洲警政署提供其「索引系統」與「分析工作檔案」給「聯合調查團」，使「聯合調查團」參與國不需再花時間進行基本的情報分析[78]；3.協助「聯合調查團」參與國舉行必要的大型會議，並協助設置行動支援中心與提供翻譯服務。（有關「聯合調查團」的描述亦請參見本書第八章第三節）

## 二、歐洲警政署的問題

經過這幾年的發展，歐洲警政署是否能夠繼續發展成為一個類似美國中央情報局（CIA）或聯邦調查局（FBI）的反恐機構，許多學者專家都抱持懷疑態度。[79]綜合而言，歐洲警政署的反恐角色仍受到底下四項變數的挑戰：第一、歐洲警政署與歐盟理事會或歐洲執行委員會中反恐單位的競合關係；第二、歐盟會員國互不信賴問題折損歐洲警政署情報交流的成效；第三、歐盟會員國尚未讓渡司法與內政主權的干擾；第四、多樣的個人資料保護制度使反恐資料的傳遞受到阻礙。茲將上述四項變數分別敘述如後。

### （一）歐洲警政署與歐盟理事會或歐洲執行委員會中反恐單位競合關係

歐洲執行委員會於 1999 年 10 月設立了「司法、自由與安全總署」（Directorate General for Justice, Freedom and Security），專門負責歐盟

---

[77] Bart de Buck, op. cit., p. 258.

[78] 歐洲警政署的「分析工作檔案」中，已有許多有關犯罪組織、型態、刑責、犯罪手法、犯罪方式與其他犯罪連結之可能性的分析資料，不需會員國再花時間進行這類的情報分析。

[79] 雖然，奧地利與比利時曾在 2004 年馬德里恐怖攻擊事件後，共同向歐盟提出成立一個類似美國「中央情報局」的歐盟層級監控機構，但卻遭到德國、法國、英國、義大利與西班牙等國的反對。這說明了歐盟會員國情報機關對於雙方文化、語言與情報系統的整合仍難以達成共識。 相關內容請參見：Jan Ulrich Ellermann: Europol und FBI: Probleme und Perspektiven, Baden-Baden: Nomos Verlag, 2005, pp. 43-56.

司法、自由與安全領域的法律提案，其下設有「B 署－移民、庇護與邊境」、「C 署－移民與邊境」、「D 署－基本權利與公民權」、「E 署－司法」與「F 署－安全」等，其中「F 署」的業務領域與歐洲警政署有直接關係。歐洲執行委員會在「F 署」底下建立了「反恐組」、「打擊組織犯罪組」與「警察合作與資料取得組」，這三個小組與歐洲警政署間設有定期會議，彼此交換有關恐怖主義與組織犯罪的情報。因為歐洲執行委員會與歐洲警政署都是代表歐洲利益的機構，因此，情報交流合作上因無會員國因素的干擾而顯得順利。但是，歐洲警政署仍然只是一個安全資料提供者的角色而已，並無參與草擬反恐與警察合作等內部安全提案的權力。

　　嚴格地說，歐洲警政署的最大競爭對手並不是歐洲執行委員會，而是歐盟理事會。無庸置疑，歐盟反恐政策並非共同體化的政策，其提案、決議與執行幾乎都操控在歐盟理事會手中，亦即受到歐盟會員國的控制，而外交事務與安全政策高級代表（High Representative for Foreign Affairs and Security Policy，以下簡稱高級代表）則是運籌帷幄的靈魂人物。高級代表底下的「E 總署－外交、政治與軍事事務」（Directorate General E-External and Political-Military Affairs）與「H 總署－司法與內政事務」（Directorate General H-Justice and Home Affairs）是兩個負責收集與分析歐盟內外安全情報的部門，其下設有許多安全單位，例如：在「E 總署」底下設有「美洲、聯合國、人權與反恐署」，負責觀察國際安全情勢與國際恐怖主義的發展；而「H 總署」除了負責庇護、簽證、移民、邊境、警察合作等 4 個署（Directorate）外，尚設有一個「資料保護秘書處」，專門負責處理從歐洲警政署或申根資訊系統取得的資料。

　　除了上述兩個總署外，在高級代表底下仍設有許多反恐機制，協助高級代表研擬相關反恐政策，其中以底下 4 個單位最為重要：1. 「聯合情勢中心」（Joint Situation Center; SitCen）：「聯合情勢中心」是歐盟理事會架構內重要的威脅分析與監視單位，其內部又細分為「一般行動組」（General Operations Unit; GOU）、「聯繫組」（Communications Unit; CU）與「民事情報組」（Civilian Intelligence Cell;

CIC）等。其中，「民事情報組」則專門負責恐怖主義事務，其成員
都是各國情報機關的恐怖主義專家。「民事情報組」底下設有一個
「反恐科」（Counter Terrorism; CT），其成員除了民事情勢分析專家
外，尚包括情報機關的代表。而「聯合情勢中心」所作成的恐怖主義
情勢報告可直接上呈歐盟決策機構[80]，唯這些報告僅供歐盟內部參考
不得對外公開[81]；2. 「恐怖主義工作小組」（TWG）[82]：負責分析恐
怖主義威脅、處理歐盟內部威脅分析與協調實務合作，成員由歐盟會
員國內政部、司法部或執法機關（包括情報機關）組成，每半年集會
三至五次。[83]此外「恐怖主義工作小組」還負責製作與更新歐盟恐怖
組織名單，並每六個月完成一份恐怖主義威脅評估報告[84]；3. 「國際
層面恐怖主義工作小組」（Working Party on Terrorism/International As-
pects; COTER）：此工作小組專門負責分析歐盟外部威脅，特別聚焦
於國際反恐合作領域與促進聯合國反恐公約的執行，其成員由歐盟會
員國外交部派代表組成，每月集會一次，討論歐盟與聯合國層面的反
恐措施，以實踐歐盟反恐戰略（EU Counter-Terrorism Strategy）與打擊
恐怖主義激進化與招募新成員策略（Strategy for Combating Radicalisa-
tion and Recruitment to Terrorism）[85]；4. 「36 委員會」（Article 36 Com-
mittee）：「36 委員會」的前身是根據「歐盟條約」第 K.4 條而設立的

---

[80] 這些機構包括：歐盟理事會秘書長、常駐代表委員會、政治與安全委員會
（Political and Security Committee; PSC）等。

[81] Gijs de Vries: Terrorism, Islam and Democracy, Euractiv, 04.03.2005, available from:
http://www.euractiv.com/en/security/gijs-vries-terrorism-islam-democracy/article-136245.
(Accessed 22.08.2009)

[82] 「恐怖主義工作小組」僅負責協調執法機關的合作；其他反恐議題，例如：護
照政策、移民、運輸安全與資料保護等，則是交由其他工作小組負責。

[83] Council of the European Union: Working Structures of the Council in Terrorism Matters-
Options Paper, 979104, 25.05.2004, pp. 3-4.

[84] EU Counter Terrorism Efforts in JHA Field, available from: http://europa.eu/rapid/press-
ReleasesAction.do? reference=MEMO/04/59&format. (Accessed 22.08.2009)

[85] 相關資料請參見：⑴ Lauri Lugna: op. cit., pp. 109-110; ⑵ Working Party on Terror-
ism/International Aspects (COTER), available from: http://www.se2009.eu/en/meetings_
news/2009/9/15/working_party_on_terrorism_international_aspects_coter. (Accessed 22.
06.2009)

「K 4 委員會」（K 4 Committee），亦即所謂的司法與內政合作委員會。「36 委員會」是由歐盟會員國內政部或司法部的資深官員組成，每月集會一次，其主要任務是負責籌備司法與內政合作歐盟理事會的會議事宜，並且在與常駐代表委員會的職權不相衝突的前提下，協調警察與司法合作政策，例如：打擊犯罪、組織犯罪、恐怖主義、人口走私、虐待兒童、毒品販賣及走私、詐欺等事務，並向歐盟理事會提供相關意見。除此之外，該委員會也必須協調負責歐盟司法與內政領域的機構，包括：申根資訊系統（Schengen Information System）、歐洲警政署、歐洲司法合作署、歐洲警察學院（European Police College），並協調歐盟會員國司法與內政權責機關，以促進歐盟的內部安全。

　　上述歐盟理事會架構下的反恐機制中，又以「聯合情勢中心」的反恐角色最為突出，嚴重挑戰了歐洲警政署的功能。悉知，2004 年馬德里恐怖攻擊事件後，歐盟深深體會情報交換程序是影響打擊恐怖主義成效的關鍵因素，因此，乃擴大「聯合情勢中心」的功能，使其能夠掌控歐盟內外恐怖主義情報。[86]「聯合情勢中心」可說是歐盟理事會最重要的情報機構，自 2004 年起，「聯合情勢中心」除了歐盟內部情報外，亦收集與分析海外情報。而「聯合情勢中心」的情報來源主要有三方面：第一、經由歐盟會員國情報機關派駐「聯合情勢中心」的分析專家傳遞情報；第二、由歐洲執行委員會各地代表與特別代表所提供的每日情報；第三、歐盟會員國外交部的報告。由此觀之，「聯合情勢中心」堪稱是歐盟內外情報的整合中心。[87]而有鑑於「聯合情勢中心」的情報僅供歐盟理事會內部參考的限制，使歐盟會員國對「聯合情勢中心」的信任度與日俱增，會員國因此樂於將一些高敏

---

[86] Wilhelm Knelangen, op. cit., p. 153.

[87] 「聯合情勢中心」（Joint Situation Center; SitCen）設於歐盟理事會總秘書處中，成立之初乃由「歐盟軍事參謀總部情報局」（Intelligence Division of the European Military Staff；INTDIV）與「政策規劃與預警單位」（Policy Planning and Early Warning Unit; PPEWU）派員組成，負責提供每日世界各地情勢報告。請參見：Björn Müller-Wille, op. cit., p. 29.

感性的情報交給「聯合情勢中心」，使得「聯合情勢中心」所掌握的
情報往往比歐洲警政署更為周全，因此，歐洲警政署的功能受到很大
的挑戰。[88]

## （二）歐盟會員國互不信賴問題折損歐洲警政署情報交流的成效

　　在阿姆斯特丹條約第 30.2 條的推波助瀾下，歐洲警政署的角色從
原先的「資料處理機構」轉變為「行動協調機構」。雖然，歐洲警政
署的角色變得重要了，但是，歐洲警政署還是與一般國家的警察機關
不一樣，並不具備執法的權力，其核心功能仍僅止於促進歐盟會員國
資訊的交換、分析與分享，並協調跨會員國間的警察行動等。根據歐
盟與其會員國的協議，歐洲警政署與歐盟會員國警察權責機關不能夠
直接接觸，而必須透過「歐洲警政署國家單位」（Europol National
Unit; ENU）從中聯繫，換句話說，「歐洲警政署國家單位」是歐洲警
政署與歐盟會員國警察權責機關唯一的聯繫窗口。[89]

　　＜如圖7-2＞所示，歐洲警政署是一個歐洲層級的機構，負責協調
歐盟會員國情報交流事宜。在其權限範圍內，歐洲警政署可以對內與
歐盟機構（例如：歐盟理事會與歐洲執行委員會）與歐盟會員國，對
外與第三國或國際組織建立反恐合作與資訊交流關係，這種對內與對
外關係，使得歐盟警察署取得豐富的反恐情報。原則上，歐洲警政署
可以將其收集彙整的情報與歐盟機構、歐盟會員國、第三國或國際組
織進行交換，從這個角度觀之，歐洲警政署可視為歐盟內外反恐情報
中樞。但是，如果我們細觀實際情報交流過程後，不難發現歐洲警政
署在此功能上仍受到許多限制，其中會員國間缺乏信任為其主因。渥
許（James I. Walsh）斬釘截鐵地表示：歐盟會員國情報機關互不信任

---

[88] Björn Müller-Wille, op. cit., p. 31.

[89] 根據2003年11月通過之修改歐洲警政署公約議定書，歐洲警政署得在知會「歐
洲警政署國家單位」的情形下，與歐盟會員國之警察權責機關直接接觸。請參
見：The Office for Official Publications of the European Communities, Fact sheet on
Europol, QL-AC-05-001, January 2006, available from: http://www.europol.eu.int/atag-
lance/Factsheets/Europol_Factsheet-enc.pdf. (Accessed 25.07.2009)

是造成歐洲情報交流不順暢的癥結點。⑨而這些折損情報交流成效的不信任因素，主要是因為歐盟會員國視反恐情報為機密而不輕易外洩。

　　誠然，情報（Intelligence）與反恐有著密不可分的關係。理論上，國家間的情報資訊如果越充分交流，就越能夠使執法機關儘早得知恐怖行動相關消息，而能逮捕恐怖份子或阻止恐怖行動。不過，在實務上，國家卻不熱衷於安全情報的交流，而使上述理論效果難以展現出來。⑨安全專家古欽斯基（Roman Kupchinsky）對此矛盾現象提出底下精闢的解析：本質上，情報與反恐是兩項從不透明的政策，國家間只有在「情報需求」（Need-to-Know）的原則下，才會考慮交換敏感性情報，因為，洩漏敏感性情報常會導致嚴重的戰略後果，並製造「打草驚蛇」的警告效果，使恐怖份子或罪犯得知相關機關已將其列名監視，而提高警覺。同時，將情報「分類化」（Compartmentalization）的趨勢使恐怖份子從中獲利，因為這種將情報分類管制的作法，在實務上造成了限制情報傳播的事實。所以，當國家或國際組織能夠得到的情報越來越少時，那麼恐怖份子與其同黨執行恐怖攻擊行動的機會就越來越多。⑨

　　在 1990 年代初期，歐盟會員國開始著重情報交流，其原因有二：

---

⑨ 請參見：James I. Walsh, op. cit., p. 625.

⑨ 例如：在馬德里事件後，西班牙警方拒絕交付法國當局有關爆炸裝置類型的資訊。此外，在 911 事件發生後三週，德國警方問訊 1 名摩洛哥裔的男子達奇（Muhammad Daki）時，達奇供稱 1 名蓋達組織漢堡窠臼的成員為其室友。雖然，德國警方已掌握這項情報，然而達奇的名字並未出現在歐盟申根資訊系統（Schengen Information System; SIS）中，甚至連德國刑事局（Bundeskriminalamt; BKA）與德國聯邦警察局（The German Federal Police Office）的電腦系統中也不見此人姓名。最後，這名男子因參與義大利米蘭當地的恐怖組織，協助招募前往伊拉克的成員而被警方逮捕，在這之前，德國警方從未告知義大利警方達奇與蓋達組織漢堡窠臼的消息，這個事件充分映證了歐盟會員國的情報交流不足的事實。

⑨ 請參見：Roman Kupchinsky: Intelligence and Police Coordination in the EU, in: Corruption Watch, Vol. 4, No. 11, 21.04.2004, available from: http://www.rferl.org/content/article/1342339.html. (Accessed 07.08.2009)

首先，因歐洲單一市場與申根協定施行後，歐盟內部人員自由流通造成犯罪率提高；其次，在歐洲安全與防衛政策（European Security and Defense Policy; ESDP）架構下，收集國際恐怖主義情報的必要性增高。⑬儘管歐洲警政署被賦予分析情報的重責大任，但是，911 事件之前，歐盟會員國並不樂意提供資料給歐洲警政署。隨著國際重大事件的發生與 2001 年 9 月 21 日特別歐洲高峰會重申歐洲警政署的反恐功能後，歐洲警政署始步驟性地增加其權限。除此之外，在馬德里恐怖攻擊事件兩週後，歐盟於 2004 年 3 月 25 日歐洲高峰會中，提出打擊恐怖主義宣言（Declaration on Combating Terrorism），歐洲執行委員會根據該宣言，提出一份「促進執法機關情報交流通報草案」，呼籲歐盟會員國警察與司法機關加強情報分享，以有效打擊恐怖主義。⑭雖然，歐洲警政署的職權逐步擴增，但是，歐洲警政署公約第 4 與第 5 條卻載明⑮：當歐盟會員國認為其國家利益比歐洲警政署的利益更為重要時，歐盟會員國可以保留資訊。換句話說，歐洲警政署公約第 4 與第 5 條將歐盟會員國不願將資料交給歐洲警政署的行為正當化，歐盟會員國可以選擇性地給予歐洲警政署資料。除此之外，一些涉及第三國的敏感資訊，歐盟會員國常為了維護與第三國的友好關係，而拒絕將資料交給歐洲警政署。⑯上述情形已使歐洲警政署資料庫的完整性受到質疑，加上歐洲警政署並無取得某些敏感性情報的自主權，而使其以歐洲機構的立場，協調與統籌歐洲警察合作的功能大打折扣。

在恐怖主義全球化的影響下，歐盟會員國逐漸將反恐行動的主角由過去各國的「反恐專案小組」轉嫁到現在的「國家情報單位」。其

---

⑬ James I. Walsh, op. cit., pp. 625-627.

⑭ Communication from the Commission to the Council and the European Parliament: Towards Enhancing Access to Information by Law Enforcement Agencies, COM (2004) 429 final, 16.06.2004, p. 1.

⑮ 根據歐洲警政署公約第 4.4 條，「歐洲警政署國家單位」可主動要求或接受歐洲警政署的請求，將歐洲警政署所完成的犯罪資料與情報更新；並負責完成國內權責機關與歐洲警政署間的資料交換。第 5 條則說明歐盟會員國聯絡官在不違背上述條款之下行使職權。

⑯ Björn Müller-Wille, op. cit., pp. 54-55.

用意乃在於利用國家層級的情報機關，收集、監控與調查相關可疑的恐怖份子與行動，以達到預防與防堵恐怖攻擊的目的。⑨但是，情報交換素來由歐盟會員國相關權責機關主導，唯有在歐盟會員國互相信任的前提下，才可能順利進行情報交流。⑱

## （三）歐盟會員國尚未讓渡司法與內政主權的干擾

警察合作屬於歐盟司法與內政事務的範疇，會員國在這領域仍擁有支配性的權力，因此，歐洲警政署運作過程中，會員國干涉與控制的機會處處可見。因此，儘管歐洲警政署希望各國能夠傳遞有關恐怖主義的情報以利歐盟機構或其他會員國使用，然而，成效卻相當有限。歐盟是一個超國家組織，但是歐盟會員國依然保有在第二與第三支柱的主權，儘管在里斯本條約施行之後，條件多數決的適用政策已擴增到其他更多的範疇，然而，警察合作的部分依然未因新條約的實施而有所改變。以會員國的情報安全體系為例，歐盟會員國的情報都是按等級劃分，並採取歐洲國家多年來習以為常的中央協調模式，歐洲警政署與其他歐洲情報機構如何打破這樣的藩籬，以促進情報的交換與分享是未來歐盟重要的課題之一。⑲

目前美國的聯邦調查局、秘密情報局、加強毒品管制局與美國郵政檢察署（Post Inspection）都有派員進駐歐洲警政署；同樣地，歐洲警政署亦在位於華盛頓的歐洲執行委員會辦公室中設立一個「歐洲警政署聯絡辦事處」（Europol Liaison Bureau in the Washington D. C.）。⑳

---

⑨ 預防的內容包括：調查局的事先偵查、基礎設施檢查與邊境安全防範措施等。

⑱ Ferruccio Pastore, et al.: Is There a European Strategy Against Terrorism? A Brief Assessment of Supra-national and National Responses, in: CeSPI; CentroStudidiPoliticaInternazionale, Working Papers, December 2005, pp. 15-16.

⑲ 渥許（James I. Walsh）認為：對於這個問題的解決方法，較可行的作法就是透過會員國內部情報組織的合作，否則一昧地試圖將歐洲警政署擴大為獨立監控會員國情報交換與運用的機制，勢必將引起歐盟會員國的強烈反彈。詳細內容請參見：James I. Walsh, op. cit., p. 626.

⑳ 詳細內容請參見：⑴ Monica den Boer, et al., op. cit., p. 110; ⑵ http://www.europol.europa.eu/index.asp? page=news&news=pr020830.htm. (Accessed 22.06.2009)

　　另一方面，派駐歐洲警政署總部的「歐洲聯絡官」，僅受所屬國家的委託傳遞相關情報給歐洲警政署，然而，不論是歐洲警政署在華盛頓的聯絡官員或是「歐洲聯絡官」均無權自行啟動資料傳遞的服務，其母國政府完全操控雙方的情報交流。[101]

　　歐盟會員國對歐洲警政署執行資料傳遞上設有嚴格的門檻。基本上，大多數國家傳給歐洲警政署的檔案多會加密。若是資料的形式與內容可以提供給所有會員國的話，即可允許公開這份分析資料；但假如某項資料設有特定的目標，而且並非與所有歐盟會員國有關，那麼就僅有提供這份資料的國家可以決定是否公開這份資料，即使是歐洲警政署的官員也無權閱讀這份資料，也就是說，只有資料提供國與經提供國同意的相關國家才能使用該檔案；其他國家對該資料的瞭解就僅能透過索引系統或申請閱讀才能得知，但是，根據歐洲警政署公約的規定，申請閱讀資料案必須經過一致決同意，換言之，資料提供國擁有回絕申請的否決權。[102]

　　傳統上，有關犯罪調查、恐怖主義與國家安全等議題，常被視為政府管理中涉及國際合作的模糊地帶。在內部安全議題中，垂直治理（Vertical Governance）之合法性比水平治理（Horizontal Governance）高。而歐洲警政署、歐洲司法合作署、「歐洲警察首長專案小組」與「聯合情勢中心」則是屬於垂直治理的機構，因為這些機構是全權執行由歐洲高峰會與「司法與內政事務歐盟理事會」所下達之指導方針與任務，其他歐盟機構僅提供行政協助，換句話說，歐洲警政署的權限來自歐盟會員國的授權，歐洲警政署須接受歐盟會員國的政治控制。[103]歐盟理事會中的「36 委員會」為歐盟理事會的專門委員會，負責監控歐洲警政署的工作。雖然歐洲警政署的預算來源是會員國，但歐盟理事會為主導預算制度的機構之一，所以，歐盟理事會乃運用掌管歐洲警政署預算與任命署長與副署長的權力直接控制歐洲警政署；

[101] James I. Walsh, op. cit., p. 632.
[102] James I. Walsh, op. cit., pp. 634-635.
[103] Monica den Boer, et al., op. cit., pp. 102-103.

而歐盟理事會是各會員國部長級官員的會議平台，因此，歐洲警政署可以說是間接受到歐盟會員國政治控制的歐盟機構。[104]

## （四）多樣的個人資料保護制度使反恐資料的傳遞受到阻礙

悉知，傳遞個人資料都會涉及資料保護法中有關個人隱私權的討論。因此，歐洲警政署對內與對外的合作協定[105]中，都詳細規範個人資料傳輸的內容，以避免資料遭濫用而侵害公民的權利。[106]歐洲警政署公約第 8 條關於個人資料傳輸的規定中，說明可能造成侵害隱私權的狀況。而第 10.1 條允許在特定的狀況下，儲存、運用與更動敏感資訊。另外，第 10.1.4 條註明：可經由詳細的執行計劃決定是否儲存與使用證人、被害人或聯絡人的資料，但是這些關於個人資料的傳輸與更動，皆應嚴加管制以免造成不公正的逮捕或搜索而侵犯基本權利。

歐洲警政署公約亦賦予個人得經由該國「歐洲警政署國家單位」，取得歐洲警政署儲存與自己相關的資料。然而，當傳遞某個人資料會妨礙歐洲警政署執行其任務、危害歐盟會員國國家安全或損及第三方權利時，歐洲警政署與相關會員國的「歐洲警政署國家單位」可以拒絕傳遞此個人資料。而為了防止「歐洲警政署國家單位」在資料分享過程中的權力過大，因此，歐洲警政署公約第 23 條乃號召歐盟會員國建立一個恪遵國家資料保護法與保護個人隱私權之獨立「國家

---

[104] 此外歐洲警政署的管理委員會是由會員國與歐洲執行委員會的代表所組成，主要的工作是管理財務確保機構行政的可靠性，並指派一名審計員管理支出，而且執行新的分析檔案也需要經過管理委員會的同意。至於，歐洲議會（European Parliament; EP）在歐盟警察事務合作上的角色，除了歐洲警政署每年需向歐洲議會或是歐洲議會的「公民自由司法與內政事務委員會」（The Committee on Civil Liberties, Justice and Home Affairs; LIBE Committee）提出年度報告外，「公民自由司法與內政事務委員會」還可以就某項特別事件要求歐洲警政署提出特別報告，藉此以發揮歐洲議會在司法與內政事務上的監督權。請參見：Monica den Boer, et al., op. cit., pp. 110-111.

[105] 雖然歐洲警政署本身與第三國或國際組織簽訂合作協定，然僅與部分國家或國際組織協議交換個人資料，因此，歐洲警政署的資料庫並不周詳，其反恐能力受到相當地限制。

[106] 請參見：(1) Satish Sule, op. cit., p. 14; (2) Jörg Friedrich: Fighting Terrorism and Drugs: Europe and International Police Cooperation, USA/Canada: Routledge, 2008, p. 46.

監督機構」（National Supervisory Body）來監督其「歐洲警政署國家單位」。[107]然而，歐盟會員國、歐洲組織與國際組織對個人資料保護的規定不一，因此，造成歐盟境內對個人資料的建立、使用與傳遞上出現「一國多制」的現象。此外，人權因素是國際反恐不得不面對的嚴峻問題，而如何在提高國際反恐效能與保障人權間取得平衡點，卻是一個尚未找到答案的難解問題。

## 結論

　　傳統上，國家對於安全的定義，在於維護國家領土與主權的完整性，而現今歐盟面臨的內外部安全問題與傳統國家所在意的安全問題不同，雖然國際恐怖主義與組織犯罪所造成的影響並未涉及損害國土完整性的憂慮，但其不確定性與難以偵查性已造成歐盟人民心理威脅。長久以來，國家內政不受干預為國家間表示尊重對方主權優越性的象徵，而警察政策則具有強烈的國家內政性質，與主權的表徵。因此，雖然司法與內政事務已納入歐盟架構內，但是，政府間合作的性質並未改變，在反恐政策上歐盟會員國仍須尋求共識才能制訂共同政策與執行共同行動。而歐洲法院與歐洲執行委員會對於不履行的歐盟會員國，亦無權採取強制措施或予以處罰，所以，歐盟會員國仍擁有絕對的選擇權與主導權。

　　在 911 事件發生之前，歐盟會員國情報機關明顯不太願意將資料交給歐洲警政署。[108]但是，隨著國際恐怖主義的影響，歐盟會員國開始思考將反恐政策的制訂交給歐盟；2004 年馬德里事件與 2005 年倫敦事件，加速了反恐政策歐洲化的發展。歐盟積極檢討政策層面與執行層面的問題，賦予歐洲警政署協助會員國執行反恐行動的功能。然而，歐洲警政署自成立以來，不僅缺少執行權力，其重要情報的來源

[107] John D. Occhipinti: The Politics of EU Police Cooperation—Toward a European FBI?, London: Lynne Rienner Publishers, 2003, pp. 62-63.

[108] Oldrich Bures: Europol's Fledgling Counterterrorism Role, paper presented on the WISC 2008 Second Global International Studies Conference, 14.06.2008, pp. 1-2.

也取決於歐盟會員國的意願，這種職權與運作上的缺陷造成歐洲警政署在推展歐盟反恐政策時，常常感到力不從心。除此之外，雖然歐洲警政署在歐盟會員國警察合作上逐漸強化其協調的角色，但反恐資訊的取得仍比不上「聯合情勢中心」、「恐怖主義工作小組」（TWG）與「國際層面恐怖主義工作小組」（COTER）等設置於歐盟理事會架構內的反恐單位，而不能在反恐決策上發揮更多的功能。另外，執行層面上，歐洲國家的情報機關傳統上是「主權至上，各自行事」，因此歐洲警政署很難獲得參與歐盟會員國間反恐行動的機會。

　　檢視歐洲警政署在反恐議題所能發揮的功能之後，我們發現歐洲警政署作為一個協調歐盟會員國警察合作的機構而言，其效能明顯不足。這須歸咎於歐洲警政署的成立是歐盟會員國妥協下的產物，並未實實在在地獲得歐盟會員國執法機關的認可，所以，成立之初即面臨許多歐盟會員國執法機關不願配合的窘況。再者，歐盟會員國並未認同歐洲警政署反恐的功能，而僅授予有限的權限。即使歐洲執行委員會於 2006 年提出增加歐洲警政署職權的提案，但仍未獲得歐盟會員國的支持，而僅允許歐洲警政署協助歐盟會員國執行大型的公眾安全防衛。[109]這些改革建議對於提升歐洲警政署的反恐角色，並未產生太大的效果，歐盟反恐政策的運作核心仍然落在歐盟理事會各反恐機構的手中。總而言之，歐洲警政署在歐盟反恐領域中，確實扮演一個不容忽視的角色，但其功能卻處處受制於歐盟會員國，使得歐洲警政署雖然是一個歐洲層級的警察合作機構，但卻不能享受真正「超國家機構」的權威。是故，歐洲警政署若要成為歐盟反恐政策上不可撼動的基石，那麼勢必要再著實地強化其反恐決策的「參與權」、反恐行動的「執行權」與取得反恐情報的「自主權」，否則要成為「歐盟反恐政策的基石」只會是一個遙不可及的夢想。

---

[109] 例如：協助維護國際足球賽的秩序、提升歐洲警政署資訊系統中更周詳的個人資料保護等。詳細內容請參見：European Commission: Europol to Become a more Effective EU Agency to Help Police Cooperation between the Member States, 20.12. 2006, available from: http://www.libertysecurity.org/article1249.html. (Accessed 26.08. 2009)

# 參考文獻

## 一、官方文件

Commission of the European Communities: Communication from the Commission on Measures to Ensure Security in Explosives, Detonators, Bomb-Making Equipment and Fire-arms, COM (2005) 329 final, 19.07.2005.

Commission of the European Communities: Proposal for a Council Decision concerning Visa Information System, COM (2005) 600 final, 24.11.2005.

Communication from the Commission to the Council and the European Parliament: Towards Enhancing Access to Information by Law Enforcement Agencies, COM (2004) 429 final, 16.06.2004, pp. 1-13.

Council of the European Union: Implementation of the Action Plan to Combat Terrorism, 9809/1/05 REV 1, 10.06.2005.

Council of the European Union: Joint Action 95/73/JHA of 10 March 1995 Adopted by the Council on the Basis of Article K.3 of the Treaty on European Union concerning the Europol Drugs Unit, OJ L 62, 20.03.1995.

Council of the European Union: Working Structures of the Council in Terrorism Matters-Options Paper, 979104, 25.05.2004.

Eurojust: Annual Report 2007, 2007.

Europol: Administrative Agreement on Co-operation between the European Commission and the European Police Office, 18.02.2003.

Europol: Administrative Agreement on Co-operation between the European Police Office and the European Anti-Fraud Office (OLAF).

Europol: Agreement between Eurojust and Europol, 09.06.2004.

Europol: Agreement between Europol and Interpol, 05.11.2001.

Europol: Agreement between Swiss Confederation and The European Police Office, 24.09.2004.

Europol: Agreement between the European Police Office--Europol and The European Central Bank—ECB, 13.12.2001.

Europol: Agreement between the Kingdom of Norway and the European Police Office, 28.06.2001

Europol: Agreement between the Republic of Iceland and the European Police Office, 28.06.2001, pp. 1-20.

Europol: Agreement between the United States of America and the European Police Office, 06.12.2001.

Europol: Agreement on Cooperation between the European Police Office and the Russian Federation, 06.11.2003.

Europol: Agreement on Cooperation between the European Police Office and the Republic of Turkey, 18.05.2004.

Europol: Agreement on Cooperation between the Republic of the Government of the Republic of Colombia and the European Police Office, 09.02.2004.

Europol: Agreement on Operational and Strategic Cooperation between Australia and the European Police Office, February 12.02.2007.

Europol: Agreement on Operational and Strategic Cooperation between the Republic of Croatia and the European Police Office.

Europol: An Overview of the Counter Terrorism Unit Activities 2006, 2006, pp. 1-6.

Europol: Annual Report 2007, 2008.

Europol: Cooperation Agreement between Bosnia and Herzegovina and the European Police Office, 26.01.2007.

Europol: Co-operation Agreement between Europol and the European Monitoring Centre for Drugs and Drug Addiction, 19.11.2001.

Europol: Cooperation Agreement between the Government of Canada and the European Police Office.

Europol: Cooperation Agreement between the United Nations Office on Drugs and Crime and the European Police Office, 16.03.2004.

Europol: Cooperation Agreement between the World Customs Organization (WCO) and the European Police Office (Europol).

Europol: EU Plan of Action on Combating Terrorism-Update, 9156/05 GdK/

kve, 23.05.2005.

Europol: Europol Convention, July 26, 1995, pp. 1-40.

Europol: Strategic Agreement between the Republic of Albania and the European Police Office, 05.02.2007.

Europol: Strategic Agreement between the Republic of the Former Yugoslav Republic of Macedonia and the European Police Office.

Europol: Strategic Co-operation Agreement between the European Agency for the Management of Operational Cooperation at the External Borders of the Member States of the European Union and the European Police Office, 28.03.2008.

Europol: Strategic Co-operation Agreement between the Republic of Moldova and the European Police Office, 26.01.2007.

Europol: Supplemental agreement between Europol and the USA on Exchange of Personal Data and Related Information.

## 二、書籍

Jörg, Friedrich: Fighting Terrorism and Drugs: Europe and International Police Cooperation, USA/Canada: Routledge, 2008.

Müller, Erwin/Schneider, Patricia (eds.): Die Europäische Union im Kampf gegen den Terrorismus: Sicherheit vs. Freiheit?, Baden-Baden: Nomos Verlag, 2006.

Occhipinti, John D.: The Politics of EU Police Cooperation-Toward a European FBI?, London: Lynne Rienner Publishers, 2003.

Satish, Sule: Europol und Europäischer Datenschutz, Baden-Baden: Nomos Verlag, 1999.

Spence, David (ed.): The European Union and Terrorism, UK: John Harper Publishing, 2007.

## 三、期刊論文

Balzacq, Thierry: The Policy Tools of Securitization: Information Exchange,

EU Foreign and Interior Policies, in: JCMS 2008, Vo. 46, No. 1, pp. 75-100.

Benyon, John: Policing the European Union: The Changing Basis of Cooperation on Law Enforcement, in: International Affairs, Vol. 70, No. 3, 1994, pp. 497-517.

Benyon, John: The Politics of Police Cooperation in the European Union, in: International Journal of the Sociology of Law, Vol. 34, 194, pp. 353-379.

Casale, Davide: EU Institutional and Legal Counter-terrorism Framework, in: Defense Against Terrorism Review, Vol. 1, No. 1, 2008, pp. 49-78.

Cyrille, Fijnaut: Introduction to the Special Issue on Police Accountability in Europe, in: Policing and Society, Vol. 12, No. 4, 2002, pp. 1-7.

Delfin, Mathieu: Europol and the Policing of International Terrorism: Counter-Terrorism in a Global Perspective, in: Justice Quarterly, Vol. 23, No. 3, 2006, pp. 340-352.

Den Boer, Monica, et al.: Legitimacy under Pressure: The European Web of Counter-terrorism Networks, in: JCMS, Vol. 46, No. 1, 2008, pp. 109-112.

De Buck, Bart: Joint Investigation Teams: The Participation of Europol Officials, in: ERA Forum, 2007, pp. 253-264.

Elsen, Charles: From Maastricht to the Hague: the Politics of Judicial and Police Cooperation in: Europäische Rechtsakademie: ERA Forum, 2007, pp. 13-16.

Jorry, Hélène: Construction of a European Institutional Model for Managing Operational Cooperation at the EU's External Borders: Is the Frontex Agency a Decisive Step Forward?, Research Paper, Centre for European Policy Studies, 2007/3, pp. 10-20.

Lavranos, Nikolaos: Europol and the Fight against Terrorism, in: European Foreign Affairs Review, Vol. 8, 2003, pp. 259-275.

Lodge, Juliet: Terrorism and The European Community: Towards 1992, in: Terrorism and Political Violence, Vol. 1, No. 1, 1989/1, pp. 28-47.

Lugna, Lauri: Institutional Framework of the European Union Counter-terror-ism Policy Setting, in: Baltic Security & Defense Review, Vol. 8, 2006, pp. 101-120.

Mitsilegas, Valsamis: The New EU-USA Cooperation on Extradition Mutual Legal Assistance and the Exchange of Police Data, in: European Foreign Affairs Review, Vol. 8, 03.2002, pp. 1-15.

Müller-Wille, Björn: The Effect of International Terrorism on EU Intelligence Co-operation, in: JCMS, Vol. 46, 2008, No. 1, pp. 49-60.

Pastore, Ferruccio, et al.: Is There a European Strategy Against Terrorism? A brief Assessment of Supra-national and National Responses, in: CeSPI; CentroStudidiPoliticaInternazionale, Working Papers, 2005/12, pp. 5-20.

Schalken, Tom/Pronk, Maarten: On Joint Investigations Teams, Europol and Supervision of their Joint Actions, in: European Journal of Crime, Criminal Law and Criminal Justice, Vol. 10, No. 1, 2002, pp. 70-82.

Walsh, James I.: Intelligence-Sharing in the European Union Institutions are not Enough, in: JCMS 2006, Vol. 44, No. 3, pp. 625-643.

Woodward, Rachel: Establishing Europol, in: European Journal on Criminal Policy and Research, Vol. 1, Issue 4, 1993, pp. 8-23.

刁任國，〈Europol 個人資料保護法制初探〉。<http://cpuweb2.cpu.edu.tw/border/studentpost/93/8.doc>

張福昌：〈歐盟東擴與外圍邊境安全：Frontex 的角色與功能〉，刊載於「歐盟東擴研究學術研討會」，中央研究院歐美研究所，臺北，2008 年 10 月 24-25 日。

## 四、網路資料

Agreement between Eurojust and Europol, pp. 7-8, available from: http://www.europol.europa.eu/index.asp? page=agreements. (Accessed 25.09.2009)

Bunyan, Tony: TREVI, Europol and the European State, "Statewatching the new Europe, 1993," p. 1, available from: http://www.statewatch.org/news/handbook-TREVI.pdf. (Accessed 12.06.2009)

Bunyan, Tony: The EU's Police Chief Task Force (PCTF) and Police Chiefs Committee, in: Statewatch Analysis, pp. 6-7, available from: http://www.statewatch.org/news/2006/mar/pctf.pdf. (Accessed 25.06.2009)

European Police Office: Europol organization chart, available from: http://www.europol.eu.int/index.asp? page=orgchart. (Accessed 12.06.2009)

Europol: Europol Personnel, available from: http://www.europol.europa.eu/index.asp? page=personnel. (Accessed 25.08.2009)

Europol: International Relations-Cooperation Agreements, available from: http://www.europol.europa.eu/index.asp? page=agreements. (Accessed 25.08.2009)

Europol: Europol Bomb Database, June 10, 2004, abailable from: http://serac.jrc.it/nose/minutes/pdf/les_bishop.pdf? PHPSESSID=7284520ac65a64c96c4684e75e28a4a6. (Accessed 25.08.2009)

European Commission: Europol to become a More Effective EU Agency to help Police Cooperation between the Member States, December 20, 2006, available from: http://www.libertysecurity.org/article1249.html. (Accessed 26.08.2009)

EU Counter Terrorism Efforts in JHA Field, available from: http://europa.eu/rapid/pressReleasesAction.do? reference=MEMO/04/59&format.) Acce ssed 22.08.20009)

Gijs de Vries: Terrorism, Islam and Democracy, Euractiv, March 04, 2005, available from: http://www.euractiv.com/en/security/gijs-vries-terrorism-islam-democracy/article-136245. (Accessed 22.08.2009)

Keohane, Daniel: Tackling Terror, available from: www.cer.org.uk. (Accessed 25.09.2009)

Kupchinsky, Roman: Intelligence and Police Coordination in the EU, in: Corruption Watch, Vol. 4, No. 11, 21.04.2004, available from: http://www.rferl.org/content/article/1342339.html. (Accessed 07.08.2009)

Pastore, Ferruccio, et al.: Is There a European Strategy Against Terrorism? A brief Assessment of Supra-National and National Responses, in: CeSPI;

CentroStudidiPoliticaInternazionale, Working Papers, December 2005, available from: http://www.cespi.it/WP/wp12-terrorismo.pdf. (Accessed 25.08.2010)

The European Police Office: The Europol Convention, 18.07.1995, http://www. sachsen-anhalt.de/LPSA/fileadmin/Elementbibliothek/Bibliothek_Politik_und_Verwaltung/Bibliothek_LFD/PDF/binary/english_text/europol-convention.pdf. (Accessed 18.07.2009.)

The Schengen Acquis and New Member States, in; EurActiv, available from: http://www.euractiv.com/en/enlargement/schengen-acquis-new-member-states/article-135273. (Accessed 15.05.2009)。

Welch, Andrew: Memorandum by Association of Chief Police Officers—Terrorism and Allied Matters (ACPO-TAM), House of Lords, 14.09.2004, available from: http://www.publications.parliament.uk/pa/ld200405/ldselect/ldeucom/53/4102703.ht m. (Accessed 19.08.2009)

Working Party on Terrorism/International Aspects (COTER), available from: http://www.se2009.eu/en/meetings_news/2009/9/15/working_party_on_terrorism_inter national_aspects_coter. (Accessed 22.06.2009)

# 第八章　歐洲司法合作署：
## 功能與侷限

# 前言

　　1970 年代歐洲部分國家飽受恐怖主義的威脅，這些國家開始意識到，加強彼此警察司法合作之必要性。原則上，恐怖活動已涉及刑事犯罪，國內相關部會進行案件調查與起訴時，國家之間互相交換通聯記錄、調查與沒收財產為常見的辦案手法。

　　近年來，有鑑於歐盟內部的恐怖主義與組織犯罪出現國際化的趨勢，犯罪通常涉及兩國以上，單一歐盟會員國無法有效打擊犯罪，更難以蒐集有用證據以使用於起訴程序上。因此，歐盟會員國發現實有必要建立一個歐盟機構，負責協調歐盟會員國司法合作的問題。歐洲司法合作署（European Judicial Cooperation Unit; Eurojust）於是因應而生。歐洲司法合作署的成立為歐洲司法合作領域開啟另一個嶄新的階段，該署以協調者的身分協助會員國執行調查與起訴程序，以有效打擊歐盟境內重大的跨國組織犯罪。本章將詳述歐洲國家進行司法合作的進程與歐洲司法合作署的組織與功能。最後，以實際的案例闡釋歐洲司法合作署對於歐盟反恐和司法合作的實質影響與貢獻。

## 第一節　歐洲司法合作署的緣起與組織架構

　　坦佩雷歐洲高峰會（European Council in Tampere）決議文第 46 點指出：「為了強化打擊組織犯罪的功效，歐洲高峰會同意設立歐洲司法合作署，該署由歐盟會員國指派公訴檢察官、治安法庭法官或同等職權的警官組成。歐洲司法合作署可依據歐洲警政署提供之分析資料，加速協調歐盟會員國檢察機構處理組織犯罪案件，並與歐洲司法網絡（European Judicial Network; EJN）緊密聯繫以便利執行司法合作。①歐洲司法合作署的編制比歐洲警政署小，但仍擔負協調歐盟會

---

① 詳細內容請參見：Tampere European Council 15 and 16 October 1999 Presidency Conclusion, point 46. Available from: http://www.europarl.europa.eu/summits/tam_en. htm. (Accessed 08.08.2010)

員國司法合作的重責大任，以下將詳述歐洲司法合作署的成立過程與
職權。

# 一、歐洲司法合作署的緣起

在歐洲司法合作署成立之前，歐洲國家司法合作的主要管道有
二，即歐洲理事會（Council of Europe）與歐洲司法網絡，其所制訂之
司法合作規則與協調平台，具有相當程序的影響力，茲概述如下。

## （一）歐洲理事會架構下的司法合作

歐洲理事會於 1957 年通過「歐洲引渡公約」（European Conven-
tion on Extradition）②後，正式開啟歐洲地區的司法合作並簡化繁雜的
雙邊引渡程序。③ 1957 年 12 月 13 日歐洲理事會會員國於巴黎簽訂歐
洲引渡公約，該公約為歐洲刑事司法合作的重要公約。根據歐洲引渡
公約的規定，「申請方」（Requesting Party）可向「被要求方」（Re-
quested Party）提出引渡罪犯的請求（公約第一條）；然而可執行引渡
的罪行，包括被判定褫奪自由權（Deprivation of Liberty）、拘留令
（Detention Order）與至少一年以上或更嚴重的刑責（第 2 條）。不
過，當「被要求方」將該罪犯判定為政治犯罪，或軍事犯罪時，則可
拒絕引渡（第 3，5 條）。此外，締約國皆享有拒絕引渡本國國民的權
利（第 6 條）。④

「政治犯，軍事犯與本國國民不引渡原則」是歐洲引渡公約的特

---

② 與歐洲引渡公約同時存在的尚有比荷盧關稅聯盟公約（Benelux Convention）與
斯堪地那維亞引渡協定（Nordic Extradition Arrangements）。

③ 引渡可能涉及本國國民被移送他國受審的規定，屬於國家司法合作中較為敏感的
議題，對國家司法主權行使與外交關係產生影響，因此，國際間多採取保障國民
權益的作法。1990 年代中期，根據「歐洲引渡公約」的案例介於 750～1000 個案
件。請參見：Hans Nilsson: Judicial Cooperation in Europe against Terrorism, in: David
Spence (ed.): The European Union and Terrorism, UK: John Harper Publishing, 2007, pp.
71-72.

④ 請參見：European Convention on Extradition, available from: http://conventions.coe.
int/treaty/en/treaties/html/024.htm. (Accessed 08.08.2010)

色，在實務上產生阻礙跨國司法合作的不良影響。舉例而言，一名
2000 年叛逃至英國的前俄羅斯聯邦安全局中校利特維年柯（Alexander
Valterovich Litvinenko）於 2006 年 11 月 1 日遭嫌犯盧戈渥伊（Andrei
Lugovoi）下毒身亡，英國檢察局向俄羅斯要求引渡嫌犯，但俄羅斯於
2007 年 7 月 5 日聲明，俄羅斯得以「國民不引渡原則」拒絕英國的引
渡要求。⑤

　　在歐洲理事會架構下，除了「歐洲引渡公約」外，另一個影響歐
洲國家司法合作的條約是「歐洲人權公約」（European Convention on
Human Rights）。悉知，司法過程中所需要資料常涉及個人隱私，然
而要如何監督、管理與使用個人資料，一直是執法單位與人權組織間
的爭議話題。原則上，「歐洲人權公約」多站在保護個人的立場，因
此，該公約中常見「尊重人權」與「尊重隱私權」等用詞，公約第 8
條第 1 款強調：「個人之私生活、家庭生活與其通信資料應受到尊
重。」但第 8 條第 2 款卻表示：「公共機關不得干預上述權利的行使，
但為了保障國家安全、維護公共秩序或經濟利益、防止混亂或犯罪、
保護健康或道德、與保護他人的權利與自由等，則不在此限。」⑥這
項「例外規定」不僅顛覆了第 8 條第 1 款的美意，而且使個人權利處於
隨時可能被侵犯的狀態。司法機關也因此而得以「國家安全」與「公
共秩序」為由，取得個人資料。司法過程中所隱藏的「人權保護」與
「司法正義」的衝突，至今依然存在。「歐洲引渡公約」與「歐洲人
權公約」仍然左右歐洲國家的法律思維，其某些過時或不合時宜的概
念應行檢討與改革，以利泛歐司法合作的發展。

## （二）歐洲司法網絡

　　「歐洲司法網絡」的創立基礎首見於 1997 年歐洲高峰會通過的

---

⑤ Available from: http://news.xinhuanet.com/world/2007-07/06/content_6334824.htm.
(Accessed 08.08.2010)
⑥ European Convention on Human Rights, Council of Europe, Article 8, available from:
http://conventions.coe.int/treaty/Commun/QueVoulezVous.asp? NT=005&CL=ENG.
(Accessed 31.07.2010)

「打擊組織犯罪行動計劃」，該計劃目標在於提升歐盟會員國司法部門的合作。隨後，1998 年 6 月 29 日歐盟理事會（Council of the European Union）以這份行動計劃為基礎，通過「設立歐洲司法網絡聯合行動」（Joint Action on the Creation of an European Judicial Network），建立了歐洲第一個制度化的司法合作機制。

「歐洲司法網絡」的主要任務有三：第一、促進歐盟會員國相關權責單位的交流；第二、定期舉辦歐盟會員國代表會議；第三、透過電信聯絡網絡，提供歐盟會員國最新司法情報資訊。⑦換言之，「歐洲司法網絡」是歐盟內部橫向聯繫的橋樑，可提供會員國間跨國司法調查與行動的協助。然而就「歐洲司法網絡」本身的組織結構而言，該組織僅設有一個小型的秘書處，負責與歐盟會員國聯繫，並執行上述的任務。而就「歐洲司法網絡」的運作層面而言，該組織的對話窗口主要有三：其一、歐洲執行委員會：歐盟層級的歐洲執行委員會以歐盟的立場協助跨國司法合作，就其功能而言，歐洲執行委員會亦為聯絡據點，負責提供其權限範圍內的司法資訊與合作資源；其二、歐盟會員國專門負責國際司法合作的中央機關（Central Authority）；其三、歐盟會員國聯絡據點（Contact Point）：在「歐洲司法網絡」系統下，各會員國都設有一個聯絡據點，以作為和「歐洲司法網絡」對話的平台。這些設置於歐盟會員國內的聯絡據點是「歐洲司法網絡」的運作核心，每年須集會二次，由各會員國派員出席組成。⑧其功能有以下幾點：1. 促成歐盟會員國刑案調查、起訴合作與交換各國法律資訊等⑨；2. 利用聯絡據點成員多具備多國語言能力的優勢，以及各層

---

⑦ Consolidated Version of the Treaty on European Union, OJ C 321, 29.12.2006, Article 2, p. 12.

⑧ 以英國為例，指派參加會議的成員包括內政部官員 2 名、國家刑事調查局（National Criminal Investigation Service; NCIS）官員 2 名、海關官員 1 名與皇家檢察局（Crown Prosecution Services）官員 1 名。

⑨ Eurojust: An EU Public Prosecution System, in: Statewatch Bulletin, Vol. 10, No. 3/4, June-August 2000, available from: http://www.statewatch.org/news/2002/feb/02 Aeurojust.htm. (Accessed 07.01.2009)

⑩ 這些不同層級的司法權責單位包括：歐洲法院、歐盟會員國的中央與地方司法權責單位等。

級司法權責單位⑩之調查人員的頻繁接觸，提升多國司法合作的能力；3. 提供便捷的諮詢服務與其他國家的重要司法資料⑪，以互通司法資源，進而促成跨國司法合作。

　　上述三類對話窗口是「歐洲司法網絡」的通路命脈，具有跨國司法合作不可或缺的媒介功能。⑫自歐洲司法合作署成立後，「歐洲司法網絡」的角色與功能非但沒有消失，而且還是歐洲司法合作署的最佳搭檔，兩者密切合作共同承擔促進歐洲司法合作的重責大任。

## （三）歐洲司法合作署的成立

　　隨著歐盟開放內部疆界與擴大版圖後，其境內跨國犯罪案件呈現增加的趨勢，因此歐盟乃積極思考因應對策。悉知，司法管轄權不可侵犯的箴言仍然是現代國家的治國原則。一般而言，國際間普遍不允許跨國界的司法調查與起訴等行為。然而，在當前跨國組織犯罪與恐怖主義日益猖獗的情況下，歐盟亟欲打破這層藩籬，促使歐盟會員國跨國案件的調查與起訴的有效推行。有鑑於此，歐盟理事會於 2000 年 12 月決定設置「臨時歐洲司法合作署」（Pro-Eurojust），負責籌備設立「歐洲司法合作署」。

　　「臨時歐洲司法合作署」於 2001 年 3 月 1 日開始運作，負責促進兩個或兩個以上歐盟會員國，進行重大犯罪的調查與起訴合作，其內部設有小型秘書處，但無資料庫或翻譯官員，僅有供內部使用的索引系統，且索引系統不包括個人資料。歐盟會員國各派 1 名代表擔任「臨時歐洲司法合作署」的成員，會員國代表各有不同的職權，有些擁有完整的司法或起訴權，有些則不具此權力，其職責為掌管受國內法律保障的歸檔系統（Filing System），須將所屬國籍的案例儲存於獨

---

⑪ 這些資料包括：各會員國聯絡據點的詳細清單、中央權責單位簡單的清單與各會員國地方權責單位的聯絡方式、各會員國司法制度與程序的資訊、重要法律文件等。

⑫ 詳細內容請詳見：(1) The EJN Organized EU Judiciary against Organized Crime. Available from: http://ec.europa.eu/justice_home/fsj/criminal/network/wai/fsj_criminal_network_e n.htm. (Accessed 27.09.2007); (2) European Judicial Network. Available from: http://eurojust.europa.eu/ejn.htm. (Accessed 14.10.2007)

立的歸檔系統中加以管理，以達保護個人資料之目的。⑬「臨時歐洲司法合作署」從 2001 年 7 月至 12 月共組 5 個專門的團隊⑭，其任務包括：1. 規劃未來歐洲跨國司法合作程序；2. 發展實際行動戰略計劃；3. 協調歐洲司法合作署內部事宜；4. 增加各國對歐洲司法合作署的瞭解；5. 加強組織內部的各項工作。⑮

除此之外，自「臨時歐洲司法合作署」開始運作後，共成立 15 個協調委員會，負責協助恐怖主義、走私人口、偽造文書與販毒等案件的調查。「臨時歐洲司法合作署」運作的十個月間，約有 15 個歐盟會員國向 25 個歐盟或非歐盟國家提出 180 個申請案件，其中恐怖主義與強盜案件名列前二名，提出申請案件最多的是義大利，而收到申請案件最多的則是德國。⑯可見在歐洲司法合作署正式成立之前，歐盟會員國間已開始進行司法合作了。

拉肯歐洲高峰會（European Council in Laeken）呼籲歐盟理事會應最晚於 2002 年底使歐洲司法合作署正式運作，於是 2002 年 2 月 28 日歐盟會員國正式設立歐洲司法合作署，會址設於荷蘭海牙⑰，歐洲司法合作署成為歐盟司法領域中第一個常設的司法機關。⑱而歐洲司法合作署的主要任務有三：第一、促進與提升歐盟會員國司法單位的合作；第二、加強歐盟會員國間司法互助與執行歐洲逮捕令；第三、協

---

⑬ Pro Eurojust Secretariat: Pro Eurojust Report 2001, pp. 3-5, available from: http://www. eurojust.europa.eu/press_releases/annual_reports/2001/annual2001.pdf. (Accessed 25. 05.2009)

⑭ 這五個團隊負責的工作分別為：(1)執行行動計劃；(2)歐洲司法合作署工作小組；(3)與歐盟機構的關係；(4)與執法單位（例如：歐洲警政署、國際刑警組織與世界海關組織等）的關係；(5)與非歐盟國家（特別是歐盟候選國）的關係。

⑮ Pro Eurojust Secretariat, op. cit.

⑯ Pro Eurojust Secretariat, op. cit., pp. 9-11.

⑰ 王泰詮：〈從尼斯條約看歐洲聯盟的變遷〉，行政院國科會補助專題研究計劃（NSC922414-H-390-003），2004 年，頁 113。

⑱ What is Eurojust's Role? Available from: http://eurojust.europa.eu/index.htm. (Accessed 14.10.2009)

⑲ Rajka Vlahovic: Eurojust: An Overview, Background, Structure and Work, paper presented at the Regional Expert Workshop on International Co-operation on Counter Terrorism, Corruption and the Fight against Transational Organised Crime, March 2009, pp. 7-9.

調跨國司法合作，以改善或提升跨國犯罪調查與起訴的效率。⑲

　　在歐洲司法合作署架構下，歐盟會員國執行跨國司法合作主要是藉由「反恐戰略會議」機制來推展。悉知，「反恐戰略會議」為歐洲司法合作署內部提供各會員國專家與司法官員密集召開有關打擊恐怖主義議題之場所。如＜圖8-1＞詳列「反恐戰略會議」之四階段：第一階段會議由所有「會員國成員」參與，於會中決定哪些國家與該案件相關；第二階段會議將由相關的「會員國成員」出席決定該邀請哪些相關國家之司法單位與警察單位的官員參與下一階段會議；在第三階段會議參與的相關會員國官員包括「會員國成員」、相關司法單位與或警察單位官員，在這個階段主要就案例的細部問題進行討論；第四階段會議，則由與會之「會員國成員」、司法官員與警察官員形成跨國司法合作的共識後，進行處理該案件。

## 二、歐洲司法合作署的組織架構與職權

　　歐洲司法合作署的主要組織機構與機制包括：「執行團」（The College）、「會員國成員」（National Members）、行政主任（Administrative Director）、資料保護官（Data Protection Officer）、「歐洲司法合作署國家協調系統」（Eurojust National Coordination System）、「案例管理系統」（Case Management System;CMS）與「全天候協調機制」（On-Call Coordination; OCC）等。除此之外，尚有一個獨立於歐洲司法合作署之外的「聯合監督機構」（Joint Supervisory Body; JSB），茲分別概述如後。（請參見＜圖8-3＞）

### （一）決策部門

　　歐洲司法合作署的決策部門為「執行團」與行政主任。「執行團」為歐洲司法合作署的最高決策單位，主要任務為協助會員國對跨國刑案的調查與起訴（歐盟理事會建立歐洲司法合作署第 7 條第 a、c 款），並負責處理歐洲層級或可能影響多國的案件（第7條第b款）、加強與「歐洲司法網絡」合作（第7條第e款）、以及協助歐洲警政署執行任務（第7條第f款）。「執行團」由所有「會員國成員」組成，

## ＜圖 8-1 ＞歐盟會員國跨國司法合作流程圖

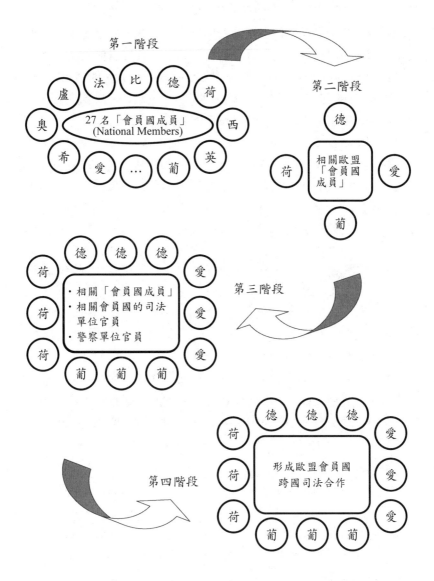

資料來源：作者自繪，資料參考自：Michéle Coninsx (Vice-President, National Member for BE, Chair CT-Team): Tackling Terrorist Organizations in Europe: Added Value of Euro-just, Rome, 29.09.2008.

共有 27 席，每位「會員國成員」擁有一票，每票等值。「執行團」設
有 1 位主席與 2 位副主席，以三分之二多數決投票方式由「執行團」成
員中選舉產生，名單經歐盟理事會同意後任命之，任期三年，得連選
連任一次。主席對外代表歐洲司法合作署，並負責召集與主持會議，
監督行政主任的日常業務。執行團秘書（Secretary to the College）由
「執行團」從歐洲司法合作署成員中選出 1 名出任，負責「執行團」
與特別委員會（Ad-hoc Committee）的會議紀錄，在行政體系上，執行
團秘書由行政主任管轄。⑳

　　2008 年 12 月歐盟理事會將「執行團」的任務擴大到協助司法裁決
爭端解決、協調案件處理與促進制訂司法相互承認相關法規等。㉑而
「會員國成員」是歐盟會員國派駐歐洲司法合作署的官員，每個會員
國可派 1 名檢察官、法官或警官出任，目前共有 27 名「會員國成
員」。「會員國成員」主要扮演傳遞訊息的角色，也就是說，會員國
傳遞給歐洲司法合作署的訊息應直接經由「會員國成員」（歐盟理事
會建立歐洲司法合作署第 9 條第 c 款）。除此之外，「會員國成員」尚
可要求與參與歐盟會員國執行特定案件的調查與起訴（第 6 條第 a、
c、f 款），並與「歐洲司法網絡」合作（第 6 條第 e 款），以促進歐洲
司法合作的發展。㉒

　　歐洲司法合作署成立之初，共有 15 個「會員國成員」，一起討論
與處理各項職務時顯得相當耗時，因此，2002 年 9 月將「執行團」內
部工作根據「歐洲司法合作署議事規則」（Rules of Procedure of Euro-

⑳ Rules of Procedure of Eurojust (2002/C 286/01), OJ C 286, 22.11.2002, pp. 2-3. (Article
　　1-7)

㉑ Council Decision 2009/426/JHA of 16 December 2008 on the Strengthening of Eurojust
　　and Amending Decision 2002/187/JHA Setting up Eurojust with a View to Reinforcing
　　the Fight against Serious Crime, OJ L 138, 04.06.2009, p. 14.

㉒ 「執行團」的任務條列在「歐盟理事會建立歐洲司法合作署決定」第 7 條中，
　　其中第 7 條第 a、c、e 款的內容與規範「會員國成員」任務的第 a、c、e 款相
　　同。

㉓ Rules of Procedure of Eurojust, op. cit., p. 2. (Article 2) just）分為13個小組㉓，成員由「會員國成員」組成，負責針對各專責議題向「執行團」提出建議案。㉔「執行團」內部的工作分組大致上與歐洲司法合作署的負責事務相符，而其中反恐小組（Counter Terrorism Team）負責所有反恐事務的會議召開與協調的事宜。（請參見＜圖 8-2 ＞）

＜圖 8-2 ＞執行團內部工作分配

資料來源：http://www.eurojust.europa.eu/coll_org_struc.htm.
(Accessed 22.01.2010)

　　歐洲司法合作署設行政主任 1 名，由「執行團」以一致決方式選舉產生，任期五年，得連選連任。當發現行政主任有不適職的情形時，「執行團」可以三分之二多數決解除行政主任職務。行政主任須

㉔ Eurojust Annual Report 2002, p. 6.

受歐洲共同體人事法規的規範，行政主任的候選人資格，除了必須是
歐盟會員國公民的條件外，仍須具有學術文憑、語言能力、法律、財
政及管理經驗，方足以勝任行政主任之職務。㉕

## （二）執行部門

　　歐洲司法合作署的執行部門包括資料保護官、「歐洲司法合作署
國家協調系統」、「案例管理系統」與「全天候協調機制」。資料保
護官須具備獨立與守法的精神，並確保個人資料傳輸的正義，由歐洲
司法合作署的成員中派任，直接向「執行團」負責。條約規定資料保
護官為獨立單位不受任何官員的指示行事。資料保護官主要的任務在
於確保個人資料合法傳遞，一旦發現資料傳遞不符合程序規定時，須
立即知會「執行團」，若未獲解決再通知聯合監督機構進行協助與調
查，以保障個人資料合法使用。㉖

　　2008 年 12 月 16 日通過的「歐盟理事會建立歐洲司法合作署決定增
修條文」中設立了「歐洲司法合作署國家協調系統」，規定歐盟會員
國最遲於 2011 年 6 月 4 日在各國內設立「歐洲司法合作署國家協調系
統」，負責協調歐洲司法合作署國家代表、反恐事務歐洲司法合作署
國家代表、「歐洲司法網絡」國家代表與聯絡據點代表等官員的工
作。「歐洲司法合作署國家協調系統」的主要功能在於強化歐盟會員
國協助歐洲司法合作署的效率與可靠度，確保傳遞至歐洲司法合作署
「案例管理系統」之資料正確性並協助「會員國成員」確定起訴要求
的相關權責單位等。㉗

　　「案例管理系統」是歐洲司法合作署於 2004 年的重要發展之一，
該系統在 2004 年 9 月 15 日正式啟用取代原本以人工處理的案例管理。
「案例管理系統」可將登錄暫存工作檔案、個人與非個人資料建立索

---

㉕ Council Decision (2002/187/JHA), op. cit., p. 11. (Article 29) & Rules of Procedure of
　 Eurojust, op. cit., p. 7. (Article 24)

㉖ Council Decision (2002/187/JHA), op. cit., p. 11. (Article 29) & Rules of Procedure of
　 Eurojust, op. cit., p. 7. (Article 17)

㉗ Council Decision 2009/426/JHA, op. cit., pp. 20-21.

引，以便「會員國成員」與其他歐洲司法合作署內部單位使用。「會員國成員」在接到案例時，可建立暫存工作檔案記錄所有傳遞的資料，「會員國成員」須負起管理暫存工作檔案之職責，並決定哪些資訊可登記到索引資料中；此外，「會員國成員」亦有權允許歐洲司法

<圖 8-3 >歐洲司法合作署組織架構圖

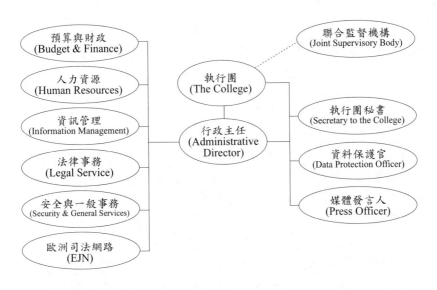

資料來源：Organisational Structure of Eurojust. Available from: http://eurojust.europa.eu/adm_orgstruc.htm (Accessed 16.08.2009)

合作署與其他「會員國成員」，藉調查之便調閱暫存工作檔案。㉘
　　2008 年底之「歐盟理事會建立歐洲司法合作署決定增修條文」亦在歐洲司法合作署內增設一個「全天候協調機制」，此機制旨在讓歐

---

㉘ Council Decision 2009/426/JHA, op. cit., p. 23.

洲司法合作署能夠全天候因應緊急狀況的發生，並使歐盟會員國能隨時與其派駐歐洲司法合作署的聯絡代表保持聯繫。[29]歐盟會員國駐歐洲司法合作署的「會員國成員」與其助理應擔任此機制的代表，當某會員國發佈緊急案件申請時，「全天候協調機制」之聯絡據點的工作人員應立即通知執行國（或受文國）代表，使其能夠馬上處理這個案件。[30]

悉知，歐洲司法合作署旨在促進歐盟會員國調查與起訴案件的合作，因此，會員國間信心的建立與信任感的養成極為重要，而信任感則是源自於會員國對彼此法律、法院體系、執法當局、文化、習慣與語言的瞭解與認同，在充分的信任下，歐洲司法合作署才能扮演適當的協調者角色，而「執行團」也才能發揮聯繫歐洲司法合作署與歐盟會員國間的橋樑功能。[31]

## （三）聯合監督機構

「聯合監督機構」為一獨立的監督機構，目的在於監督歐洲司法合作署是否有非法取得或使用個人資料的情事發生。成員由歐盟會員國推派一名非歐洲司法合作署成員的國內法官，形成「聯合監察委員會法官名單」，成員半年至少集會一次，若臨時收到上訴書或是在兩個以上的歐盟會員國要求下必須在三個月內召開會議。[32]

「聯合監督機構」由 3 位「永久成員」（Permanent Member）與 1 位或多位「特別法官」（Ad-hoc Judge）組成。永久成員的產生方式與歐盟理事會輪值主席制度息息相關：歐盟甲會員國準備接掌歐盟理事會輪值主席之前一年起，列在「聯合監察委員會法官名單」上的甲國法官，自動成為「永久成員」，任期為十八個月（亦即三任輪值主席

---

[29] Council Decision 2009/426/JHA, op. cit., p. 14.

[30] Council Decision 2009/426/JHA, op. cit., p. 17.

[31] Jiri Vlastnik: Eurojust—A Cornerstone of the Federal Criminal Justice System in the EU?, in: Elspeth Guild/Flopian Geyer (eds.): Security versus Justice? Police and Judicial Cooperation in the European Union, England/USA: Ashgate Publishing Limited, 2008, p.39.

的時間）；而隸屬當季輪值主席國的法官即為「聯合監督機構」的主
席，負責召集與主持會議。「特別法官」並非常設性質，負責審理非
法取用個人資料的控告案，若某會員國向「聯合監督機構」提出個人
資料的控訴案時，派任在「聯合監察委員會法官名單」中的該國法官
即應出面審理，是為所謂的「特別法官」，人數上也沒有固定的限
制，有時候一位，有時候多位，任期始於案件的審理，結束於案件終
了之時。「聯合監督機構」所做之決定對歐洲司法合作署具有約束
力，此外，「聯合監督機構」應定期向歐盟理事會呈交年度報告。㉝

　　「聯合監督機構」負責監督整個歐洲司法合作署在個人資料傳輸
的正當性，也因此若是資料保護官發覺「執行團」未適當傳遞個人資
料時，這時「聯合監督機構」即應協調處理之。同樣地，在個人資料
傳輸的過程中，任何與正在處理之案件有關的個人，均可向歐洲司法
合作署調閱檔案；若申請人不滿歐洲司法合作署的回覆，得上達「聯
合監督機構」，並由該機構審查歐洲司法合作署的回覆是否符合個人
資料保護的精神。㉞

　　「聯合監督機構」在2003年5月21日第一次會議中強調：歐洲司
法合作署在協調調查過程時，所獲得之個人資料應符合資料保護法；
「聯合監督機構」的作用並非限制歐洲司法合作署的作為，而是在協
助處理跨邊境組織犯罪的調查或起訴時，擔任監督個人基本權利是否
受到侵害的守護者。㉟而歐洲司法合作署在「聯合監督機構」的監管
之下，亦能精準執行協助歐盟會員國司法合作等事務的發展，同時亦
能夠符合法律規範與公民期待。「聯合監督機構」成立後即致力於促
進與「執行團」的合作與相互瞭解，並制訂內部議事規則等重要的規

---

㉜ Council Decision (2002/187/JHA), op. cit., p. 11. (Article 29) & Rules of Procedure of Eurojust, op. cit., p. 8. (Article 23)

㉝ Council Decision (2002/187/JHA), op. cit., pp. 8-9. (Article 23) & Act of the Joint Supervisory Body of Eurojust of 2 March 2004 "Laying down its Rules of Procedure" (2004/C 86/01), OJ C 86, 06.04.2004, pp. 1-7.

㉞ Council Decision (2002/187/JHA), op. cit., p. 11. (Article 29) & Rules of Procedure of Eurojust, op. cit., pp. 6-7. (Article 17&19)

㉟ JSB Secretariat: First Activity Report of the Joint Supervisory Body of Eurojust, p. 3.

範性文件。

　　在建立內部機制方面，「聯合監督機構」希望「執行團」與行政
單位能夠提升「案例管理系統」的效率性，並計劃將該系統發展成整
合性資料庫：除了案例管理之外，尚包括執行行動分析與資料保護的
能力等。㊱在外部的機制方面，2005 年歐洲司法合作署推出「第二代
案例管理系統」（EPOC II），為歐盟資助之「亞吉斯計劃」（AGIS）㊲
的一部分，目的在於協助歐盟會員國警察、司法人員與專家進行打擊
組織犯罪的合作。此外，「聯合監督機構」主席亦應向「36 委員會」
提交建議報告，說明歐洲司法合作署實際的運作情形。㊳「聯合監督機
構」除了接受各方有關侵害個人資料保護的請求書之外，也需督察歐
洲司法合作署各項保護個人資料機制的運作。根據統計，2005 年 10 月
與 11 月「聯合監督機構」共執行兩次督察行動。㊴這些督察行動的主
要的目的有三：監督個人資料系統與程序是否合法運作、檢查案例傳
遞的法律正當性，以及檢查「案例管理系統」的安全網絡是否適當運
作等。㊵

## 第二節　歐洲司法合作署的內外合作關係

㊱ Joint Supervisory Body of Eurojust : Activity Report 2004, p. 6.
㊲ 2002 年 7 月 22 日歐盟理事會通過「刑事警察與司法合作架構計劃／亞吉斯計
劃」（Framework Programme on Police and Judicial Cooperation in Criminal Matters;
AGIS），目的在於協助建立「自由、安全與司法區域」，第一期「亞吉斯計
劃」期限為 2003 年 1 月 1 日至 2007 年 12 月 31 日。詳細內容請參見：Council
Decision of 22 July 2002 Establishing a Framework Programme on Police and Judicial
Cooperation in Criminal Matters (AGIS), OJ L 203, 01.08.2002, pp. 5-8.
㊳ 「聯合監督機構」曾向「36 委員會」建議：為了使歐洲司法合作署發揮功能應
允許歐洲司法合作署取得申根資訊系統各項資訊，這使歐洲司法合作署在實際
行動上得到莫大的幫助。Joint Supervisory Body of Eurojust: Activity Report 2005, p. 6.
㊴ 督察的成員由資訊副委員擔任召集人，與其他 4 位成員共同進行督察行動，這
些成員包括希臘資料保護局的技術專家、歐盟理事會資料保護秘書處官員 2
名、葡萄牙資料保護局技術專家等。
㊵ Joint Supervisory Body of Eurojust: Activity Report 2005, p. 5.

歐洲司法合作署的對內對外關係，除了與歐洲警政署、歐洲反詐欺署（European Anti-Fraud Office; OLAF）有密切聯繫外，尚與6個非歐盟國家簽訂合作協定，分別為挪威（簽訂日期為 2005 年 4 月 28 日）、冰島（2005 年 12 月 2 日）、羅馬尼亞（2005 年 12 月 2 日）、美國（2006 年 12 月 6 日）、克羅埃西亞（2007 年 11 月 9 日）與瑞士（2008 年 11 月 28 日）。㊶茲將歐洲司法合作署之對內與對外關係，敘述如後。（請參見＜圖 8-4 ＞）

## 一、歐洲司法合作署與歐盟機構的關係

在內政、司法與安全的範疇中，歐洲司法合作署、歐洲警政署與歐洲反詐欺署的關係甚為密切，1997 年阿姆斯特丹條約中聲明歐盟須在五年內使歐洲警政署正式運作，並增強其協助歐盟會員國執行調查行動的能力；1999 年 4 月 28 日歐洲執行委員會決定設立歐洲反詐欺署，負責調查任何有違反歐洲共同體財政利益的不法行為。而歐洲司法合作署與歐洲警政署更建立許多合作關係，兩組織的地理位置不僅相鄰（皆座落於荷蘭海牙），而且亦同為負責歐盟司法與內政事務的核心機構，兩者關係緊密。

### （一）歐洲司法合作署與歐洲警政署的關係

歐洲警政署管理委員會（Management Board）於 1998 年頒佈治理歐洲警政署對外關係條款，並於 2002 年 5 月 28 日同意歐洲警政署與歐洲司法合作署就合作協定進行談判。雙邊談判歷時兩年，於 2004 年 6 月 9 日簽訂合作協定，並於隔日生效。㊷該協定之目標為：提升打擊重大組織犯罪的效率，建立與維護雙邊的合作關係，同時應盡力避免重複作業的情形出現，並進行雙邊資訊交換等。

「歐洲司法合作署與歐洲警政署協定」（Agreement between Euro-

---

㊶ 詳細內容請參見：http://www.eurojust.europa.eu/official_documents/eju_agreements. htm. (Accessed 10.10.2009)
㊷ Agreement between Eurojust and Europol.

＜圖 8-4 ＞歐洲司法合作署內外關係圖

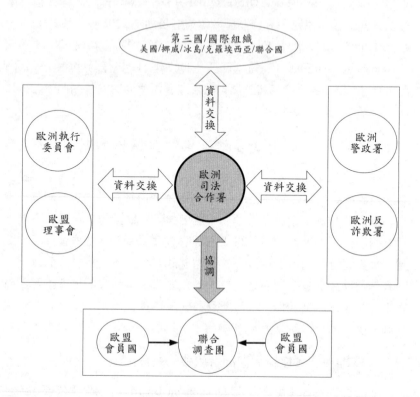

資料來源：作者自繪。

just and Europol）第 4 條第 1 款規定：合作的範疇，兩者都應協助歐盟
會員國司法機關與執法機關的合作；第 4 條第 3 款規定：雙方有權力要
求會員國針對特定案件展開調查。第 5 條規定：分析工作檔案的分享
與資訊交換事宜；第 5 條第 1 款准許歐洲司法合作署要求歐洲警政署展
開分析工作檔案以利其任務的執行；第 5 條第 2 款與第 5 條第 3 款則明
示：雙方都應傳遞案例分析資料與結果給要求方，但不得擅自存取對
方資料庫內的分析檔案；第 7 條規範資料傳輸的相關內容，第 7 條第 1
款規定：在遵守歐洲司法合作署公約與歐洲警政署公約的前提下進行

資料交換；而第7條第2到第4款則規定：應限制協定規範之外的資料交換；此外，若涉及個人資料的交換則應留存各項紀錄。第 12 條第 3款規定：若已不需要個人資料時，則應盡速消除，通常個人資料的保留期限為三年。而第 15 條則明定：爭議解決方法，雙方得至多各派三名代表[43]組成「特別委員會」處理爭議，倘若無法獲得適當的解決，則應送交歐盟理事會做最後決議。

　　「歐洲司法合作署與歐洲警政署協定」雖然已順利簽訂生效，但在實際合作層面仍有諸多改善之處，其中又以資料交換與監督關係最為突顯。對此，歐洲司法合作署官員甘迺迪（Kennedy）認為：歐洲司法合作署應有權獲取歐洲警政署之戰略分析資料，以便利歐洲司法合作署執行任務；此外，就資料交換的部分，歐洲警政署與第三國或國際組織簽定合作協定耗時甚久，這歸因於歐洲警政署無權將資料外流的規定，因此歐洲司法合作署應多考量歐洲警政署在資料交換的難處，以維持雙方合諧關係。[44]

　　最後，歐洲司法合作署與歐洲警政署的監督關係亦是一個值得討論的課題。一般國家中，司法單位有權監督警察單位的調查過程，但是，歐洲警政署無實際調查權，而歐洲司法合作署亦缺乏一般法院的司法管轄權，這說明了歐盟仍缺乏一般國家內部警察與司法運作的合作關係。[45]

## （二）歐洲司法合作署與歐洲反詐欺署的關係

　　歐洲反詐欺署成立於 1999 年，是一個歐洲執行委員會轄下的單位，但擁有獨立的運作機制。歐洲反詐欺署有權執行對外與對內的調查，例如：可調查歐盟會員國共同農業政策基金的不當使用或調查歐盟機構與官員。然而歐洲反詐欺署並無起訴權，僅在調查工作結束後，

---

[43] 一般而言，歐洲司法合作署的代表來自「執行國」，歐洲警政署則為「管理委員會委員」。

[44] House of Lords: European Union Committee: Judicial Cooperation in the EU: The Role of Eurojust, 23rd Report of Session 2003-04, 21.07.2004, pp. 28-29.

[45] Ibid., p.30.

向司法單位提出報告，案件才能正式進入司法起訴程序。「歐洲司法
合作署與歐洲反詐欺署協定」第 2 條第 1 款明示雙方合作目標為⑯：
「共同打擊詐欺、貪污與其他影響歐洲共同體財政利益的犯罪或不法
行為。」第3條第1款規定：「雙方應定期舉行會面，交換由其中一方
所提供之不包括個人資料的案例摘要（Case Summary）檔案。」第6條
第 1 款則規定：「若遇到特定的案件，雙邊可提供對方包括個人資料
的必要資訊。」第6條第3款強調：「歐洲反詐欺署傳送到歐洲司法合
作署的資訊必須直接送達執行團或會員國成員手中。」此外，在成立
歐洲司法合作署決定中亦規定：若無獲得授權，歐洲反詐欺署不得握
有其他案例資料。第9條第3款則明示：雙方得參與歐盟會員國召開之
有關詐欺、貪汙等「聯合調查團」，並提供歐盟會員國相關資訊。

　　歐洲反詐欺署的工作內容其實與歐洲司法合作署相似，都有權力
監督歐盟機構與官員的財務，以及是否涉嫌貪污等情事。但在實際運
作上，歐洲司法合作署的職權較偏向協助歐盟會員國司法單位間的合
作，較少涉及歐盟內部反貪污之調查；而歐洲反詐欺署則聚焦於歐盟
內部詐欺與貪污行為的調查，較少從事其他司法案件的調查。⑰

## 二、歐洲司法合作署與聯合調查團的關係

### （一）法源基礎

　　歐盟提出「聯合調查團」（Joint Investigation Teams; JITs）機制之
前，在聯合國體制中即有一個名之為「聯合國打擊跨國犯罪組織公
約」（U.N. Convention against Transnational Organized Crime; TOC）的類

---

⑯ Practical Agreement on Arrangements of Cooperation between Eurojust and OLAF.

⑰ House of Lords, op. cit., pp. 26-27.

⑱ 「聯合國打擊跨國犯罪組織公約」草案由波蘭提出並於1996年9月呈交聯合國
大會（General Assembly），最後由「犯罪防範與刑事司法委員會」（Commis-
sion on Crime Prevention and Criminal Justice）於 1998 年 4 月 21 至 30 日在維也納
的第七次委員會中討論與確定。請參見：Michael Plachta: Joint Investigation Tea-
ms: A New Form of International Cooperation in Criminal Matters, in: European Journal
of Crime, Criminal Law and Criminal Justice, Vol. 13/2, 2005, pp. 284-285.

似機制，為近代多邊合作打擊組織犯罪的先驅。⑭ 1990 年代起，歐盟警察合作已漸上軌道，但歐盟會員國警察合作（特別是刑事警察合作）仍缺乏法律基礎，於是乃於 2000 年提出「歐盟刑事法律互助公約」（2000 EU Convention on Mutual Legal Assistance in Criminal Matters；2000 MLA Convention）以作為歐盟國家警察合作的合法性基礎。該公約第 13 條明示，設立「聯合調查團」，其目的在於加強歐盟會員國警察與司法合作，以提升跨邊境犯罪調查的效率。⑭然而，歐洲執行委員會發現公約需要所有會員國使其憲政程序批准後，才能生效。這意謂著，有可能因會員國延遲批准，而使公約無法儘早生效適用。⑮除此之外，公約中尚包括爭議性政策，例如：「聯合調查團」的架構與竊聽電信聯絡的規定等，這些內容都有可能因為涉及會員國公民權利或國家主權，而受到各國阻撓。因此，歐洲執行委員會乃改採第三支柱「架構決定」（Framework Decision）的法律工具形式，推行設立「聯合調查團」。「架構決定」之法律效用與「公約」的差異之處就在於，「公約」是一種國際條約，未必對所有歐盟會員國具有強制約束力；「架構決定」則為歐盟內部法律工具，經歐盟內部決策程序通過並公佈後，對所有會員國具有約束力，是歐盟會員國都必須遵守的法律規範。⑮

　　歐盟遂於 2002 年 6 月 13 日通過「聯合調查團架構決定」（Framework Decision on Joint Investigation Teams），架構決定中有部分內容乃是節錄「2000 歐盟刑事法律互助公約」的條文。特別是公約第 13 條有關「聯合調查團」的文字，完全未經修改地變成「聯合調查團」架構決定」第 1 條的內容；而公約第 15 與第 16 條則是架構決定之第 2 與第 3 條。雖然部分會員國的代表對於 2000 年公約的部分內容仍有一些猶豫與保留，但是歐盟會員國基本上均同意執行架構決定為勢在必行的

⑭ Available from: http://www.eurojust.europa.eu/jit_background_information.htm. (Accessed 10.01.2009)

⑮ Claudia Gualtieri: Joint Investigation Teams, in: ERA Forum, 2007, pp. 233-234.

⑮ Michael Plachta, op. cit., p. 292.

步驟。造成此一矛盾情形的原因，並非會員國質疑「聯合調查團」的設立，而是某些規範引發會員國的疑慮所致。㉒不過，「聯合調查團」能夠以「架構決定」的型態出現，代表歐盟會員國的確是希望透過「聯合調查團」的設立，增加打擊跨國犯罪的效率。㉓

## （二）聯合調查團的功能與計劃團隊的任務

### 1.聯合調查團的功能

「聯合調查團」是一套跨國犯罪調查機制，必須涉及兩個或兩個以上的歐盟會員國，由這兩個或兩個以上會員國的相關單位負責成立調查團，並於一定的時間內執行調查行動。值得一提的是，歐洲司法合作署與歐洲警政署亦有權要求相關歐盟會員國成立「聯合調查團」，以解決重大跨國司法問題。㉔一般而言，歐盟會員國組織「聯合調查團」的理由有二：(1)當某一歐盟會員國之刑事案件調查陷入困境，並涉及其他會員國時；(2)當某一刑事案件涉及多數會員國，且需要進行跨國協調時。在這兩種情況下，歐盟會員國可提出成立「聯合調查團」的申請，而「聯合調查團」的領導國（Leader）必須為發起國之一。㉕「聯合調查團」的成員種類包括：(1)成員（Members）：任務行動執行國；(2)「指派成員」（Seconded Members）：其他參與國的成員；(3)非前二者之其他代表，亦即包括歐洲警政署、歐洲司法合作署、歐洲反詐欺署與第三國代表等。㉖

「聯合調查團」的概念賦予歐盟警察司法合作一個嶄新的合作模式，儘管過去在此範疇的調查合作多以雙邊或多邊協定的方式進行，但歐盟期望可以透過這樣的機制減少雙邊合作模式可能造成的資源浪費。不過「聯合調查團」合作機制涉及許多會員國的主權範疇，包括

---

㉒ 例如：有關監聽電信系統與跨國執法的規範等。
㉓ Michael Plachta, op. cit., p. 294.
㉔ 其他詳細內容請參見：Michael Plachta, op. cit., pp. 287-289.
㉕ Council Framework Decision of 13 June 2002 on Joint Investigation Teams (2002/465/JHA), OJ L 162, 20.06.2002, p. 2.
㉖ Claudia Gualtieri, op. cit., p. 235.

可能會有其他國家至其領土內進行調查，以及許多由外國提供的證物在本國法院審理過程中是否適用的問題等，所以尚有許多歐盟會員國延遲將「聯合調查團架構決定」納入國內法。⑤同樣地，「聯合調查團」通常有許多會員國參與，因此面臨的問題也會更多，例如：人力、資源、語言、文化、調查與技術的問題等都仍待解決。⑧因此，若這些障礙尚未消除，將無法獲得這些國家的支持。然而，最根本的問題在於歐盟擁有 27 個會員國，彼此有不同的政治動機與多種法律系統；此外，「聯合調查團」並非常設性機制，而是視當時狀態而臨時成立的特殊任務機制，是故，沒有一個固定或是明確的組織架構，這種架構不明確的問題，亦造成「聯合調查團」設立的困擾。儘管部分的問題可以透過雙邊協定的方式予以解決，但是實際行動時仍會出現合作上的問題。⑨

### 2. 計劃團隊的任務

　　「聯合調查團」是歐洲警政署、歐洲司法合作署與歐盟會員國多方警察與司法合作的平台。2004 年下半年，歐洲警政署法律事務單位（Legal Affairs Unit）開始研究會員國在「聯合調查團」下的合作事宜，目的在於探討與歸納在差異頗大的法律系統中，各國如何適用「聯合調查團架構決定」進行合作。2005 年上半年，歐洲司法合作署與歐洲警政署簽訂協定，成立一個由雙方代表組成的「計劃團隊」（Project Team）主要任務在於協助與指導歐盟會員國建立「聯合調查團」，提供法律上的諮詢與各國法規的介紹，並告知歐盟會員國其他國家施行「聯合調查團」的規定等。「計劃團隊」由「計劃團隊委員會」（Project Board）負責督導。歐洲司法合作署得全權參與由歐洲警

---

⑤ Available from: http://www.eurojust.europa.eu/jit_historical_background.htm. (Accessed 13.01.2009)

⑧ Monika Helmberg: Eurojust and Joint Investigation Teams: How Eurojust can support JITs, in: ERA Forum, 2007, p. 247.

⑨ (1) Ibid., pp. 247-248; (2) Claudia Gualtieri, op. cit., pp. 234-235.

⑩ Lisa Horvatits/Bart de Buck: The Europol and Eurojust Project on Joint Investigation Teams, in: ERA Forum, 2007, pp. 239-240.

政署負責的計劃。⑥

　　「計劃團隊」協助設立「聯合調查團」的步驟有四⑥：⑴文件歸檔：「計劃團隊」應蒐集所有歐盟會員國內有關「聯合調查團」的重要文件，這些文件包括各國對「聯合調查團」的規範、實務內容摘錄、刑事訴訟法（Procedure Criminal Law）、註解備忘錄（Explanatory Memoranda）、部長指令（Ministerial Directives）、檢察官指導方針（Prosecutor Guidelines）與背景資訊等。而歐洲警政署與歐洲司法合作署內部都有儲存這些資料；⑵草擬意見調查範本：這項意見調查的目的是為了促進歐盟會員國組織「聯合調查團」，問卷內容包括「2000歐盟刑事法律互助公約」與「聯合調查團架構決定」中所列舉之九項要點⑥；⑶比較意見調查內容：「計劃團隊」應分析各會員國組織「聯合調查團」的法律問題，並經過各國的意見分析後，提出設立「聯合調查團」的意見；⑷核查與整合：統整回覆意見並找出一致性後，製作「聯合調查團」設立指南。⑥

## （三）歐洲司法合作署在聯合調查團中的角色與功能

　　歐洲司法合作署在「聯合調查團」中，雖未被賦予起訴嫌犯的權力，但在協調與促進歐盟會員國執行跨國犯罪調查中仍有貢獻。歐洲司法合作與「聯合調查團」為皆是歐盟第三支柱架構下用來提升歐盟會員國打擊跨國犯罪效益的途徑。⑥基本上，「聯合調查團」具有以下三項功能：1.使歐盟會員國的調查單位能在調查案件初期進行協調，而使所有的相關調查行動能夠遵行協調過的辦法；2.參與調查行動的會員國都可以參與決策過程，使其能夠明瞭其他參與國所採行的

---

⑥ Ibid., pp. 240-242.

⑥ 這九項要點分別為：建立聯合調查團的基礎法律、建立聯合調查團的辦法、組成的架構、聯合調查團的行動、資訊管理、非歐盟會員國的參與辦法、非歐盟會員國的協助辦法、第三國或其他機構（例如：歐洲司法合作署、歐洲警政署與歐洲反詐欺署）參與聯合調查團的辦法與民事與刑事的責任等。Ibid., pp. 240-241.

⑥ Ibid., p. 242.

⑥ Monika Helmberg, op. cit., pp. 245-246.

調查行動，並使參與國能夠適時地得知調查的結果；3.當「聯合調查團」要求調查行動須在主導國以外的國家進行時，參加國派駐的「指派成員」可要求其國內的權責單位配合調查。⑥

　　而從「聯合調查團」的成立與執行過程來看，歐洲司法合作署發揮了以下四種功能：第一、協助確認可否以「聯合調查團」的形式進行調查，當某國要求歐洲司法合作署參與協調跨國犯罪調查時，歐洲司法合作署官員得透過居中斡旋與提供相關訊息，而提高「聯合調查團」的效率；第二、歐洲司法合作署可要求會員國權責單位組織「聯合調查團」；第三、歐洲司法合作署可以協調「聯合調查團」的計劃，並提供會議設備、「聯合調查團」成員的旅費與住宿費等；第四、歐洲司法合作署可與其他（未加入「聯合調查團」）國家保持聯繫，並判斷哪些國家與案例有關聯與是否應邀請這些國家加入。⑥

　　歐洲司法合作署雖然可行使條約中的職權，但是，歐盟會員國仍握有指派歐洲司法合作署「會員國成員」的權力，並且歐洲司法合作署在參與跨國司法調查時常需仰賴會員國配合與支持，這無形中增添了歐洲司法合作署成為獨立法律機制的模糊感與不確定性。⑥上述對於歐洲司法合作署權限限制之描述，同樣亦出現在協調「聯合調查團」的過程中，「聯合調查團」基本上為歐盟會員國合作的機制，歐洲司法合作署僅負責提供協助、聯繫與協調，功能仍然有限，換句話說，歐洲司法合作署之調查與起訴功能仍有待改善。（有關「聯合調查團」的描述亦請參見本書第七章第三節）

## 三、歐洲司法合作署與第三國或國際組織的關係

　　歐洲司法合作署亦發展與其他非歐盟國家的合作關係，藉此以建

---

⑥ Monika Helmberg, op. cit., p. 247.
⑥ Monika Helmberg, op. cit., pp. 249-250.
⑥ Jorga Costa: Eurojust vis-à-vis the European Public Prosecutor, in: Joanna Apap (ed.): Justice and Home Affairs in the EU: Liberty and Security Issues after Enlargement, UK/USA: Edward Elgar, 2004, pp. 141-145.

立合作機制並助於打擊全球化的組織犯罪。截至目前為止，歐洲司法合作署共在 23 個非歐盟國家⑱設置聯絡據點。⑲而歐洲司法合作署與冰島、羅馬尼亞、挪威、美國、克羅埃西亞與瑞士等 6 國簽訂合作協定，其中僅有美國之協定內容稍有不同外，其餘 5 個協定內容均大同小異。⑳雙邊合作協定的目標為加強雙方打擊重大國際組織犯罪的效率，各國均派 1 名公訴檢察官層級之聯絡檢察官（Liaison Prosecutor）到歐洲司法合作署內。聯絡檢察官可直接讀取國內的刑事犯罪紀錄檔案，並直接聯絡國內的起訴單位；並在遵守個人資料保護規定的前提下，負責傳輸案例相關資料。此外，歐盟會員國應在其國內權責機關內設立聯絡據點。若雙方產生爭議時，必須各指派 1 位仲裁人，而這兩位仲裁人有權決定出任裁判庭庭長之第三位仲裁人，而有關這項裁判的議事規則由 3 位仲裁人決定之，表決時則採多數決。未簽訂合作協定的國家與歐洲司法合作署間僅能透過聯絡據點進行活動，其合作的緊密程度較小。

　　此外，歐洲司法合作署亦為「國際檢察官協會」（International Association of Prosecutors）的會員，有鑑於此，歐洲司法合作署可以透過該協會與全球超過 130 個起訴單位進行合作，這對於打擊全球化的組織犯罪有莫大的助益，同時可與歐洲以外的國度進行案例分析合作。歐洲司法合作署於 2007 年 4 月 10 日，致函國際刑事法庭（International Criminal Court; ICC）並與之展開合作協定之協商。中南美洲國家

---

⑱ 這些國家包括阿爾巴尼亞、阿根廷、波西尼亞—赫塞哥維納、加拿大、克羅埃西亞、埃及、摩爾多瓦、冰島、日本、列支登斯敦、馬其頓、蒙古、蒙特內哥羅、挪威、俄羅斯、塞爾維亞、新加坡、瑞士、泰國、土耳其、烏克蘭、美國與韓國。Available from: http://www.eurojust.europa.eu/mission.htm. (Accessed 28.07. 2010)

⑲ Eurojust: Annual Report 2007, p. 52.

⑳ 詳細內容請參見：Agreement between Eurojust and the Republic of Iceland, Agreement between Eurojust and Romania, Agreement between the Kingdom of Norway and Eurojust, Agreement between Eurojust and The Republic of Croatia and Agreement between Eurojust and The United States of America. Agreement between Eurojust and Switzerland.

<表 8-1＞歐洲司法合作署與第三國合作協定一覽表

| 國家 | 簽定日期 | 權責機關（Competent Authority） |
|------|----------|--------------------------------|
| 冰島 | 02.12.2005 | 冰島公訴檢察總長與下屬起訴單位 |
| 羅馬尼亞* | 02.12.2005 | 羅馬尼亞高等法院檢察總長辦公室 |
| 挪威 | 28.04.2005 | 挪威公訴檢察總長與下屬起訴單位 |
| 美國 | 06.12.2006 | 美國司法部 |
| 克羅埃西亞 | 07.11.2007 | 克羅埃西亞司法部 |
| 瑞士 | 28.11.2008 | 聯邦司法警察部轄下的聯邦司法辦公室 |

\* 羅馬尼亞於 2007 年 1 月 1 日成為歐盟會員國。
資料來源：http://www.eurojust.europa.eu/official_documents/eju_agreements.htm (Accessed 25. 07.2010)

與歐洲司法合作署間亦透過「中南美洲司法合作網路」（La Red Iberoamericana de Cooperación JudicialIberRed; IberRed）進行多次協調會議，最後，雙方於 2007 年 6 月 5 日以備忘錄的模式簽訂合作模式。

美國是歐盟司法合作的重要夥伴。美國與歐盟簽訂法律互助協定的構想，主要是 911 事件的影響，雙邊極注重警察司法的合作方案。跨大西洋警察與司法合作上，最具代表性的例子是美國與歐盟在 2003 年 6 月 25 日簽訂的「歐美法律互助協定」（The Agreement on Mutual Legal Assistance between the European Union and the United States of America）。[71]「歐美法律互助協定」第 5 條規範了「聯合調查團」的基本設立辦法與行動方針。該協定中雖未提及「聯合調查團」執行時的管理條款，但卻提到在何種情況下可成立「聯合調查團」的程序，包括成員、期限、位址、架構、功能與目標。最後，歐盟與美國得自行決定哪些機構的官員可以參與「聯合調查團」，其中包括警察、海關、移民署、毒品管制局與安全局（包括英國的 MI5 和美國的聯邦調查局與中情局），因此，參與「聯合調查團」的成員較複雜，執行調查行動有時需要較多協調時間；除此之外，人權保護亦是歐美司法合作的

---

[71] Michael Plachta, op. cit., p. 295.
[72] Michael Plachta, op. cit., pp. 295-296.

重要議題。⑫歐洲司法合作署與歐洲警政署同為司法與內政事務的重要機構,主要的功能為協調與促進歐盟會員國執法單位與司法單位的相互瞭解,雖然,兩者均無實際的調查權、審判權與逮捕權,但對維護歐盟整體內部安全仍相當重要。

## 第三節　歐洲司法合作署與反恐

　　歐洲司法合作署在協助歐盟會員國打擊恐怖主義上,亦貢獻良多,除了舉辦反恐協調會議外,其「會員國成員」更以檢察官的身分協助調查與起訴恐怖份子。除此之外,在「執行團」底下的「反恐小組」是歐洲司法合作署負責恐怖主義議題的專責單位。早在「臨時性歐洲司法合作署」時期,已設立專司反恐的工作小組⑬,2004 年 3 月 11 日馬德里恐怖攻擊事件後,歐洲司法合作署隨即設立「反恐小組」以為因應,「反恐小組」由「執行團」副主席領導,成員包括許多擁有反恐專長的「會員國成員」。而反恐小組主要的任務有下列五點:(一)籌備「反恐戰略會議」與支援恐怖主義相關的行動協調會議,開闢反恐專家定期檢討實際調查與起訴過程的論壇;(二)建立定期與歐盟會員國反恐官員協商的機制,並與歐洲警政署、歐盟反恐協調員、情報單位與相關利益團體就恐怖案件進行資訊交換;(三)定期更新歐盟會員國、歐盟與國際反恐法令規章;(四)建立一個有關恐怖主義的司法資料庫;5.確認歐盟或聯合國在查徹資助恐怖主義的實際行動。⑭

　　為了促進歐盟會員國對歐盟法規的瞭解與提升接受度,歐洲司法合作署提出與歐盟會員國資訊交換的規定,這些指導方針被許多歐盟會員國視為良好的作法與基礎,但是仍有以下幾項缺點⑮:(一)歐

---

⑬ 2001 年 6 月召開第一次協調會議商議伊斯蘭恐怖主義的威脅。請參見:Hans Nilsson, op. cit., p. 81.

⑭ Eurojust: Annual Report 2004, pp. 24-25.

⑮ Ibid., pp. 25-26.

盟會員國內與歐洲司法合作署聯絡的法律障礙仍多；（二）歐洲司法合作署可獲取之資料仍有限；（三）資料安全與資料保護的疑慮仍舊存在。由於司法案件的調查常常會被許多歐盟會員國當局視為不可外流的資訊，因此歐洲司法合作署的資料來源受到限制。以 2008 年的歐洲警政署與歐洲司法合作署向歐盟反恐協調員回報的情形來看，儘管各機構要求歐盟會員國應提供相關案件資料，但是若歐盟會員國不願提供的話，仍須尊重歐盟會員國的決定。因此，歐洲司法合作署面臨的問題頗需依靠機構與歐盟會員國當局加強聯繫並設法解除其藩籬。以下是幾個歐洲司法合作署協助歐盟會員國處理恐怖攻擊事件的案例。

## 一、拿坡里卡摩拉案例（The Neapolitan Camorra）⑦

2005 年義大利警方在拿坡里逮捕 1 名摩洛哥嫌犯，在偵訊的過程中，該嫌犯揭露出一個販毒集團，該販毒集團由 1 名為卡摩拉的嫌犯領導，他以荷蘭為轉運站，將毒品運送至義大利與西班牙的販毒集團。由於義大利檢察官懷疑此販毒集團與 2004 年的西班牙馬德里恐怖攻擊事件有關，因此，2004 年 4 月義大利檢察官要求歐洲司法合作署協助這樁案件。義大利檢察官要求與義大利以及西班牙的「會員國成員」合作，共同調查這名在拿坡里遭到逮捕的摩洛哥人，該嫌犯最後以販毒與參與 2004 年 3 月 11 日的馬德里火車爆炸攻擊事件的罪名遭到起訴，但最後卻因為證據不足，而被釋放。為了確認該販毒集團有參與伊斯蘭恐怖份子的聯絡網絡，2005 年 4 月歐洲司法合作署在馬德里召開會議，義大利認為需與西班牙合作。在比較過資訊與個人資料細節與該名摩洛哥人的關係之後，雙方司法與警察單位同意未來進行調查時，可交換資訊並同意義大利警察可以參與審訊摩洛哥人的裁判庭。這次會議報告同時指出，義大利與西班牙應加強資訊交換與建立司法合作委員會。

---

⑦ Eurojust: Annual Report 2005, pp. 49-50.

## 二、跨國逮捕合作案例 ⑰

　　2005 年西班牙警方著手調查一個伊斯蘭組織，該組織計劃對公共與私人機構發動爆炸攻擊。這起案例亦與比利時、荷蘭與瑞士的犯罪組織有相關。犯罪首腦仍逍遙法外，因此，西班牙對他發佈歐洲逮捕令。由於這項逮捕令的公佈，該名首腦於瑞士被捕並接受調查，瑞士檢察機構遂開始調查一個可能建立於瑞士境內的伊斯蘭恐怖組織。由於該嫌犯亦與西班牙的伊斯蘭組織有關聯，西班牙遂向瑞士發佈引渡要求，但瑞士以該案件已於瑞士展開調查為由，非正式地拒絕引渡要求。由於雙邊無法解決這個問題，因此西班牙便聯絡歐洲司法合作署。歐洲司法合作署展開協調會議，該會議旨在分享資訊與檢討最佳起訴方式。資料顯示在西班牙境內的調查較能提供重要的證據；瑞士當局於是聲明同意西班牙引渡嫌犯。歐洲司法合作署不僅促成引渡，也同時解決瑞士與西班牙的司法爭議。⑱

## 三、逮捕資助恐怖主義案件 ⑲

　　2005 年在瑞典境內，兩名伊拉克公民分別與「伊斯蘭支持者」（Ansar al-Islam/Supporters or Partisans of Islam）⑳、「回教支持者聯盟」（Alias Ansar al-Sunna）㉑和札卡威（Abu Musab al Zarqavi）㉒等國際恐怖組織聯繫，他們被指控在 2002～2004 年於瑞典清真寺募集資金

⑰ Ibid., p.53.

⑱ Ibid., pp. 63-64.

⑲ Ibid., p. 63.

⑳ 「伊斯蘭支持者」（Ansar al-Islam/Supporters or Partisans of Islam）是一個活躍於伊拉克北部的恐怖組織，其主要的攻擊目標為英美部隊、庫德族人與伊拉克警察部隊。

㉑ 「回教支持者聯盟」（Alias Ansar al-Sunna）成立於2003年，是一個伊拉克境內的恐怖組織，其成立的目的在於攻擊美國與其盟國駐紮在伊拉克境內的軍隊，並且積極推動建立回教國家。該組織受蓋達組織的支持，目前約有 500～1000 名成員。資料來源：http://www.globalsecurity.org/security/profiles/terrorism_organ-ization_home.htm. (Accessed 04.08.2010)

㉒ Abu Musab al Zarqavi 是一個與蓋達組織有密切關係的國際恐怖組織。

支助恐怖主義犯罪。他們透過「哈瓦拉銀行系統」（Hawala Bank System）⑧轉送至伊拉克，瑞典當局懷疑這筆資金的一部分運用在2004年初的伊拉克阿爾比爾（Arbil）⑧死亡炸彈攻擊。這起調查急需國際合作，由於瑞典檢察官同時也擔任歐洲司法合作署的恐怖主義事務官，因此，他快速地通知歐洲司法合作署有關瑞典的初步調查報告；瑞士檢察官則需要有關兩名嫌犯參與恐怖組織的狀況與如何將錢送至伊拉克的證據。另一方面，瑞典司法當局要求歐盟會員國提供重要資訊，接收到資訊傳遞要求的會員國認為這些訊息涉及保密原則而不願將資訊透漏給瑞典當局。在歷經多次的會議與透過歐洲司法合作署的協調之後，有二個會員國同意提供重要的資訊，最後，瑞典得到比預期更多的資訊和證據，證明約有 7 萬美金在阿爾比爾炸彈攻擊發生前轉入伊拉克。最後這兩名伊拉克公民以資助恐怖活動、準備恐怖攻擊犯罪與危害公眾安全等罪名被逮捕與起訴。

## 四、逮捕跨國竊盜集團案件⑧

瑞士聯邦司法警察（Swiss Federal Judicial Police）在2005年初查獲有 12 名嫌犯的竊盜集團，據調查顯示該集團組織完善並將部分贓款移交給恐怖組織。在瑞士被逮捕的嫌犯與其他同時也在法國與西班牙被破獲的巢穴有關係。同時，證據亦顯示 1 名在瑞士被逮捕的成員與2005 年在西班牙被捕的摩洛哥人有關係。這些嫌犯意圖對 1 架由以色列起飛，隸屬艾拉航空（Airline EL AL），並將降落在瑞士的飛機進行恐怖攻擊。

---

⑧ 哈瓦拉銀行系統（Hawala Bank System）為一個國際性的地下洗錢機制，可以不用任何書面的銀行合約、銀行聲明書或轉帳紀錄等資料，將金錢匯入像是穆罕默德·阿塔（Mohammed Atta）這類劫機犯的銀行帳戶中。利用哈瓦拉銀行系統網絡可以在幾小時內調度全球帳戶內的資金。資料來源：http://www.time.com/time/world/article/0,8599,178227,00.html. (Accessed 04.03.2009)

⑧ 阿耳比爾（Arbil）為伊拉克第三大城，僅次於首都巴格達（Baghdad）與第二大城莫蘇爾（Mosul），是庫德族自治區與庫德族自治政府的所在地。

⑧ Eurojust: Annual Report 2006, pp. 43-44.

　　由於歐洲國家長期進行警察與司法合作，使瑞士當局得以順利破案。逮捕的嫌犯有些與阿爾及利亞裔的「薩拉菲宣教戰鬥團體」㊏（Salafist Group for Preaching and Combat; GSPC）有聯繫。歐洲司法合作署於 2005 年 10 月召開實際案例恐怖主義會議後，間接影響 2006 年 4 月舉辦的協調會議，實際調查「薩拉菲宣教戰鬥團體」在許多歐盟會員國境內的行動。瑞士當局並聲明歐洲司法合作署與歐洲警政署的重要性，瑞士之調查工作之所以能成功乃歸功於其他國家的協助。

　　過去幾年內，歐盟會員國執行過幾起逮捕恐怖份子的行動，部分涉及其他歐盟會員國，常需要他國提供情報與調查報告等資訊以協助辦案，而通常歐盟會員國會先自行聯絡可提供必要資訊的國家，若遭受到拒絕，便轉而要求歐洲司法合作署進行協調。在協調的過程中，通常案發國的「會員國成員」扮演重要的角色，其能立即提供國內的第一手調查情形又能夠以檢察官的身分協助調查與起訴。歐洲司法合作署的協調功能在牽涉許多國家或非歐盟國家的案例中更能發揮。

## 結論

　　歐洲司法合作署自 2001 年以「臨時性歐洲司法合作署」的機構開始運作，至 2002 年正式成為歐盟機構以來，肩負著歐盟會員國改善過去各項引渡程序公約或司法互助合作公約低效率性的期望，因此，初期的工作常是著重增加歐盟會員國司法人員對他國刑法或司法體系之瞭解，並透過舉辦各種司法議題的會議提高歐洲司法合作署的知名度與功能。911 事件後國際恐怖主義情勢的發展，西方國家意識到情報單位與警察司法合作必須緊密結合的重要性。歐洲司法合作署內部許多因應恐怖主義的機制，除了協調歐盟會員國的司法問題與促進逮捕令申請外，其反恐戰略會議、策略會議與協調會議，在歐盟打擊恐怖主

---

㊏ 「薩拉菲宣教戰鬥團體」（The Salafist Group for Preaching and Combat; GSPC）是一個與阿爾及利亞政府長期抗爭的恐怖組織，曾與蓋達組織於阿國境內策動一連串的恐怖攻擊。

義的實際執行層面上 不容小覷。以 2005 年 7 月的案件為例，在比利時國內的嫌疑犯涉嫌參與伊拉克聖戰組織，並試圖在伊拉克與比利時境內發動攻擊。這起案例牽涉了 16 個國家，包括國內與國際的查緝、電話追蹤與財政調查等手法，動用 22 個雙邊法律協助公約。在這樣大範圍的調查行動中，顯示出歐洲司法合作署的附加價值，歐洲司法合作署在調查階段協調了比利時、義大利、荷蘭、英國、法國與美國等國家之法律協助與逮捕令之申請，並加速逮捕嫌犯的程序；在司法階段則是協助解決許多有關海外證據蒐集的問題。

在歐洲司法合作署經辦的許多重要的打擊恐怖主義協調案件中，以 2005 年的西班牙恐怖組織領導人在瑞士被捕的案例，以及同（2005）年瑞典要求瑞士提供兩名伊拉克公民在瑞士犯案的證據等兩起案件為例，可以發現一旦調查階段在司法證據需要透過其他國家取得之時，國內當局會先請求他國權責機關提供其所需的資料，而一旦受到拒絕的情形出現，申請國便會轉而希望歐洲司法合作署提供協助。協調的結果通常能夠得到雙方均滿意的結果，既有助於案件調查與逮捕，也能夠增加歐盟會員國對於歐洲司法合作署的信賴。所以，歐洲司法合作署雖然必須面臨許多刑法系統差異的困境，但也將歐盟會員國的司法人員整合至同一層級，並提供快速的溝通管道。而歐洲司法合作署間接強化歐洲逮捕令的功能，亦是其附加價值之一。在歐洲逮捕令通過之初，許多歐盟會員國仍不願將其列入國內法，因為對於其他國家刑法系統或訴訟程序的不信任造成歐洲逮捕令理應在 2004 年全面實施，但仍無法在歐盟區域內適用。綜觀歐洲司法合作署協調歐洲逮捕令的案件可以推論，其在協助處理案件的功能上，能夠提供重要的協調，同時也增加歐盟會員國對於該單位的信心。

儘管歐洲司法合作署在歐盟反恐機制中，在實際案例層面有許多重要的貢獻，但是，其與歐洲警政署或歐洲反詐欺署的合作關係，仍顯示歐洲司法合作署需要再獲得更為自主的分析調查能力。主要原因乃是歐洲司法合作署成立至今，內部雖然有一套完善的案例管理系統，但在重要的恐怖主義分析工作仍是處於協助歐洲警政署的功能，並無獨立執行分析工作檔案的能力，這對於提供歐盟反恐的機制層面

仍有許多值得商議的空間。而歐洲司法合作署能協助調查恐怖主義案件，協調歐盟會員國間起訴程序上的爭議，使歐洲國家打擊恐怖主義的效益提高，進而達到嚇阻恐怖主義橫行歐洲的目標。

# 參考文獻

## 一、官方公報

Agreement between Eurojust and Europol.

Agreement between Eurojust and the Republic of Iceland.

Agreement between Eurojust and Romania.

Agreement between the Kingdom of Norway and Eurojust.

Agreement between Eurojust and the Republic of Croatia.

Agreement between Eurojust and the United States of America.

Council Decision: Setting up Eurojust with a View to Reinforcing the Fight against Serious Crime (2002/187/JHA), OJ L 63, 06.03.2002.

Council Framework Decision of 13 June 2002 on Joint Investigation Teams (2002/465/JHA), OJ L 162, 20.06.2002.

Council Decision 2009/426/JHA of 16 December 2008 on the Strengthening of Eurojust and Amending Decision 2002/187/JHA Setting up Eurojust with a View to Reinforcing the Fight against Serious Crime, OJ L 138, 04.06.2009.

Consolidated Version of the Treaty on European Union, OJ C 321, 29.12.2006.

Eurojust Annual Report 2002.

Eurojust Annual Report 2003.

Eurojust Annual Report 2004.

Eurojust Annual Report 2005.

Eurojust Annual Report 2006.

Eurojust Annual Report 2007.

Eurojust: House of Lords Inquiry into Europol Visit to Eurojust of 24 June 2008 Addendum, 02.07.2008.

House of Lords: European Union Committee: Judicial Cooperation in the EU: The Role of Eurojust, 23rd Report of Session 2003-04, 21.07.2004.

JSB Secretariat: First Activity Report of the Joint Supervisory Body of Eurojust.

Joint Supervisory Body of Eurojust : Activity Report 2004.

Joint Supervisory Body of Eurojust : Activity Report 2005.

Joint Supervisory Body of Eurojust : Activity Report 2006.

Practical Agreement on Arrangements of Cooperation between Eurojust and OLAF

Pro Eurojust Secretariat: Pro Eurojust Report 2001, available from: http://www. eurojust.europa.eu/press_releases/annual_reports/2001/annual2001.pdf. (Accessed 25.05.2009)

Rules of Procedure of Eurojust (2002/C 286/01), OJ C 286, 22.11.2002.

Tampere European Council 15 and 16 October 1999 Presidency Conclusion.

## 二、書籍

Apap, Joanna (ed.): Justice and Home Affairs in the EU: Liberty and Security Issues after Enlargement, UK/USA: Edward Elgar, 2004.

Guild, Elspeth/Geyer, Flopian (eds.): Security versus Justice? Police and Judicial Cooperation in the European Union, England/USA: Ashgate Publishing Limited, 2008.

Spence, David (ed.): The European Union and Terrorism, UK: John Harper Publishing, 2007.

王泰詮：〈從尼斯條約看歐洲聯盟的變遷〉，行政院國科會補助專題研究計劃（NSC922414-H-390-003），2004年。

## 三、期刊論文

Brown, Alastair: Towards a Prosecutorial Model for Mutual Assistance in Criminal Matters?, in: Hume Papers on Public Policy, Vol. 6, Issue 1/2, 1998, pp. 50-58.

Deen-Racsmány, Zsuzsanna: The European Arrest Warrant and the Surrender of Nationals Revisited: The Lessons of Constitutional Challenges, in: European Journal of Crime, Criminal Law and Criminal Justice, Vol. 14/3, pp. 70-97.

Fichera, Massimo/Janssens, Christine: Mutual Recognition of Judicial Decision in Criminal Matters and the Role of the National Judges, in: ERA Forum, 2007, pp. 177-202.

Gualtieri, Claudia: Joint Investigation Teams, in: ERA Forum, 2007, pp. 233-238.

Helmberg, Monika: Eurojust and Joint Investigation Teams: How Eurojust can support JITs, in: ERA Forum, 2007, pp. 245-251.

Horvatits, Lisa/De Buck, Bart: The Europol and Eurojust Project on Joint Investigation Teams, in: ERA Forum, 2007, pp. 239-243.

Jimeno-Bulnes, Mar: European Judicial Cooperation in Criminal Matters, in: European Law Journal, Vol. 9, No. 5, December 2003, pp. 614-630.

Jimeno-Bulnes, Mar: After September 11th: The Fight against Terrorism in National and European Law. Substantive and Procedural Rules: Some Examples, in: European Law Journal, Vol. 10, No. 2, March 2004, pp. 235-253.

Mackarel, Mark: The European Arrest Warrant-The Early Years: Implementing and Using the Warrant, in: European Journal of Crime, Criminal Law and Criminal Justice, 2007, pp. 37-66.

Marmo, Marinella: Common Law and Civil Law Interactions in Criminal Justice at Judicial Level in Western Europe: A Pilot Study on Horizontal Judicial Dialogue, in: European Journal of Crime, Criminal Law and Criminal Justice, Vol. 13/4, 2005, pp. 565-584.

Peers, Steve: EU Response to Terrorism, in: The International and Comparative Law Quarterly, Vol. 52, No. 1, January 2003, pp. 227-243.

Pérignon, Isabelle/Daucé, Constance: The European Arrest Warrant: A Growing Success Story?, in: ERA Forum, 2007, pp. 203-214.

Plachta, Michael: Joint Investigation Teams: A New Form of Investigational Cooperation in Criminal Matters, in: European Journal of Crime, Criminal Law and Criminal Justice, Vol. 13/2, 2005, pp. 284-302.

Wilkinson, Paul: International Terrorism: The Changing Threat and EU's Response, in: Chaillot Paper, No. 84, October 2005, pp. 1-57.

四、網路資料

European Judicial Network. Available from: http://eurojust.europa.eu/ejn.htm. (Accessed 14.10.2007)

Eurojust: An EU Public Prosecution System, in: Statewatch Bulletin, Vol. 10, No. 3/4, June-August, 2000, available from: http://www.statewatch.org/ news/2002/feb/02Aeurojust.htm. (Accessed 07.01.2009)

The EJN organized EU judiciary against Organized Crime. Available from: http://ec.europa.eu/justice_home/fsj/criminal/network/wai/fsj_criminal_ network_e n.htm. (Accessed 27.09.2007)

Vlahovic, Rajka: Eurojust: An Overview, Background, Structure and Work, paper presented at the Regional Expert Workshop on International Co-operation on Counter Terrorism, Corruption and the Fight against Transational Organised Crime, 7-9. 03.2009, available from: http://www.eurojust.euro- pa.eu/childprotect_cases.pdf. (Accessed 23.06.2009)

What is Eurojust's Role, available from: http://eurojust.europa.eu/index.htm. (Accessed 14.10.2009)

# 第九章　Frontex 與歐盟外圍邊境安全

# 前言

　　擴大（Enlargement）是歐洲統合的主要動力。在歐洲統合過程中，歷經五次成功的擴大，使歐洲聯盟（European Union; EU，以下簡稱歐盟）的會員國結構擴大了 4.5 倍，從原先的 6 國增加為 27 國①；而歐盟的人口規模更是成長了將近 3 倍，從一開始的 1 億 6 千萬人增加為現今的 4 億 9 千萬人。②一個原先僅以煤礦與鋼鐵工業合作的小型經濟共同體，隨著五次擴大所產生的效益，如今的歐盟已經變成一個涵蓋經濟、政治、安全與軍事的綜合型共同體，在世界舞台上，逐漸展露頭腳，佔有一席之地。

　　雖然，擴大使歐盟的人口成長、會員國數目激增、經濟規模加大，使得歐盟的實力與影響力蒸蒸日上。然而，不可遺忘的是，每一次擴大也都給歐盟帶來許多的挑戰與問題，例如：第二、三、五次擴大所帶來的貧窮問題、第四次擴大所引發的中立問題與第一至五次擴大所造成的歐盟內部權力結構調整的問題等。而特別值得一提的是，歐盟第五次擴大接納了 12 個東歐國家，在地理上，這 12 個新加入的國家正好由北而南一字排開，形成一道綿長的外圍邊境，直接與前蘇聯共和國、黑海地區與西巴爾幹國家接壤，複雜的區域安全問題接踵而至，為了因應與解決這些新外圍邊境安全問題，歐盟理事會（Council of the European Union）於 2004 年 10 月 26 日決議設立一個專責機構—「歐洲邊境管理署」（European Agency for the Management of Operational Cooperation at the External Borders of the Member States of the Euro-

---

① 歐盟五次擴大所加入的國家如下：第一次擴大（1973）加入英國、丹麥與愛爾蘭。第二次擴大（1981）加入希臘。第三次擴大（1986）加入西班牙與葡萄牙。第四次擴大（1995）加入奧地利、瑞典與芬蘭。第五次擴大（2004 ／ 2007）加入愛沙尼亞、拉脫維亞、立陶宛、波蘭、捷克、斯洛伐克、匈牙利、斯洛維尼亞、馬爾他、賽普勒斯、羅馬尼亞與保加利亞。
② 請參見：(1) http://epp.eurostat.ec.europa.eu/portal/page?_pageid=1996,45323734&_dad=port bal&_schema=PORTAL&screen=welcomeref&open=/t_popula/t_pop&language=en&product=RE F_TB_population&root=REF_TB_population&scrollto=0; (2) http://www.data360.org/dsg.aspx? Data_Set_Group_Id=207. (Accessed 04.10.2008)

pean Union; Frontex ③），負責維護與管理歐盟的外圍邊境安全。

　　法國總統薩克齊（Nicolas Sarkozy）於 2008 年 7 月 10 日在史特拉斯堡歐洲議會大會發表演說時，強調未來法國接任歐盟理事會輪值主席的半年（即從 2008 年 7 月 1 日～12 月 31 日），歐洲統合的四大政策目標為：能源與氣候變遷、移民議題、農業、安全與防禦。④同時，薩克齊總統在其接任輪值主席時所公佈的政策報告書中，揭櫫了歐盟東擴後外圍邊境安全的重要性，他強調 Frontex 將是協助歐盟會員國處理外圍邊境危機的主要工具，Frontex 管理委員會（Management Board）應加強歐盟陸、海、空邊境特性的研究，以發揮 Frontex 維護歐盟外圍邊境安全的功能。⑤ Frontex 的成立代表著歐洲國家擬將外圍邊境安全合作歐洲化（Europeanisation）的決心，換句話說，歐洲國家要在歐盟的層級上，共同協調外圍邊境安全管理系統，以阻擋外來威脅進入歐盟境內，讓歐盟內部市場與各項共同政策能夠順利推展，以儘早實現一個「自由、安全與正義區域」（Area of Freedom, Security and Justice）的目標。

　　歐盟第五次擴大之後，其外圍邊境安全問題比以前更為多元與複雜。歐盟試圖以設立 Frontex 的方式，推行歐盟外圍邊境管理辦法，以維護歐盟外圍邊境安全。這種因應第五次擴大所採取的邊境安全策略是歐洲安全與防衛政策（European Security and Defence Policy; ESDP）的重要環節，Frontex 能不能成功地完成任務，殊值觀察與研究。本文首先探討歐盟東擴後，其外圍邊境的新結構，進而分析新邊境結構為歐盟帶來那些邊境安全問題。接著，本文將剖析甫於 2005 年才正式運作的 Frontex 的組織架構、功能與其對內及對外的合作網絡。並且，從 Frontex 所建立的合作制度，以及積極推行的陸、海、空邊境合作行動

③ "Frontex"一字源自於法文"Frontières extérieures"，是「外圍邊境」的意思。
④ 法國總統薩克齊（Nicolas Sarkozy）於 2008 年 7 月 10 日在史特拉斯堡歐洲議會大會發表演說的內容，請詳見：http://www.europarl.europa.eu/news/public/story_page/008-32913-189-07-28-901-20080627STO32900-2008-07-07-2008/default_en.htm. (Accessed 05.10.2008)
⑤ French Presidency of the Council of the European Union—Work Programme for 1 July - 31 December 2008, pp. 17-18.

中，客觀評析歐盟是否能夠運用 Frontex 的機構功能，在未來的外圍邊境管理上，設置一個統一的邊境管理辦法，或者建立一套綜合的「邊境策略」（Border Strategy），以有效解決歐盟東擴後所帶來的新外圍邊境安全問題。

# 第一節　歐盟東擴後外圍邊境結構與安全問題

在語言學上，「邊境」（Border）這個字有三種意涵：（一）邊境是一個國家的領土範圍，即主權國家行使其國家權力的範圍；（二）邊境可以控制人員活動與商品進出；（三）邊境是主權國家管制人員流通的關卡。換句話說，邊境可以作為一個國家與其他國家在經濟活動、法律體制、語言文化上的分界。⑥而在歐洲聯盟學上，有所謂的「內部邊境」（Internal Border）與「外圍邊境」（External Border）兩種概念。「內部邊境」是指「歐盟會員國與其他會員國間的疆界」，然而，這種歐盟內部的疆界，自 1993 年起即因為實行歐洲內部無疆界市場而予以廢除。「外圍邊境」則是指「歐盟會員國與相鄰第三國間的疆界」，也就是歐盟最外圍的疆界，歐盟第五次擴大後，外圍邊境範圍增長、增廣，具有重要的安全意義。基本上，歐盟的外圍邊境結構可分為三種類型：陸地邊境（Land Borders）、海岸邊境（Sea Borders）與空航邊境（Air Borders）等。

## 一、陸地邊境結構與安全問題

陸地邊境包括「陸地、河流與湖泊等自然邊境」，歐盟的外圍陸地邊境則包括「所有歐盟會員國與相鄰第三國間的自然邊境」。⑦歐

---

⑥ Anaïs Faure Atger: The Abolition of Internal Border Checks in an Enlarged Schengen Area: Freedom of Movement or a Web of Scattered Security Checks?, in: Research Paper, Centre for European Policy Studies, 20.03.2008. p. 6.

⑦ 歐盟所有陸地邊境中，有一部分是被歐盟會員國所包圍，例如：瑞士與歐洲五個小國（摩納哥、列支登斯敦、聖馬利諾、梵蒂岡、安道爾），因為篇幅限制，這幾個部分的邊境結構與安全問題，本文將不做介紹。

盟於 2004 年 5 月 1 日完成第一波第五次擴大後，原本德國、奧地利、義大利的東部陸地邊境，改由愛沙尼亞、拉脫維亞、立陶宛、波蘭、斯洛伐克、匈牙利、斯洛凡尼亞等 7 國的邊境取代，使歐盟東部陸地邊境從 4,095 公里增加到 6,220 公里，足足增加了 2,125 公里。隨後，歐盟於 2007 年 1 月 1 日完成第二波第五次擴大後，羅馬尼亞與保加利亞加入歐盟，使歐盟東部陸地邊境延伸到東巴爾幹半島，且與希臘北部相連，致使整個歐盟東部邊境總長增加為 8,509 公里，比起第五次擴大前多了 4,414 公里，幾乎增長 1 倍左右。而歐盟會員國與其鄰國的交界邊境，也從原本 8 段交界邊境增加為 23 段交界邊境，幾乎成長了 2 倍。（請參見＜表9-1＞）由此可見，歐盟東擴後，中東歐地區的陸地邊境安全管理的工作量與重要性明顯增加。⑧

　　第五次擴大後，歐盟的外圍陸地邊境直抵黑海。黑海地區長久以來即是紛擾不斷的是非之地，例如：天主教與回教間的宗教衝突、亞美尼亞（Amenia）與亞塞拜然（Azerbaijan）的領土爭議、石油與天然氣的爭奪問題、武器與毒品走私問題、少數民族問題、難民與非法移民問題等，這些複雜難解的問題都將隨著歐盟東擴而帶入歐盟境內。⑨ 2008 年 8 月，喬治亞與俄羅斯為了南奧塞提亞（South Ossetia）與阿布克吉亞（Abkhazia）的獨立問題而兩相交戰⑩，這場戰爭除了大約奪走 2,000 人性命之外，還造成了 19 萬名難民⑪，大部分的難民將輾轉逃

---

⑧ Frontex: The EU External Borders Agency, 9th Report of Session 2007-08, Report from European Union Committee, Authority of the House of Lords, London, 05. 03. 2008, pp. 13-14.

⑨ 有關歐盟東擴與黑海安全問題，請參見：Fu-chang Chang: EU Enlargement and Security Challenge bin Wider Black Sea Region, in: Chong-ko Peter Tzou (ed.): 50 Years Rome Treaty and EU-Asia Relations, Taipei: Graduate Institute of European Studies, July 2008, pp. 191-215.

⑩ 有關俄喬衝突的分析，請參見：張福昌：〈歐盟對俄喬衝突之認知及影響：兼論對臺灣的啟示〉，論文發表於：「俄羅斯與喬治亞衝突──對俄美、俄中與歐盟關係之影響座談會」，外交部外交領事人員講習所，臺北，2008 年 9 月 24 日。

⑪ Available from: http://big5.soundofhope.org/programs/162/104762-1.asp. (Accessed 25. 09.2008)

### ＜表 9-1 ＞歐盟第五次擴大前後東部陸地邊境對照表

| 第五次擴大前<br>（2004 年 5 月 1 日前） | | | 第五次擴大後<br>（2007 年 1 月 1 日後） | | |
|---|---|---|---|---|---|
| 交界邊境 | | 長度(km) | 交界邊境 | | 長度(km) |
| 芬蘭 | 俄羅斯 | 1,340 | 芬蘭 | 俄羅斯 | 1,340 |
| 德國 | 波蘭 | 454 | 愛沙尼亞 | 俄羅斯 | 455 |
| 德國 | 捷克 | 810 | 拉脫維亞 | 俄羅斯 | 276 |
| 奧地利 | 捷克 | 466 | 拉脫維亞 | 白俄羅斯 | 161 |
| 奧地利 | 斯洛伐克 | 107 | 立陶宛 | 白俄羅斯 | 651 |
| 奧地利 | 匈牙利 | 356 | 立陶宛 | 俄羅斯<br>（加里寧格勒） | 272 |
| 奧地利 | 斯洛維尼亞 | 330 | 波蘭 | 俄羅斯<br>（加里寧格勒） | 232 |
| 義大利 | 斯洛維尼亞 | 232 | 波蘭 | 白俄羅斯 | 418 |
| | | | 波蘭 | 烏克蘭 | 535 |
| | | | 斯洛伐克 | 烏克蘭 | 98 |
| | | | 匈牙利 | 烏克蘭 | 136 |
| | | | 羅馬尼亞 | 烏克蘭 | 649 |
| | | | 羅馬尼亞 | 摩達維亞 | 681 |
| | | | 保加利亞 | 馬其頓 | 135 |
| | | | 保加利亞 | 土耳其 | 259 |
| | | | 希臘 | 土耳其 | 215 |
| | | | 希臘 | 阿爾巴尼亞 | 282 |
| | | | 希臘 | 馬其頓* | 246 |
| | | | 保加利亞 | 塞爾維亞 | 165 |
| | | | 羅馬尼亞 | 塞爾維亞 | 546 |
| | | | 匈牙利 | 塞爾維亞 | 129 |
| | | | 匈牙利 | 克羅埃西亞 | 222 |
| | | | 斯洛凡尼亞 | 克羅埃西亞 | 406 |
| 總計 | | 4,095 | 總計 | | 8,509 |

* 馬其頓的官方國家全名為「前南斯拉夫馬其頓共和國」（Former Yugoslav Republic of Macedonia）。

資料來源：作者自製，資料參考自：Frontex: the EU External Borders Agency, 9th Report of Session 2007-08, Report from European Union Committee, Authority of the House of Lords, London, 05. 03. 2008, pp. 13-14.

往歐盟，如何妥善處理這些難民問題，將是歐盟外圍邊境管理機構的一大挑戰。

　　除此之外，大批的非法移民問題也是歐盟外圍陸地邊境管理的重點。根據歐洲警政署（European Police Office; EUROPOL）的報告，非法移民利用歐盟東部陸地邊境進入歐盟的路線大致可分為兩條：第一、巴爾幹半島路線：非法移民直接進入希臘、斯洛維尼亞、奧地利、保加利亞、羅馬尼亞、匈牙利等歐盟邊境國家，再轉入其他歐盟會員國中；第二、中東歐路線：非法移民先利用前蘇聯共和國（例如：俄羅斯、烏克蘭、摩達維亞、白俄羅斯等）作為過境國，再經由波蘭、捷克、斯洛伐克、匈牙利、保加利亞、羅馬尼亞等國家進入歐盟。[12]這兩條非法之徒進入歐盟的必經路線，因此歐盟應該審慎制訂東部外圍邊境的管理辦法，如此，才能夠有效杜絕非法移民問題。

## 二、海岸邊境結構與安全問題

　　歐盟的海岸邊境包括「歐盟會員國的海港、河港，以及該會員國所屬的島嶼等」。根據＜表9-2＞的統計資料，歐盟海岸邊境總長共計8萬公里，其中，南部海岸邊境長度為34,109公里。就個別國家而言，希臘擁有3,000座以上的島嶼，海岸邊境總長為13,676公里，居歐盟會員國之冠。義大利以 7,600 公里名列第二；西班牙第三（4,964 公里）；法國第四（4,720公里）；葡萄牙第五（2,555公里）。

　　就歐盟海岸邊境問題的性質而言，以非法移民的問題最為棘手，其次是違法捕撈與海盜等問題。根據Frontex的資料統計，2007年歐盟會員國在海岸邊境總共查獲 48,696 名非法移民，其中在義大利查獲的非法移民最多，共計 20,455 人，約佔總數的 42％；其次是西班牙的11,751人（約24％）；第三則是希臘的9,342人（約19％）。[13]歐盟南方海岸邊境因為鄰近北非與中東地區，因此，南部海岸邊境安全問題較其他海岸邊境更為複雜。悉知，絕大部分的非洲國家普遍都面臨高

---

[12] Europol: Illegal Immigration Fact Sheet 2008, 03.2008, p. 2.

[13] Frontex: Frontex General Report 2007, p. 15.

### <表 9-2 >歐盟南方海岸邊境

| 國家 | 長度（km） |
|---|---|
| 葡萄牙* | 2,555 |
| 西班牙** | 4,964 |
| 法國 | 4,720 |
| 斯洛凡尼亞 | 48 |
| 義大利 | 7,600 |
| 希臘 | 13,676 |
| 馬爾他 | 253 |
| 塞普勒斯*** | 293 |
| 總計 | 34,109 |

* 包括亞速爾群島（Azores）、馬德拉群島（Madeira）
** 包括加那利群島（Canary Islands）
*** 僅包括歐盟承認之南塞普勒斯
資料來源：Frontex: the EU External Borders Agency, 9th Report of Session 2007-08, Report from European Union Committee, Authority of the House of Lords, London, 05. 03. 2008, p. 17.

出生率和高失業率的問題，因此，許多非洲人民為了追求更好的經濟生活，不惜冒險搭乘簡陋的漁船，偷渡到義大利、西班牙與馬爾他。馬爾他是一個人口僅有 410,584 人，土地面積只有 316 平方公里的小國家，然而 2004 年竟有 1,388 名非法移民，且 2005 年又增加到 1,822 人，這個數目已相當於馬爾他 45 %的新生嬰兒總數。⑭

　　同樣的，海岸邊境非法移民也是一個令西班牙政府相當頭痛的問題，2005 年 11 月數百名南撒哈拉人民（Sub-Saharan Nationals）企圖非法進入摩洛哥北方的西班牙飛地（Clave），即休達（Ceuta）與梅利利亞（Melilla）。除此之外，2006 年 3～4 月西班牙的加那利群島（Canary Islands）湧入大批非洲移民，企圖以此作為前往西班牙本土的跳板。根據<表 9-3 >加那利群島政府公佈的資料，2006 年共有 603 艘漁

---

⑭ Frontex: The EU External Borders Agency, op. cit., p. 18. 有關馬爾他的人口與土地面積資料，請參見：http://epp.eurostat.ec.europa.eu/tgm/table.do? tab=table&init=1& plugin=0&language=en&pcode=tps00001. (Accessed 13.10.2008)

### ＜表 9-3 ＞ 2003-2006 年加那利群島非法移民

| | 2003 | 2004 | 2005 | 2006 |
|---|---|---|---|---|
| 漁船 | 580 | 274 | 214 | 603 |
| 非法移民 | 9,388 | 8,426 | 4,790 | 31,863 |

資料來源：Government of the Canary Islands, cited from: Sergio Carrera: The EU Border Management Strategy—Frontex and the Challenges of Irregular Immigration in the Canary Islands, Working Documents, Centre for European Policy Studies, No. 261, 22.03.2007, p. 13.

船載運 31,863 名非法移民到達加那利群島，與 2005 年的非法移民人數（4,790）相比，明顯增加了五倍以上。[15]

## 三、空航邊境結構與安全問題

　　歐盟的空航邊境是指「歐盟會員國的國內機場與國際機場」。在安全管制上，因為任何人經由機場出入境時，都必須接受身分檢查，所以，相較於陸地邊境與海岸邊境，歐盟會員國的空航邊境相對比較安全。[16]不過，自從911國際恐怖攻擊事件之後，各國政府都高度重視機場安全的管理，特別是對於大型國際機場的安全維護更是重點中的重點，原因是大型國際機場容易成為歐際恐怖份子的攻擊目標，同時大型國際機場的旅客皆來自許多不同國家，而且流通量大，因此，在大型國際機場或國際班機上的恐怖行動，常會引起眾多國家或是全世界的注意，如此一來，國際恐怖份子就能夠因為威脅面的擴大，輕而易舉地達到其所預設的政治目標。基於這層認識，如何維護歐盟會員國內大型國際機場的安全管理，就成了歐盟空航邊境安全的重點工

---

[15] Press Office of the Spanish Ministry of Interior where a Chronology is Offered on Key News and where it Offers an Overview on the Construction of the Crisis Took Specially Place Since 03-04. 2006, available from: http://www.mir.es/DGRIS/Cronologia/2006/04/. (Accessed 21.08.2008), cited from: Sergio Carrera: The EU Border Management Strategy—Frontex and the Challenges of Irregular Immigration in the Canary Islands, Working Documents, Centre for European Policy Studies, No. 261, 22.03.2007, p. 12.

[16] Frontex: The EU External Borders Agency, op. cit., p. 19.

作。

　　根據＜表9-4＞，2006年歐洲客運量最多的機場為英國的倫敦希斯羅機場（London Heathrow Airport），其年載客量達 67,339,000 人。法國戴高樂機場（Paris Charles de Gaulle Airport）居次（56,449,000 人）、德國法蘭克福機場（Frankfurt Airport）第三（52,403,000 人）、荷蘭阿姆斯特丹史基浦機場（Amsterdam Airport Schiphol）第四（45,998,000 人）、西班牙馬德里機場（Madrid Airport）第五（45,064,000 人）。⑰如果從國家別來看，前二十大機場中，英國機場就有 4 個，德國和西班牙各有3個，法國、義大利各有2個、奧地利、比利時、丹麥、愛爾蘭、荷蘭、瑞典則各有1個。而英國4個機場的載客總量為 147,222,000 人，約佔前二十大機場載客總量的23.9％；其次為德國的 99,519,000 人（16.1 ％）；西班牙第三，共有 97,356,000 人（15.8 ％）；法國則以 82,053,000 人（13.3 ％），位居第四；義大利第五，總載客量為 50,570,000 人（8.2％）。

　　根據 Frontex 的年度報告，2007 年歐盟 27 個會員國的國際機場總共查獲 20,748 名非法移民，其中在法國機場所查獲的人數最多，共有 4,149 人。其次是愛爾蘭（2,522 人）、荷蘭（2,369 人）、德國（2,269 人）、比利時（2,017 人）、希臘（1,377 人）、英國（1,366 人）、義大利（1,195 人）、葡萄牙（1,181 人）、奧地利（860 人）。若以地區分佈來看，西歐國家國際機場的非法移民情況較為嚴重，而被查獲的非法移民多為中南美洲人與中國人。⑱

---

⑰ 不過，根據歐洲執行委員會（European Commission）能源與運輸總署（DG Energy and Transport）「2007 年歐洲航空運輸市場年度分析」指出，2007 年 1 月至 6 月西班牙馬德里機場的載客量已超過荷蘭阿姆斯特丹史基浦機場同時期的載客量，成為歐洲第四大機場。詳細分析資料，請參見：European Commission DG Energy and Transport: Annual Analyses of the European Air Transport Market—Annual Report 2007, 20. 06. 2008, p. 117, available from: http://ec.europa.eu/transport/air_portal/observatory/index_en.htm. (Accessed 06.08.2008)

⑱ Frontex General Report 2007, op. cit., pp. 15-16.

<表 9-4 > 2006 年歐洲前二十大機場客運總量比較表

| 國　家 | 機場名稱 | 排比 | 客運量（人） | 客運總量（人） | 百分比（%） |
|---|---|---|---|---|---|
| 英　國 | London Heathrow | 1 | 67,339,000 | 147,222,000 | 23.9 |
|  | London Gatwich | 6 | 34,080,000 |  |  |
|  | London Stansted | 11 | 23,679,000 |  |  |
|  | Manchester | 13 | 22,124,000 |  |  |
| 德　國 | Frankfurt | 3 | 52,403,000 | 99,519,000 | 16.1 |
|  | Munich | 7 | 30,607,000 |  |  |
|  | Düsseldorf | 20 | 16,509,000 |  |  |
| 西班牙 | Barcelona | 8 | 29,895,000 | 97,356,000 | 15.8 |
|  | Madrid | 5 | 45,064,000 |  |  |
|  | Palma de Mallorca | 12 | 22,397,000 |  |  |
| 法　國 | Paris Charles de Gaulle | 2 | 56,449,000 | 82,053,000 | 13.3 |
|  | Paris Orly | 10 | 25,604,000 |  |  |
| 義大利 | Roma Fiumicino | 9 | 28,950,000 | 50,570,000 | 8.2 |
|  | Milan Malpensa | 12 | 22,397,000 |  |  |
| 荷　蘭 | Armterdam Schiphol | 4 | 45,998,000 | 45,998,000 | 7.4 |
| 愛爾蘭 | Dublin | 15 | 21,063,000 | 21,063,000 | 3.4 |
| 丹　麥 | Copenhagen | 16 | 20,694,000 | 20,694,000 | 3.3 |
| 瑞　典 | Stockholm Arlanda | 17 | 17,539,000 | 17,539,000 | 2.8 |
| 奧地利 | Vienna | 18 | 16,808,000 | 16,808,000 | 2.7 |
| 比利時 | Brussels National | 19 | 16,593,000 | 16,593,000 | 2.6 |
| 總　　計 |  |  |  | 615,415,000 | 100.00 |

資料來源：作者自製，資料參考自：Eurostat: Air transport in the EU27—Air Passenger Transport up by 5% in 2006, News Release, 14.12.2007, p. 3.

# 第二節　Frontex 的緣起與運作

綜合以上有關歐盟東擴後外圍邊境結構與安全問題的描述，我們發現歐盟東擴後所帶來的新外圍邊境安全有一個共同特點，即非法移民為歐盟陸、海、空邊境首要的安全問題。因此，如何在歐盟外圍邊境地區作好人員進出的管理，就成了第五次擴大後，歐盟邊境安全政

策的首要目標，而 Frontex 即是實踐這項意圖的第一權責單位。

## 一、Frontex 的成立

　　早在歐洲國家簽訂歐洲聯盟條約（即馬斯垂克條約）時，歐盟就將移民事務納入第三支柱「司法與內政合作」架構中。待 1999 年 5 月 1 日生效的阿姆斯特丹條約將申根協定（Schengen Agreement）納入歐盟後，歐盟的移民、庇護與簽證事務逐漸轉移到第一支柱，由歐洲共同體負責管理。[19]這種將移民、庇護與簽證政策共同體化（Vergemeinschaftung）的改變，是歐盟自從 1993 年實施人員、商品、勞務與資金四大自由流通的結果，而其最終的目的在於創造一個「自由、安全與正義區域」（Raum der Freiheit, der Sicherheit und des Rechts），以作為完成與保障歐洲內部市場的強化措施。[20]

　　不過，由於每個歐盟會員國皆有各自一套移民政策，彼此利益難以協調，因此在 1999 年 10 月 15～16 日坦佩雷歐洲高峰會（European Council in Tampere）中，歐盟就決定著手制訂歐洲共同移民與庇護政策，於此同時，歐盟的外圍邊境管理也開始朝向制度化、機構化的方向發展，以配合政策運作上的需要。911 事件發生後，歐盟會員國不僅比以往更加重視歐盟外圍邊境安全，而且也開始興起了建立歐洲邊境警察（European Border Police）[21]的構想。在 2001 年 10 月義大利政府即展開一項針對歐洲邊境警察的可行性研究，這項研究指出歐盟會員國間的確有加強邊境合作的需要，不過對建立歐洲邊境警察的構想還是相當保留。為解決跨邊境犯罪和廢除內部邊境所產生的問題，在 2001

---

[19] Wies Maria Maas: Fleeing to Europe: Europeanization and the Right to Seek Refugee Status, Working Paper, Institute of Social Studies, No. 454, 01. 2008, p. 39.

[20] Peter-Christian Müller-Graff/Friedemann Kainer: Asyl-, Einwanderungs- und Visapolitik, in: Werner Weidenfeld/Wolfgang Wessels (eds.): Europa von A bis Z, Baden-Baden: Nomos Verlagsgesellschaft, 2007, pp. 66-73.

[21] 在 2002 年 5 月 7 日歐洲執行委員會提出歐洲邊境警衛隊（European Corps of Border Guards）之前，歐盟會員國就已經開始使用 "European Border Guard" 或 "European Border Police" 等名稱。

年 12 月 14～15 日拉肯歐洲高峰會（European Council in Laeken）中，歐
盟會員國國家元首與政府首長要求歐盟理事會與歐洲執行委員會
（European Commission）就歐盟邊境管理機制，提出有效的合作方
案。㉒

　　之後，在 2002 年 5 月 7 日歐洲執行委員會向歐洲議會與歐盟理事
會提出「邁向統合的外圍邊境管理通報」（Communication on the Way
towards an Integrated Management of External Borders），這份通報的重點
包括：（一）建立外圍邊境管制的共同規定與標準；（二）設立外圍
邊境專家共同單位（External Borders Practitioners Common Unit）；
（三）分攤外圍邊境管理的財政支出；（四）成立歐洲邊境警衛隊
（European Corps of Border Guards）等。㉓這份通報的內容大致上已勾
勒出未來歐盟邊境管理的藍圖，而在歐盟會員國方面，雖然有部分會
員國反對成立邊境警衛隊，不過多數的會員國還是對歐洲執行委員會
的提案抱持著正面的態度。㉔同（2002）年 5 月，義大利主導的一份研
究報告中，並未明顯反對建立歐洲邊境警察，然而，報告的內容卻傾
向建議設立一個「國家邊境警察綜合網絡」（A Complex Network of
National Border Police Forces），透過邊境合作機構的聯結（例如：特
別邊境管理中心、據點等）與執行共同邊境管理單位的運作，以處理
危機分析、財政分攤、警察訓練課程等事務，而這樣的邊境管理機制
實際上已朝向 Frontex 目前的任務型態發展。㉕

　　在 2002 年 6 月 21～22 日塞維亞歐洲高峰會（European Council in
Seville）中，非法移民與海岸邊境警察被列為會議討論的重要議題，

㉒ Authority of the House of Lords: Proposals for a European Border Guard, House of Lords
Session 2002-03 29th Report of Select Committee on the European Union, Hl Paper 133,
01.07.2003, pp. 10-11.

㉓ European Commission: Communication from the Commission to the Council and the
European Parliament – Towards Integrated Management of the External Borders of the
Member States of the European Union, COM (2002) 233 final, 07.05.2002.

㉔ Authority of the House of Lords, op. cit., p. 11.

㉕ Feasibility Study for the Setting up of a "European Border Police", Final Report, Rome,
30.05.2002.

會議中歐洲執行委員會主席提議發展「統合與綜合性邊境策略」（An Integrated and Comprehensive Border Strategy）。㉖為了回應歐洲執行委員會的提案，歐盟理事會在 2002 年 6 月 13 日通過「會員國外圍邊境管理計劃」（Plan for the Management of the External Borders of the Member States），該計劃依照歐盟理事會「移民、邊境與庇護策略委員會」（Strategic Committee for Immigration, Frontiers and Asylum; SCIFA）的架構，設立了「外圍邊境專家共同單位」（Common Unit of External Border Practitioners）㉗，其任務主要是協調歐盟會員國的共同行動（Joint Operation）和實驗性計劃（Pilot Project）㉘，與目前 Frontex 的工作相當類似。㉙不過，由於這個共同單位的邊境管理行動並未受到適當的民主監督，因此遭到外界許多的批評。

　　為瞭解決這個問題，在 2003 年 6 月 19～20 日鐵薩隆尼奇歐洲高峰會（European Council in Thessaloniki）中，歐盟會員國要求歐洲執行委員會仿照過去外圍邊境專家共同單位的經驗，在歐洲共同體架構下重新草擬一個新的機制，以接續此共同單位的任務。㉚於是，2004 年 10 月 26 日歐盟理事會即依據第 2007/2004 號「規則」（Regulation）成立了 Frontex。半年之後，歐盟理事會於 2005 年 4 月 26 日通過一項決定（Decision）將 Frontex 的會址設於波蘭華沙。㉛同（2005）年 10 月 3 日 Frontex 正式開始運作。㉜

---

㉖ Council of the European Union: Seville European Council of 21 and 22 June 2002 – Presidency Conclusions, 13463/02, 24.10.2002.

㉗ Council of the European Union: Plan for the Management of the External Borders of the Member States of the European Union, 10019/02, 14.06.2002, p. 12.

㉘ 實驗性計劃（Pilot Project）是另一種形式的共同行動。實驗性計劃主要是為測試新邊境管理措施，以決定未來是否繼續發展，例如：Frontex 在 2006 年與 2007 年就分別進行了 Medsea 和 Bortec 兩項研究。（請參見＜附錄 9-2 ＞）

㉙ Authority of the House of Lords, op. cit., pp. 11-13.

㉚ Council of the European Union: Presidency Conclusions, Thessaloniki European Council 19-20.06.2003, 11638/03, 01.10.2003, p. 4.

㉛ Council Decision of 26 April 2005 Designating the Seat of the European Agency for the Management of Operational Cooperation at the External Borders of the Member States of the European Union, OJ, L 114, 04.05.2005, p. 1.

㉜ Frontex: General Report of Frontex for 2005, p. 1.

# 二、Frontex 的組織與任務

Frontex 是一個共同體機構（Community Body），具有法律人格，可自由運用歐洲共同體所分配的預算。截至 2008 年 1 月為止，Frontex 共有 164 名職員，其中專職人員（Contract Agents; CA）有 35 名，臨時專員（Temporary Agents; TA）有 60 名，歐盟會員國委派專家（Seconded National Experts; SNEs）有 69 名。㉝

## （一）Frontex 的組織架構

如＜圖 9-1 ＞所示，Frontex 設有管理委員會、執行長（Executive Director）1 名、副執行長（Deputy Executive Director）1 名，其下設置三個運作部門，即行動部門（Operations Division）、行政部門（Administration Division）與能力建構部門（Capacity Building Division）等，茲將各部門的組織與職權敍述如後。

### 1.管理委員會

管理委員會是 Frontex 的決策中心，由 32 名委員組成：歐盟 27 會員國各派 1 名代表出席、申根國家冰島與挪威也各派代表一名、歐洲執行委員會則派 2 名代表、瑞士則以觀察員的身分派 1 名代表出席。該委員會的委員皆來自歐洲國家邊境安全機關的官員，每位委員的任期四年，連選得連任一次。管理委員會設有主席與副主席各 1 名，由委員們互選產生，任期二年。管理委員會每年至少定期集會二次，投票方式為絕對多數決，不過由於英國與愛爾蘭尚未加入申根協定，因此只有在討論議題與兩國相關時，才會受邀參加會議。㉞冰島與挪威的代表在管理委員會中的決策權也有限，只有在與其相關的協定或事務上，這些代表才有決策參與權。㉟管理委員會擁有制訂 Frontex 年度預

---

㉝ Available from: http://www.frontex.europa.eu/faq/. (Accessed 29.07.2008)

㉞ Council Regulation (EC) No 2007/2004 of 26.10.2004 on Establishing a European Agency for the Management of Operational Cooperation at the External Borders of the Member States of the European Union, OJ L 349, 25. 11. 2004, p. 3.

㉟ Ibid.

<圖 9-1 > Frontex 組織架構圖

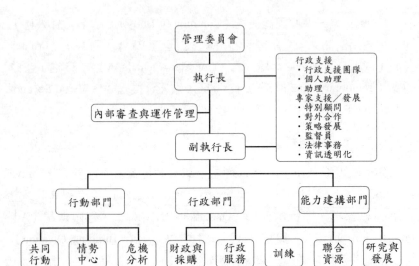

資料來源：http://www.frontex.europa.eu/gfx/frontex/files/justyna/frontex_organisation.pdf.
（Accessed 03.09.2008）

算、修改行政程序、任命執行長、制訂財政法規等權力。

### 2. 執行長

　　執行長是Frontex的對外代表，並負責執行Frontex的政策。執行長的人選由歐洲執行委員會提名，管理委員會以三分之二票數任命，任期為五年，連選得連任一次。執行長的職權包括建立、維繫與歐盟機構、會員國、第三國和國際組織的合作關係。執行長底下設有 1 名副執行長，輔佐執行長推行Frontex的日常事務，其產生方式同執行長。㊱Frontex 的現任執行長是芬蘭籍的萊廷恩（Ilkka Laitinen）。

---

㊱ Ibid., p. 8. (Article 25)

### 3.行動部門

行動部門是由共同行動單位（Joint Operations Unit）、聯合情勢中心（Joint Situation Centre）、危機分析單位（Risk Analysis Unit）組成。共同行動單位的主要任務是協調歐盟與申根國家的邊境共同行動。[37]共同行動單位底下設有五個分部（Sectors）：第一到第三分部分別掌管空航、陸地、海岸的邊境行動。第四分部負責會員國遣返非法移民行動。第五分部則管理共同行動所需的資源。

Frontex 的核心目標在使會員國間謀求一個合作機制，用系統性的方法解決邊境安全問題，以減少個別與高成本的特別行動（Ad Hoc Actions），而「危機分析」則是啟動整個 Frontex 行動機制的閘閥。[38]Frontex 的危機分析單位應用「共同統合的危機分析模式」（Common Integrated Risk Analysis Model; CIRAM）[39]，作為情勢分析的主要工具。悉知，「共同統合的危機分析模式」是一份不斷更新的文件，目前「共同統合的危機分析模式」僅列出危機分析的基本原則，做為歐盟會員國在分析活動的指標，以便會員國在邊境安全領域上進行資訊交換和相關合作。[40]另外，「共同統合的危機分析模式」的結果也可以用來發展核心訓練課程，並做成一般和專案危機分析報告給 Frontex 的共同行動單位、歐盟會員國邊境防衛機構、歐盟理事會與歐洲執行委員會。其次，為了確保歐盟會員國的專家能夠持續地協助 Frontex 的危機分析，Frontex 設立了「Frontex 危機分析網絡」（Frontex Risk Analysis Network; FRAN），並定期舉辦會議，以助於資訊交換。藉由這個網路，Frontex 會匯集歐盟會員國與申根國家的分析資料，並進一

---

[37] Ibid., p. 4. (Article 3)

[38] Ibid. (Article 4)

[39] 「共同統合的危機分析模式」為 2002 年 6 月 21～22 日歐洲高峰會專家團所建立。「共同統合的危機分析模式」原來是由外圍邊境專家底下的「危機分析中心」（Risk Analysis Centre; RAC）（2003 年成立於芬蘭赫爾辛基）所負責執行。直到 2005 年 5 月 Frontex「危機分析單位」取代「危機分析中心」後，Frontex 才逐步修改「共同統合的危機分析模式」，以配合未來的任務與行動。

[40] 該分析模式亦適用於冰島與挪威。詳細資料，請參見：http://www.frontex.europa.eu/faq/. (Accessed 29.07.2008)

步做出綜合性的危機分析報告。㊶

聯合情勢中心是 Frontex 共同行動及計劃的資料管理中心，其主要任務是蒐集、評估與管理來自歐盟會員國協調中心（National Coordination Centres; NCCs）、重點邊境檢查站（Focal Point Offices）、Frontex 協調官與其他行動聯繫單位的行動資料，例如：進行中的共同行動，Frontex 共同支援總隊（Frontex Joint Support Teams; FJST）㊷與邊境快速支援總隊（Rapid Border Intervention Teams; RABIT）的成員資料、可用技術設備中央檔案系統（Centralized Records of Available Technical Equipment; CRATE）等，以提供 Frontex 管理階層及各部門高可信度的行動資訊，讓 Frontex 能夠隨時掌握會員國的非法移民與外圍邊境管制的現況。㊸

### 4. 能力建構部門

能力建構部門是由研究與發展單位（Research and Development Unit）、訓練單位（Training Unit）、聯合資源單位（Pooled Resources）所組成。首先，研究與發展單位的任務是負責研發邊境安全管制和監視科技，其研究的技術領域包括：海岸監視與陸地監視系統㊹、生物辨識系統、電子身分文件與 C4I ㊺系統等。Frontex 的研究與發展

---

㊶ Frontex: Frontex Annual Report 2006, p. 15.

㊷ 未來 Frontex 將發展各別負責陸、海、機場的共同支援總隊。陸地支援總隊的成員大多將來自與俄羅斯接鄰的歐盟會員國，俄羅斯警官也可以參與部分合作，陸地和海岸支援總隊預計將各有五到六組。各隊的專家也可以依議題而自成一團，例如：處理旅遊文件的專家團。Jill Donoghue, et al.: Report on Frontex. The European Union's New Border Security Agency, Institute of European Affairs, 10. 2006, p. 5.

㊸ Frontex: Management Board Decision 1/2008 of 29 January 2008 on the Programme of Work 2008 Amendment No 1, p. 13.

㊹ 海岸監視系統包括：雷達、用於陸海空的光電感應器（Electro-optical Sensor，光電感應器可用於擷取目標地區的圖像或進行監聽，以蒐集情報）、船艦追蹤系統等。陸地監視系統包括：雷達、偵測空間內人體與物體的感應器等。Available from: http://www.eettaiwan.com/SEARCH/ART/optical+sensor.HTM. (Accessed 13.09.2008)

㊺ C4I 是指：指揮（Command）、控制（Control）、通信（Communicate）、電腦（Computer）、情報（Intelligence）。

單位也是歐洲執行委員會、歐盟會員國與各研究機構之間的橋樑。當研究計劃完成時，研究與發展單位會就研究成果進行測試與評估，最後再應用於 Frontex 的行動中。研究與發展單位大部分的工作主要是在歐盟第七期科研架構計劃（Seventh Framework Programme; FP7）⑯下進行，其他部分研究工作則是在義大利伊斯帕（Ispra）的歐盟聯合研究中心（EU Joint Research Centre）⑰進行。⑱

　　其次，為了改善歐盟會員國邊境警察的素質，Frontex 的訓練單位會依照行動需要為歐盟會員國的邊境警察開設「共同核心訓練課程」（Common Core Curriculum; CCC）⑲，同時，Frontex 也密切地與歐洲警察學院（European Police College; CEPOL）合作，提供符合經濟效益的訓練課程。此外，Frontex 也設有三項訓練原則：(1)訓練單位應依照

---

⑯ 歐盟科研架構計劃（Framework Programme; FP）是歐盟科技政策的重心，其目的在於帶動歐洲民間企業或機構的科技研發，以促進歐盟各國科技政策整合，進而建立第五大自由流通「知識流通」（Freedom of Knowledge）。歐盟科研架構計劃開始於 1984 年，目前正在推行的第 7 期科研架構計劃（Seventh Framework Programme; FP7）為期七年（2007～2013），總預算為 532 億歐元（約計 2 兆 5,536 億臺幣，約為臺灣中央總預算的 1.7 倍）。第七期科研架構計劃是歐盟所有科研架構計劃中為期最長、投資額最高的科研計劃。有關歐盟科研架構計劃的內容，請參見：Regulation (EC) No 1906/2006 of the European Parliament and of the Council of 18 December 2006 on Laying down the Rules for the Participation of Undertakings, Research Centres and Universities in Actions under the Seventh Framework Programme and for the Dissemination of Research Results (2007-2013), OJ L 391, 30.12.2006, p. 1.

⑰ 歐盟聯合研究中心（EU Joint Research Centre）主要任務是提供歐盟機關在政策發展、執行與監督過程中必要的科學與技術支援。另外，歐盟聯合研究中心在五個歐盟會員國（德國、義大利、荷蘭、比利時、西班牙）設立了七個分支研究機構，共有 2700 百名職員。詳細內容，請參見：EU Joint Research Centre: The Joint Research Centre and FP7, 08.02.2007, p. 1, available from: http://ec.europa.eu/dgs/jrc/index.cfm? id=2560&lang=en. (Accessed 10.10.2008)

⑱ Council Regulation (EC) No 2007/2004, op. cit., p. 4. (Article 6)

⑲ 原本在歐盟層級的邊境警察訓練是由 2003 年 9 月 16 日在奧地利成立的邊境警察特別訓練中心（Ad hoc Centre for Border Guard Training; ACT）所負責，該中心的主要任務為制訂共同訓練課程、定義共同訓練標準與最佳範例（Best Practices），以及舉辦相關的研討會議等。自 2005 年 12 月 31 日起，Frontex 接替了該中心的任務與活動。

歐盟理事會第 2007／2004 號「規則」第 5 條的規定提供訓練，特別是有關移民遣返的訓練；(2) Frontex 應與歐盟會員國共同進行訓練活動(50)，並可由會員國警官擔任計劃執行的主導者；(3) Frontex 要把共同訓練的模式應用在歐盟會員國國內，也就是說，要將會員國的訓練模式整合成一套共同的訓練模式。(51)

另外，為了聚集 Frontex 與歐盟會員國在共同行動中所需的設備資源。歐盟會員國可自願或在其他會員國提出需求的情況下，提供邊境管制與監視設備資源，以提供參與共同行動的會員國暫時使用。Frontex 的聯合資源單位建構了「可用技術設備中央檔案系統」。目前可用技術設備中央檔案系統的項目清單中，列有 100 艘以上的船艦、20 架飛機、25 架直升機、數百個邊境管制設備等。(52)

在聯合資源方面，Frontex 已提案設立 Frontex 共同支援總隊與快速邊境支援總隊。這兩支總隊都是由歐盟會員國與申根國家的專家組成，再由 Frontex 提供訓練。而兩者的不同之處在於，Frontex 共同支援總隊是依照 Frontex 的危機分析報告結果，提供專家和行動設備到大批移民湧入的陸地邊境或海岸邊境執行勤務。然而，快速邊境支援總隊則是提供歐盟會員國遭遇緊急情況時調派使用。(53)

#### 5. 行政部門

行政部門是由行政單位（Administration Services）及財務與採購單位（Finance and Procurement Unit）所組成。行政單位的任務是提供所有業務單位必要的行政服務，讓 Frontex 能夠順利運作。行政單位所負

(50) 例如：訓練提案與課程內容的設計等。

(51) 歐盟理事會第 2007/2004 號「規則」第 5 條的內容為：「Frontex 應該開設與發展有關邊境警察訓練的共同核心課程，並讓歐盟會員國邊境警官接受歐盟層級的邊境管理訓練。其次，Frontex 應該舉辦與外圍邊境管制和監視，以及遣返第三國人民相關的訓練課程與研討會。此外，Frontex 也可以在歐盟會員國境內進行訓練活動。」Council Regulation (EC) No 2007/2004, op. cit., p. 4. (Article 5)

(52) 這些邊境管制設備包括：移動式雷達、熱感式攝影機（Thermal Cameras）、攜帶式偵測器（Mobile Detectors）等設備。請參見：European Commission: The Frontex Agency: Evaluation and Future Development, MEMO/08/84, 13.02.2008, p. 2.

(53) Frontex Annual Report 2006, op. cit., p. 23.

責的工作包括：人力資源管理、建立 Frontex 的資訊與通信科技架構、負責 Frontex 的安全與其他服務。⑭而財務與採購單位底下分為財務分部與採購分部，其任務為制訂 Frontex 的財務策略、決定財務與採購相關規定或程序、管理所有競標與採購過程，並負責保管合約記錄冊（Contract Register）等。⑮

## （二）Frontex 的任務

根據歐盟理事會第 2007／2004 號「規則」第 2 條規定，Frontex 的重要任務共有底下六項⑯：

1. **協調歐盟會員國的邊境行動**：Frontex 協調會員國執行邊境安全合作行動，讓可資利用的行動資源發揮最大功效。每一個歐盟會員國與申根會員國都必須在其國內設立 Frontex 國家聯絡據點（National Frontex Point of Contacts; NFPoC），作為該國政府機關與 Frontex 的資訊溝通管道。

2. **訓練歐盟會員國的邊境人員**：邊境警察的素質將直接影響 Frontex「統合的邊境安全系統」（Integrated Border Security System）的運作成效。因此，Frontex 應建立一套共同的警察訓練標準，以協助會員國訓練高素質的邊境警察。而維也納邊境警察訓練中心（Training Centre for Border Guards in Vienna）負責協助 Frontex 設計共同核心課程，並建立國家訓練學校之合作網路。歐盟會員國也應設立訓練計劃，讓邊境警察在參與共同行動前，學習行動過程中所需的語言和法律知識。Frontex 以危機分析和危機評估為基礎，發展邊境警察的共同核心課程。⑰

---

⑭ 這些服務包括：確保 Frontex 內職員與文件資料的安全、維持與各國邊境機關間的聯繫、籌備管理委員會會議等。詳細內容，請參見：http://www.frontex.euro-pa.eu/structure/administration/. (Accessed 28.07.2008)

⑮ Available from: http://www.frontex.europa.eu/structure/finance_and_procurement/. (Accessed 28.07.2008)

⑯ Council Regulation (EC) No 2007/2004, op. cit., p. 4. (Article 2)

⑰ Hélène Jorry: Construction of a European Institutional Model for Managing Operational Cooperation at the EU's External Borders: Is the FRONTEX Agency a Decisive Step forward?, Centre for European Policy Studies, 03.2007, p. 16.

這二年內（即 2006 與 2007 年）Frontex 已舉辦九十七項訓練活動、會議、研討會，總計有 1,341 人參與邊境警察訓練或教練培訓等活動。⑤⑧

　　**3. 執行外圍邊境危機分析**：危機分析是 Frontex 草擬行動計劃的重要依據，危機分析是所有 Frontex 行動⑤⑨的基礎。Frontex 在執行任務之前，應先評估事件，以適當協調會員國的行動，例如：2005 年 12 月 15～16 日，歐洲高峰會要求 Frontex 應對非洲移民問題提出 2006 年的危機分析，並進行有關地中海邊境監控和海岸警察的研究等。⑥⓪

　　**4. 推展有關邊境管理的研究與發展**：為了加強會員國邊境管制的能力，會員國應配備最先進的科技設備和器材，因此，Frontex 應致力研發邊境管制與監視的設備。為了達到這個目標，Frontex 應與歐洲聯合研究中心保持密切合作。⑥①在邊境管理研究方面，Frontex 已經進行了六項計劃與七場研究與發展研討會，例如：跨國自動化生物辨識系統（Automated Biometric Border-crossing Systems; BIOPASS）⑥②，即是邊境安全研究計劃之一。⑥③

　　**5. 提供緊急支援**：Frontex 應設計一套完善的快速反應措施，以便在緊急的情況下，可以立即提供會員國協助。

　　**6. 協調共同遣返行動**：Frontex 應協調會員國邊境管理機構的共同遣返行動，並積極協助會員國辨識旅遊文件和遣送非法移民離境等事宜。

---

⑤⑧ Julien Jeandesboz, op. cit., p. 6.
⑤⑨ 危機分析的內容包括：行動原因、路線、方式和非法移民、難民的統計等。
⑥⓪ Hélène Jorry, op. cit., p. 14.
⑥① Hélène Jorry, op. cit., p. 17.
⑥② 為了讓歐盟各國的航空機場全面使用生物辨識系統，自 2006 年 12 月起，Frontex 與歐盟聯合研究中心的專家團即於歐洲各大機場展開一系列的生物辨識系統研究，例如：在法國戴高樂機場進行指紋（Fingerprint）辨識系統測試，另外在英國希斯羅機場、德國法蘭克福機場、荷蘭史基浦機場也進行了虹膜（Iris Recognition）辨識系統測試的相關計劃。詳細內容請參見：Frontex: BIOPASS — Study on Automated Biometric Border Crossing Systems for Registered Passenger at Four European Airports, Warsaw, 08.2007, p. 7.
⑥③ Julien Jeandesboz, op. cit., p. 7.

# 第三節　Frontex 邊境行動程序

一般而言，Frontex 的邊境共同行動可分為「一般行動」與「緊急行動」兩種，而這兩種行動的執行卻都以所謂的「統合的歐盟邊境管理概念」（Concept of Integrated Border Management）為依歸，茲將其內容敘述如後。

## 一、統合的歐盟邊境管理概念

芬蘭籍的 Frontex 執行長萊廷恩在 2006 年德國聯邦刑事警察局（The Federal Criminal Police Office; BKA）秋季會議上，對統合的歐洲邊境安全行動與概念提出所謂的「四層邊境安全模式」（Four Tier Border Security Model）64：（一）外圍邊境內（Inside the External Borders）：在歐盟內部，歐盟會員國應合作執行非法移民遣返行動、移民管制，並促進歐盟機構間的合作；（二）邊境上（At the Border）：歐盟會員國應該根據系統性的危機分析資料，相互協助邊境檢查，監視陸地邊境與海岸邊境，並促進歐盟與鄰國相關權責機構間的合作；（三）邊境地帶（Across the Border）：邊境線外相當距離的邊境地區的安全管理，常會涉及進入鄰國領土內的警察活動，因此，歐盟會員國應與相關鄰國政府建立邊境行動合作制度；（四）外圍邊境外（Beyond the Borders）：這是離邊境線最遠的一環，這一層面的邊境安全行動是涉及平時歐盟會員國與鄰國間的簽證業務與領事合作，是防制非法移民的第一道關卡，因此，雙方應該落實簽證政策、領事合作與派駐聯絡官等。

綜合而言，這套「四層邊境安全模式」清楚描繪了統合的歐盟邊境行動的步驟性：第一層是會員國的資訊交換與移民遣返合作；第二

---

64 Ilkka Laitinen: Fields of Action and Conceptual Approaches of Integrated European Border Security (European Border Guard?), power point presented at the Federal Criminal Police Office (BKA) Autumn Conference, Germany, 15.11.2006, p. 9, available from: http://www.bka.de/kriminalwissenschaften/herbsttagung/2006/praesentation_laitinen.pdf. (Accessed 27.08.2008)

層是邊境與海關管制，包括監視、邊境檢查與危機分析；第三層是聯結第三國邊境警察、海關與警察機關的合作；第四層是聯結與第三國在共同行動上的合作，包括：邀請第三國參與共同行動與實驗性計劃、加強歐盟與鄰國的簽證與領事合作等。

統合的歐盟邊境行動概念涉及人員自由與人員安全兩個領域，在人員自由領域方面，其所強調的是有關移民的合法或非法問題、（難民的）國際保護、公共健康、文化尊重、社會融合、發展與合作等問題。在人員安全領域方面則包括：犯罪預防、打擊恐怖主義、防衛與安全、危機管理與邊境鄰國的對外關係等事務。[65]＜圖 9-2 ＞是有關統合的歐盟邊境行動的概念圖，在實際運作時，首先，Frontex 將會啟動危機分析機制，詳細根據 Frontex 本身的邊境安全監視系統，再匯集歐盟會員國與歐盟相關機構所提供的邊境安全資訊，作出當時的危機判定。其次，Frontex 依據危機分析的結果，進行內部部門間的協調，之後再與歐盟會員國協調彼此的利益，並且商討必要的立法問題與責任分配。最後，就是採取共同行動的最後階段，在共同行動之前，Frontex 將依照歐盟理事會所通過的決定，協助會員國訓練邊境行動人員，並且著手準備必要的設備，以供執行共同行動時使用。由此可見，這套統合的歐盟邊境行動概念是一種「危機分析—協調—共同行動」的三階段概念，具有簡單明瞭的特色。

## 二、一般行動

所謂「一般行動」是指在非緊急的情況下，Frontex 根據危機分析單位的情報資料，對已經存在的或潛在的外圍邊境安全問題，所採取的共同行動。而「一般行動」的形成過程可分為底下三個階段：提案階段、籌備階段與行動階段。[66]

（一）提案階段：一般行動的提案可由 Frontex 或歐盟會員國提

---

[65] Ibid.

[66] 有關一般行動的形成過程，請參見：(1) Frontex Annual Report 2006, op. cit., p. 8; (2) http://www.frontex.europa.eu/structure/operations/. (Accessed 28.07.2008)

＜圖 9-2 ＞統合的歐盟邊境管理概念圖

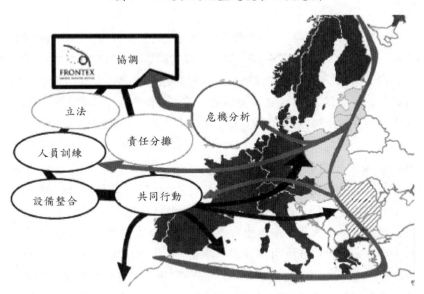

資料來源：Ilkka Laitinen: Fields of Action and Conceptual Approaches of Integrated European Border Security (European Border Guard?), power point presented at the Federal Criminal Police Office (BKA) Autumn Conference, Germany, 15.11.2006, p. 19, available from: http://www.bka.de/kriminalwissenschaften/herbsttagung/2006/praesentation_laitine n.pdf. (Accessed 27.08.2008)

出。Frontex 根據危機分析提出共同行動或實驗性計劃等方案，這些提案由 Frontex 所有相關單位共同協商，並經管理委員會討論後，最後由執行長批准後，確定這項行動計劃提案。由單一或多個歐盟會員國提出的行動方案或「實驗性計劃」，須經 Frontex 的必要性評估後，才能確定這項行動提案。

　　（二）籌備階段：在籌備階段，Frontex 的行動單位必須負責草擬行動計劃，並徵求願意參與行動的國家，統籌與彙整會員國所提供的資源，最後再依據參與會員國提供的行動資源（例如：專家、科技設備、監視設備等）決定最終行動計劃。行動計劃的內容應包括：準備工作的概要描述、進度、行動方式、技術支援、人力投入、執行行動的詳細預算、執行計劃的聯繫費用、行動風險評估等。待行動計劃擬

定後，Frontex 行動單位將行動計劃交給執行長批准後，得開始準備採取行動。

（三）行動階段：共同行動的執行是由行動主導國（Host Member State）與 Frontex 相關單位聯合執行。當共同行動的目標達成後，行動單位必須評估該項行動的成果，條列行動過程的缺失與問題，並做成最終報告，交付 Frontex 管理委員會。管理委員會在審議最終報告後，應向執行長提出後續的行動建議，至此乃結束這項行動計劃。

除了上述的一般行動外，Frontex 目前也透過其他三種途徑加強歐盟的外圍邊境管制與監視[67]：第一、透過「共同統合的危機分析模式」，處理危機分析與邊境監視等工作；第二、發展高科技設備，包括：追縱與管理個人遷徙的資料庫、運用創新的生物辨識技術與其他泛歐資料庫[68]；第三、在歐盟會員國邊境防衛機構建立泛歐整合的監視機制[69]，並以科技應用為基礎，建立「歐洲邊境監視系統」（European Surveillance System for Borders; EUROSUR）。[70]「歐洲邊境監視系統」旨在組織一個整合所有歐盟海岸邊境監視系統的網路，減少歐盟

---

[67] Julien Jeandesboz, op. cit., p. 4.

[68] 其他泛歐資料庫包括歐洲指紋辨識資料庫（Eurodac）等。有關高科技邊境管理設備的發展，請參見：(1) Sergio Carrera, op. cit., p. 5; (2) Florian Geyer: Taking Stock: Databases and Systems of Information Exchange in the Area of Freedom, Security and Justice, in: Research Paper, No. 9, Centre for European Policy Studies, 05.2008, p. 14.

[69] 例如：在地中海建立海岸巡邏網路（Coastal Patrol Network）。

[70] 為了打擊從北非及地中海區域進入歐盟的非法移民，Frontex 在 2006 年執行了 Medsea 與 Bortec 兩項實驗性計劃，以研究在歐盟南部海岸邊境建立「歐洲監視系統」（European Surveillance System; EUROSUR）的可能性。為了建立此系統，Frontex 首先在 2007 年 5 月 24 日展開歐洲巡邏網絡（European Patrol Network）計劃，這項計劃的目標是為了協調地中海地區會員國的行動，並加強海岸邊境管制與監視。歐洲巡邏網路計劃分為兩個階段：第一階段，Frontex 將以會員國在地中海與大西洋區域的巡邏活動為基礎，發展巡邏網絡，並在會員國設立國家聯絡據點（National Frontex Point of Contacts; NFPoC），協助 Frontex 計劃與執行共同行動；第二階段，會員國成立國家協調中心，提升會員國的海上巡邏能力，並建構涵蓋公海的歐洲巡邏網路，加強會員國與 Frontex 的合作與協調性。請參見：Frontex: 2007 Sea Border Operations, Frontex Press Kit, Vol. 2/11, Issue 1, p. 7.

無法偵查到的非法移民，避免跨國犯罪的發生與加強搜尋與救難的能力，進而促進歐盟的內部安全。[71]該系統可以讓 Frontex 以更有系統性的方式，取得歐盟會員國間的即時行動資訊，以作為發展「Frontex 情報導向資訊系統」（Frontex Intelligence Led Information System）的基礎。[72]未來，歐洲執行委員會計劃將建立一個泛歐邊境監控系統，並與使用歐洲伽利略衛星系統的國家之海岸監控系統相連線，藉此以強化歐盟外圍邊境的管理。[73]

## 三、緊急行動

除了上述的一般行動外，在緊急的情況下，Frontex 會啟動一套緊急應變機制，以作因應，而這套緊急應變措施的靈魂就是所謂的「邊境快速支援總隊」（Rapid Border Intervention Teams; RABITS）。「邊境快速支援總隊」於 2007 年 7 月 11 日設立，這支邊境快速警隊是結合 Frontex、歐盟會員國與申根會員國的專家、邊境警察與技術設備而成，其成立的宗旨在於提供歐盟會員國短期協助，以解決緊急的邊境安全問題。而「邊境快速支援總隊」的預算來自於歐洲共同體。[74]目前，「邊境快速支援總隊」的編制已達 500～600 名，可提供歐盟會員國調度使用，並且可以在五個工作天內完成部署。[75]

當歐盟啟動緊急行動後，Frontex 必須負責整合、訓練與部署「邊境快速支援總隊」，而歐盟會員國則必須預備適當數量之邊境警察，

[71] Julien Jeandesboz, op. cit., p. 9.

[72] European Commission: The Frontex Agency, op. cit., pp. 3-4, available from: http://europa.eu/rapid/pressReleasesAction.do? reference=MEMO/08/84&format=HTML&aged=0&language=EN&guiLanguage=en. (Accessed 26.08.2008)

[73] Hugo Brady: EU Migration Policy: An A-Z, Center for European Reform, 02.2008, p. 8.

[74] Regulation (EC) No 863/2007 of the European Parliament and of the Council of 11 July 2007 on Establishing a Mechanism for the Creation of Rapid Border Intervention Teams and amending Council Regulation (EC) No 2007/2004 as regards that Mechanism and Regulating the Tasks and Powers of Guest Officers, OJ L 199, 31.07.2007, p. 30.

[75] European Commission: Report on the evaluation and future development of the FRONTEX Agency, COM (2008) 67 final, 13.02.2008, p. 7.

並在其國內設立國家聯絡據點（National Contact Point），以協助籌組「邊境快速支援總隊」。[76]當歐盟會員國邊境遭到大量第三國移民湧入或其他緊急情況時，Frontex 除了調度編制內的邊境警察與專家參與支援行動外，也會依據會員國的大小及邊境警力的性質，徵召一定比例的邊境警察與專家，以組成「邊境快速支援總隊」。而「邊境快速支援總隊」的警力人數及建制（Profile），將由 Frontex 管理委員會依照 Frontex 執行長的提案，以四分之三多數決的方式決定之。[77]

總括而言，「緊急行動」的形成過程可分為申請階段、編組「邊境快速支援總隊」階段與行動階段等三個階段，茲分別說明如下：

（一）申請階段：「緊急行動」的啟動採申請制，歐盟會員國與申根會員國都有資格提出申請。申請內容應填具現況描述、支援需求與欲達成之目標等。必要時，Frontex 執行長可派專家直接到歐盟會員國評估狀況。當 Frontex 執行長接到歐盟會員國申請時，應通知 Frontex 管理委員會，另外，Frontex 執行長也應參考 Frontex 的危機分析及其他重要情報，在接到申請後五日內，做出是否部署「邊境快速支援總隊」的決定。

（二）編組「邊境快速支援總隊」階段：當執行長決定派遣「邊境快速支援總隊」後，Frontex 與申請國應立即草擬行動計劃。行動計劃的內容應包括：現況描述、部署方式、行動目標、部署時間、部署範圍、任務描述、主導國邊境指揮官、邊境警察的姓名、階級與可資使用的技術設備等。當行動計劃定案後，Frontex 執行長應告知歐盟會員國之國家聯絡據點（National Contact Points）有關行動部署時間，以及所需之「邊境快速支援總隊」的警力建制及數量等資訊。待「邊境快速支援總隊」籌組完成後，應該在行動計劃定案後五日內完成部署。（請參見圖＜ 9-3 ＞）

---

[76] 根據歐洲共同體條約與歐洲聯盟條約之議定書（Protocol），英國、愛爾蘭、丹麥不參與「邊境快速支援總隊」。詳細內容，請參見：Regulation (EC) No 863/2007, op. cit., p. 32.

[77] Regulation (EC) No 863/2007, op. cit., p. 33. (Article 4)

## ＜圖 9-3 ＞邊境快速支援總隊的形成與運作過程

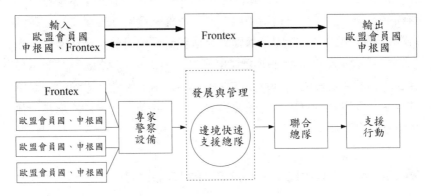

資料來源：Ilkka Laitinen: Fields of Action and Conceptual Approaches of Integrated European Border Security (European Border Guard?), power point presented at the Federal Criminal Police Office (BKA) Autumn Conference, Germany, 15.11.2006, p. 13.

　　（三）行動階段：在行動部署期間，主導國可指揮「邊境快速支援總隊」，並依邊境緊急情況的性質，籌組一個較小型的、適當的行動警隊，即「聯合總隊」（Pooled Teams），以執行支援行動。「邊境快速支援總隊」的成員可依據申根邊境條款的規定進行邊境檢查、邊境監視的任務，這些成員在經過行動主導國與地主國（Home Member State）授權後，可於任務期間攜帶武器、子彈及裝備。此外，Frontex 執行長可指派 Frontex 的專家擔任協調官（Coordinating Officer），負責監督與回報整個行動的過程，並可以針對行動主導國的指揮提供意見，而該國應將其納入考量。其次，主導國也應給予協調官必要的協助，讓協調官在部署期間隨時能夠聯繫「邊境快速支援總隊」。

　　Frontex 的目標在於發展一套共同的邊境管理規則與標準，整合歐盟會員國的集體邊境行動，以確保歐盟會員國落實共同邊境管理政策，進而達到「統合的歐盟邊境管理」。[78] 雖然，Frontex 是屬於歐洲

---

[78] Hélène Jorry, op. cit., p. 8.

共同體架構下的機構，其經費預算由歐洲共同體所提供，但是它的任務卻有第二支柱政府間合作的特性。(79) Frontex 的運作相當依賴歐盟會員國的合作，因此歐盟會員國之間的彼此信任是共同邊境管理的關鍵所在，反過來說，當歐盟會員國缺乏信任時，即可能削弱在邊境合作上的意願，所以 Frontex 必須適當的提供有利條件，讓各會員國能夠相互合作。當各會員國能夠將非法移民視為須由全歐洲合力解決的重要議題時，歐盟會員國間才可能塑造彼此信任的氛圍，這樣才能夠加強歐盟外圍邊境合作。(80)

## 第四節 Frontex 的內外合作機制

歐盟東擴後外圍邊境增長增廣，而且邊境問題也隨之多樣化與複雜化，因此，要應付層出不窮的邊境問題，單憑 Frontex 的力量顯然不足，在這種情況之下，如何尋求其他的資源與助力以支援 Frontex，就成了歐盟刻不容緩的要務。在整個合作光譜上，Frontex 的合作對象來自兩個面向：第一、歐盟內部：包括歐盟會員國與歐盟機構；第二、歐盟外部：包括歐盟鄰國與國際組織。

### 一、Frontex 對內合作機制

Frontex 的邊境管理必須仰賴歐盟會員國與其他歐盟機構的協助，透過他們的支援，尤其是在資訊的交換與人力的投資上，Frontex 漸漸地能夠承擔起歐盟會員國所交付的外圍邊境管理責任。

#### （一）Frontex 與歐盟會員國的合作

在邊境安全管理上，Frontex 與歐盟會員的互動相當頻繁。一方面，歐盟會員國（特別是位於外圍邊境區域的會員國）是 Frontex 服務的對象，因為，Frontex 成立的目的就是要解決歐盟會員國的邊境安全

(79) Wies Maria Maas, op. cit., p. 40.
(80) Hélène Jorry, op. cit., p. 6.

問題。另一方面，歐盟會員國又是 Frontex 邊境行動的參與者與支持者。所以，雙方的關係相當緊密，而兩者的合作主要是透過底下兩種機制來達成：

1. **國家協調中心**（National Coordination Centres）：原則上，在歐盟會員國內都設有一個國家協調中心。國家協調中心是歐盟會員國內負責邊境監視的主要機構，其任務在於彙整邊境監視資料與情報[81]，聯繫國內其他邊境管理機構（例如：邊境管制機關、警察單位、搜尋與救難單位、海關、海上安全機關等），以提供 Frontex 有關邊境現況與活動的資訊。[82] Frontex 情勢中心收到這些國家協調中心所傳送的資料後，予以彙整後，供 Frontex 危機分析單位與 Frontex 執行長等作為危機分析與支援行動的參考。未來，歐盟計劃將在 Frontex 與這些國家協調中心間，架構一個內部通訊系統，並透過電腦網路連線，交換立即性的邊境資訊或情報，這樣一來，將可以使歐盟與歐盟會員國更快速、有效地掌握最新的外圍邊境狀況。[83]

2. **重點邊境檢查站**（Focal Point Offices）：重點邊境檢查站的主要任務是負責會員國的邊境管制或特定區域的監視，並協助該國邊境防衛機關執行任務。此外，重點邊境檢查站亦協助 Frontex 執行實驗性計劃與交換資訊。而重點邊境檢查站設置的地點是依據 Frontex 的危機分析，分別在會員國的陸地、海岸與空航邊境上設置。該檢查站的成員乃由當地邊境專家與其他會員國委派的警官共同組成。

經由國家協調中心與重點邊境檢查站的穿針引線，Frontex 與歐盟會員國的合作關係漸入佳境，細看之下，兩者的合作有底下兩個特點：第一、會員國保有邊境行動獨立權。從邊境安全的性質來看，邊境安全是一種政府間合作性質的警察合作事務，歐盟會員國具有最後

---

[81] European Commission: Communication from the Commission to the European Parliament, the Council, the European Economic and Social Committee and the Committee of the Regions—Examining the creation of a European Border Surveillance System (EUROSUR), COM (2008) 68 final, 13.02.2008, p. 7.

[82] Sergio Carrera, op. cit., p. 19.

[83] Julien Jeandesboz, op. cit., p. 10.

決定權，可以自行訂定政策與措施。Frontex 的情報分析對歐盟會員國
並不具有一定的拘束力，會員國可參考這些情報資料，而選擇配合
Frontex 所提出的共同行動計劃，或可選擇自行採取邊境安全措施，換
言之，歐盟會員國有決定是否參與共同行動的權利。第二、歐盟邊境
行動是一種會員國為主，歐盟為輔的合作行動。邊境安全是歐盟會員
國主權的一部分，至今歐盟會員國仍尚未將這項主權轉讓給歐盟，因
此，從 Frontex 權限來看，Frontex 只能夠以「協調者」的身分，來調和
歐盟會員國的邊境防衛行動與資源。

## （二）Frontex 與其他歐盟機構的合作

Frontex 成立的目的在於協助歐盟會員國完善的邊境管理，使不法
人員不能夠進入歐盟，以確保歐盟區域的安全。有鑒於此，第三國人
民出入歐盟的資料對 Frontex 來說，具有重要意義。而歐盟架構下的歐
洲警政署（European Police Office; Europol）與申根資訊系統（Schengen
Information System; SIS）正式收存個人資料的大資料庫，如果 Frontex
與這兩個機制建立合作關係，那對 Frontex 的邊境管理行動勢必會有正
面的幫助。

### 1. Frontex 與歐洲警政署的合作

資訊交換對 Frontex 的行動相當重要，其中，有關危機分析的資料
更是特別重要，而歐洲警政署在這方面即可給予 Frontex 相當大的協
助。[84]根據歐盟理事會第2007／2004號「規則」第13條表示：Frontex
有與歐洲警政署及其他國際組織建立關係之權利。因此，自從 2005 年
11 月開始，Frontex 和歐洲警政署就建立了交換人員資料的合作關係。
除此之外，雙方還定期舉辦高層會議，相互諮詢政策議題及協調彼此
的活動。[85]

---

[84] Frontex General Report 2007, op. cit., p. 9.
[85] Hélène Jorry, op. cit., p. 17.

　　Frontex 與歐洲警政署交換的資料包括底下兩類[86]：第一類是策略性資料（Strategic Information）：關於有效抑制犯罪或改善歐盟會員國邊境管理行動的執行資訊、威脅外圍邊境與協助非法移民的犯罪新手法、犯罪手法的趨勢及發展、新執法措施或技術（Enforcement Aids and Techniques）的成果或觀察、走私者、非法移民或非法交易者的路線、威脅評估、危機分析與犯罪情況之報告等；第二類是技術性資料（Technical Information）：有關加強行政與執法的措施、警察合作計劃、犯罪情報分析方法、偵查過程與結果等。

　　目前，Frontex 已將歐洲警政署視為警察與司法領域中最主要的合作夥伴。在實例方面，Frontex 執行赫拉共同行動（Hera Operation）時（請參見本文第 341 頁），歐洲警政署就曾協助 Frontex 蒐集情報與資訊。[87]其次，Frontex 與歐洲警政署也曾就巴爾幹半島非法移民所造成的危機，共同進行評估工作。[88]另一方面，Frontex 也協助歐洲警政署防止跨國犯罪行為，並提供相關的資料，作為「組織犯罪威脅評估」（Organised Criminal Threat Assessment; OCTA）的依據。[89]由此可見，Frontex 與歐洲警政署的合作已經相當的密切了。

## 2. Frontex 與申根資訊系統（SIS）

　　由於，歐洲單一市場的推行與申根協定（Schengen Agreement）納入歐盟架構後，使歐盟與申根協定會員國[90]彼此廢除邊境管制，因此會員國與會員國間無須內部邊境管制制度，但是，對外還是需要一套

---

[86] Strategic Co-operation Agreement between the European Agency for the Management of Operational Cooperation at the External Borders of the Member States of the European Union and the European Police Office, Warsaw, 28.03.2008, pp. 3-4.

[87] Frontex: the EU External Borders Agency, op. cit., p. 51.

[88] Julien Jeandesboz, op. cit., p. 7.

[89] Jill Donoghue, et al., op. cit., p. 3.

[90] 目前申根協定的會員國有法國、德國、義大利、荷蘭、比利時、盧森堡、丹麥、希臘、西班牙、葡萄牙、奧地利、瑞典、芬蘭、愛沙尼亞、拉脫維亞、立陶宛、波蘭、捷克、斯洛伐克、匈牙利、斯洛維尼亞、馬爾他、冰島、挪威與瑞士等 25 國，其中，22 國為歐盟會員國，其他三國（即冰島、挪威與瑞士）為未加入歐盟的申根會員國。有關申根協定請參見本書第十一章。

管理外圍邊境的制度。而外圍邊境管理的重點在於，位在歐盟外圍邊
境的會員國必需負責適當的檢查與有效的監視。因為人員一旦進入申
根區後，就可以自由遷徙，所以，唯有嚴格的外圍邊境管制，才能阻
擋非法移民、毒品走私及其他非法活動。基於這種外圍邊境安全的考
量，申根會員國乃於 1987 年 9 月 14～15 日會議中，建立了申根資訊系
統（Schengen Information System; SIS）。申根資訊系統是一套精密的資
料庫，可以讓申根會員國的警察單位和司法機關，透過安全的管道交
換人員與貨物資訊，以加強內部安全與外圍邊境管理。

　　在 911 恐怖事件之後，申根資訊系統成為歐洲警察合作最重要的
工具。但是，歐盟東擴後，使得第一代申根資訊系統（SIS I）必須改
善其技術，才能與歐盟新會員國連線使用。基於這種理由，申根會員
國原本預計在 2007 年 3 月推出「第二代申根資訊系統」（SIS II），不
料卻遇到法律與技術上問題，導致系統完成的時間必須延到 2009 年 9
月。為瞭解決這個問題，2006 年 10 月葡萄牙提出 「SISone4all」計
劃，更新了第一代申根資訊系統，並收納了所有歐盟會員國的相關資
訊。「SISone4all」是葡萄牙的國內資訊系統，而且已經普遍被其他歐
盟國家所使用，引入「SISone4all」技術之後，所有歐盟會員國自 2007
年 9 月 1 日起，就可以自行將相關資訊輸入這個系統，也因此解決了東
擴後新會員國資訊連線的問題。[91]

　　Frontex 危機分析單位在處理外圍邊境危機分析時，常常透過申根
資訊系統取得大量的歐盟外圍邊境資料與統計數字，例如：出入歐盟
的第三國人民、庇護者、合法與非法移民、拒絕入境者、偽造旅遊文
件者、非法居留者、難民登記等資料。[92]這些資料對 Frontex 的危機分
析與共同行動，都起了相當大的作用。可預期的是，未來 Frontex 將會
繼續運用申根資訊系統來協助處理歐盟外圍邊境的人員管制與監視。
Frontex 執行長萊廷恩曾語重心長地強調申根資訊系統對 Frontex 的重要

[91] Anaïs Faure Atge, op. cit., pp. 8-9.
[92] Frontex: Getting it Right! - Deployment of the Visa Information System (VIS) at the External Borders of the European Union, 07-08.04.2008, pp. 4-3.

性，他說：「邊境管制能夠讓國家阻擋不希望入境的人，但如果廢除了邊境管制，國家就必須在民眾入境之前，先得知那些是犯罪嫌疑者。」[93]而申根資訊系統（Schengen Information System; SIS）就是可以用來防範非法人員進入歐盟的最佳利器。

## 二、 Frontex 對外合作機制

Frontex 對外合作的對象主要是歐盟的鄰國與國際組織，茲將其合作內容概述如下。

### （一）Frontex 與歐盟鄰國的合作

Frontex 除了與會員國合作之外，也將合作的觸角延伸到歐盟鄰國，並與鄰國的邊境防衛機關發展合作關係，制訂共同合作目標與邊境管理策略。Frontex 與歐盟鄰國的合作關係是以交換邊境管理資訊與經驗、人員訓練與研究發展、交換行動情報、共同執行行動等漸進式的合作方式進行，並且以建立長久夥伴關係為最終目標。在 2006 年 7 月 19 日歐洲執行委會提出一份對抗第三國非法移民的通報（Communication），強調要透過 Frontex 的運作，深化與第三國的合作關係，並協調歐盟鄰國邊境管制措施與公共秩序（Public Order），以共同對抗非法移民與跨國犯罪。[94]

截至目前為止，Frontex 已經和俄羅斯、瑞士、烏克蘭、克羅埃西亞、摩達維亞（Moldova）等五國的邊境安全機構建立合作關係，合作的內容包括三個重點：1.簽訂合作協定：Frontex 與這些國家訂定了合作目標、內容及合作架構；2.邊境合作機構化：這些國家必須在其國

---

[93] Anaïs Faure Atger, op. cit., p. 7.

[94] European Commission: Commission Staff Working Document – Accompanying the Communication from the Commission on Policy Priorities in the Fight against Illegal Immigration of Third-Country Nationals. Second Annual Report on the Development of a Common Policy on Illegal Immigration, Smuggling and Trafficking of Human Beings, External Border Controls, and the Return of Illegal Residents, SEC (2006) 1010, 19.07.2006, p. 2.

內設立聯絡據點（Points of Contact），作為與 Frontex 日常聯繫與資訊交換的管道；3. 定期對話：這些國家的邊境安全機構首長應定期與 Frontex 執行長進行對話，討論雙方邊境安全的相關事宜。此外，Frontex 與合作國家也針對特殊邊境安全議題，互派專家訪問團進行政策研究。Frontex 與上述五國所簽訂的邊境合作協定條列如後：

1. 2006年9月14日Frontex與俄羅斯聯邦安全總署邊境防衛局（Border Guard Service of the Federal Security Service of the Russian Federation）簽署職權範圍文件（Text of Terms of Reference）。(95)

2. 2007年6月4日Frontex與瑞士財政部邊境衛隊指揮部（Kommando Grenzwachtkorps from the Eidgenoessisches Finanzdepartement EFD of the Swiss Confederation）簽署合作備忘錄（Memorandum of Cooperation）。(96)

3. 2007年6月11日Frontex與烏克蘭國家邊境防衛總署（State Border Guard Service of Ukraine）簽署工作協定（Working Arrangement）。(97)

4. 2008年Frontex與克羅埃西亞內政部警察總署（Border Police Directorate of the General Police Directorate of the Ministry of the Interior）簽署工作協定。(98)

---

(95) Terms of Reference – on the Establishment of Operational Co-operation between the European Agency for the Management of Operational Co-operation at the External Borders of the Member States of the European Union (Frontex) and the Border Guard Service of the Federal Security Service of the Russian Federation, Warsaw, 14.09.2006.

(96) Memorandum of Cooperation on the Establishment of Operational Cooperation between the European Agency for the Management of Operational Cooperation at the External Borders of the Member States of the European Union and the Kommando Grenzwachtkorps from the Eidgenoessisches Finanzdepartement EFD of the Swiss Confederation, Bern, 04.06.2007.

(97) Working Arrangement – on the Establishment of Operational Cooperation between the European Agency for the Management of Operation Cooperation at the External Borders of the Member States of the European Union (Frontex) and the Administration of the Stat Border Guard Service of Ukraine, Luxemburg, 11.06.2007.

(98) Working Arrangement on Establishing Operational Cooperation between the European Agency for the Management of Operational Cooperation at the External Borders of the Member States of the European Union (Frontex) and the Ministry of the Interior of the Republic of Croatia, 2008.

5. 2008年8月12日Frontex和摩達維亞邊境防衛總署（Border Guard Service of Republic Moldova）簽署工作協定。[99]

透過合作協定的簽訂，Frontex 將協調這五個國家與歐盟會員國的共同邊境行動措施，並改善彼此的邊境安全管理，在這當中，烏克蘭、克羅埃西亞、摩達維亞等三個國家也可以參與 Frontex 的實驗性計劃。此外，Frontex 與俄羅斯、烏克蘭、摩達維亞將積極討論如何增進邊境管制效率、改善邊境管制的技術設備與科技運用、促進彼此邊境機關的合作等議題。在 Frontex 與瑞士、克羅埃西亞的合作上，其合作內容包括：參與 Frontex 的共同遣返行動、以觀察員的身分參與歐盟會員國的邊境共同行動、派遣邊境警官到歐盟會員國的重點邊境檢查站、處理雙方的邊境安全事務、透過國家聯絡據點參與「Frontex 危機分析網路」、取得 Frontex 危機分析單位所提供的年度危機分析報告等。

除了上述國家之外，Frontex 也將地中海岸邊境管制的合作架構延伸到地中海附近的移民輸出國家，例如：利比亞、摩洛哥、埃及等。在這三個國家當中，利比亞的非法移民情況較其他二個國家更為嚴重，近年來，在歐盟南部地中海區域有許多非法移民利用利比亞，作為前往義大利、馬爾他與其他歐洲地區的跳板，因此，利比亞是目前 Frontex 最急需合作的第三國。不過，由於利比亞尚未加入難民公約（Refugee Convention），Frontex 很難保證該國會遵守「不強迫遣返原則」（The Principle of Non-refoulement）[100]，再加上會員國遣返移民回國後，無法保證其人權會受到適當的保障，因此，Frontex 必須仔細考慮與第三國簽訂遣返協定後所產生的影響。[101]此外，Frontex 也正和西

---

[99] Working Arrangement on the Establishment of Operational Cooperation between the European Agency for the Management of Operational Cooperation at the External Borders of the Member States of the European Union (Frontex) and the Border Guard Service of the Republic of Moldova, Chisinau, 12.08.2008.

[100] 依照國際法，所有的國家皆有責任不將任何人遣返或引渡到可能受到刑求或虐待的國家，此即不強迫遣返原則（Principle of Non-refoulement）。請參見：http://www.aitaiwan.org.tw/?p=159. (Accessed 27.08.2008)

[101] Frontex: the EU External Borders Agency, op. cit., p. 46.

非國家，例如：茅利塔尼亞（Mauritania）、塞內加爾（Senegal）、甘比亞、幾內亞比紹（Guinea-Bissau）、幾內亞、奈及利亞、維德角（Cape Verde），以及高加索地區的喬治亞等國家協商合作內容，以便讓 Frontex 和歐盟會員國與更多第三國，進行邊境共同行動與相關計劃。

## （二）Frontex 與國際組織的合作

協助歐盟會員國執行遣返行動是 Frontex 的任務之一，但是，遣返行動卻因為遣返的人數增加、缺乏共同移民和庇護政策、侵犯人權等問題，而受到廣泛的討論。[102]其中，由於歐盟缺乏共同庇護政策，導致許多潛在尋求庇護者未經適當審問程序，就直接被驅離或遣送回國，而這些尋求庇護者被遣送回國後，往往也缺乏警衛人員保障他們的人身安全。[103]再者，Frontex 與歐盟會員國為了阻止非法移民進入歐盟，所以，有時候將潛在的庇護尋求者或難民誤認為是非法移民，因而傷及難民的權利。[104]

因此，Frontex 為瞭解決有關人權與難民的問題，與聯合國難民署（United Nations High Commissioner for Refugees; UNHCR）自 2007 年 10 月 23 日開始草擬合作協定，經過八個月的密集協商後，雙方終於在 2008 年 6 月 18 日簽訂工作協定。[105]在這段期間，Frontex 除了曾邀請該公署的官員共同參與指導邊境警察的課程外，也參與聯合國難民事務高級專員公署有關國際保護、海岸搜救與救難的活動。其次，在資訊交流方面，聯合國難民事務高級專員公署也派遣聯絡官到 Frontex 華沙總部執行聯繫的工作。[106]在 Frontex 與聯合國難民事務高級專員公署簽訂工作協定後，未來雙方的合作方向有二：首先，定期就難民與人權

[102] Hélène Jorry, op. cit., pp. 17-18.

[103] Wyn Rees: Inside Out: the External Face of EU Internal Security Policy, in: Journal of European Integration, Vol. 30, Issue 1, 01.03.2008, p. 105.

[104] Sergio Carrera/Florian Geyer: Terrorism, Borders and Migration, CEPS Policy Brief, Centre for European Policy Studies, No. 131, 06.2007, p. 5.

[105] Available from: http://www.frontex.europa.eu/newsroom/news_releases/art39.html. (Accessed 01.10.2008)

保障等相關事務交換經驗、資訊與專業知識，尤其是關於少數民族移民到歐盟會員國的資料等。其次，在共同核心課程中，應安排國際人權與難民法的訓練課程，藉此加強執行人員在這方面的專業知識，以確保 Frontex 的共同行動能符合歐盟保障難民權益與基本人權的原則。[107]

## 第五節　Frontex 維護外圍邊境安全的功能探討

歐盟東擴後外圍邊境問題更形繁複，歐盟為了防止內部安全受到影響，因此，設立 Frontex 因應這些問題。然而，Frontex 在改善歐盟外圍邊境安全方面，到底做了那些貢獻？歐盟外圍邊境管理是否因為 Frontex 而獲得改善？長期而言，Frontex 是否有能力在不斷演變與擴大的歐洲統合過程中，持續扮演維護外圍邊境安全的角色呢？為了回答這些問題，我們將從底下三個面向，分析與檢驗 Frontex 的角色與功能：Frontex 領導能力的強弱、Frontex 財政規模的大小與 Frontex 共同行動的成效。

### 一、Frontex 領導能力的強弱

根據＜表 9-5 ＞的統計，2006～2007 年間，Frontex 與歐盟會員國之邊境共同行動總提案數，共計 39 件。其中，歐盟會員國之提案數為 5 件，約佔總數的 13%；Frontex 之提案數為 34 件，約為總數的 87%。因此，在邊境共同行動的提案方面，Frontex 的提案數約為歐盟會員國的 7 倍。由此可見，Frontex 再推展邊境共同行動的積極性遠超過歐盟會員國，平均大約每個月策動一點 4 件邊境共同行動。

其次，就年提案總數的走勢來看，歐盟會員國的年提案數從 2006 年的 4 件，遞減為 2007 年的 1 件，跌幅為 4 倍。相反地，Frontex 的年

---

[106] Frontex General Report 2007, op. cit., p. 10.

[107] United Nations High Commissioner for Refugees: Response to the European Commission's Green Paper on the Future Common European Asylum System, 09.2007, p. 48, available from: http://www.unhcr.org/protect/PROTECTION/46e53de52.pdf. (Accessed 01.10.2008)

<表 9-5 > Frontex 邊境共同行動統計表（2006～2007）

| | 行動項目 | 2006 | 2007 |
|---|---|---|---|
| Frontex 提案之邊境共同行動 | 陸地邊境行動 | 1 | 10 |
| | 海岸邊境行動 | 1 | 6 |
| | 空航邊境行動 | 3 | 6 |
| | 綜合性邊境行動* | 3 | 4 |
| | 總　計 | 8 | 26 |
| 會員國提案之邊境共同行動 | 陸地邊境行動 | 0 | 0 |
| | 海岸邊境行動 | 4 | 1 |
| | 空航邊境行動 | 0 | 0 |
| | 綜合性邊境行動 | 0 | 0 |
| | 總　計 | 4 | 1 |
| 參與共同行動之會員國數** | 陸地邊境行動 | 8 | 23 |
| | 海岸邊境行動 | 15 | 22 |
| | 空航邊境行動 | 18 | 26 |
| | 綜合性邊境行動 | 19 | 23 |
| Frontex 提案之實驗性計劃 | 陸地邊境行動 | 2 | 5 |
| | 海岸邊境行動 | 3 | 2 |
| | 空航邊境行動 | 0 | 2 |
| | 綜合性邊境行動 | 1 | 2 |
| | 總　計 | 6 | 11 |
| 參與實驗性計畫之會員國數 | 陸地邊境行動 | 27 | 27 |
| | 海岸邊境行動 | 14 | 16 |
| | 空航邊境行動 | 0 | 8 |
| | 綜合性邊境行動 | 27 | 27 |

\* 綜合性邊境行動是指結合了不同邊境的共同行動，例如：海空共同行動、海陸行動等。
\*\*「會員國」包括歐盟會員國與申根會員國。
資料來源：作者自製，資料參考自：Frontex: Frontex General Report 2007, pp. 17-18.

提案數，卻從 2006 年的 8 件，大幅增加為 2007 年的 26 件，成長率超過 3 倍。這種一個往下，一個往上的發展趨勢，說明了歐盟會員國的利益並不在於此，而 Frontex 卻掌握了機會，充分發揮其邊境管理專責

機構的特長，影響力十足地帶領歐盟會員國從事外圍邊境的安全維護。

　　再者，從＜表9-5＞「參與共同行動之會員國數」，陸、海、空邊境共同行動的參與國數目都已增加，在 2006 年時，每項共同行動約有8 至 19 個會員國參與，到了 2007 年，每項共同行動則至少有 22 到 26個會員國參與，其中又以陸地邊境共同行動的參與國增加的比例最多，從原本的 8 個參與國增加至 23 國。同樣地，在實驗性計劃方面，由 Frontex 提出的實驗性計劃也從 2006 年的 6 件增加到 2007 年的 11 件，而且所有會員國皆參與陸地及綜合性邊境共同行動，而海岸與空航邊境共同行動的參與國也有增加的趨向。

　　因此，從邊境共同行動與實驗性計劃的提案數與動員的會員國來看，我們不僅可以得知 Frontex 正在逐年擴增它的邊境活動的規模與數量，而且更重要的是 Frontex 的協調能力已經受到各會員國的支持與認同，歐盟會員國也願意在 Frontex 的協調機制下，進行邊境共同行動，以提高邊境管理的效率。由此可見，這幾年來 Frontex 在維護歐盟外圍邊境安全上，已經扮演一個領導者的角色了。

## 二、Frontex 財政規模的大小

　　預算規模是檢視一個機構之重要性與發展性的最佳指標之一。倘使一個機構所獲得的預算額年年增加，這表示這個機構的重要性節節升高，而且其未來的發展性也相當樂觀。反之，則表示這個機構不被重視，且未來的發展性低。綜觀 Frontex 的財政架構，其收入項目，包括：歐洲共同體的預算、申根組織的捐助、服務費與歐盟會員國的自願捐款等，其中又以歐洲共同體預算佔最大部分。而 Frontex 的支出項目，包括：人事費用、行政費用、公共建設、行動支出等。[108]

　　Frontex 成立之初，其預算須受歐洲執行委員會的控制，一直到了2006 年 10 月 1 日 Frontex 才開始財政獨立，不受歐洲執行委員會的控

---

[108] Council Regulation (EC) No 2007/2004, op. cit., p. 9.

制。⑩根據＜表9-6＞，Frontex成立的第一年（2005年）時，其預算只
有628萬歐元。2006年的預算提高的兩倍，達到1,916萬歐元。2007年
又增加到了4,198萬歐元，到了2008年Frontex的總預算已經高達7,043
萬歐元。很明顯地，如果以2005年的預算為基準的話，Frontex 2007年
的總預算已經大約增加了 5.7 倍，2008 年的增加比例更是超過了 10
倍。這種年度預算持續驟升的現象，表示 Frontex 的機構功能與整體表
現受到歐盟與歐盟會員國的肯定，因此，Frontex 的重要性也隨著預算
的年年增加，而水漲船高。

＜表9-6＞ Frontex 年度總預算（2005～2008）

|  | 人事費用 | 行政費用 | 行動相關活動* | 總　計 | 增加比例 |
|---|---|---|---|---|---|
| 2005 | 1,722,700 | 410,000 | 4,147,502 | 6,280,202 | – |
| 2006 | 4,700,000 | 1,400,000 | 13,066,300 | 19,166,300 | 205 % |
| 2007 | 9,397,500 | 5,256,500 | 27,326,000 | 41,980,000 | 568 % |
| 2008 | 13,860,000 | 5,937,000 | 50,635,000 | 70,432,000 | 1021 % |

\* 行動相關活動的預算包括：邊境共同行動、危機分析、人員訓練、研究與發展、技術
　設備管理，及其他行動雜費。
資料來源：作者自製，資料參考自：(1) Frontex: Decision of the Management Board on the
　　Budget of the Agency for 2005, 30.06.2006, pp. 2-6; (2) Frontex: Amending Budget
　　2006, 09.11.2006, pp. 1-5; (3) Frontex: The Budget of the Agency for 2007, Published
　　Date Is Unknown pp. 1-6; (4) Frontex: Preliminary Draft Budget 2008, 18.01.2008, pp.
　　1-8.

　　在人事編列方面，由於行政業務的增加與相關活動的複雜化，
Frontex 不斷地擴增它的人事預算，並且逐年增聘各個領域的專業人
員。⑩ 2005 年 Frontex 總共雇用 45 名職員，2006 年增加至 72 名職員⑪，
2007 年則又增加到 136 名職員⑫，今（2008）年 Frontex 共雇用了 164
名職員⑬。因此，從人事編制逐漸增加的現象來看，Frontex 的機構規

⑩ Frontex Annual Report 2006, op. cit., p. 21.
⑩ General Report of Frontex for 2005, op. cit., p. 3.
⑪ Frontex Annual Report 2006, op. cit., p. 21.
⑫ Frontex: Programme of Work 2008—Amendment No.1, 29. 01. 2008, p. 4.
⑬ Available from: http://www.frontex.europa.eu/faq/. (Accessed 29.07.2008)

模正在不斷地擴大中，同時，這也代表著歐盟與歐盟會員國持續地重視與支持 Frontex 的角色與功能。

根據歐盟理事會 2007 ／ 2004 號「規則」第 3 條第 4 款，Frontex 可以決定要求會員國共同分擔行動及計劃的費用。在共同行動經費方面，Frontex 的共同行動支出佔總經費的 65 ％。2007 年共同行動總經費為 2,732 萬 6 千歐元。其中，海岸行動預算所佔的比率最高（40 ％），其次是陸地行動（17 ％），第三是空航行動（8 ％），綜合性邊境行動則佔了 24 ％。⑭海岸邊境共同行動比其他行動必須花費更多的預算，這是因為海岸共同行動的部署，較陸地或空航行動來得困難，也更耗費時間與金錢。⑮

## 三、Frontex 共同行動的成效

Frontex 是一個年輕的共同體機構，掌管個人資訊、警隊、專家與邊防設備等資源，以推動邊境共同行動的方式，嘗試整合歐盟會員國的邊境管理系統，創造一個自由與安全的內部環境。這幾年來，Frontex 擘畫與執行了許多陸、海、空邊境合作行動，其成效殊值關切與注意。

### （一）陸地邊境共同行動的執行與成果

根據 2006 年 Frontex 的危機分析報告，會員國在歐盟東部邊境查到的非法移民主要有阿爾巴尼亞人、烏克蘭人、羅馬尼亞人、保加利亞人、塞爾維亞人、摩達維亞人、印度人等；而容易遭到非法移民越境的邊境是斯洛伐克－烏克蘭、斯洛凡尼亞－克羅埃西亞、希臘－阿爾巴尼亞、希臘－土耳其等交界邊境。⑯為瞭解決東南歐人民非法入境歐盟的情形，Frontex 與歐盟會員國自 2005 年至 2008 年總共執行了十六

---

⑭ 請參見：(1) Frontex: The Budget of the Agency for 2007, Published Date is Unknown pp. 1-6; (2) Frontex General Report 2007, op. cit., p. 12.

⑮ Frontex: the EU External Borders Agency, op. cit., p. 18.

⑯ Frontex Annual Report 2006, op. cit., p. 7.

項陸地邊境共同行動[17]與八項實驗性計劃。（請參見＜附錄 9-1 ＞）
茲將陸地邊境共同行動的執行重點、成果與特色敘述如後。

### 1. 最多中東歐國家參與的行動

根據 Frontex 的危機分析，近幾年來，摩達維亞人一直是歐盟東部
邊境最主要的非法移民來源之一，而且在羅馬尼亞加入歐盟後，這個
現象又更為明顯。2006 年，有大量的摩達維亞人從烏克蘭湧入斯洛伐
克。[18]為解決此問題，Frontex 在 2007 年 4 月 16～29 日展開哥迪斯
（Gordius）陸地行動，這項行動有 15 個會員國參與，在中東歐地區就
有愛沙尼亞、拉脫維亞、捷克、匈牙利、斯洛維尼亞、斯洛伐克、波
蘭、保加利亞、羅馬尼亞等九個國家參與，是所有行動中最多中東歐
國家參與的行動。在行動過程中，參與行動的會員國派遣 31 名警官部
署在奧地利、匈牙利、斯洛伐克、羅馬尼亞的邊境，檢查摩達維亞人
在邊境檢查站出示的旅遊文件，以防止摩達維亞的非法移民進入歐
盟。另外，英國也提供二氧化碳偵測器（Carbon Dioxide Detectors），
協助其他國家偵查躲藏在汽車中的非法移民。行動結束後，會員國警
官查到 109 人非法越境、855 人被拒絕入境，並查出從羅馬尼亞、匈牙
利進入申根國家的人口走私路線。[19]

### 2. 執行期間最久、預算最高、逮捕最多非法移民的行動

為瞭解決非法移民利用巴爾幹半島及北非入境歐盟的問題，歐盟
會員國在希臘、土耳其、阿爾巴尼亞、保加利亞等陸地邊境，以及愛
琴海東部、中部、東南部的海岸邊境，展開普賽敦（Poseidon 2007）
海陸邊境共同行動。這項行動分作三個階段執行（第一階段：2007 年
5 月 15 日～6 月 3 日；第二階段：2007 年 6 月 26 日～7 月 15 日；第三
階段：2007 年 9 月 18 日～10 月 7 日，共計六十天），預算為 200 萬歐
元。普賽敦海陸邊境共同行動的目標是加強東地中海地區及該區陸地

---

[17] 其中有三項為海陸共同行動。
[18] Frontex: the EU External Borders Agency, op. cit., p. 33.
[19] Frontex: 2007 Land Border Operations, Press Kit, Vol. 2/11, Issue 2, p. 1.

邊境的檢查及監視，並交換及改善邊境警察的知識與技術。在整個行動過程中，歐盟會員國總共執行了 125 次勤務，總共逮捕 2,321 名非法移民及 51 名協助非法移民者、遣返 377 名非法移民，並查獲 517 份偽造文件。

## （二）海岸邊境共同行動的執行與成果

根據 Frontex 2007 年的報告，非法移民最多的海岸邊境為南歐海域和東南歐海域，特別是希臘和土耳其的海岸邊境、義大利沿海。這些地區中最主要的非法移民有摩洛哥人、阿富汗人、埃及人、阿爾及利亞人、厄立垂亞人（Eritrean）、索馬利亞人（Somali）等。[120]為了減少這些地區的非法移民，Frontex 與歐盟會員國在 2006～2007 年期間，總共執行了十四項海岸邊境共同行動[121]與三項實驗性計劃。（請參見＜附錄 9-2 ＞）。茲將海岸邊境共同行動的執行重點、成果與特色敘述如後。

### 1. 預算最高的行動

Frontex 2007 年的危機分析報告指出大量北非移民從利比亞和突尼西亞，前往馬爾他或義大利的蘭佩杜薩島（Lampedusa）、西西里島（Sicily）、潘泰萊里亞島（Pantelleria），使得這些地區面臨龐大的移民壓力。這些移民首先從其母國到達利比亞的大城市和北方海岸地區後，犯罪集團就將這些無證明文件的非法移民運送到義大利與馬爾他海岸。義大利與馬爾他兩國為了減少該地區的非法移民，並打擊人口走私集團，在 Frontex 的協調下，展開了那特勒斯（Nautilus 2007）海岸邊境共同行動，這項行動的目標是防止北非的移民非法偷渡到馬爾他和蘭佩杜薩島。該行動預算高達 470 萬歐元，是所有共同行動中預算最高的行動。

這項行動分作兩階段，分別在 2007 年 7 月和 10 月展開，共有 9 個

---

[120] Frontex General Report 2007, op. cit., pp. 15-16.
[121] 其中有三項為海陸共同行動，一項為海空共同行動。

歐盟會員國參與⑫，並出動4艘沿海巡邏艦（Offshore Patrol Vessels）、6艘海岸巡邏艦（Coastal Patrol Vessels）、3架直升機與4架飛機執行任務。最後，總共逮捕了3,173名非法移民。⑬可用技術設備中央檔案系統為這次的行動提供相當大的幫助，包括 27 架直升機、117 艘船艦、21 架定翼機（Fixed Wing Aircraft）。不過，這項行動卻出現一個問題，由於有些會員國在行動過程中，沒有兌現提供行動資源的承諾，導致會員國間資源配置不均。⑭由此可見，參與國向 Frontex 表示可提供資源於行動使用時，Frontex 並無法保證會員國會實現諾言。因此，這將是 Frontex 和歐盟會員國合作上，必須儘早解決的重要問題。

## 2. 執行時間最長的行動

在 2006 年 3～4 月，加那利群島即出現大批移民湧入的情況。⑮為解決加那利群島的非法移民問題，西班牙政府在 Frontex 的協調下展開赫拉（Hera）海岸邊境共同行動，這項行動分作三個階段進行，行動前後長達一年多。第一階段行動（Hera I）在 2006 年 7 月 19 日至 10 月 31 日展開，9 位來自德國、法國、葡萄牙、義大利的專家，部署在加那利群島辨識非法移民的身分和國籍，並協助西班牙政府遣返非法移民和逮捕人口販子。除此之外，另外兩團專家也在 9 月 19 日抵達。在行動過程中，Frontex 的專家和西班牙政府成功辨識所有移民的國籍，並蒐集到 1 萬 1 千名以上的第三國人民資料，其中 6,076 人由西班牙政府遣返回國，這些非法移民的國家大多是摩洛哥、塞內加爾、馬利（Mali）、甘比亞、幾內亞。⑯

---

⑫ 這九個參與國為德國、西班牙、法國、希臘、義大利、馬爾他、葡萄牙、羅馬尼亞與英國等。

⑬ Frontex: 2007 Sea Border Operations, Press Kit, Vol. 2/11, Issue 1, available from: http://www.infinitoedizioni.it/fileadmin/InfinitoEdizioni/rapporti/2007_sea_border_operations_1_.pdf. (Accessed 27.08.2008)

⑭ 例如：在這次行動中，義大利原先保證提供32艘巡航艦，但事後歐洲議會議員布蘇提爾（Simon Bussutil）卻指出義大利在行動中，根本沒有提供任何巡航艦。

⑮ 有關加那利群島非法依民問題，請參見本文第 302 頁（海岸邊境結構與安全問題）。

⑯ Frontex Annual Report 2006, op. cit., p. 12.

第二階段行動（Hera II）在 2006 年 8 月 11 日至 12 月 15 日展開，主要任務是加強西非和加那利群島的海岸監視。這次行動也是 Frontex 首次在塞內加爾和茅利塔尼亞的海域與當地政府合作。行動當中使用的設備包括西班牙的船艦和直升機（數量未知）、葡萄牙船艦一艘、義大利船艦一艘與飛機一架、芬蘭飛機（數量未知）。在 Hera II 的執行期間，共有 3,887 名非法移民被攔劫或驅離，會員國的警察也逮捕 20,192 名非法移民，遣返 3,625 名非法移民。⑰

第三階段行動（Hera III）於 2007 年 2 月 12 日到 4 月 12 日進行，該行動包括兩項同步任務。其中一項是由德國、義大利、盧森堡、葡萄牙的專家，在加那利群島協助西班牙政府辨識非法移民的身分。另一項行動與第二階段行動一樣，也是由西班牙、義大利、盧森堡、法國和塞內加爾政府派遣飛機和船艦在西非海岸進行巡邏。⑱第三階段的行動中，會員國警官逮捕 2,020 名非法移民，並遣返 1,559 名非法移民。赫拉第三階段行動結束後，Frontex 又在 2007 年 4 月 23 日至 6 月 15 日，以及 2007 年 7 月 12 日～11 月 30 日，展開赫拉 2007 行動（Hera 2007）協調會員國之間的行動合作，並利用會員國提供的技術設備，在塞內加爾與茅利塔尼亞沿海上空進行巡邏及監視，以偵測企圖前往加那利群島的非法移民。⑲

## （三）空航邊境共同行動的執行與成果

2006～2007 年 Frontex 與歐盟會員國總共執行了九項空航邊境共同行動⑳與二項實驗性計劃。（請參見＜附錄 9-3 ＞）茲將空航邊境共同

---

⑰ Ibid.

⑱ European Council on Refugees and Exiles: ECRAN Weekly Update, 23.02.2007, p. 1, available from: http://www.ecre.org/resources/weekly_updates_list? page=5. (Accessed 19.08.2008)

⑲ European Commission: Commission Staff Working Document—Accompanying Document to the Communication from the Commission to the European Parliament, the Council, the European Economic And Social Committee and the Committee of the Regions. Report on the Evaluation and Future Development of the Frontex Agency—Statistical Data, SEC (2008) 150, 13.02.2008, p. 10.

⑳ 其中有一項為海空共同行動。

行動的執行重點、成果與特色敍述如後。

### 1. 拒絕最多非法移民入境的行動

　　Frontex為了協助歐盟會員國對抗南美洲的非法移民，在2006年11月1～22日展開第一階段的亞馬遜（Amazon I）空航邊境共同行動。在行動過程中，歐盟會員國派遣30名專家部署在歐盟8個主要過境與目的國的機場，這些專家不但有偵查偽造文件的能力，同時也具備語言及文化知識的相關背景。這項行動計劃有兩項重點：(1)傳遞訊息；(2)作出分析結果。為了達到這個目標，Frontex 設立了一個協調中心（Coordination Centre）支援共同行動。在為期三個禮拜的行動結束後，總共有 3,166 名第三國人民被拒絕入境，其中 1,992 人來自南美洲，南美洲人民遭到拒絕入境的比例高達 62 %。此外，歐盟會員國也查獲199份偽造文件。㉛

　　第二階段亞馬遜（Amazon II）空航邊境行動於 2007 年 2 月 19 日～3 月 27 日展開，目標是在歐洲 7 個主要機場偵查來自南美洲的非法移民。在該行動中，有 29 名來自法國、德國、義大利、荷蘭、葡萄牙、西班牙、英國的邊境警察專家，部署於法蘭克福、馬德里、巴塞隆納、巴黎、阿姆斯特丹、米蘭、羅馬的機場。另外，還有七位來自希臘、羅馬尼亞、保加利亞、波蘭的邊境警官也參與行動觀察。㉜在行動過程中，邊境警察偵查了 250 件案子，並拒絕 2,984 名第三國人民入境，其中 2,178 人為中南美洲非法移民。

### 2. 參與國最多的行動

　　阿格勞斯（Agelaus）空航邊境共同行動是 Frontex 與歐洲警政署第一項成功合作的行動案例，同時阿格勞斯空航行動是規模最大的空航邊境共同行動，18 個歐盟會員國㉝及 27 個機場參與此次行動。這項行

---

㉛ European Council on Refugees and Exiles, op. cit., pp. 1-2.

㉜ Ibid.

㉝ 奧地利、比利時、捷克、愛沙尼亞、芬蘭、法國、德國、匈牙利、義大利、拉脫維亞、荷蘭、波蘭、葡萄牙、斯洛伐克、斯洛維尼亞、西班牙、瑞典、英國等十八國。

動的目標是要防止不法份子利用空航邊境，將第三國的未成年者（十八歲以下）非法走私到歐盟。在為期四週（2007 年 2 月 1～28 日）的行動過程中，會員國的邊境警察機關依據執行團隊制訂的計劃，進行了一連串的檢查行動。而行動的結果證實，在會員國的機場的確存在未成年者非法入境的問題。在行動當中，會員國邊境警察逮捕 10 名走私未成年者的嫌犯，並查獲 43 份偽造文件。此外，有 241 名未成年者被拒絕入境；73 名青少年轉為申請庇護；18 名青少年被送到庇護所，作進一步偵訊，而伴隨這些未成年者的成年人也同樣被拒絕入境。[34]

### 3. 執行時間最長且預算最高的行動

　　希特拉（Hydra）空航邊境共同行動的目標是偵查從空航邊境非法入境歐盟的中國移民，並查出幕後操控的犯罪集團。這次行動的執行期間為 2007 年 4 月 11 日～5 月 11 日，一共有 16 個歐盟會員國[35]、22 個機場與 11 名專家參與行動。在行動過程中，有 291 名中國非法移民遭到逮捕，其中 102 名是在英國的機場被逮捕。然而，在行動進行到一半時，非法入境的移民人數突然下降，此現象可能是人口走私份子因為躲避 Frontex 與會員國的偵查行動，而暫時中止人口走私行動。[36]

## （四）遣返非法移民行動的執行與成果

　　冷戰結束後，歐洲安全的焦點從軍事安全，轉為跨國組織犯罪和跨邊境毒品走私等非軍事安全問題。東歐的犯罪組織也將活動轉向西歐市場，聯結當地的犯罪集團。這些問題的根源之一，即是歐洲單一市場的開放和申根國家廢除邊境管制。此外，中東歐的經濟轉變與歐盟東擴，也造成非法移民增加。近年來，每年除了有 10 萬名非法移民從斯里蘭卡、阿富汗、伊拉克、中國等國家前往歐洲之外，也有越來

---

[34] Frontex General Report 2007, op. cit., pp. 31-32.

[35] 保加利亞、捷克、芬蘭、匈牙利、羅馬尼亞、斯洛維尼亞、德國、義大利、荷蘭、葡萄牙、法國、奧地利、波蘭、西班牙、比利時、英國。

[36] Frontex General Report 2007, op. cit., p. 32.

越多的北非移民由於經濟因素前往歐盟。⑬這些移民隨著前南斯拉夫的難民，從巴爾幹半島非法進入歐盟，讓許多歐盟國家都相當擔憂。尤其，義大利、德國、西班牙首當其衝，必需面對龐大的移民壓力，因此紛紛要求歐盟做出回應。

悉知，非法移民問題是歐盟最嚴重的外圍邊境安全問題。Frontex在 2006 與 2007 年間，於共同行動中所逮捕的非法移民數目，呈現增加的現象。如＜表9-7＞所示，在逮捕人數方面，2007 年海岸邊境共同行動逮捕非法移民的人數最多，達 82,371 人之多。其次是陸地邊境共同行動，有 48,696 人，而空航邊境共同行動逮捕的人數最少，約有 20,748 人。陸、海、空邊境共同行動總共逮捕了 163,903 人。 就個別會員國而言，希臘捕獲的非法移民最高，達 73,194 人。其次是西班牙的 27,919 人，法國位居第三，共逮捕 21,650 人。而 27 會員國中，非法移民最少的國家是盧森堡（ 2 人）、愛沙尼亞（ 45 人）與拉脫維亞（ 64人）。

目前，歐盟的非法移民仍在持續增加當中，而且組織犯罪集團的犯罪手法也不斷更新。在阿爾巴尼亞、中國、羅馬尼亞、俄羅斯、土耳其的犯罪集團已發展出複雜的網路，從事走私毒品和武器的不法行為。根據國際勞工組織（International Labour Organisation）的估計，每年有 10 萬人被非法販賣到西歐地區，而這些非法集團透過人口販賣每年約可獲利440億美金。⑱另一方面，申根區廢除邊境檢查、開放人員自由流通後，使非法移民更容易進入歐盟、隱藏其身分，或非法濫用庇護申請系統。⑲2007 年歐盟總共拒絕 13 萬名非歐盟公民進入歐盟。另外，也查到 26 萬人非法居留，其中，以在義大利查獲的非法居留者最多，共 5 萬人，大部分的非法居留者多來自北非長期戰亂的區域或

---

⑬ Florian Trauner: EU Justice and Home Affairs Strategy in the Western Balkans: Conflicting Objectives in the Pre-accession Strategy, Centre for European Policy Studies, Working Document 259, 15.02.2007, p. 1.

⑱ International Labour Organisation,'Forced Labour and Human Trafficking: The Profits' 2006, cited from: Hugo Brady, op. cit., p. 25.

⑲ Europol: Illegal Immigration, op. cit., p. 2.

## ＜表 9-7 ＞ 2007 年歐盟會員國非法移民統計表

| 會員國 | 總計 | 陸地邊境 | 海岸邊境 | 空航邊境 |
|---|---|---|---|---|
| 奧地利 | 1,110 | 250 | — | 860 |
| 比利時 | 3,633 | — | 1,616 | 2,017 |
| 保加利亞 | 1,134 | 1,070 | 8 | 56 |
| 捷克 | 438 | — | 0 | 438 |
| 賽浦勒斯 | 5,883 | 5,743 | — | 140 |
| 丹麥 | 83 | — | 2 | 81 |
| 愛沙尼亞 | 45 | 34 | 5 | 6 |
| 芬蘭 | 98 | 66 | 3 | 29 |
| 法國 | 5,748 | 690 | 909 | 4,149 |
| 德國 | 3,253 | 759 | 225 | 2,269 |
| 希臘 | 73,194 | 62,475 | 9,342 | 1,377 |
| 匈牙利 | 976 | 965 | — | 11 |
| 愛爾蘭 | 2,860 | — | 338 | 2,522 |
| 義大利 | 21,650 | — | 20,455 | 1,195 |
| 拉脫維亞 | 64 | 19 | — | 45 |
| 立陶宛 | 1,118 | 875 | 172 | 71 |
| 盧森堡 | 2 | — | — | 2 |
| 馬爾他 | 1,702 | — | 1,702 | — |
| 荷蘭 | 2,405 | — | 36 | 2,369 |
| 挪威 | 481 | 6 | 4 | 471 |
| 波蘭 | 1,109 | 977 | 132 | — |
| 葡萄牙 | 1,204 | — | 23 | 1,181 |
| 羅馬尼亞 | 660 | 608 | 5 | 47 |
| 斯洛伐克 | 1,725 | 1,684 | — | 41 |
| 斯洛維尼亞 | 2,077 | 2,070 | 2 | 5 |
| 西班牙 | 27,919 | 4,080 | 11,751 | — |
| 英國 | 3,332 | — | 1,966 | 1,366 |
| 總　計 | 163,903 | 82,371 | 48,696 | 20,748 |

資料來源：作者自製，資料參考自：Frontex: Frontex General Report 2007, p. 15.

人口眾多的國家。⑭而非法移民的來源國亦成為恐怖主義的溫床，恐怖份子可能在歐盟以外的地區策劃恐怖攻擊行動，然後再移民到歐洲國家。⑭舉例來說，2004 年 3 月馬德里爆炸案的兇手即來自北非。⑭

　　除此之外，中東地區動盪不安的情勢，也形成一波難民潮。雖然，在 2004～2006 年間，歐盟的庇護申請者有減少趨向，但是到了2006 年和 2007 年，人數卻增加 10 ％。⑭2007 年有 15 萬名第三國人民向會員國申請庇護⑭，而此現象即可能是大量伊拉克人民流離失所而導致的結果⑭，因此，庇護申請的增加與新移民融入社會後所造成的安全問題也一再考驗著歐盟。

　　另外，歐盟每年約計有 3 億人經過 1700 個檢查站。⑭在 2007 年會員國即查獲 2 萬份偽造旅遊文件，其中大部分是在機場被查獲，剩餘的三分之一則是在德國、法國、英國、義大利、匈牙利等國家的陸地邊境查獲。⑭除了旅遊文件（例如：護照、身分證、簽證、居留證、工作證等）容易遭到偽造外，犯罪集團也經常偽造其他種類的文件，例如：商業或學生簽證、學校註冊單、雇主證明信函、公司邀請函等。⑭

　　再者，協助歐盟會員國將非法移民遣返到目的國，亦是 Frontex 的重要任務之一。根據＜表 9-8 ＞，Frontex 在 2006～2007 期間，總共協助歐盟會員國執行了十二項非法移民遣返行動，其中德國最常擔任主導國（共有 5 次之多），其次是荷蘭與奧地利（共有 2 次）。 而這些非法移民的來源國，多半來自非洲與中南美洲。Frontex 12 次遣返行動

⑭ Frontex General Report 2007, op. cit., p. 16.

⑭ Huysmans, J.: The Politics of Insecurity: Fear, Migration and Asylum in the EU, London: Routledge, 2006, p. 64, cited from: Wyn Rees, op. cit., p. 100.

⑭ Ibid. (Wyn Rees), p.100.

⑭ Europol: Illegal Immigration, op. cit., p. 2.

⑭ Frontex General Report 2007, op. cit., p. 16.

⑭ Europol: Illegal Immigration, op. cit., p. 2.

⑭ Hugo Brady, op. cit., p. 8.

⑭ Frontex General Report 2007, op. cit., p. 16.

⑭ Europol: Illegal Immigration, op. cit., p. 4.

總共遣返的 361 人，最多的一次是遣返 75 人，其次是 50 人，第三是 36
人。

<表 9-8 > Frontex 協助歐盟會員國遣返非法移民一覽表

| | 項目 | 主導國 | 參與國 | 目的國 | 遣返人數 |
|---|---|---|---|---|---|
| 2006 | 1 | 奧地利 | 波蘭、法國 | 亞美尼亞、喬治亞 | 8 |
| | 2 | 德國 | 法國、馬爾他、荷蘭、瑞士 | 多哥、貝南、幾內亞 | 31 |
| | 3 | 德國 | 法國、盧森堡、西班牙、瑞士 | 喀麥隆、多哥 | 35 |
| 2007 | 4 | 德國 | 義大利、盧森堡、波蘭、西班牙、瑞士 | 喀麥隆、迦納 | 28 |
| | 5 | 義大利 | 奧地利、以國、德國、羅馬尼亞 | 奈及內亞 | 50 |
| | 6 | 荷蘭 | 德國、法國、瑞士 | 喀麥隆、多哥 | 21 |
| | 7 | 德國 | 法國、波蘭、盧森堡、荷蘭、西班牙 | 喀麥隆、多哥 | 26 |
| | 8 | 奧地利 | 法國 | 科索沃 | 22 |
| | 9 | 西班牙 | 義大利、法國 | 厄瓜多、哥倫比亞 | 75 |
| | 10 | 英國 | 荷蘭、比利時、法國、義大利、挪威 | 科索沃、阿爾巴尼亞 | 36 |
| | 11 | 德國 | 瑞士 | 多哥、貝南 | 13 |
| | 12 | 荷蘭 | 比利時、法國、德國 | 喀麥隆 | 16 |
| 總　　　計 | | | | | 361 |

資料來源：作者自製，資料參考自：The European Commission: Commission Staff Working Document—Accompanying Document to the Communication from the Commission to the European Parliament, the Council, the European Economic and Social Committee and the Committee of the Regions. Report on the Evaluation and Future Development of the Frontex Agency—Statistical Data, SEC (2008) 150, 13. 02. 2008, pp. 41-42.

　　雖然歐盟會員國在邊境安全管理上，各自有一套管制措施與規
範，但是仍有部分會員國拘留非法移民偵訊三十或四十天後，就直接
釋放，任其在人員自由流通的區域停留，導致其他會員國間接地受到

影響。⑭另外，若干會員國也對羅馬尼亞和保加利亞的簽證自由化
（Visa Liberalization）相當不以為然，因為兩國境內有許多人在三個月
停留期結束後，仍逾期居留，兩國政府也很難找出這些人，將他們遣
返回國。⑮儘管歐盟會員國在漫長的東部邊境部署了許多邊境警察，
但是嚴重的警察貪污現象也導致歐盟邊境安全管制出現漏洞。⑮是
故，Frontex 勢必需要為歐盟外圍邊境安全的管理繼續貢獻心力才行。

## 結論

　　誠如，薛爾夫（Aliaksandr Sharf）所言：「在全球化與歐洲統合的
環境中，邊境安全已經不再是單一國家的議題，而是國與國間必須共
同面對與討論的新課題。」⑮這種論點正是歐盟第五次擴大後的最佳
寫照。歐盟第五次擴大後，外圍邊境安全問題就必須由歐盟會員國群
策群力共同解決之，而 Frontex 就是歐盟設計來整合會員國邊境管理的
專責機構。雖然，Frontex 從 2005 年 10 月 3 日開始運作到現在，僅僅只
有五年左右的歷史，但我們卻發現 Frontex 在歐盟東擴後的外圍邊境安
全的維護上，已經在歐盟機構（例如：歐盟理事會、歐洲執行委員
會、歐洲議會等）高度的重視之下，漸漸地發揮功能。根據歐洲執行
委員會在 2008 年 2 月 13 日公佈的「Frontex 之評估與未來發展報告」
（Report on the Evaluation and Future Development of the Frontex Ag-
ency），歐洲執行委員會對 Frontex 的行動協調能力，給予相當正面的
評價。⑮

---

⑭ Frontex Annual Report 2006, op. cit., p. 7.

⑮ Florian Trauner, op. cit., p. 15.

⑮ Frontex: the EU External Borders Agency, op. cit., p. 15.

⑮ Aliaksandr Sharf: Lessons Learned from the Establishment of Border Security Systems,
report at the Conference of the Third Working Group on 'Legal Reform in Border Secur-
ity' by the Slovenian Police, Slovenia, 31. 01-02.02.2005, p. 4.

⑮ European Commission: Report on the Evaluation and Future Development of the Frontex
Agency, COM (2008) 67 final, 13.02.2008, p. 8 & p. 10.

　　整體而言，在維護歐盟外圍邊境安全上，Frontex 的角色與功能具有下列兩項特點：第一、Frontex 是歐盟外圍邊境管理的協調者。如上所述，Frontex 是維護歐盟外圍邊境安全的專責機構，透過 Frontex 各部門的協調運作，Frontex 已經能夠掌握歐盟會員國與第三國（或邊境鄰國）的邊境情報，並且可以迅速作出邊境危機分析與採取共同邊境安全行動。同時，Frontex 也根據各項具體的邊境情勢分析資料，協調與加強歐盟會員國邊境警察的訓練，並且研製相關的、符合實際所需的邊境監視儀器設備，藉此提升歐盟整體的外圍邊境管理能力。除此之外，Frontex 也協調各會員國在陸、海、空邊境的檢查、監視、巡邏與遣返等行動，有效整合了歐盟會員國的邊境管理資源。

　　第二、從 Frontex 和歐盟會員國的合作模式來看，Frontex 是歐盟外圍邊境共同行動的領導者。雖然，在設立 Frontex 之初，許多歐盟官員擔心歐盟會員國會利用其仍保有的邊境主權，干涉或杯葛 Frontex 的運作，但是，從過去幾年的實踐經驗來看，Frontex 所提之邊境共同行動的提案數目不僅是會員國所提數目的 7 倍之多[54]，而且每項行動都受到歐盟會員國的支持與踴躍參與，這些事實都證明了 Frontex 在歐盟外圍邊境管理上，已取得了領導的地位。這意味著，歐盟會員國已經認同 Frontex 為解決邊境安全問題的合作平台，而 Frontex 也有能力推展歐盟的外圍邊境管理構想與各項行動計劃。

　　然而，除了這些看得到的成就之外，我們也發現 Frontex 在組織結構與行動內容上，仍然有許多值得改善的地方，舉其要者有底下三個問題：一、民主赤字：Frontex 協助歐盟會員國執行的遣返行動引起許多的批評，尤其是來自歐洲議會。自從 2002 年 7 月開始，Frontex 的前身「外圍邊境專家共同單位」已經進行過十七項共同行動與實驗性計劃，但是，卻未受到歐洲議會和歐盟會員國國會的監督。另一方面，儘管 Frontex 是一個共同體機構，其預算須經歐洲議會同意，但是，其他有關 Frontex 的危機分析、研究與發展等活動，歐洲議會卻無權置

---

[54] Frontex 共同行動提案數：歐盟會員國共同行動提案數 = 34：5 ≒ 7：1。請參見本書第 335 頁＜表 9-5 ＞。

喙。因此，為促進歐盟邊境行動的透明化，Frontex 應提供歐洲議會相關的資料與報告，以讓歐洲議會可以適度地監督 Frontex 的任務執行。[155]

二、忽視人權：由於在 Frontex 執行的邊境共同行動與遣返行動中，許多環節都忽視了第三國人民的基本人權或難民權益，因而引發外界許多的爭議。舉例來說，2006 年 Frontex 與會員國執行的赫拉行動，目標在於阻止運送非法移民的船隻，從茅利塔尼亞和塞內加爾海域前往加那利群島。行動參與國將這些可疑的船隻攔截後，便直接將其遣返回國。[156]然而，在行動過程中，參與行動的邊境警察並未進行個別審問，而逕將潛在的難民直接認定為非法移民。當這些潛在的庇護申請者被遣送回國後，其人身自由與安全，即無法受到保護。[157]在所有關於 Frontex 共同行動的報告中，Frontex 只對外公佈逮捕、遣返和驅離的人數，但是，卻沒有公佈尚未遣返的移民資料，所有的非法移民都以「代號」指稱，忽略了個案的特殊性，這一切黑箱作業的行徑，換來一陣不尊重人權的批評。[158]

三、資訊不夠透明化：透明化與保護個人資料隱私是邊境管理的首要條件，但是，Frontex 共同行動的內容卻有不夠公開透明之嫌，大部分 Frontex 的資訊文件都僅包括一般性組織運作及過去的共同行動，關於目前與未來行動的資料卻很少。同樣地，在 Frontex 的年度報告

---

[155] Hélène Jorry, op. cit., pp. 19-21.

[156] Julien Jeandesboz, op. cit., pp. 15-16.

[157] 請參見：(1) Sergio Carrera/Florian Geyer, op. cit., p. 5; (2) Wyn Rees, op. cit., p. 105.

[158] 為了解決這個問題，馬斯（Wies Maria Maas）、詹德柏茲（Julien Jeandesboz）、卡列拉（Sergio Carrera）等歐洲邊境安全學者即呼籲 Frontex 必須儘快改善其邊境行動的人權瑕疵。因此，Frontex 在 2008 年 6 月 18 日與聯合國難民署（UNHCR）簽署合作協定，未來該公署將協助 Frontex 在其人員訓練中的核心課程中，特別開設國際人權與難民法的一般或特別訓練課程，加強值勤人員在這方面的專業訓練，以期未來能夠改善 Frontex 在人權上的不良記錄。同時，歐洲議會也要求管理委員會，針對基本自由與人權兩項議題，評估 2008 年的共同行動，並且將評估結果公開，如此一來，Frontex 的共同行動才能符合歐盟尊重人權與保障弱勢的共同價值。詳細內容，請參見：(1) Wies Maria Maas, op. cit., p. 42; (2) European Council on Refugees and Exiles, op. cit., p. 3. (3) Julien Jeandesboz, op. cit., p. 20.

中，也只列出計劃內容及行動成果，然而，對於 Frontex 和會員國互動過程的描述卻相當缺乏，因此，Frontex 應該讓其共同行動與資料文件公開化，以提升 Frontex 邊境行動的合法性與公正性。[59]

最後，我們要鄭重強調設立「歐洲邊境警察」的重要性。Frontex 在未來應建立「歐洲邊境警察」，並發展泛歐邊境策略（Pan-European Border Strategy），如此一來，Frontex 就可以有效地整合歐盟會員國的邊境安全系統（National Border Security System），進而建立一套泛歐、統合的邊境安全系統（Pan European Integrated Border Security System）。為此，歐盟與歐盟會員國的角色扮演應該進行調整。就目前而言，歐盟外圍邊境共同行動的任務分配與責任分擔是「會員國為主，歐盟為輔」：首先，在行動參與方面，執行歐盟外圍邊境共同行動的主力警隊幾乎都來自歐盟會員國，而且，所有 Frontex 的外圍邊境共同行動與相關活動的主要參與者皆是歐盟會員國；其次，在人員結構方面，Frontex 也相當依賴歐盟會員國邊境防衛機構的委派專家[60]，例如：截至 2008 年 1 月為止，Frontex 共有 164 名職員，其中歐盟會員國委派的專家有 69 名，約佔總職員數的 42%。然而，Frontex 的專職人員卻只有 35 名，約僅佔總職員數的 21%。換句話說，「代表歐盟利益」的 Frontex 專職人員人數大約只有歐盟會員國委派專家的一半。這種人事結構過度依賴會員國的情形，會對 Frontex 的長期發展造成阻礙，因為，歐盟會員國的委派專家隨時會被調回母國，而導致 Frontex 的人事必須不斷變動，這會使 Frontex 的政策推行無法一貫。

總而言之，過度倚賴會員國間合作的現象，對未來歐盟外圍邊境管理歐洲化（Europeanisation of External Border Management）的發展相當不利。悉知，目前歐盟雖然已經將外圍邊境管理、移民、庇護與民事司法合作等事務共同體化（Communitisation），但是，這些領域的決策仍然被歐盟理事會的一致決程序所支配，換句話說，歐盟會員國

[59] Hélène Jorry, op. cit., p. 26.
[60] Ibid., pp. 19-20.

仍然控制這些領域的決策與發展。⑯因此，我們認為這種一致決的決策程序是 Frontex 功能發展的一大障礙，歐盟應該在外圍邊境管理上賦予 Frontex 更多的決策自主權，使目前「會員國為主，歐盟為輔」的權限分配情形，轉變為「歐盟為主，會員國為輔」的結構，使 Frontex 能夠真正主導外圍邊境政策的發展，並積極建構一個泛歐的「邊境策略」。也唯有如此，歐盟才能夠儘速地成立「歐洲邊境警察」，這樣歐盟才能夠從容應付將來第六次、第七次……甚至第十次擴大後的新邊境安全挑戰。

---

⑯ Sonja Puntscher Riekmann: Security, Freedom and Accountability—Europol and Frontex, in: Elspeth Guild/Florian Geyer (eds.): Security versus Justice?—Police and Judicial Cooperation in the European Union, Hampshire/Burlington: Ashgate Publishing Limited, 2008, p. 21.

# 參考文獻

## 一、官方文件

Authority of the House of Lords: Proposals for a European Border Guard, House of Lords Session 2002－03 29th Report of Select Committee on the European Union, Hl Paper 133, 01.07.2003.

Commission Recommendation on Establishing a Common "Practical Handbook for Border Guards (Schengen Handbook)" to be used by Member States' Competent Authorities when Carrying out the Border Control of Persons, C (2006) 5186 final, 06.11.2006.

Council Decision of 26 April 2005 Designating the Seat of the European Agency for the Management of Operational Cooperation at the External Borders of the Member States of the European Union, OJ L 114, 04.05.2005.

Council of the European Union: Justice and Home Affairs, 2768th Council Meeting, Press Release, 15801/06, 04-05.12. 2006.

Council of the European Union: Presidency Conclusions, Thessaloniki European Council 19-20. 06. 2003, 11638/03, 01.10.2003.

Council Regulation (EC) No 2007/2004 of 26. 10. 2004 on Establishing a European Agency for the Management of Operational Cooperation at the External Borders of the Member States of the European Union, OJ L 349, 25.11.2004.

European Commission DG Energy and Transport: Annual Analyses of the European Air Transport Market—Annual Report 2007, 20. 06. 2008, p. 117, available from: http://ec.europa.eu/transport/air_portal/observatory/index_en.htm. (Accessed 06.08.2008)

European Commission: Commission Staff Working Document － Accompanying the Communication from the Commission on Policy Priorities in the fight against Illegal Immigration of Third-country Nationals. Second Annual Report on the Development of a Common Policy on Illegal Immigration, Smuggling and Trafficking of Human Beings, External Border Controls, and the Return of Illegal Residents, SEC (2006) 1010, 19.07.2006.

European Commission: Commission Staff Working Document—Accompanying Document to the Communication from the Commission to the European Parliament, the Council, the European Economic and Social Committee and the Committee of the Regions. Report on the Evaluation and Future Development of the Frontex Agency—Statistical Data, SEC (2008) 150, 13.02.2008.

European Commission: Communication from the Commission to the Council and the European Parliament — Towards Integrated Management of the External Borders of the Member States of the European Union, COM (2002) 233 final, 07.05.2002.

European Commission: Communication from the Commission to the European Parliament, the Council, the European Economic and Social Committee and the Committee of the Regions — Examining the creation of a European Border Surveillance System (EUROSUR), COM (2008) 68 final, 13.02.2008.

European Commission: Report on the Evaluation and Future Development of the FRONTEX Agency, COM (2008) 67 final, 13.02.2008

European Council on Refugees and Exiles: ECRAN Weekly Update, 23.02. 2007, available from: http://www.ecre.org/resources/weekly_updates_ list? page=5. (Accessed 19.08.2008)

European Council on Refugees and Exiles: Refugee Council and the European Council on Refugees and Exiles (ECRE) Joint Response to Select Committee on the European Union Sub-Committee F (Home Affairs): Frontex Inquiry, PP3/09/2007/extPC, 24.09.2007, available from: http://www. ecre.org/resources/policy_papers/955. (Accessed 21.08.2008)

European Parliament and Council of the European Union, Regulation establishing a Community Code on the Rules Governing the Movement of Persons across Borders (Schengen Borders Code) of 15 March 2006, (EC) No.

562/2006, OJ L 105, 13.04.2006.

European Commission: The Frontex Agency: Evaluation and Future Development, Press Releases RAPID, MEMO/08/84, 13.02.2008, available from: http://europa.eu/rapid/pressReleasesAction.do? reference=MEMO/08/84 &format=HTML&a ged=0&language=EN&guiLanguage=en. (Accessed 26.08.2008)

Europol: Illegal Immigration Fact Sheet 2008, 03.2008.

Feasibility study for the setting up of a "European Border Police", Final Report, Rome, 30.05.2002.

French Presidency of the Council of the European Union—Work Programme for 1 July － 31 December 2008, pp. 17-18.

Frontex: 2007 Land Border Operations, Press Kit, Vol. 2/11, Issue 2.

Frontex: 2007 Sea Border Operations, Press Kit, Vol. 2/11, Issue 1.

Frontex: BIOPASS － Study on Automated Biometric Border Crossing Systems for Registered Passenger at Four European Airports, Warsaw, 08.2007, p. 7.

Frontex: Frontex Annual Report 2006.

Frontex: Frontex General Report 2007.

Frontex: General Report of Frontex for 2005.

Frontex: Getting it Right! － Deployment of the Visa Information System (VIS) at the External Borders of the European Union, 07-08.04.2008.

Frontex: the EU External Borders Agency, 9th Report of Session 2007-08, Report from European Union Committee, Authority of the House of Lords, London, 05.03.2008.

Ilkka Laitinen: Fields of Action and Conceptual Approaches of Integrated European Border Security (European Border Guard?), power point presented at the Federal Criminal Police Office (BKA) Autumn Conference, Germany, 15. 11. 2006, available from: http://www.bka.de/kriminalwissenschaften/herbsttagung/2006/praesentation_laitine n.pdf. (Accessed 27.08.2008)

Memorandum of Cooperation on the Establishment of Operational Cooperation between the European Agency for the Management of Operational Cooperation at the External Borders of the Member States of the European Union and the Kommando Grenzwachtkorps from the Eidgenoessisches Finanzdepartement EFD of the Swiss Confederation, Bern, 04. 06. 2007.

Regulation (EC) No 1906/2006 of the European Parliament and of the Council of 18 December 2006 on Laying down the Rules for the Participation of Undertakings, Research Centres and Universities in Actions under the Seventh Framework Programme and for the Dissemination of Research Results (2007-2013) , OJ L 391, 30.12.2006.

Regulation (EC) No 863/2007 of the European Parliament and of the Council of 11 July 2007 on Establishing a Mechanism for the Creation of Rapid Border Intervention Teams and amending Council Regulation (EC) No 2007/2004 as regards that Mechanism and Regulating the Tasks and Powers of Guest Officers, OJ L 199, 31.07.2007.

Terms of Reference 一 on the Establishment of Operational Co-operation between the European Agency for the Management of Operational Co-operation at the External Borders of the Member States of the European Union (Frontex) and the Border Guard Service of the Federal Security Service of the Russian Federation, Warsaw, 14.09.2006.

Working Arrangement on Establishing Operational Cooperation between the European Agency for the Management of Operational Cooperation at the External Borders of the Member States of the European Union (Frontex) and the Ministry of the Interior of the Republic of Croatia, 2008.

Working Arrangement on the Establishment of Operational Cooperation between the European Agency for the Management of Operational Cooperation at the External Borders of the Member States of the European Union (Frontex) and the Border Guard Service of the Republic of Moldova, Chisinau, 12.08.2008.

Working Arrangement 一 on the Establishment of Operational Cooperation between the European Agency for the Management of Operation Cooperation at the External Borders of the Member States of the European Union

(Frontex) and the Administration of the Stat Border Guard Service of Ukraine, Luxemburg, 11.06.2007.

## 二、期刊論文

Apap, Joanna/Carrera, Sergio: Maintaining Security within Borders: Towards a Permanent State of Emergency in the EU?, in: Policy Brief, Centre for European Policy Studies, No. 41, 11.2003.

Apap, Joanna/Tchorbadjiyska, Angelina: What about the Neighbours? The Impact of Schengen along the EU's External Borders, in: Working Document, Centre for European Policy Studies, No. 210, 10.2004.

Archick, Kristin: Europe and Counterterrorism: Strengthening Police and Judicial Cooperation, Report for Congress, Congressional Research Service, Order Code RL31509, 08.23.2004.

Atger, Anaïs Faure: The Abolition of Internal Border Checks in an Enlarged Schengen Area: Freedom of Movement or a Web of Scattered Security Checks?, in: Research Paper, Centre for European Policy Studies, 20.03.2008.

Batt, Judy: The EU's New Borderlands, in: Working Paper, Centre for European Reform, 10.2003.

Bertozzi, Stefano: Schengen: Achievements and Challenges in Managing an Area Encompassing 3.6 million km², Working Document, Centre for European Policy Studies, No. 284, 02.2008.

Bigo, Didier, et al.: The Changing Landscape of European Liberty and Security: Mid-term Report on the Results of the CHALLENGE Project, in: Research Paper, Centre for European Policy Studies, No. 4, 02.2007.

Bigo, Didier, et al.: What Future for the Area of Freedom, Security and Justice? Recommendations on EU Migration and Borders Policies in a Globalising World, in: Policy Brief, Centre for European Policy Studies, No. 156, 03.2008.

Boin, Arjen, et al. (eds.): Protecting the European Union － Policies, Sectors and Institutional Solutions, Research Report Published by Universiteit Leiden, Netherlands, 10.2006.

Brady, Hugo: EU Migration Policy: An A-Z, Center for European Reform, 02.2008.

Brady, Hugo: The EU and the Fight against Organised Crime, in: Working Paper, Centre for European Reform, 04.2007.

Caparini, Marina/Marenin, Otwin (eds.): Borders and Security Governance: Managing Borders in a Globalised World, Switzerland: Geneva Centre for the Democratic Control of Armed Forces (DCAF), 08.2006.

Carrera, Sergio/Geyer, Florian: Terrorism, Borders and Migration, in: Policy Brief, Centre for European Policy Studies, No. 131, 06.2007.

Carrera, Sergio/Guild, Elspeth: An EU Framework on Sanctions against Employers of Irregular Immigrants Some Reflections on the Scope, Features & Added Value in: Policy Brief, Centre for European Policy Studies, No. 140, 08.2007.

Donoghue, Jill, et al.: Report on Frontex. The European Union's New Border Security Agency, Institute of European Affairs, 10.2006.

Geddes, Andrew: Europe's Border Relationships and International Migration Relations, in: Journal of Common Market Studies, Vol. 43, No. 4, 2005, pp. 787-806.

Geyer, Florian: Taking Stock: Databases and Systems of Information Exchange in the Area of Freedom, Security and Justice, Research Paper, No. 9, Centre for European Policy Studies, 05.2008.

Guild, Elspeth: International Terrorism and EU Immigration, Asylum and Borders Policy: The Unexpected Victims of 11 September 2001, in: European Foreign Affairs Review, Vol. 8, 2003, pp. 331-346.

Guild, Elspeth: Merging Security from the Two-Level Game: Inserting the Treaty of Prüm into EU law?, Policy Brief, Centre for European Policy Studies, No. 124, 03. 2007.

Hobbing, Peter: Integrated Border Management at the EU Level, in: Working

Document, Centre for European Policy Studies, No. 227, 08.2005.

Hobbing, Peter: Management of External EU Borders: Enlargement and the European Border Guard Issue, paper presented at the Workshop "Managing International and Inter-Agency Cooperation at the Border" by the Centre for the Democratic Control of Armed Forces (DCAF), Geneva, 13-15.03.2003.

Jeandesboz, Julien: Reinforcing the Surveillance of EU Borders — The Future Development of FRONTEX and EUROSUR, in: Research Paper, Centre for European Policy Studies, No. 11, 08.2008.

Jeandesboz, Julien: Reinforcing the Surveillance of EU Borders — The Future Development of FRONTEX and EUROSUR, in: Research Paper, Centre for European Policy Studies, No. 11, 08.2008.

Jorry, Hélène: Construction of a European Institutional Model for Managing Operational Cooperation at the EU's External Borders: Is the FRONTEX Agency a Decisive Step forward?, in: Research Paper, Centre for European Policy Studies, 22.03.2007.

Maas, Wies Maria: Fleeing to Europe: Europeanization and the Right to Seek Refugee Status, in: Working Paper, Institute of Social Studies, No. 454, 01.2008.

Mir, Miriam: Managing the EU's External Frontiers: Lessons to be learned from FRONTEX's Action in the Canary Islands, Centre for European Policy Studies, 23.04.2007.

Müller-Graff, Peter-Christian/ Kainer, Friedemann: Asyl-, Einwanderungs- und Visapolitik, in: Weidenfeld, Werner/Wessels, Wolfgang (eds.): Europa von A bis Z, Baden-Baden: Nomos Verlagsgessellschaft, 2007, pp. 66-73.

Paulauskas, Kestutis: The Baltics: from Nation States to Member States, in: Occasional Paper, European Union Institute for Security Studies (EUISS), No. 62, 02.2006.

Raül Hernández i Sagrera: FRONTEX: Projection at the European Level of the Vision of Spain on Border Control?, in: Esther Barbé (ed.): Spain in Europe 2004-2008, Monograph of the Observatory of European Foreign Policy, No. 4, Barcelona: Institut Universitari d'Estudis Europeus, 02.2008.

Rees, Wyn: Inside Out: the External Face of EU Internal Security Policy, in: Journal of European Integration, Vol. 30, Issue 1, 01.03.2008.

Sharf, Aliaksandr: Lessons Learned from the Establishment of Border Security Systems, paper presented at the Conference of "Legal Reform in Border Security" in the Western Balkans (WB) by Slovenian Police, Slovenia, 31.01-02.02.2005.

Sonja Puntscher Riekmann: Security, Freedom and Accountability—Europol and Frontex, in: Elspeth Guild/Florian Geyer (eds.): Security versus Justice?—Police and Judicial Cooperation in the European Union, Hampshire/Burlington: Ashgate Publishing Limited, 2008, pp. 19-34.

Trauner, Florian/Kruse, Imke: EC Visa Facilitation and Readmission Agreements: Implementing a New EU Security Approach in the Neighbourhood, in: Working Document, Centre for European Policy Studies, No. 290, 04. 2008, pp. 1-5.

Trauner, Florian: EU Justice and Home Affairs Strategy in the Western Balkans — Conflicting Objectives in the Pre-accession Strategy, in: Working Documents, Centre for European Policy Studies, No. 259, 02.2007.

Vaughan-Williams, Nick: Borderwork beyond Inside/Outside? Frontex, the Citizen-detective and the War on Terror, in: Space and Polity, Vol. 12, No. 1, 04.2008, pp. 63-79.

Zapata-Barrero, Ricard/De Witte, Nynke: The Spanish Governance of EU borders: Normative Questions, in: Mediterranean Politics, Vol. 12, No. 1, 03.2007, pp. 85-90.

## ＜附錄 9-1＞ 2005～2008 年 Frontex 陸地邊境共同行動表

| 年份 | 項目 | 行動名稱 | 執行期間 | 時間 | 經費(€) | 參與國 | 結果 |
|---|---|---|---|---|---|---|---|
| 2005 | 1 | Illegal Labours | 2005 年 12 月 5 日～2006 年 1 月 6 日 | 14 日 | 367,200 | 8 | n.a.⑯ |
| 2006 | 2 | FIFA 2006 | 2006 年 5 月 1 日～7 月 6 日 | 45 日 | 238,100 | 10 | 查到 2,385 名非法移民、1,056 份偽造文件、981 人被拒絕入境 |
| | 3 | Poseidon 2006 海陸共同行動 | 2006 年 6 月 25 日～7 月 5 日 | 11 日 | 255,064 | 6 | 20 人非法越境、16 人被拒絕入境 |
| | 陸地實驗性計劃 | | | | | | |
| | 4 | Border Management Cooperation Conference I, Imatra | 2006 年 11 月 | n.a. | 95,043 | 27 | 加強歐盟外圍陸地邊境合作 |
| | 5 | Focal Points-Pilot Project | 2006 年每位專家 30 天 | 30 天 | 399,405 | 25 | 強化歐盟會員國邊境警察合作 |
| | 6 | Green Border Surveillance Meeting | 2006 年 12 月 | 31 日 | 35,379 | 22 | 建立監視策略的最佳範例 |
| 2007 | 7 | Gordius | 2007 年 4 月 16～29 日 | 14 日 | 200,000 | 15 | 查到 109 人非法越境、855 人被拒絕入境 |
| | 8 | Ariadne | 2007 年 4 月 29 日～5 月 11 日 | 10 日 | 160,000 | 11 | 查獲 22 份偽造文件、1,207 人被拒絕入境、6 人使用有誤之文件、查到 8 人非法入境，另外 34 人非法入境，且同時非法居留 |
| | 9 | Poseidon 2007 海陸共同行動 | 第一階段：2007 年 5 月 15 日～6 月 3 日 第二階段：2007 年 6 月 26 日～7 月 15 日 第三階段：2007 年 9 月 18 日～10 | 60 日 | 2,000,000 | (一) 9 (二) 8 (三) 13 | 執行了 125 次勤務、在行動範圍內，查獲 779 名非法移民、逮捕 2,321 名非法移民、遣返 377 名非法移民、逮捕 51 名協助非法移民者、查獲 517 份偽造文件 |
| | 10 | Niris 海陸共同行動 | 2007 年 6 月 18～29 日 | 12 日 | 98,700 | 10 | 查到 20 人非法越境、16 人被拒絕入境 |
| | 11 | Herakles | 第一階段：2007 年 8 月 8～17 日 第二階段：2007 年 10 月 10～19 日 | 20 日 | 150,000 | 10 | n.a. |
| | 12 | Ursus I | 2007 年 8 月 26 日～9 月 2 日 | 8 日 | 同 Five Borders | 8 | 查獲 37 名非法移民、186 人被拒絕入境 |

⑯ n.a. = not available

## ＜附錄 9-1 ＞ 2005～2008 年 Frontex 陸地邊境共同行動表（續）

| 年份 | 項目 | 行動名稱 | 執行期間 | 時間 | 經費 | 參與國 | 結果 |
|---|---|---|---|---|---|---|---|
| 2007 | 13 | Drive in | 2007 年 8 月 27 日～9 月 11 日 | 16 日 | 116,000 | 8 | 查獲 13 輛贓車、87 名非法移民 |
| | 14 | Kras | 2007 年 9 月 12 日～22 日 | 10 日 | 159,000 | 7 | 查獲 32 名非法移民、2 人逾期居留 |
| | 15 | Ursus II | 2007 年 9 月 23 ～30 日 | 9 日 | 同 Five Borders | 11 | 查獲 55 名非法移民、97 人逾期居留、262 人被拒絕入境 |
| | 16 | Ursus III | 2007 年 10 月 | n.a. | 同 Five Borders | n.a. | n.a. |
| | 17 | Ursus IV | 2007 年 11 月 | n.a. | 同 Five Borders | n.a. | n.a. |
| | 18 | Northern Lights | 2007 年 12 月 | n.a. | 120,000 | n.a. | n.a. |
| | 陸地實驗性計劃 | | | | | | |
| | 19 | Border Management Cooperation Conference II, Boppard Symposium | 2007 年 4 月 | n.a. | 157,000 | 27 | 加強歐盟外圍陸地邊境合作 |
| | 20 | Five Borders | 2007 年 4 月～12 月 | 28 日 | 350,000 | 10 | 加強歐盟會員國與烏克蘭邊境管理效率 |
| | 21 | Focal Points | 2007 年 7 月～12 月 | n.a. | 400,000 | 10 | 強化歐盟會員國邊境警察合作 |
| | 22 | Border Management Cooperation Conference III, Lisbon | 2007 年 11 月 | n.a. | 160,000 | 27 | 該會議為伯帕德(Boppard)座談會之後續活動 |
| | 23 | Express | 2007 年 12 月 | n.a. | 100,000 | n.a. | 建立歐盟外圍邊境鐵路管制的最佳範例 |
| 2008 | 25 | EUROCUP 2008 | 2008 年 6～7 月 | n.a. | 50,000 | n.a. | n.a. |

資料來源：作者自製，資料參考自：The European Commission: Commission Staff Working Document—Accompanying Document to the Communication from the Commission to the European Parliament, the Council, the European Economic And Social Committee and the Committee of the Regions. Report on the Evaluation and Future Development of the Frontex Agency—Statistical Data, SEC (2008) 150, 13. 02. 2008, pp. 15-25.

# ＜附錄 9-2 ＞ 2006～2007 年 Frontex 海岸邊境共同行動表

| 年份 | 項目 | 行動名稱 | 執行期間 | 時間 | 經費 | 參與國 | 結果 |
|---|---|---|---|---|---|---|---|
| 2006 | 1 | Poseidon 2006 海陸共同行動 | 2006 年 6 月 25 日 ～7 月 5 日 | 11 日 | 255,064 | 6 | 逮捕 426 名非法移民（89 人在海港、73 人在海上、264 人在陸境邊境）、拘捕 6 名協助非法移民者、查獲 41 份偽造文件 |
| | 2 | Agios | 2006 年 7 月 15 日 ～9 月 15 日 | 63 日 | 73,000 | 8 | 執行了 488 次勤務、逮捕 501 名非法移民、遣返 498 名非法移民、查獲 501 份偽造文件 |
| | 3 | Hera I | 2006 年 7 月 19 日 ～10 月 31 日 | 105 日 | 370,000 | 7 | 蒐集到 11,000 名以上的第三國人民資料、遣返 6,076 名非法移民 |
| | 4 | Hera II | 2006 年 8 月 11 日 ～12 月 15 日 | 127 日 | 3,200,000 | 7 | 執行了 235 次勤務、逮捕 20,192 名非法移民、遣返 3,625 名非法移民 |
| | 5 | Nautilus 2006 | 2006 年 10 月 5 日 ～15 日 | 11 日 | 1,600,000 | 5 | 執行了 9 次勤務、逮捕 650 名非法移民、2 名協助非法移民者 |
| 海岸實驗性計劃 | | | | | | | |
| | 6 | Medsea | | | | | 協調會員國在地中海地區的邊境監視措施，並建立一個由 Frontex 管理的行合作平台。 |
| 2007 | 7 | Hera III | 2007 年 2 月 12 日 ～4 月 12 日 | 60 日 | 2,745,315 | 6 | 執行了 31 次勤務、逮捕 2,020 名非法移民、遣返 1,559 名非法移民 |
| | 8 | Hera 2007 | 第一階段：2007 年 4 月 23 日～6 月 15 日 第二階段：2007 年 7 月 12 日～11 月 30 日 | 135 日 | 3,500,000 | （一）6 （二）9 | 執行了 133 次勤務、在行動範圍內、查到 7,804 名非法移民；行動範圍外、查到 1,190 名非法移民、逮捕 4,953 名非法移民、遣返 2,507 名非法移民 |
| | 9 | Poseidon 2007 海陸共同行動 | 第一階段：2007 年 5 月 15 日～6 月 3 日 第二階段：2007 年 6 月 26 日～7 月 15 日 第三階段：2007 年 9 月18日～10 月 7 日 | 60 日 | 2,000,000 | （一）9 （二）8 （三）13 | 詳 Poseidon 2007 陸地共同行動 |
| | 10 | Niris 海陸共同行動 | 2007 年 6 月 18-29 日 | 12 日 | 98,700 | 10 | 查到 20 人非法越境、16 人被拒入境 |
| | 11 | Nautilus 2007 | 第一階段：2007 年 6 月 25 日～7 月 27 日 第二階段：2007 年 9 月 9 日～10 月 14 日 | 69 日 | 4,700,000 | （一）6 （二）7 | 執行了 67 次勤務、在行動範圍內、查到 997 名非法移民；行動範圍外、查到 2,093 名非法移民、逮捕 2,942 名非法移民 |

## ＜附錄 9-2 ＞ 2006〜2007 年 Frontex 海岸邊境共同行動表（續）

| 年份 | 項目 | 行動名稱 | 執行期間 | 時間 | 經費 | 參與國 | 結果 |
|---|---|---|---|---|---|---|---|
| 2007 | 12 | Minerva | 2007 年 8 月 16 日 9 月 14 日 | 30 日 | 450,000 | 11 | 在行動範圍內、查到 77 名非法移民；行動範圍外，查到 78 名非法移民、逮捕 1,260 名非法移民、遣返 1,105 名非法移民、查獲 765 份偽造文件 |
| | 13 | Hermes | 2007 年 9 月 18 日 〜10 月 9 日 | 22 日 | 2,100,000 | 8 | 在行動範圍內、查到 13 名非法移民；行動範圍外，查到 17 名非法移民、逮捕 30 名非法移民 |
| | 14 | Zeus 海空共同行動 | 2007 年 10 月 | n.a. | 120,000 | 13 | 行動尚未開始 |
| | 15 | Indalo 2007 | n.a. | 22 日 | 1,702,300 | 10 | 執行了 27 次勤務、偵查到 343 名非法移民、逮捕 6 名協助非法移民者 |
| | 海岸實驗性計劃 | | | | | | |
| | 16 | Bortec / EPN (European Patrols Network) 2007 | 2007 年 1〜12 月 | n.a. | 3,916,000 | 10 | 第一階段：以會員國在地中海與大西洋特定區域的巡邏活動為基礎，發展歐洲巡邏網路，並在會員國內設立國家聯絡據點，以協助 Frontex 計劃及進行共同行動。第二階段：在會員國設立國家協調中心，形成歐洲巡邏網路，並在該網路的架構下，加強會員國與 Frontex 的合作與協調性。 |
| | 17 | REM (Running Expenses of Means) | 2007 年 1〜12 月 | n.a. | 137,840 | 15 | 訂定各種行動設備的使用規範。 |

資料來源：作者自製，資料參考自：The European Commission: Commission Staff Working Document—Accompanying Document to the Communication from the Commission to the European Parliament, the Council, the European Economic And Social Committee and the Committee of the Regions. Report on the Evaluation and Future Development of the Frontex Agency—Statistical Data, SEC (2008) 150, 13. 02. 2008, pp. 6-15.

## ＜附錄 9-3 ＞ 2006～2007 年 Frontex 空航邊境共同行動表

| 年份 | 項目 | 行動名稱 | 執行期間 | 時間 | 經費 | 參與國 | 結果 |
|---|---|---|---|---|---|---|---|
| 2006 | 1 | Torino 2006 | 2006 年 2 月 3～26 日 | 24 日 | 77,010 | 15 | 檢查 13,015 名前往義大利杜林（Torino）的旅客，其中有 665 名必須接受進一步檢查（Second Line Checks） |
| | 2 | Amazon I | 2006 年 11 月 1～22 日 | 22 日 | 206,186 | 7 | 在 8 個機場中，3,166 名第三國人民被拒絕入境，其中有 1,992 人來自南美洲，查獲 199 份偽造文件 |
| 2007 | 3 | Agelaus | 2007 年 2 月 1～28 日 | 28 日 | 144,000 | 18 | 有 241 名未成年者（Minors）被拒絕入境，伴隨這些未成年者的成年人也同樣被拒絕入境，另外 73 名青少年轉為申請庇護、18 名青少年被送到庇護所，作進一步偵訊、查獲 43 份偽造文件、10 人因涉及人口走私被逮捕 |
| | 4 | Amazon II | 2007 年 2 月 19 日～3 月 27 日 | 19 日 | 220,293 | 7 | 2,984 名第三國人民被拒絕入境，其中 2,178 人為中南美洲非法移民 |
| | 5 | Hydra | 2007 年 4 月 11 日～5 月 11 日 | 31 日 | 347,276 | 16 | 逮捕 291 名中國非法移民、5 名人口販子 |
| | 6 | Extended Family | 第一階段：2007 年 10 月 7～20 日 第二階段：2007 年 11 月 3～16 日 | 28 日 | 225,493 | 5 | n.a. |
| | 7 | Zeus 海空共同行動 | 2007 年 10 月 15 日～10 月 30 日 | 15 日 | 120,000 | 13 | n.a. |
| | 8 | Amazon III | 2007 年 11 月 7 日～28 日 | 22 日 | 245,953 | 13 | n.a. |
| | 9 | Long Stop | 2007 年 11 月 26 日～12 月 10 日 | 15 日 | 139,140 | 10 | n.a. |
| | | 空航實驗性計劃 | | | | | |
| | 10 | Poseidon | 2007 年 9 月 18 日～10 月 7 日 | 20 日 | 9,064 | 2 | n.a. |
| | 11 | Argonauts | 2007 年 10 月 15～30 日 | 15 日 | 50,430 | 8 | n.a. |

# Part III

# 輔助機制

# 第十章　歐洲引渡制度的新變革：
## 歐洲逮捕令

# 前言

　　悉知，各國法律制度皆不盡相同，就連處罰犯罪行為的刑法也因國而異。因此，許多狡猾的罪犯就利用刑罰輕重有別的特性，在其執行違法行為後潛逃到對其有利的國家中，而逍遙法外。國際間為了彌補這項漏洞，並確實將罪犯繩之以法，因此，乃制訂了跨國司法合作制度，依參與會員國間的合作協議，將罪犯「引渡」（Extradition）到原犯罪國，依該國法律審判其罪行。這種「引渡程序」已成為國際間打擊跨國組織犯罪的固定模式，至今，國與國仍不斷使用「引渡」來增加彼此司法合作與提升辦案效率。惟「引渡」程序極為繁複，且有許多例外規定，使得傳統之「引渡程序」既耗時，又困難。為了簡化引渡程序，並消除例外規定可能造成的障礙，歐盟國家建立了歐洲逮捕令（European Arrest Warrant; EAW）機制，以為因應。歐洲逮捕令為歐盟刑事司法合作的重要里程碑，不僅取代歷年來各項規定不一的繁複引渡協定，也進一步整頓司法承認實質要件的規範，各項新制度與合作程序皆有助於跨國起訴與提升犯罪調查效率。本章將詳述歐洲逮捕令的緣起、發展、問題與特色，並探討歐洲逮捕令在歐洲刑事司法合作與歐盟反恐上的貢獻。

## 第一節　歐洲逮捕令的緣起與發展

　　1810 年「普魯士法律大全」（Preussische Gesetzsammlung 1810）是首部規範引渡制度的法律，其中有關引渡的規定包括：國民不引渡、「被請求國」（Requested State）有權延遲遞交嫌犯與允許法官與行政人員直接聯繫等，這些規定皆與近代引渡制度相當類似。①此外，自十九世紀起，透過雙邊協定執行引渡的合作日益盛行，使歐洲司法互助更向前邁進一步，1830 年比利時首度將引渡規定納入民族國家的國內法中，自此以後，引渡即成為民族國家政府合作打擊犯罪的模式。二次世界大戰後，歐洲國家歷經歐洲理事會（Council of Europe）會員國所簽署的「歐洲引渡公約」（European Convention on Extradition）與歐盟會員國所設計之「歐洲引渡公約」後，司法互助合作的概念逐漸根深蒂固，在不斷地檢討與改進後，最後蘊釀「歐洲逮捕令」的誕生，茲將這段發展歷史敍述如後。

## 一、1957 歐洲引渡公約

　　二次世界大戰後，歐洲國家於 1949 年 5 月 5 日在倫敦西敏寺（Westminster Abbey）簽訂「歐洲理事會章程」（Statute of Council of Europe），成立歐洲理事會。「歐洲理事會章程」第 1 條第 a 款揭示：「歐洲理事會之目標在於凝聚會員國，實現其理想與保護基本原則等共有遺產，並促進其經濟與社會發展。」② 1951 年 12 月 8 日歐洲理事會諮詢大會（The Consultative Assembly of Council of Europe）公佈第 16 號建議書（16. Recommendation），提出準備起草「歐洲引渡公約」的計劃，而部長委員會（The Committee of Ministers）在檢視該建議書與各國政府回函之後，指示總秘書處成立「政府專家委員會」（Committee of Government Experts），積極籌備簽訂「歐洲引渡公約」事宜。1953 年 10 月 5〜9 日「政府專家委員會」於史特拉斯堡集會，愛爾蘭籍主席法葉（William Fay）呼籲各國詳加商議引渡合作政策以促進政府間司法合作。歐洲理事會在之後的幾年間，陸續召開多次「政府專家委員會」討論「歐洲引渡公約」的內容，最後於 1957 年 9 月第五十二次部長委員會中簽署「歐洲引渡公約」，三個月後，歐洲理事會會員國於同（1957）年 12 月 13 日在巴黎簽署「歐洲引渡公約」。③

---

① 「普魯士法律大全」係由普魯士國王威廉三世（Frederick William III）與西伐利亞（Westphalia）國王波拿巴特（Jérôme-Napoléon Bonaparte）共同簽定。當時拿破崙與威廉三世在經過激烈戰事後，極力希望維持提希特（Tilsitt）地區的和平，雙方協議之後，威廉三世同意割讓部分領土給波拿巴特，普魯士居民便因此成為西伐利亞人民，而「普魯士法律大全」即是規範普魯士王國與西伐利亞王國間跨境刑事犯罪的法律，其中包括罪犯引渡等。Rob Blekxtoon: Introduction, in: Judge Rob Blekxtoon/Wouter van Ballegooij (eds.): Handbook on the European Arrest Warrant, The Netherlands: T. M. C. Asser Press, 2005, pp. 8-9.

② Available from: http://conventions.coe.int/Treaty/EN/Treaties/Html/001.htm. (Accessed 18.02.2009)

③ 詳細內容仍請參見：Council of Europe: Extradition European Standards, December 2006, pp. 5-16.

　　「歐洲引渡公約」第 1 條是有關「引渡義務」的條款：協定各方必須遵守公約的條款，「要求方」（Requesting Party）可向「被要求方」（Requested Party）提出犯罪定讞與審判結果之證明，進而提出引渡要求。若引渡案的當事人為未滿十八歲之青少年，在尊重其個人權益原則下，「要求方」應考量引渡程序可能對嫌犯家庭造成的困擾；而判決亦應根據罪刑法定原則，不得剝奪其人身自由。除此之外，引渡亦應保障嫌犯的人權，在與未簽訂歐洲人權公約的國家進行引渡合作時，不應與以種族、宗教信仰、國籍或政治理念為犯罪理由而訴請引渡的國家合作。

　　「歐洲引渡公約」第 2 條進一步規範可引渡的犯罪行為：被判定剝奪自由權（Deprivation of Liberty）、羈留令（Detention Order）或至少一年以上或更嚴重的刑責等。第3條有關「政治犯」與第4條「軍事犯」均被列為可拒絕引渡的要件之一；而第 6 條則規定：締約國有權拒絕引渡本國國民。④悉知，「歐洲引渡公約」為歐洲逮捕令誕生之前最重要的政府間引渡協定，雖然其中有許多規定已不符合時代精神（例如：政治罪犯與國民不引渡等），但是該公約乃是近代引渡制度的先驅，其對歐盟發展未來司法合作制度具有相當的參考價值。

## 二、1995、1996 歐盟引渡公約

　　1993 年歐盟條約生效後，歐盟為解決在「歐洲引渡公約」下，引渡程序耗時冗長且難以有效簡化自願引渡程序的問題，於是歐盟便於1995 與 1996 年分別制訂「歐盟會員國簡易引渡程序公約」（Convention on the Simplified Extradition Procedure between Member States of the European Union）與「歐盟會員國引渡公約 」（Convention on Extradition between Member States），以改革歐盟會員國間的引渡程序。縱使歐盟會員國受惠於這兩項新引渡公約所帶來的便利，但即使在 911 事

---

④ Available from: http://conventions.coe.int/treaty/en/treaties/html/024.htm. (Accessed 08.02.2009)

件後，仍有歐盟會員國尚未將這兩項公約納入國內法。⑤

　　1995 年「歐盟會員國簡易引渡程序公約」旨在簡化引渡程序並強化引渡過程的流暢性與效率性。一般而言，冗長的引渡程序常常是在斟酌對當事人基本權利的保護，或是消磨在不願接受引渡特殊案例中。1992 年歐盟會員國依據「歐洲引渡公約」所執行的七百件案例中，有中 30 ％為當事人同意引渡的案例，但仍約耗時七個月才將當事人遣送申請國，這種曠日費時的引渡制度實有改革的必要。⑥於是歐盟會員國乃在「歐盟會員國簡易引渡程序公約」中訂定兩項引渡成立的要件：當事人同意引渡與當事國接受當事人之同意引渡申請時，雙方即可進行當事人之解送。⑦「歐盟會員國簡易引渡程序公約」規定：一旦被某歐盟會員國申請逮捕的通緝犯在另一歐盟會員國國土內遭到逮捕時，該國之權責單位應知會該名嫌犯⑧，並於十天內告知申請國，而嫌犯在遭逮捕的二十天內應決定是否接受引渡。若同意引渡，則應在二十天內完成引渡程序。準此以觀，「歐盟會員國簡易引渡程序公約」對引渡的時間問題作了明確的規定，因而使引渡程序「從原先的至少七個月縮短為四十天內」。⑨

　　1996 年「歐盟會員國引渡公約」為增修 1957 年「歐洲引渡公約」、1977 年「歐洲制止恐怖主義公約」（European Convention on the Suppression of Terrorism）與 1995 年「歐盟會員國簡易引渡程序公約」的國際條約。⑩該公約第 5 條第 1 款有關「政治犯罪」規定：「基於公

---

⑤ Michael Plachta/Wouter van Ballegooij: The Framework Decision on the European Arrest Warrant and Surrender Procedures between Member States of the European Union, in: Judge Rob Blekxtoon/Wouter van Ballegooij (eds.), op. cit., p. 32.

⑥ 柯慶忠：〈歐盟引渡制度之新變革：以歐洲逮捕令為逮捕與解送之新制〉，刊載於：《東吳法律學報》，第 18 卷，第 3 期，2007 年 4 月，頁 130。

⑦ Available from: http://europa.eu/scadplus/leg/en/lvb/l14015a.htm. (Accessed 28.07.2010)

⑧ Convention drawn up on the Basis of Article K.3 of the Treaty on European Union, on simplified Extradition Procedure between the Member States of the European Union, OJ C 078, 30.03.1995, p. 2. (Article 6)

⑨ Ibid., p. 3. (Article 11)

⑩ Available from: http://europa.eu/scadplus/leg/en/lvb/l14015b.htm. (Accessed 28.07.2010)

約之目的，當事國不得將嫌犯視為政治犯罪、涉及政治犯罪或基於政治動機的犯罪。」第6條第1款有關「財稅犯罪」規定：「有關納稅、課稅、關稅與匯兌的犯罪應准予引渡。」第 7 條第 1 款有關「國民引渡」規定：「不得以引渡當事人為本國國民為由而拒絕引渡」；但第 7 條第 2 款與第 3 款卻同時規定：「會員國得就國民引渡原則聲明保留」。雖然 1996 年的公約廢除許多「歐洲引渡公約」中特殊的拒絕引渡條款，但是仍然提供歐盟會員國許多拒絕引渡的彈性空間。⑪

　　1995 與 1996 年的兩項改善引渡制度的公約意圖解決 1957 年「歐洲引渡公約」的缺陷，使引渡程序更為流暢與合理，無形中已為歐洲逮捕令奠定了良好的基礎。但 1995 年「歐盟會員國簡易引渡程序公約」只有九個歐盟會員國通過；而 1996 年「歐盟會員國引渡公約」僅有八國通過⑫，由此可見，這兩項公約在歐洲的使用範圍仍然有限。⑬更重要的是，這兩項公約的根本問題在於允許歐盟會員國執行保留條款，因而削弱了這兩項公約的約束性。基於上述原因，歐盟在政治利益考量下，遂期望透過改革性的公約來取代這兩項公約。⑭

## 三、歐洲逮捕令的誕生

　　在 1999 年 10 月 15-16 日坦佩雷歐洲高峰會（European Council in Tampere）中，歐盟會員國建立「自由、安全與司法區域」（Area of Freedom, Security and Justice; AFSJ）與「司法相互承認原則」⑮為實現歐洲共同引渡區域的先決條件。⑯坦佩雷歐洲高峰會是一個奠定歐盟司法合作基礎的重要會議，堪稱歐盟司法合作史上重要的里程碑，其

---

⑪ Council Act of 27 September 1996, adopted on the Basis of Article K.3 of the Treaty on European Union, Drawing up the Convention relating to Extradition between the Member States of the European Union, OJ C 313, 23.10.1996, p. 2. (Article 7)

⑫ Commission of the European Communities: Proposal for a Council Framework Decision on the European Arrest Warrant and the Surrender Procedures between the Member States, COM (2001) 522 final, 25.09.2001, p. 2.

⑬ 例如：法國與義大利就一直未將這兩項公約納入國內法。

⑭ Michael Plachta: European Arrest Warrant: Revolution in Extradition?, in: European Journal of Crime, Criminal Law and Criminal Justice, Vol. 2, 2003, p. 179.

決議對歐盟司法合作的影響深遠，許多機構與合作架構均可見於決議文中。⑰誠然，跨國犯罪必然牽涉許多國家，然而刑法與內政是國家主權的重要部分，因此各國司法、警察與情報單位間跨國合作程序與範圍的規定皆不相同，是故，假使彼此間無充分的信任與承認，那麼合作打擊跨國犯罪的行動即難以推行。有鑑於此，坦佩雷歐洲高峰會決議文中，特別於第 33～37 點規範了有關「司法相互承認原則」的要件：坦佩雷歐洲高峰會決議文第 35 點聲明：「在刑事方面，歐洲高峰會呼籲各會員國應加速批准 1995 年歐盟會員國簡易引渡程序公約與 1996 年歐盟會員國引渡公約。〔…〕會員國應採取簡易遞送（Simple Transfer）方式，在不妨礙公平審理原則下，迅速完成引渡程序。」⑱總而言之，坦佩雷歐洲高峰會為歐盟司法合作注入新的動力，也間接催生了歐洲逮捕令的設立。

　　911 事件後，歐洲執行委員會（European Commission）於 2001 年 9 月 19 日率先提出「歐洲逮捕令與會員國解送程序架構決定」（Framework Decision on the European Arrest Warrant and the Surrender Procedures between the Member States of the European Union）草案。同（2001）年 9 月 21 日特別歐洲高峰會指示司法與內政事務歐盟理事會應最遲於 2001 年 12 月 6～7 日前就「歐洲逮捕令與會員國解送程序架構決定」達成協議，但因義大利不同意其他十四會員國的協議內容⑲，而使得上述有關歐洲逮捕令的架構決定不能在 2001 年底取得共識。不過，對於設立

---

⑮ 1990 年「申根協定執行公約」（Convention Implementing the Schengen Agreement）第 54 條有關「一罪不二罰」（ne bis in idem）的規範，是首次以條約方式而訂定的刑事相互承認條款。而「1995 歐盟會員國簡易引渡程序公約」（Convention on the Simplified Extradition Procedure between Member States of the European Union）、「1996 歐盟會員國引渡公約」（Convention on Extradition between Member States）與「2000 相互承認公約」（2000 Convention on Mutual Legal Assistance in Criminal Matters）均為促進歐洲司法相互承認的基礎文件。

⑯ Michael Plachta/Wouter van Ballegooij, op. cit., p. 32.

⑰ Available from: http://www.europarl.europa.eu/summits/tam_en.htm. (Accessed 01.08. 2010)

⑱ Tampere European Council Presidency Conclusions, 15/16. 10.1999, point 35.

⑲ 義大利堅持在新的司法合作制度中應該加強歐洲議會的監督功能。

歐洲逮捕令的討論卻未曾停止，常駐代表委員會（The Committee of Permanent Representatives; COREPER）經過內部討論後，於 2001 年 12 月 12 日決議通過「歐洲逮捕令與會員國解送程序架構決定」；歐洲議會亦於 2002 年 2 月 6 日表示同意該草案。[20]這期間，歐洲高峰會、歐盟理事會、歐洲執行委員會與歐洲議會亦多次相互商議設立歐洲逮捕令事宜。最後，歐盟理事會於 2002 年 6 月 13 日正式通過「會員國解送程序與歐洲逮捕令架構決定」（Council Framework Decision on the European Arrest Warrant and the Surrender Procedures between Member States；以下簡稱「歐洲逮捕令架構決定」）。值得一提的是，歐洲逮捕令僅適用於歐盟會員國境內，其效力並不及於第三國或國際組織。換句話說，歐盟會員國與第三國或國際組織間仍須按照原來的引渡程序規定，進行彼此間的引渡合作。[21]

## 第二節　歐洲逮捕令的內容與執行程序

「歐洲逮捕令架構決定」內容涵蓋逮捕與解送等司法合作程序，歐盟會員國預計應於 2004 年 5 月 1 日前將歐洲逮捕令納入國內法，而取代現行的多邊引渡條約[22]，但是，歐盟會員國仍然享有與第三國或國際組織締結雙邊或多邊引渡協定的自由。[23]

### 一、歐洲逮捕令的內容

「歐洲逮捕令架構決定」共分為四章三十五條：第 1～8 條為第一章「總則」（General Principles）；第 9～25 條為第二章「解送程序」（Surrender Procedure）；第 26～30 條為第三章「解送效果」（Effects

---

[20] Michael Plachta/Wouter van Ballegooij, op. cit., p. 13.

[21] Michael Plachta/Wouter van Ballegooij, op. cit., p. 15.

[22] 例如：1957 年「歐洲引渡公約」、1977 年「歐洲制止恐怖主義公約」、1995 年「歐盟會員國簡易引渡程序公約」、1996 年「歐盟會員國引渡公約」與 1999 年「引渡協定與申根協定」等國際條約的相關條文。

[23] Available from: http://europa.eu/scadplus/leg/en/lvb/l33167.htm. (Accessed 08.03.2010)

of the Surrender）；第 31～35 條為第四章「總結與最後條款」（General and Final Provisions）。

在「歐洲逮捕令架構決定」中使用許多新的術語，包括將引渡（Extradition）改為解送（Surrender）；要求國（Requesting State）改為「發佈國」（Issuing State）；被要求國（Requested State）改為「執行國」（Executing State）。這些文字的變更，目的在於使「執行國」僅擁有少部分或完全沒有自行決定拒絕解送嫌犯的權力㉔；其更進一步的目的是為了促使解送程序順利進行，並將「執行國」排除於決策程序之外。㉕在歐洲逮捕令機制下的「解送程序」與傳統「引渡程序」之差異為：傳統的「引渡程序」涉及許多政治考量，並須由外交、司法與內政單位合作執行之；而「解送程序」則僅需透過國家間之司法單位來執行即可。㉖換句話說，申請與執行逮捕令將直接透過歐盟會員國司法機關，而不再透過外交途徑，如此將可提高逮捕與引渡的效率，這種「引渡程序司法化」的設計是歐洲逮捕令的一大特色。

「歐洲逮捕令架構決定」總則（General Principles），共有八條，言簡意賅地勾勒了歐洲逮捕令的基本架構，茲分別敘述如後。（請參見＜表 10-1 ＞）

## （一）原則與目標

歐洲逮捕令第 1 條規定：「歐盟會員國為進行刑事起訴、判決或發佈拘捕令之目的，制訂歐洲逮捕令架構決定之各項定義、執行義

---

㉔ Isabelle Pérignon/Constance Daucé: The European Arrest Warrant: A Growing Success Story, in: ERA Forum, 2007, pp. 203-206.

㉕ Elies van Sliedregt: The Dual Criminality Requirement, in: Nico Keijzer/Elies van Sliedregt (eds.): The European Arrest Warrant in Practice, The Netherlands: T. M. C. Asser Press, 2009, p. 51.

㉖ 請參見：(1) Otto Lagodny: Extradition without a Granting Procedure: The Concept of Surrender, in: Judge Rob Blekxtoon/Wouter van Ballegooij (eds.), op. cit., 2005, pp. 39-40; (2) Zsuzsanna Deen-Racsmány: The European Arrest Warrant and the Surrender of Nationals Revisited: The Lessons of Constitutional Challenges, in: European Journal of Crime, Criminal Law and Criminal Justice; Vol. 14/3, 2006, p. 273.

<表 10-1 >歐洲逮捕令架構決定總則

| 條文 | 內容 |
|------|------|
| 目標（第1條） | 歐洲逮捕令目的在於協助會員國進行刑事起訴、執行判決或發佈拘捕令，並作為其他會員國執行逮捕及解送之司法依據。 |
| 引渡案件當事人／刑責規範（第2條） | 會員國對於法律規定可處罰之行為，屬最重刑期在 12 個月以上之監禁徒刑或拘禁之行為，或經判處 4 個月以上監禁徒刑或拘禁確定者，得發佈歐洲逮捕令。明定 32 種刑事犯罪可不經雙重犯罪檢驗直接適用歐洲逮捕令。 |
| 不執行歐洲逮捕令之事由（第3~4條） | 1.「執行國」可赦免之犯罪；<br>2.當罪犯已經被某一會員國執行最後判決，而這判決已經被執行完畢或正在執行，或依執行審判之會員國的法律可不再執行者；<br>3.基於年齡之考量，若執行歐洲逮捕令的國內法認定該當事人不需負刑事責任時，得不執行歐洲逮捕令；<br>4.決定不起訴歐洲逮捕令所載之犯罪或暫停訴訟程序者；<br>5.「執行國」之法律禁止判刑之犯罪；<br>6.歐洲逮捕令當事人為「執行國」國民；<br>7.「執行國」認為當事人所犯之刑罰應於「執行國」中受審者。 |
| 特殊案件保證（第5條） | 「發佈國」應提供「執行國」缺席判決之保證，允諾當事人可獲重審與出席再次開庭之機會。 |
| 權責司法機關／中央機關（第6~7條） | 歐盟會員國規定之可發佈與執行歐洲逮捕令之「權責司法機關」與協助之「中央機關」 |
| 歐洲逮捕令之內容（第8條） | 申請「歐洲逮捕令」應填寫之內容 |

資料來源：作者自製。

務、範圍及罪名，作為歐盟會員國執行跨國逮捕及解送之依據。依歐洲逮捕令架構決定之規定，歐盟會員國應依相互承認之原則及本架構協定之條款，執行歐洲逮捕令。」第2條第1款有關「歐洲逮捕令之適用範圍」（Scope of the EAW）中明白規定適用歐洲逮捕令之罪刑為：「當該犯罪行為依據發佈國之法律應判處十二個月以上之監禁或有期徒刑（mit einer Freiheitsstrafe oder einer freiheitsentziehenden Massregel der Sicherung），或應判處四個月以上之處罰或處罰命令（Verurteilung zu einer Strafe oder der Anordnung einer Massregel der Sicherung）時，得發佈

歐洲逮捕令。」㉗第 2 條第 2 款則列出三十二種不需經過雙重定罪檢驗程序，而可直接適用歐洲逮捕令的罪刑。㉘但第 2 條第 4 款則說明了除這三十二種刑罰之外的犯罪，「執行國」仍然保有檢驗該犯罪行為是否為雙重定罪的權力。㉙

## （二）不執行歐洲逮捕令之強制性與選擇性條款

　　有別於第 2 條中所明列之執行歐洲逮捕令之三十二種罪刑，於總則第 3～4 條中，歐盟會員國附帶說明可不執行歐洲逮捕令之情況。在第 3 條中條列之強制性（Compulsory）不執行歐洲逮捕令之事由包括：假使當事人已收到「執行國」國內法律赦免、或已在其他國家被判刑並已執行完畢或進行中、或已被判定不再處罰與依「執行國」法律其年齡為無行為能力者。㉚第 4 條選擇條款（Optional Clause），「執行國」得自決定執行或拒絕解送的理由如下：「對於執行國法律不承認之犯罪，得自行選擇是否執行逮捕令，但賦稅、關稅及匯兌之事項，不得以執行國國內法律沒有課徵該同種類賦稅，或以沒有與發佈國相

---

㉗ Council Framework Decision of 13 June 2002, op. cit., p. 2.

㉘ 以下為歐洲逮捕令規範之三十二種直接適用歐洲逮捕令的刑罰：1. 參與犯罪組織；2. 恐怖主義；3. 人口走私；4. 利用孩童進行性交易或兒童色情商品；5. 非法走私迷幻藥或治療精神疾病藥物；6. 非法走私武器炸藥；7. 貪污；8. 破壞 1995 年 7 月 26 日簽定之保護歐洲共同體財政利益的詐欺行為；9. 為犯罪行為洗錢；10. 偽造錢幣（包括歐元）；11. 電腦相關犯罪；12. 環境犯罪，包括非法走私保育類動植物；13. 非法入境或居留；14. 謀殺與重大傷害；15. 販賣人類器官或身體組織；16. 綁架、非法限制居住與綁架人質；17. 種族歧視與仇外；18. 結夥或持武器搶劫；19. 非法販售文物；20. 詐騙；21. 恐嚇取財、敲詐與勒索；22. 偽造與仿冒產品；23. 偽造與走私公文；24. 偽造支付證券；25. 非法走私荷爾蒙物質與其他生長激素；26. 非法走私核能或放射性物質；27. 走私失竊車輛；28. 強暴；29. 縱火；30. 國際刑事法院管轄之犯罪；31. 非法劫持航空器／船隻；32. 惡意破壞。資料來源：Council Framework Decision of 13 June 2002, op. cit., p. 3. (Article 2.2)

㉙ Jan Wouters and Frederik Naert: Of Arrest Warrants, Terrorist Offences and Extradition: An Apprisal of the EU's Main Criminal Law Measures against Terrorism after 11 September, in: Common Market Law Review 41, 2004, pp. 912-913.

㉚ Council Framework Decision of 13 June 2002 on the European Arrest Warrant and the Surrender Procedures between Member States (2002/584/JHA) , OJ L 190, 18.07.2002, pp. 3-4. (Article 3)

同之賦稅、關稅及匯兌法規為由而拒絕執行。」（第 4 條第 1 款）、
「當事人之犯罪行為執行國不處罰之刑責」（第4條第4款）、「當事
人已確知在第三國受到懲處，並業已執行完畢或執行中」（第4條第5
款）、與「執行國希望將該案納為本國處理案件或不追溯執行國領域
外之刑罰」（第4條第7款）。㉛最後，為「一事不再理原則」之規定
即「同一行為於執行國中已被起訴」（第4條第2款）、「執行國不起
訴或已在他國受到相同之判決」（第4條第3款）；而有關「執行國國
民引渡」之規定，會員國可以擬被解送者為其國民為由，拒絕執行解
送（第4條第6款）。這顯示歐盟會員國仍不願全面放棄禁止國民引渡
的規定，這項「保留條款」亦引發德國、波蘭與塞浦路斯對「國民引
渡是否違憲」之討論。（請詳見本章第四節）

　　總而言之，「歐洲逮捕令架構決定」賦予歐盟會員國享有「有條
件的拒絕」（Grounds for Refusal）的權利，依據下述幾點原因，會員
國可拒絕解送嫌犯至「發佈國」：

　　1.根據一罪不二審之原則：若嫌犯在外國已接受審判或已服刑，
「執行國」可拒絕將嫌犯解送回「發佈國」中；2.特赦（Amnesty）：
若特赦涉及違反其國內法時，會員國可以拒絕引渡此一罪犯回國；3.
法律追溯期（Statutory Limitation）：根據歐盟會員國國內法之期限規
定，若過了其法律門檻，則可以選擇不遣返；4.犯罪年齡：會員國可
以因為其罪犯年齡尚小或是未達其國內法所規定構成犯罪之年齡而拒
絕引渡回國審判。㉜

## （三）特殊情況之保證條款

　　「歐洲逮捕令架構決定」第 5 條列出三種特殊保證，以保障被解
送人之權利。首先，「缺席判決」（Absentia）之處理原則（第 5 條第
1 款）：若歐洲逮捕令當事人未經傳喚或未通知聽證而被處以刑責或

---

㉛ Ibid., p. 4. (Article 4)
㉜ European Arrest Warrant replaces Extradition between EU Member States. Available
　from:http://ec.europa.eu/justice_home/fsj/criminal/extradition/fsj_criminal_extradition_
　en.htm. (Accessed 05.08.2010)

拘禁令時，「發佈國」司法單位應附帶具明理由之説明書，保證「執行國」解送該名當事人至「發佈國」後，當事人可再次獲得案件重審或出席審判之權利。其次，刑責重新判決之保證（第5條第2款）：亦即當歐洲逮捕令所記載之犯罪得處無期徒刑或終身監禁時，「發佈國」得依法重新審理，或最遲在二十年內當事人得有權申請寬赦以不執行該刑罰。「歐洲逮捕令架構決定」第5條第2款為有關被判無期徒刑（Lifetime Imprisonment）與終生監禁（Lifetime Detention Order）刑責的「應逮捕嫌疑人」之解送辦法。在「歐洲引渡公約」生效之後，葡萄牙是第一個宣佈拒絕引渡被判無期徒刑或終生監禁之嫌犯的國家。德國與比利時認為葡萄牙的主張不符合「歐洲引渡公約」的目標。最後，會員國協商後同意以下原則：「發佈國應保障被判無期徒刑或終身監禁之「應逮捕嫌疑人」應擁有可能被釋放的機會，否則執行國可拒絕解送。」㉝ 最後，「國民引渡」的議題（第5條第3款）：若歐洲逮捕令之當事人為「執行國」之國民或居民，得要求保證在判刑後送回「執行國」執行其於「發佈國」被判處之徒刑。以上之條款旨在提供歐洲逮捕令當事人保障，使其免於受到不公平對待，若是「發佈國」不願提供此等保證，「執行國」司法單位有權拒絕執行解送。㉞

## （四）權責機關的意義

「歐洲逮捕令架構決定」第 6 條將「權責司法機關」（Competent Authority）定義為：「有權力發佈與執行歐洲逮捕令之歐盟會員國司法機關」。「發佈國」與「執行國」可根據各自的規定，授權某法院專門負責發佈與執行歐洲逮捕令。㉟除了「權責司法機關」之外，「歐洲逮捕令架構決定」中又設計一個所謂的「中央機關」（Central

---

㉝ Michele Panzavolta: Humanitarian Concerns within the EAW System, in: Nico Keijzer/ Elies van Sliedregt (eds.), op. cit., p. 195.

㉞ Selma de Groot: Mutual Trust in (European) Extradition Law, in: Judge Rob Blekxtoon/ Wouter van Ballegooij (eds.), op. cit., p. 93.

㉟ Council Framework Decision of 13 June 2002, op. cit., pp. 4-5. (Article 6)

Authority）機制，該架構決定第7條將「中央機關」定義為：「歐盟會員國政府在中央層級之政府機關中選擇一個或數個機關，以協助『權責司法機關』執行歐洲逮捕令。若『權責司法機關』認為必要時，中央機關須負責歐洲逮捕令之傳遞與接收等行政工作。」一般而言，歐盟會員國通常授權地方法院或上訴法院為執行歐洲逮捕令之「權責司法機關」，而與這些「權責司法機關」合作密切的公訴檢察官則是負責傳遞與接收歐洲逮捕令的「中央機關」。㊱上述第6與第7條「權責司法機關」與「中央機關」之規範即強調歐洲逮捕令直接由歐盟會員國司法機關直接執行的意圖。

## 二、歐洲逮捕令的執行程序

歐洲逮捕令的執行程序大致可分為兩個階段：發佈國階段與執行國階段。發佈國為發佈歐洲逮捕令的會員國；執行國則為嫌疑人所在國，為應執行逮捕行動的國家。

### （一）發佈國階段

歐盟會員國發佈歐洲逮捕令的可能方式有以下三種：1.當「發佈國」已知「應逮捕嫌疑人」（Requested Person）藏匿於某一歐盟會員國時，得向該國「權責司法機關」發佈歐洲逮捕令㊲；2.當「發佈國」已知「應逮捕嫌疑人」藏匿於某一會員國中，但不知該國之「權責司法機關」時，得透過「歐洲司法網路」（European Judicial Network; EJN）設於各會員國的聯絡據點（Contact Points）獲得協助㊳，

---

㊱ Liane Ang: Procedure Rules, in: Judge Rob Blekxtoon/Wouter van Ballegooij (eds.), op. cit., pp. 49-50.

㊲ Council Framework Decision of 13 June 2002, op. cit., p. 5. (Article 9.1)

㊳ 歐洲司法網路對於歐洲逮捕令之實行層面實有三大功能：第一、登錄所有歐盟會員國執行歐洲逮捕令之「權責司法機關」的資料；第二、記載歐洲逮捕令該以何種語言呈遞；第三、說明傳遞歐洲逮捕令的期限。而第三點關於傳遞歐洲逮捕令之期限的規範並未書面記載於「歐洲逮捕令架構決定」中，因此各國均有不同的規定，例如：荷蘭將傳遞歐洲逮捕令的期限設定二十天內；法國為六個工作天；而英國則須在四十八小時內完成傳遞。Liane Ang, op. cit., p. 51.

取得該「權責司法機關」之資料後，發佈歐洲逮捕令㊴；3. 當「發佈國」不知「應逮捕嫌疑人」之下落時，可利用以下兩種途徑發佈歐洲逮捕令：第一、申根資訊系統途徑：申根會員國可以透過申根資訊系統之「國家 SIRENE 辦事處」（National SIRENE Bureaus）（參見本書第十一章）取得「應逮捕嫌疑人」訊息後，發佈歐洲逮捕令；第二、國際刑警組織（Interpol）途徑：英國與愛爾蘭等未加入申根資訊系統的歐盟會員國可透過國際刑警組織取得「應逮捕嫌疑人」之訊息後，發佈歐洲逮捕令。而任何「發佈國」皆可透過申根資訊系統或國際刑警組織公佈歐洲逮捕令。㊵

　　至於，「發佈國」申請歐洲逮捕令時，所應填寫之內容除了「應逮捕嫌疑人」之基本資料外，亦應載明「發佈國」之「權責司法機關」之基本資料，包括該機關正式名稱、代表官員名稱、檔案索引、電話、電子信箱、「中央機關」的各項聯絡方式等；而「執行國」在接到歐洲逮捕令的申請時，應充分瞭解資訊以判斷是否執行該歐洲逮捕令。（第 8 條第 1 款第 b 項）

　　申請歐洲逮捕令所應填寫的內容中，犯罪事實的描述極為重要。「發佈國」應將罪刑的法律分類（Legal Classification）用文字敘述或編號的方式填寫在歐洲逮捕令申請書中。然而「發佈國」到底要做怎樣的描述才算詳細與完整，卻是一個爭議性的問題：一方面，若「發佈國」提供非常完整與詳細的犯罪事實描述，那麼這代表著「執行國」法院必須耗費更多時間來閱讀、分析與判定這些文件，因而拖延執行歐洲逮捕令的時效；另一方面，假如描述不夠詳實，那麼可能會使「執行國」因缺乏必要的資訊而難以執行。除此之外，在實務層面上，若僅提供編號，則可能影響嫌犯上訴的便利性；但若提供全文則將耗費「發佈國」翻譯文件的時間。2008 年 7 月 8 日荷蘭最高法院解釋此議題的法律適用性，採納歐洲逮捕令可不包括詳細法律條文的意見，理由為並未有任何法規強制規定歐洲逮捕令應詳載起訴書全文，

---

㊴ Council Framework Decision of 13 June 2002, op. cit., p. 5. (Article 10.1)

㊵ Council Framework Decision of 13 June 2002, op. cit., p. 5. (Article 10.3)

荷蘭最高法院作出的解釋推翻了阿姆斯特丹地方法院以「西班牙未提出歐洲逮捕令全文而申請遭駁回」的判決。然而從「歐洲逮捕令架構決定」第 8 條與其所附錄之「歐洲逮捕令範本」，卻可以發現歐盟傾向於「發佈國不需附上完整文件」的立場。這種設計主要強調所謂的「雙邊司法互信原則」，並且避免因為雙邊公文往返耗時而阻礙審判的進行。英國上議院在「Dabas v. Hugh Court of Justice Madrid」案例第 55 條中亦闡釋了相同的看法：「任何出具完整外國法律文件的要求，皆有可能導致延遲或複雜性，歐盟會員國應儘量排除因法律差異性而造成的干擾，因此不需附上犯罪事實的詳細陳述。」[41]

## （二）執行國階段

當某「執行國」之權責司法機關收到歐洲逮捕令的申請書時，即進入歐洲逮捕令解送程序之「執行國階段」。[42]該權責司法機關應儘速閱讀、理解與分析歐洲逮捕令之內容，倘使發現該歐洲逮捕令的要件不符時[43]，「執行國」之權責司法機關得決定拒絕執行歐洲逮捕令；當該歐洲逮捕令的要件符合時，則「執行國」之權責司法機關應立即處理解送程序。

首先，「執行國」權責司法機關應諮詢「應逮捕嫌疑人」的意願：1.當「應逮捕嫌疑人」同意解送時，「執行國」權責司法機關應在十天內完成解送（第 13 條第 2 款）；若「執行國」無法在十日內解送當事人，則應立即聯絡「發佈國」權責司法機關並在達成新解送日期之協議後十日內完成解送（第 23 條第 3 款）。然而，當遇到重大人

---

[41] Jaan Ginter: The Content of a European Arrest Warant, in: Nico Keijzer/Elies van Sliedregt (eds.), op. cit., 2009, pp. 8-9.

[42] 若有二國以上同時向「執行國」司法機關申請歐洲逮捕令，「執行國」司法機關可針對犯罪地點、犯罪嚴重性、通緝日期與發佈歐洲逮捕令是否符合起訴、執行判決與拘禁令之目的，或諮詢歐洲司法合作署，以決定何國為歐洲逮捕令「發佈國」（第 16 條）。請參見：Council Framework Decision of 13 June 2002, op. cit., p. 7. (Article 16)

[43] 例如：列舉之罪名非歐洲逮捕令架構決定所規定之三十二類罪名時，則為要件不符。

道因素而可能危及當事人之生命或健康時，得暫緩解送；待延後解送之原因解除後，立即於十日內完成解送（第 23 條第 4 款）。[44] 2. 當「應逮捕嫌疑人」不同意解送時，「執行國」權責司法機關應召開聽證會，並以聽證會中當事人拒絕解送之辯護為依據，於六十天內決議是否執行解送。當「執行國」權責司法機關決議解送時，則應於十天內完成解送；當「執行國」權責司法機關在六十天內仍未能達成是否解送之決議時，則應知會「發佈國」權責司法機關，並說明未能決議的裡由後，最遲在之後的三十天內作出是否解送之決議。若達成解送之決議時，則應於決議後十天內完成解送；若仍未能決議解送時，則應具明理由駁回解送申請，並知會「發佈國」權責司法機關（第13～17 條）。總而言之，「執行國」權責司法機關自逮捕嫌疑人起三個月內，應完成歐洲逮捕令解送程序；若在三個月內未能完成解送程序，「執行國」權責司法機關應立即知會「發佈國」權責司法機關，並說明其所作之最後決定。

除了上述程序規定之外，「歐洲逮捕令架構決定」對「執行國階段」尚有兩項重點值得一提：第一、保障當事人權益條款：「歐洲逮捕令架構決定」對當事人權益的保障極為重視；例如：當事人應有律師與口譯人員的協助與服務，以充分瞭解歐洲逮捕令之內容（第 11 條）；「執行國」權責司法機關可依法決定監管當事人，或在權責司法機關以完善防逃措施下交保當事人（第 12 條）。此外，第 27 與第 28 條之特別條款（即所謂的「引渡效果有限原則」，或「引渡與追溯一致原則」），基本上是為了限制「發佈國」的起訴權，其設立的目的是為了保障被解送人的權益，使其免於在解送至「發佈國」後，被處以非列舉於歐洲逮捕令中的罪刑。特別條款的規定是為了防止「發佈國」刻意隱瞞意圖，讓嫌犯解送回國後，再以其他罪名予以起訴；或當「發佈國」成功透過歐洲逮捕令將嫌犯解送回國後，對嫌犯進行之前無法處置的裁決。而這些特別條款的設計亦反映出歐盟會員國彼此

---

[44] Council Framework Decision of 13 June 2002, op. cit., p. 8. (Article 23)

尚未完全信任的現象。[45]

　　第二、「審前拘留」（Pre-Trail Detention）的規定：歐盟會員國對於「審前拘留」之規定不一，居留時間的長短由各會員國自定。[46]「歐洲逮捕令架構決定」並未明確規範「審前拘留」，然而，在第12條中則規定：「執行國」司法機關須決定是否應根據國內法，拘留被逮捕到案的嫌疑人，而拘留的用意在於讓相關權責機關得以採取必要措施，以防止嫌犯潛逃。」由此可見，「歐洲逮捕令架構決定」並未嘗試調和歐盟會員國「審前拘留」的規定，而仍然允許會員國按照各國國內法規範拘留的期限。以會員國不同的法律系統而言，部分的歐盟會員國將「審前拘留」視為保障「應逮捕嫌疑人」出庭以及防止「應逮捕嫌疑人」繼續犯罪的方法。例如：在「IIAkz685/2006 Prosecution against Tomasz M」一案中，波蘭上訴法院（Polish Court of Appeal）同意在將「應逮捕嫌疑人」解送到德國前將之拘留，該拘留令被視為防衛性措施，波蘭上訴法庭根據罪刑的嚴重性與有力的證據將之判定拘留。[47]

　　歐洲逮捕令提供英國打擊恐怖主義與重大犯罪實際運作層面許多便利的司法途徑。2005年7月7日歐斯曼（Hussain Osman）[48]在倫敦一輛公車上引爆炸彈未遂，隨後逃匿至義大利。2005年7月26日英國發

---

[45] Otto Lagodny/Christian Rosband: Speciality Rule, in: Nico Keijzer/Elies van Sliedregt (eds.), op. cit., pp. 265-266.

[46] Adam Łazowski/Susan Nash: Detention, in: Nico Keijzer/Elies van Sliedregt (eds.), op. cit., pp. 33-36.

[47] Ibid., p. 36.

[48] 英國倫敦地鐵與公車爆炸案最令人震驚的是兇嫌皆為英國國民，以年僅十八歲的歐斯曼為例，根據其父描述，歐斯曼計劃9月將在大學入學且已有一名論及婚嫁的巴基斯坦籍女友。不過與鄰人和學校同學的訪談紀錄也透露出歐斯曼個性較為兩極化，一部分人認為其在學校時愛打架滋事、個性激進；另一部分人覺得其為潔身自愛的男孩。一名非穆斯林的同學描述：「學校中常發生英國學生與亞裔學生打架事件，雖然歐斯曼並不會參與這些爭端事件，但是對於打架的英裔學生們相當反感，或許因為他出生的國家導致與西方社會產生疏離感。」資料來源：Milan Rai: 7/7 The London Bombings, Islam and the Iraq War, London: Pluto Press, 2006, pp. 45-46.

## ＜圖 10-1 ＞歐洲逮捕令解送程序

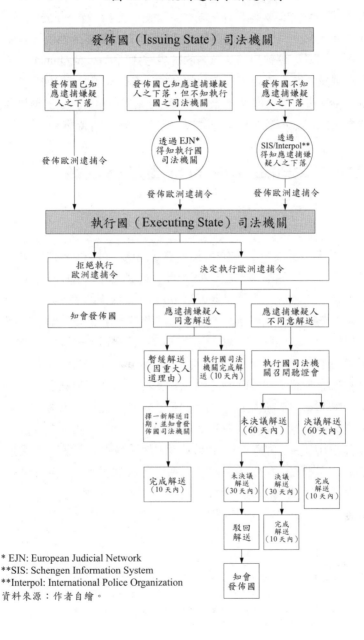

\* EJN: European Judicial Network
\*\*SIS: Schengen Information System
\*\*Interpol: International Police Organization
資料來源：作者自繪。

佈歐洲逮捕令，義大利先於裁決庭上聆聽歐斯曼的答辯與上訴後，於
2005 年 9 月 8 日同意英國執行的歐洲逮捕令。歐斯曼本人則於 9 月 22
日被解送回英國受審。另一起英國於 2005 年 6 月發佈至西班牙與葡萄
牙的歐洲逮捕令則是針對葡萄牙裔的嫌犯冠達斯（Hugo Quintas），該
嫌犯被控涉嫌在英國謀殺懷有身孕的女友。西班牙警方於 2005 年 6 月
21 日逮捕冠達斯到案，冠達斯於 6 月 29 日遣返英國。[49]以上兩起案例
嫌犯均在英國犯案後潛逃至其他歐盟國家，而解送回英國。

## 第三節　歐洲逮捕令的新變革與問題

### 一、歐洲逮捕令的新變革

　　長久以來，引渡為國家之間透過外交途徑所進行之罪犯遣送程
序，其權責單位一般為國家之行政部門，並以繁複的文件往來做為引
渡當事人之必要條件。歐盟在 2002 年 6 月 13 日公佈的歐洲逮捕令中，
將「引渡」一詞改為「解送」，並提出許多實質上有助於解送嫌犯的
規範，但仍允許部分國家對敏感性議題享有保留權。引渡與解送之差
異並不僅在於字義上的解釋，「引渡」（Extradite）在語義學上是指
「引渡犯人」，而名詞「Extradition」則是指「法律程序與引渡法」；
解送（Surrender）則有「交出、讓渡與在期限內交付」等意義。「歐
洲逮捕令架構決定」使用「解送」一詞取代「引渡」主要在強調「法
律本質與申請程序」的不同。[50]「引渡」與「解送」之程序上最大的
差異在於：「引渡」是指將「當事人遣送至其他國家」；而「解送」
則是指將「當事人轉送至他國法院」。這即是「歐洲逮捕令架構決
定」所設計之「以司法途徑取代國家途徑」的核心價值，其最終目的

---

[49] Mark Mackarel: Surrendering the Fugitive—The European Arrest Warrant and the United Kingdom, in: The Journal of Criminal Law, Vol. 71, Issue 4, 2007, p. 376.

[50] Available from: http://www.giustizia.lazio.it/appello.it/procura_mae/Aggiornamenti/Corte%20cost%20Polonia.doc. (Accessed 14.03.2009)

在於藉此提升歐盟打擊犯罪的效率。⑤「歐洲逮捕令架構決定」提出許多改革，例如：適用「一罪不二罰原則」、廢除「國民不引渡條款」、揚棄「雙重定罪原則」與允許「缺席判決」等，這些都是歐盟實施刑事司法合作的重要改革。以下將簡述這些重要改革的精神與意義。

## （一）適用「一罪不二罰原則」

　　「一罪不二罰」（ne bis in idem）顧名思義是指：「任何當事人不可因同一行為遭受到一種以上之刑事處罰」。狹義的定義則是「nemo debt bis puniri」，意即：「禁止同一當事人因一種行為遭受兩次處罰」。在國內政治中，一個國家的司法機關適用「一罪不二罰原則」通常沒有問題，但是這項原則在國際司法合作上，則會出現適用上的問題。一般而言，支持「一罪不二罰原則」的重要國際條約有三：第一、「公民與政治權力國際公約」（The International Convention on Civil and Political Rights）第 14 條第 7 款明示：「任何人已接受一國法律與刑事程序審判，最終被判定有罪或無罪開釋者，不得就同一罪名再次予以審判。」；第二、歐洲人權公約第 7 議定書第 4 條第 1 款規定：「任何人在同一個國家管轄的刑事程序中，依法律與刑事訴訟程序判決確定或無罪開釋者，不得再依同一罪名予以處罰或審判。」；第三、歐盟基本權利憲章（Charter of Fundamental Rights of the European Union）第 50 條強調：「任何人在歐盟境內已依法完成追訴或處罰之犯罪，不得重複受刑事審判或處罰。」由於刑事審判攸關一國之司法主權，在國際上並非所有國家皆認同或承認他國之審判，因此各國對「一罪不二罰原則」常有不同的解釋。

　　然而，「歐洲逮捕令架構決定」將「一罪不二罰原則」當作必要條件或拒絕歐洲逮捕令的理由。「歐洲逮捕令架構決定」第 3 條第 2 款

---

⑤ Zsuzsanna Deen-Racsmány: Lessons of the European Arrest Warrant for Domestic Implementation of the Obligation to Surrender Nationals to the International Criminal Court, in: Leiden Journal of International Law, 2007, p.173.

規定：「執行國之司法機關在下列情況下應拒絕執行歐洲逮捕令：當執行國之司法機關被告知應逮捕嫌疑人之某一罪行業經某一會員國確定判決，且該判決已執行完畢或正在執行，或依審判之會員國法律判為不需再執行者，執行國之司法機關得拒絕執行歐洲逮捕令。」此外，第 4 條第 2～5 款則明白賦予「執行國」自行選擇是否拒絕執行歐洲逮捕令的權力，其拒絕的理由多與「一罪不二罰原則」有關。㉒

很明顯地，「歐洲逮捕令架構決定」比「歐洲引渡公約」更強調「一罪不二罰原則」，但在適用「一罪不二罰原則」時，不同的歐盟國家卻有不同的拒絕理由，其原因在於歐盟會員國並未明確定義何謂「最終判決」（Final Judge）與「同一罪行」（The Same Acts），這使歐盟會員國司法機關享有寬廣的自由解釋權，因而得以不同的理由決定執行或拒絕執行歐洲逮捕令。因此若要將「一罪不二罰原則」適當地使用於歐洲逮捕令過程中，其當務之急在於解決歐盟會員國對其意義與解釋的差異問題。㉓

## （二）廢除「國民不引渡條款」

一般國家的憲法都明文禁止將國民引渡到他國，以保障國民應在本國接受審判的權利。一個國家的司法判決若是不被他國承認與信任，引渡國民的要求難以實現。

歐洲逮捕令架構決定之「特殊案件中發佈國給予的保證」（Guarantees to be Given by the Issuing Member State in Particular Cases）第 5 條第 3 款間接闡釋引渡國民的義務：「歐洲逮捕令之逮捕對象為執行國之國民或居民時，在這種情況下，應解送此人。但得要求保證在判刑後送回執行國（即本國）執行其於發佈國被判處之徒刑。」㉔但第 4 條「選擇性不執行歐洲逮捕令之理由」中的「會員國可以以被解送者

---

㉒ Council Framework Decision of 13 June 2002, op. cit., p. 4.

㉓ Sylvie Cimamonti: European Arrest Warrant in Practice and Ne Bis In Idem, in: Nico Keijzer/Elies van Sliedregt (eds.), op. cit., p. 111-112.

㉔ 請參見：⑴ Zsuzsanna Deen-Racsmány, op. cit., p. 276; ⑵ Council Framework Decision of 13 June 2002, op. cit., p. 4. (Article 5)

為其國民為由，拒絕執行解送」，卻提供一個拒絕國民引渡的例外條件。⑤一般認為歐盟享有共同的價值與觀念，所以歐盟被視為第一個有可能在區域架構中整合不同國家刑法的國際組織，讓國家間的國民解送要求可以更容易執行。⑥

「歐洲逮捕令架構決定」第4條第6款規定：「執行國司法機關在以下情形下，得拒絕執行歐洲逮捕令：如歐洲逮捕令核發之目的係為執行判決或拘禁令，且該應逮捕嫌疑人現停留於執行國，或為該執行國之國民或居民，而執行國依國內法得為承擔該判決或拘禁令之執行者。」這表示「執行國」司法機關得拒絕解送居住於該國的國民（Nationals）、居民（Residents）與人民（Persons）到其他國家。然此條款的但書為：執行國須自行對該應逮捕嫌疑人進行判決與拘禁。若是「執行國」最後無法執行判決與拘禁的話，「應逮捕嫌疑人」必須解送回「發佈國」服刑。⑤

## （三）允許「缺席判決」

在早期的審判歷史中，「缺席判決」是指：「應逮捕嫌疑人被傳喚受審，但未出席或無故缺席，但判決仍照常進行。」在近代的審判案件中，若「應逮捕嫌疑人」為逃犯、行蹤成謎或無法逮捕其人時，十九世紀時法國刑事訴訟法認為「應逮捕嫌疑人」缺席審判會被視為放棄替自己辯護的權益，不僅不能妨礙法院召開審判庭，也無法阻止「應逮捕嫌疑人」被強制判決。1935 年增修條款提出了無效判決之訴，在聽取證人的證詞之後，可予以定罪或無罪開釋，法律允許「應

---

⑤ Gregory J. Mann: The European Arrest Warrant: A Short-Lived Mechanism for Extradition?, in: Syracuse Journal of International Law and Commerce, Vol. 34, No. 2, Spring 2007, p 720.

⑥ Zsuzsanna Deen-Racsmány/Judge Rob Blekxtoon: The Decline of the Nationality Exception in European Extradition?, The Impact of the Regulation of (Non-) Surrender of Nationals and Dual Criminality under the European Arrest Warrant, in: European Journal of Crime, Criminal Law and Criminal Justice, Vol. 13/3, 2005, pp. 317-322.

⑤ Vincent Glerum/Klaas Rozemond: Surrender of Nationals, in: Nico Keijzer/Elies van Sliedregt (eds.), op. cit., pp. 71-72.

逮捕嫌疑人」缺席但並不允許其提出辯護。[58]「歐洲逮捕令架構決定」第5條第1款規範了「缺席判決」之處理：「當執行歐洲逮捕令之判決是在當事人因未被傳訊或未被告知判決日期與地點而缺席下做成時，發佈國司法機關須提出適當保證，讓當事人在發佈國能申請重審（Retrial）與出席法院判決。」[59]其他有關於歐洲逮捕令的新變革尚包括揚棄「雙重定罪原則」。

## 二、歐洲逮捕令的問題

從實際執行歐洲逮捕令的經驗來觀察，我們發現在申請歐洲逮捕令階段與執行歐洲逮捕令階段皆衍生許多問題，這卻真實地反映出這套自 2002 年才推行上路的新制度尚未成熟，而須修正與改善。

### （一）執行程序上的問題

大體而言，在申請階段的主要問題有以下兩點[60]：1. 缺少完整的犯罪事實描述：關於歐洲逮捕令之犯罪事實的描述內容要項計有：時間、地點與參與的程度。然而，「發佈國」W 向「執行國」提出的歐洲逮捕令中常僅做概略式的說明，例如：應逮捕嫌疑人觸犯刑法第 y 條，走私偷竊物品罪、偽造文書罪、偷竊罪與在 A 地參與犯罪組織等。上述四項描述均缺少部分的犯罪事實描述要項，可想而知「執行國」很難根據「發佈國」所提供的簡單資料，評判是否執行該歐洲逮捕令，而僅能再向「發佈國」W 要求提供更完整的資訊；2. 描述過於含糊不清：許多「發佈國」在歐洲逮捕令的申請書中僅大概介紹犯罪過程，而造成「執行國」困擾，例如：會員國 Y 針對兩名嫌犯，各自提出相同犯罪事實描述之歐洲逮捕令，根據會員國 Y 的國內法，嫌犯在 2006 年 4 月 5 日至 2006 年 6 月 10 日間，使用 120 張偽造的非現金支

[58] Davor Krapac: Verdicts in Absentia, in: Judge Rob Blekxtoon/Wouter van Ballegooij (eds.), op. cit., p. 121.

[59] Council Framework Decision of 13 June 2002, op. cit., p. 4. (Article 5.1)

[60] Katja Šugman Stubbs/Primož Gorkič: Abuse of the European Arrest Warrant System, in: Nico Keijzer/Elies van Sliedregt (eds.), op. cit., p. 247-248.

付的轉帳卡（Non-Cash Debit Cards）分 678 次提領出總額 146,325 歐元的臟款，另有 643 次失敗的取款紀錄，在會員國 Y 這些行為已構成詐欺罪（Swindling）。斯洛維尼亞（Slovenia）司法機關收到該起歐洲逮捕令時認為犯罪事實描述過於含糊不清，便要求會員國 Y 再提供⑴兩名嫌犯被起訴之罪名的數量與種類；⑵每人涉案程度的描述。會員國 Y 在收到回覆後，提供詳細的資料供斯洛維尼亞法院審查，而法院最後亦同意解送這兩名嫌犯。總而言之，「發佈國」未能具體詳實填寫歐洲逮捕令申請書，常造成「執行國」理解上的困擾，因而須一再要求「發佈國」進一步解釋或提供更多資料，而使歐洲逮捕令的執行速度與效率受到影響。

　　然而，該「執行國」在上述情況下，可以要求「發佈國」重新修改與補充歐洲逮捕令內容，以利歐洲逮捕令的施行。根據「歐洲逮捕令架構決定」第 8 條第 1 款，「執行國」有權利審查犯罪描述的要件；第 15 條第 2 款則賦予「執行國」向「發佈國」要求提供補充資訊以利執行歐洲逮捕令的權利。⑥當「發佈國」所提出之修正或補充的歐洲逮捕令送交「執行國」後，則進入了執行歐洲逮捕令的階段。原則上，「執行國」權責司法機關在決定是否執行某項歐洲逮捕令之前，應對該歐洲逮捕令的相關內容進行審查，一般而言，其審查的重點有三：第一、基本要件的審查，包括：查證發佈歐洲逮捕令的機關是否為合乎規定的權責司法機關、嫌犯的基本資料、法律規範（Legal Norm）、刑責與刑期的描述是否詳實等，以確保歐洲逮捕令的合法性；第二、犯罪事實的審查，包括：查證在歐洲逮捕令中的犯罪事實描述，是否與實際犯罪行為相符合⑥；第三、證據事實的審查，包

---

⑥ Ibid., p. 249.

⑥ 斯洛維尼亞司法機關在審查一起歐洲逮捕令中的犯罪事實與起訴之罪名時，就曾出現在第二階段審查未通過的案例。一名精神病患被控告從精神病院逃出後，回到母親家中奪取貴重物品與錢財後逃至會員國 Z，最後在跨越斯洛維尼亞邊境時被逮捕。該案例中關於犯罪事實的描述已甚詳細，然而罪刑項目（List of Offences）中的刑責卻是「結夥或以武器行搶」（Organized or Armed Robbery），但是犯罪事實描述中，並未提及該名嫌犯使用武器或結夥行搶，因此未獲通過。請參見：Ibid., pp. 252-253.

括：查證「發佈國」所提供的證據是否滿足解送應逮捕嫌疑人之法定
要件與其被控告的罪名與罪行是否相符合？⑥

　　在第三階段的審查中，更足以顯示出歐盟會員國在執行歐洲逮捕
令的時候，不同國家的法律系統合作之困難度。一名斯洛維尼亞裔的
公民 A.A.於 1992 年起定居在會員國 X 中，該國是歐盟的原始會員國之
一，並有發展良好的法律系統。而斯洛維尼亞檢察總署（Slovenian
Prosecutor Service）於 1996 年 12 月展開針對其於 1994～1995 年間，一
連串的詐欺案進行起訴，犯罪的地點雖然是在會員國 X 中，但是轉帳
給該名嫌犯的受害者都是斯洛凡尼亞人。在發寄出庭傳票給 A. A.後，
他並未出現在聽證會中，因此，轉而將他的姓名以紅色標制登錄到國
際警察總署的通緝名單中。

　　2002 年 5 月斯洛維尼亞得知嫌犯已在會員國 X 的首都落網，遂隨
即要求引渡該名嫌犯，雖然遭到拒絕，但幸而在 2005 年 4 月以歐洲逮
捕令的形式再次要求將他解送回國受審。然而，斯洛維尼亞的法院卻
收到會員國 X 許多質疑歐洲逮捕令法律資格等的回函，這些問題包
括：1.解釋為何 2002 年之後才提出引渡要求；2.解釋為何並未提早提
出歐洲逮捕令的要求；3.提出引渡 A. A.的各項要件聲明；4.提出文件
證明；5.提出書面聲明 A. A.已經得知此程序；6.國家法院對於歐洲人
權公約第 6 條保障嫌犯權益的書面聲明；7.提出斯洛維尼亞刑事訴訟
法個人成為嫌犯的規定與當時達到何種程度的狀態；8.逐一提出受害
者受騙的狀況；9.保障 A. A.與其妻子在前往斯洛維尼亞受審的過程中
得到醫療照護。斯洛維尼亞當局詳細地回覆會員國 X 所提出的各項問
題，然而，2007 年 5 月，X 國又再次提出要求書面的證據，包括證人的
證詞與財務文件等，並再次就提出歐洲逮捕令時間為何延誤與醫療保
證等問題要求說明。這個案例揭露出「執行國」可能提出眾多的問題
與外國要瞭解其他國家法律系統所要耗費的時間，若是無法建立歐盟
會員國間的司法相互承認與相互信任，類似案件之審理可能一樣會耗

---

⑥ Ibid., pp. 249-251.

費時間與資源。⑭

　　此外，語言的選用亦是可能造成歐洲逮捕令延遲的原因。有些國家僅接受以「執行國」官方語言所發佈的歐洲逮捕令，例如：斯洛維尼亞僅接受以斯洛維尼亞語發佈之歐洲逮捕令，而拉脫維亞則可接受拉脫維亞語與英語所發佈之歐洲逮捕令。語言問題對歐洲逮捕令的執行造成一定程度的影響，因為如果「執行國」因語言問題不接受歐洲逮捕令時，「執行國」司法機關不會請求「發佈國」重新翻譯成「執行國」可接受的語言，而直接拒絕執行歐洲逮捕令。換言之，歐洲逮捕令的流程可能會因為語言問題而受到阻礙。⑮

## （二）憲法解釋的問題

　　歐盟會員國受到 2001 年 911 事件、2004 年馬德里火車爆炸事件與 2005 年英國地鐵恐怖攻擊事件等影響，各國無不希望透過歐盟各項打擊恐怖主義的立法破除全球化的恐怖主義網路與其他種類的犯罪。例如：葡萄牙、斯洛伐克與斯洛維尼亞即在將歐洲逮捕令納入國內法之前即時修改憲法。⑯而波蘭（2005 年 4 月 27 日）與德國（2005 年 7 月 18 日）卻受到國內憲法法院之爭議而未如期通過。⑰

### 1.波蘭

　　波蘭憲法法院（Polish Constitutional Court）於 2005 年 4 月 27 日根據波蘭引渡法（Polish Extradition Law）裁決「波蘭不允許按照歐洲逮捕令解送波蘭國民」，引發第一起歐洲逮捕令解送國民與違憲的挑戰。⑱2005 年 1 月 27 日「格但斯克地方法院」（Gedansk Regional Court）

---

⑭ Ibid., pp. 257-258.

⑮ Isabelle Pérignon/Consyance Daucé, op. cit., p. 210.

⑯ Gregory J. Mann, op. cit., pp. 737-738.

⑰ Christian Kaunert: Without the Power of Purse or Sword: The European Arrest Warrant and the Role of the Commission, in: European Integration, Vol. 29, No. 4, September 2007, p. 402.

⑱ Mark Mackarel: The European Arrest Warrant—The Early Years: Implementing and Using the Warrant, in: European Journal of Crime, Criminal Law and Criminal Justice, 2007, p. 56.

向波蘭憲法法院提出荷蘭政府要求解送因貪污被起訴的波蘭國民，波蘭憲法法庭（Polish Constitutional Tribunal; PCT）根據「波蘭刑事訴訟法」（Polish Code of Criminal Procedure; PCCP）第607t條第1款「根據歐盟提出之歐洲逮捕令之基礎，允許波蘭國民解送至其他歐盟會員國之規定並未符合憲法第55條第1款」的解釋，拒絕解送波蘭公民。⑥⑨

　　波蘭於2004年5月加入歐洲聯盟並立即刻接受所有歐盟的既有條款，但涉及歐洲逮捕令與「禁止引渡波蘭國民」法規時，有一派人認為「引渡」與「解送」間的明確區別足以使國民不引渡禁令不再適用，認可歐洲逮捕令的規定。⑦⑩波蘭政府選擇增修「1997年波蘭刑事訴訟法」（The Criminal Procedure Code of 1997），允許歐洲逮捕令架構下解送波蘭國民之方式。「1997年波蘭刑事訴訟法」第602條條文規定須明確區分在歐洲逮捕令基本架構下，傳統引渡與解送波蘭國民之差異。⑦⑪然而，波蘭憲法法院卻發現解送與引渡難以明確區分，因其均包括將一當事人轉送至其他國家接受起訴或審判之情形，因此憲法法院拒絕接受歐洲逮捕令的解送要求。但同時，波蘭憲法法院認同歐洲逮捕令的實際功能與效益，是為歐盟會員國打擊組織犯罪的司法合作要件，因此波蘭憲法法院遂允許十八個月的觀察期，再視其效用作定奪。⑦⑫在這國民引渡違憲爭議中，波蘭憲法與歐洲共同體法何者優先適用，是重要的爭執點。很顯然地，波蘭憲法法院是將優先適用權判給前者（波蘭憲法），因為根據波蘭憲法第8條第1款：憲法仍優先適用於歐洲共同體法。⑦⑬

---

⑥⑨ Elies van Sliedregt: The European Arrest Warrant: Between Trust, Democracy and the Rule of Law, Introduction. The European Arrest Warrant: Extradition in Transition, in: European Constitutional Law Review, Vol. 3, 2007, p. 245.

⑦⑩ Adam Lazowski: Poland Constitutional Tribunal on the Surrender of Polish Citizens under the European Arrest Warrant of 27 April 2005, in: European Constitutional Law Review, Vol. 1, 2005, p. 569.

⑦⑪ 請參見：(1) Mark Mackarel: The European Arrest Warrant—The Early Years, op. cit., p. 57; (2) Gregory J. Mann, op. cit., p. 724.

⑦⑫ Adam Lazowski, op. cit., p. 579.

⑦⑬ Adam Lazowski: Accession Treaty Polish Constitutional Tribunal Conformity of the Accession Treaty with the Polish Constitution. Decision of 11 May 2005, in: European Constitutional Law Review, Vol. 3, 2007, p. 156.

## 2. 德國

2005 年 7 月 18 日「德國聯邦憲法法院」（German Federal Constitutional Court; FCC）聲明國內法執行歐洲逮捕令乃是無效行為。事由為西班牙要求德國解送一名德國籍的敍利亞裔嫌犯達甘札力（Mamoun Darkanzali），其開設之貿易公司在 911 事件發生後旋即被美國列為資助蓋達組織的公司。[74]然而，德國聯邦憲法法院宣判此歐洲逮捕令違憲，並禁止解送達甘札力至西班牙。2005 年 9 月西班牙高等法院宣佈重啟所有與德國之間的歐洲逮捕令，聲明將給予德國四十天期限重審 50 名西班牙嫌犯的調查，這使歐洲逮捕令之施行受到嚴重挫折。[75]「德國聯邦憲法法院」表示：解送德國公民至其他歐盟會員國違反德國基本法第 16 條第 2 款與第 19 條第 4 款的精神。基本法第 16 條第 2 款明示：「德國人民不得被引渡至外國」；第 19 條第 4 款規定：「德國國民不得依行政行為之司法檢驗或憑藉司法系統，被判剝奪權利。」與其他國家相同，「德國聯邦憲法法院」亦恪遵禁止引渡本國國民之規範[76]，並強調：「不可違反公民意志……每位公民應被保護免受不確定之事波及，〔…〕並防止每位公民在完全不瞭解的情況下，被陌生的法律體系宣告有罪。」[77]儘管歐洲逮捕令經過正式立法通過，但是聯邦憲法法院根據基本法第 16 條第 2 款「德國國民依法被保證在熟悉的法律環境下，並不可使之成為不熟悉的法律系統下之當事人。」[78]因而拒絕執行歐洲逮捕令所設計之「國民引渡」條款。

---

[74] Gregory J. Mann, op. cit., p. 715.

[75] Gregory J. Mann, op. cit., p. 716.

[76] Scott Siegel: Courts and Compliance in the European Union: The European Arrest Warrant in National Constitutional Courts, in: The Jean Monnet Program, 2008, pp. 22-23. Available from: www. JeanMonnetProgram.org. (Accessed 08.08.2010)

[77] Zsuzsanna Deen-Racsmány: The European Arrest Warrant and the Surrender of Nationals Revisited, op. cit., pp. 283 & 285.

[78] Mark Mackarel: The European Arrest Warrant—The Early Years, op. cit., p. 56.

## （三）不當使用歐洲逮捕令的問題

　　歐洲逮捕令是歐盟第一個實施「相互承認」（Mutual Recognition）與「相互信任」（Mutual Trust）兩個司法合作原則的重要機制，就實際合作的成效而言，2005 年申請歐洲逮捕令的件數多達 6900 件以上，共逮捕 1,770 名嫌犯，其中被解送到「發佈國」的有 1,532 名。⑲但是，在歐洲逮捕令架構中，這兩項原則在歐盟會員國實際的執行上卻出現不當使用（Abuse）的情形。在布雷克法律辭典（Black's Law Dictionary）中，不當使用的定義是指：「違反法律與不公正使用法律」；而以該解釋來探討歐洲逮捕令的實施狀況時，可以將「不當使用」視為以下兩種情形：1.「發佈國」意圖違反歐盟之「相互承認」與「相互信任」等兩項司法合作原則時；2.「執行國」不正當、不按規定或不適當地迴避歐洲逮捕令所倡議之兩項司法合作原則。⑳

　　在司法合作的兩項原則中，「發佈國」向其他國家提出逮捕令時，其所提供的資料應力求完整無誤，然而「發佈國」卻有可能提供扭曲事實的資料給「執行國」。㉑這種情形在歐洲逮捕令中即有說明，例如：在歐洲逮捕令第 2 條中即列出會員國申請歐洲逮捕令應符合的條件，包括犯罪刑責與刑責種類等；而在第 2 條中即補充說明歐盟會員國可能不當使用歐洲逮捕令的情形，譬如，第 2 條第 1 與第 2 款中即警告式地說明如下：會員國有可能過度擴大符合該項條款的資格，以利申請歐洲逮捕令（第 2 條第 1 款）；或將犯罪種類刻意列為「歐洲逮捕令架構決定」中的三十二種犯罪項目，以躲避雙重定罪審查原則，以及為了符合申請歐洲逮捕令所需之刑責期限，刻意擴大當事人的刑責（第 2 條第 2 款）。㉒

---

⑲ Isabelle Pérignon/Constance Daucé: The European Arrest Warrant: A Growing Success Story, op. cit., p. 204.

⑳ Katja Šugman Stubbs/Primož Gorkič: Abuse of the European Arrest Warrant System, in: Nico Keijzer/Elies van Sliedregt (eds.), op. cit., p. 245.

㉑ Ibid. p. 245.

㉒ Ibid. p. 246.

　　在歐洲逮捕令的申請辦法中，「發佈國」須提供犯罪案件的事實，其優點在於可避免浪費「執行國」的國家資源、縮短執行歐洲逮捕令的時間與減少資訊蒐集的障礙。但其潛在的缺點為「發佈國」可能提供不正確的資訊，或提供其為了符合申請歐洲逮捕令的資格進而假造的文件。[83]幸而，上述這種「提供不正確資訊」的情形，通常是因為歐盟會員國司法機關單純的作業疏失，並非刻意偽造文件。不過，會員國不同的法律系統卻有可能造成兩項弊端：第一、在不同的法律架構下，會員國對同一人的判刑結果可能產生差異；第二、目前「相互承認原則」仍未完成適用於所有會員國，因此難以避免重複審查與法律解釋的爭議問題。[84]

　　由於歐洲逮捕令的執行不力與歐盟內部互相信任的不足，歐盟會員國國內法院可能在解釋相關憲法條款時有保守的傾向。然而所幸歐盟是一個重要的行為者，擁有相當的超國家約束力（Supranational Binding Powers），而且歐洲法院亦聲明「對第三支柱歐盟理事會架構決定」享有一致性解釋原則（Principle of Consistent Interpretation）的權力。這樣的特色與事實對會員國來說既重要，且具有吸引力，目前歐盟會員國對於國民不引渡的禁令都已進入國內修憲的程序，可謂司法合作的一大成就。[85]

　　共同打擊恐怖主義是歐盟的核心價值，而歐洲逮捕令亦是第一個確切的司法合作法規，唯其適用性與其內含之刑事合作條款與解送之涵義早已超越打擊恐怖主義的目標，而是對於刑事司法合作的價值提供更高層次的合作層面。

---

[83] Jaan Ginter, op. cit., pp. 1-5.

[84] Katja Šugman Stubbs/Primož Gorkič, op. cit., pp. 246-247.

[85] Zsuzsanna Deen-Racsmány: The European Arrest Warrant and the Surrender of Nationals Revisited, op. cit., pp. 305-306.

## 結論

　　歐洲逮捕令是一個打擊犯罪的區域性合作機制，目的在於取代過去歐洲國家間雙邊引渡制度，以更有效與更便捷的解送方式來促進歐盟區域內刑事案件的審理效果。近年來，歐洲逮捕令已在歐盟各國逐漸推行，但有許多問題尚待解決：首先，歐盟會員國間仍存在極富差異性的司法系統，因此並非所有會員國均認同歐洲逮捕令系統，而使歐洲逮捕令的執行遇到許多障礙；其次，歐盟會員國負責執行歐洲逮捕令的權責司法機關，仍需一段調整與適應歐洲逮捕令規定的時間，待這些權責司法機關熟捻歐洲逮捕令的執行程序與規定後，才能使解送合作更加順遂；再者，2004 年歐盟正式推出歐洲逮捕令時，適逢中東歐國家加入歐盟，使歐盟成為一個擁有二十五個會員國的大型組織，雖然歐洲逮捕令形式上為類似刑法的法規，但不具強制性，對歐盟會員國缺少絕對的約束力，因此常受到歐盟會員國的挑戰，大大折損歐洲逮捕令的權威性；最後，新加入的會員國多屬中東歐國家，這些國家本為共產主義的威權統治，其國內的警察與司法制度尚未健全且司法人員的質與量仍有問題，而歐洲逮捕令涉及許多刑法的概念、表單填寫以及翻譯細節等問題，因此這些國家在發佈或執行歐洲逮捕令時才發生資料不全的情形，致使原本訴求簡便與講求效率的解送程序，常因補送資料而耗費時間，使歐洲逮捕令喪失便捷的功能。

　　然而，最棘手的問題之一為對人權的保護，悉知歐洲逮捕令是一種司法解送程序，因此在緝捕、調查與審判罪犯的過程中，對於嫌疑犯的保護、尊重與照料都被用放大鏡來檢視，特別是有關解送本國國民所涉及的違反憲法人權保障的爭議問題，至今仍是歐洲逮捕令的一大障礙。唯有歐盟會員國拿出最大的決心徹底履行司法相互承認原則，那麼上述諸多問題才能夠迎刃而解，而歐洲逮捕令才能順利地在歐盟會員國內執行。

# 參考文獻

## 一、官方文件

Commission of the European Communities: Proposal for a Council Framework Decision on the European Arrest Warrant and the Surrender Procedures between the Member States, COM (2001) 522 final, 25.09.2001.

Council Framework Decision of 13 June 2002 on the European Arrest Warrant and the Surrender Procedures between Member States (2002/584/JHA) , OJ L 190, 18.07.2002.

Council of Europe: Extradition European Standards, December 2006.

Convention drawn up on the Basis of Article K.3 of the Treaty on European Union, on simplified Extradition Procedure between the Member States of the European Union, OJ C 078, 30.03.1995.

Council Act of 27 September 1996, adopted on the Basis of Article K.3 of the Treaty on European Union, drawing up the Convention relating to Extradition between the Member States of the European Union, OJ C 313, 23.10.1996.

House of Lords: 30th Report of Session 2005-06: European Arrest Warrant-Recent Developments: Report with Evidence, 04.04.2006.

Judgment of the Polish Constitutional Tribunal concerning European Arrest Warrant, 27 April 2005.

Tampere European Council Presidency Conclusions, 15-16. 10.1999.

## 二、書籍

Ang, Liane: Procedure Rules, in: Judge Rob Blekxtoon/Wouter van Ballegooij (eds.): Handbook on the European Arrest Warrant, The Netherlands: T. M. C. Asser Press, 2005.

Blekxtoon, Rob: Introduction, in: Judge Rob Blekxtoon/Wouter van Ballegooij (eds.): Handbook on the European Arrest Warrant, The Netherlands: T. M.

C. Asser Press, 2005.

De Groot, Selma: Mutual Trust in (European) Extradition Law, in: Judge Rob Blekxtoon/Wouter van Ballegooij (eds.): Handbook on the European Arrest Warrant, The Netherlands: T. M. C. Asser Press, 2005.

Keijzer, Nico/Van Sliedregt, Elies (eds.): The European Arrest Warrant in Practice, The Netherlands: T. M. C. Asser Press, 2009.

Rai, Milan: 7/7 The London Bombings, Islam and the Iraq War, London: Pluto Press, 2006.

# 三、期刊論文

Deen-Racsmány, Zsuzsanna: The European Arrest Warrant and the Surrender of Nationals Revisited: The Lessons of Constitutional Challenges, in: European Journal of Crime, Criminal Law and Criminal Justice, Vol. 14/3, 2006, pp. 271-306.

Deen-Racsmány, Zsuzsanna: Lessons of the European Arrest Warrant for Domestic Implementation of the Obligation to Surrender Nationals to the International Criminal Court, in: Leiden Journal of International Law, 2007, pp. 167-191.

Komarek, Jan: European Constitutionalism and the European Arrest Warrant: In Search of the Limits of Contrapunctual Principles, in: Common Market Law Review, Vol. 44, No. 9, 2007, pp. 1-25.

Lazowski Adam: Poland Constitutional Tribunal on the Surrender of Polish Citizens Under the European Arrest Warrant of 27 April 2005, in: European Constitutional Law Review, Vol. 1, 2005, pp. 569-581.

Lazowski, Adam: Accession Treaty Polish Constitutional Tribunal Conformity of the Accession Treaty with the Polish Constitution. Decision of 11 May 2005, in: European Constitutional Law Review, Vol. 3, 2007, pp. 148-162.

Mann, Gregory J.: The European Arrest Warrant: A Short-Lived Mechanism for Extradition?, in: Syracuse Journal of International Law and Commerce, Vol. 34, No. 2, Spring 2007, pp. 715-740.

Mackarel, Mark: The European Arrest Warrant—The Early Years: Implementing and Using the Warrant, in: European Journal of Crime, Criminal Law and Criminal Justice, 2007, pp. 37-66.

Mackarel, Mark: Surrendering the Fugitive—The European Arrest Warrant and the United Kingdom, in: The Journal of Criminal Law, Vol. 71, Issue 4, 2007, pp. 219-306.

Pérignon, Isabelle/Daucé, Consyance: The European Arrest Warrant: A Growing Success Story, in: ERA Forum, 2007, pp. 203-214.

Plachta, Michael: European Arrest Warrant: Revolution in Extradition?, in: European Journal of Crime, Criminal Law and Criminal Justice, Vol. 2, 2003, pp. 178-194.

Siegel, Scott: Courts and Compliance in the European Union: The European Arrest Warrant in National Constitutional Courts, in: The Jean Monnet Program, 2008, pp. 1-38.

Van Sliedregt, Elies: The European Arrest Warrant: Between Trust, Democracy and the Rule of Law, Introduction. The European Arrest Warrant: Extradition in Transition, in: European Constitutional Law Review, Vol. 3, No. 2, 2007, pp. 244-252.

Wouters, Jan and Naert, Frederik: Of Arrest Warrants, Terrorist Offences and Extradition: An Appraisal of the EU＇s Main Criminal Law Measures against Terrorism After 11 September, in: Common Market Law Review 41, 2004, pp. 909-935.

柯慶忠：〈歐盟引渡制度之新變革：以歐洲逮捕令為逮捕與解送之新制〉，刊載於：《東吳法律學報》，第 18 卷，第 3 期，2007 年 4 月，頁 123-188。

# 四、網路資料

European Arrest Warrant Replaces Extradition between EU Member States. Available from:http://ec.europa.eu/justice_home/fsj/criminal/extradition/ fsj_criminal_extr adition_ en.htm. (Accessed 05.08.2010)

Kaunert, Christian: Without the Power of Purse or Sword: The European Arrest Warrant and the Role of the Commission, in: European Integration, Vol. 29, No. 4, September 2007, available from: http://www.essex.ac.uk/ecpr/events/generalconference/pisa/papers/PP744.pdf. (Accessed 12.06.2009)

# 第十一章　申根資訊系統與歐盟內部安全

# 前言

　　歐洲內部人員自由流通（Free Movement of Persons）是歐洲統合
（European Integration）六十年來的主要目標之一，然而卻到了 1980 年
代才有突破性的進展。1985 年德國、法國、荷蘭、比利時與盧森堡等
五國為廢除彼此邊境管制而簽訂了申根協定（Schengen Agreement），
1990 年申根協定簽約國繼之簽訂「申根協定執行公約」（Convention
Implementing the Schengen Agreement），將人員自由流通的進展繼續往
前推進。1999 年生效之阿姆斯特丹條約（Amsterdam Treaty）更進一步
強化人員自由流通的政策工具，不僅將申根既存法規（Schengen Ac-
quis）①納入歐盟的法律架構中②，而且新增一篇名為「簽證、庇護、
移民與其他涉及人員自由流通政策」，共九條條文，將關於人員自由
流通的重要政策共同體化（Communitisation）。③阿姆斯特丹條約的
增補內容象徵著歐盟司法與內政事務（Justice and Home Affairs）合作
受到前所未有的重視。值得強調的是，申根既存法規併入歐盟法後，
使歐洲內部兩個相互平行，且發展速度不一的人員自由流通制度正式
劃上句點。從此以後，申根合作（Schengen Cooperation）成為歐盟內
部事務，而不再只是某些會員國間的國際合作而已。

　　申根合作即是廢除邊境管制的代名詞，意指：「人員在跨境時無
需經過繁複且耗時的檢查，並得以在申根會員國內自由流通。」申根
合作代表著「申根區域的邊境管制將移至最外圍的申根國家」，因
此，外圍邊境管制頓時成為管制人員入出境申根區域的第一道防線，
對歐盟內部安全（Internal Security）影響深遠。悉知，人員自由流通的

---

① 申根既存法規（Schengen Acquis）包括：申根協定（Schengen Agreement）、
　「申根協定執行公約」（Convention Implementing the Schengen Agreement）與其
　他相關的衍生立法。
② 請參見：阿姆斯特丹條約第 2 議定書（Protokoll zur Einbeziehung des Schengen-
　Besitzstands in den Rahmen der Europäischen Union）。
③ 請參見：阿姆斯特丹條約第四篇第 61～69 條（Titel IV: Visa, Asyl, Einwanderung
　und andere Politiken betreffend den Personenverkehr, Artikel 61-69）。

同時，所有威脅性問題（例如：組織犯罪、恐怖主義、非法移民與毒品走私等）亦將同時隨之流通，是故，內部安全成為申根會員國關切的重點，有鑑於此，申根會員國乃合力建構一個規模龐大的申根資訊系統（Schengen Information System; SIS），以防堵上述威脅進入申根區域。本文將詳細介紹申根資訊系統的架構、內涵、運作以及對歐盟內部安全與邊境管理的影響，藉此以勾勒未來歐盟內部安全的可能發展。

# 第一節　申根協定的緣起與發展

申根合作始於 1985 年，原本僅有若干歐洲國家參與，隨著申根合作的發展其重要性日益彰顯。申根區域歷經八次擴大，至今幾乎涵蓋全部歐盟領土。於此，我們將闡釋申根協定與「申根協定執行公約」的簽署與發展過程，以作為解析歐盟規範內部人員自由流通的基礎。

## 一、　申根協定與申根協定執行公約的簽訂

羅馬條約（Rome Treaty）於 1958 年 1 月 1 日生效，248 條條文清楚揭櫫建立「共同市場」（Common Market）所需的配套經濟合作措施（第 9～136 條），並詳細描繪歐洲超國家機構的運作模式（第 137～198 條）。④其中，第 9～11 條目的在於廢除商品自由流通的障礙；第 48～73 條則在規範勞工、勞務與資金的自由流通，由此可見，羅馬條約已清楚設定建立人員、商品、勞務與資金等四大自由流通的目標。在此之前，荷蘭、比利時與盧森堡等三國即於 1948 年成立「比荷盧關稅聯盟」（Benelux Customs Union），三方同意逐漸廢除邊境人

---

④「羅馬條約」的簽署象徵著歐洲國家系統建設歐洲的開始，也意謂著歐洲統合運動的合作領域從此開始擴大到所有的經濟層面，而不再侷限於煤礦與鋼鐵工業的合作。同時，「羅馬條約」也奠定了歐盟超國家組織的基本型態，晚諸目前歐盟的組織機構、決策模式、法律架構與對外關係，大致上都是源自於「羅馬條約」的設計。就功能面而言，「羅馬條約」是一部具有前瞻性的統合文件。請參見：張福昌：〈羅馬條約半世紀〉，刊載於：《中國時報》，27.03.2007, p. A15.

員檢查。1958 年 2 月 3 日荷蘭、比利時與盧森堡等三國進一步簽署「比荷盧經濟聯盟條約」（Treaty Establishing the Benelux Economic Union），積極推展該聯盟境內之人員、商品、勞務與資金自由流通。「比荷盧經濟聯盟條約」於 1960 年 11 月 1 日生效，該條約第 1 條規定：本條約之目標在於促進四大自由流通；第 2 條則強調簽約國國民可自由出入其他簽約國領土，簽約國國民在另一簽約國境內可享受與該國國民相同的待遇。⑤「比荷盧經濟聯盟」是一個為經濟目的而設立的國際組織，合作的重點聚焦於內部市場的建立，至於人員自由流通後可能引發的內部安全問題，則並未重視。無庸置疑地，在「比荷盧經濟聯盟條約」中並無警察合作條款，雖然，比荷盧於 1962 年 6 月 27 日通過引渡（Extradition）與刑事互助條款，明白規定一些警察合作措施，但事實上，這些措施幾乎很少付諸實行。

在組織犯罪與恐怖主義日益猖狂的趨勢下，比荷盧三國審慎檢討「比荷盧經濟聯盟」的未來發展，最後於 2008 年 6 月 17 日通過「比荷盧經濟聯盟條約」修正案，除將其組織名稱更改為「比荷盧聯盟」（Benelux Union），以擺脫其原本「純經濟合作」的刻版印象外，並於修改條約第 2.2 條將其合作範圍擴大為三大面向：（一）維持經濟聯盟的發展，包括四大自由流通；（二）尋求經濟成長、社會保護與環境保護的永續發展；（三）促進司法與內政事務領域的合作。⑥自此以後，「比荷盧聯盟」乃成為一個橫跨「經濟、社會與內部安全」的多元合作體。荷比盧三國常自詡為「歐洲實驗室」（A Laboratory for Europe）⑦，在其迷你的人口與領土範圍內所推行之四大自由流通、

---

⑤ 例如：1. 遷徙、旅居、定居之自由；2. 開業或求職的自由，包括提供勞務的自由；3. 資金交易的自由；4. 平等的受雇待遇；5. 同等的社會福利津貼；6. 稅務與公民權的行使；7. 人身、個人權利與利益的法律與司法保護。請參見「比荷盧經濟聯盟條約」第 2.2 條。Available from: http://www.benelux.be/en/rgm/rgm_vdg_deel1.asp. (Accessed 06.04.2010)

⑥ 有關 2008 年 6 月 17 日「比荷盧經濟聯盟條約」的修改內容請參見「比荷盧聯盟」官網：http://www.benelux.be/en/bnl/act_nieuwVerdrag.asp. (Accessed 06.04. 2010)

⑦ New Benelux Treaty, available from: http://www.benelux.be/en/bnl/act_nieuwVerdrag.asp. (Accessed 06.04.2010)

邊境安全管制、警察與司法合作等經驗，對歐盟深具學習與參考的價值。無怪乎，根森（Roland Genson）一再強調：「比荷盧經濟聯盟」為申根合作奠定了良好的基礎；而德國與法國亦一致認為比荷盧的合作模式對羅馬條約推行人員自由流通而言，是一個值得學習的模範。⑧

　　隨著歐洲單一市場（European Single Market）的推展，歐盟會員國在廢除商品、勞務與資金障礙皆有長足進展，但在人員自由流通上，除了勞工流通外，仍進展有限。因此，歐盟內部開始討論有關人民自由遷徙的議題。當時，德國、法國、荷蘭、比利時與盧森堡等五國，對於歐盟內部推動廢除人員邊境管制的緩慢速度感到失望，乃於 1985 年 6 月 14 日在盧森堡申根城（Schengen）簽訂「申根協定」，就性質而言，申根協定是一個歐盟體制外的合作機制。⑨該協定主要目的為：廢除內部邊境管制，讓會員國人民能自由流通。然其內容除了一些促進跨邊境合作的措施外，僅包括些許逐步廢除邊境管制的建議，而這些建議並不具法律約束力，換句話說，申根協定簽約國並無履行協定的義務，而且也不需要將申根協定的規定轉為國內法。很明顯地，申根協定是一個鬆散的法律架構，其規範的內容極為簡略，因此，難以發揮統整五國人員自由流通與廢除邊境管制的功效。有鑑於此，德、法、荷、比、盧等五個申根協定簽約國乃於五年後（即 1990 年 6 月 19 日），重新簽署一項具有約束力的「申根協定執行公約」，以作為實行申根協定的法律基礎。⑩

## 二、申根協定與申根協定執行公約的內容與比較

　　申根協定共有三十三條條文，其主要內容如下（請參見＜表 11-1＞）：（一）廢除邊境人員管制（第 1 條）：申根協定的主要目的之

---

⑧ Roland Genson: The Schengen Agreements-Police Cooperation and Security Aspects, in: Hume Papers on Public Policy, 1998, Vol. 6, Issue 1/2, p. 133.

⑨ European Union-Background to Schengen Agreement, BBC NEWS, 28.11.1997. Avail-able from: http://news.bbc.co.uk/1/hi/special_report/1997/schengen/13508.stm. (Accessed 05.06.2007)

⑩ Roland Genson, op. cit., pp. 133-134.

一在於促進歐盟居民的自由流通，而廢除陸上、機場和港口的管制是達成這項目標的措施之一；然而如何在創造一個讓人民能夠自由活動的空間時，亦能保護會員國內部安全，是申根協定的首要目標⑪；（二）加強警察合作（第 9 條）：申根會員國為有效保障內部安全，乃強調各國警察機關的合作，其合作重點包括：1. 建立申根資訊系統、電腦資料中心與會員國間的聯合緝捕系統；2. 加強申根會員國內圍邊境合作，允許會員國的邊境警察越界執行巡邏與追緝任務；3. 聯合打擊跨國的毒品犯罪行為；4. 建立犯罪引渡辦法與法院互助措施；5. 制訂統一的武器管制辦法⑫，並且協調各國簽證政策，以因應共同邊境檢查寬鬆之後，在移民與安全領域中可能出現的不利影響。（第 7 條）

　　申根協定亦規劃未來申根合作的長期目標：首先，申根會員國應相互協調人員管制法規，並採取適當的配套措施（Compensatory Measures），以共同維護歐盟內部安全（第 17 條）；其次，申根會員國應開啟警察合作、司法互助與打擊犯罪的討論，其重點在於檢視執行國際司法互助與引渡協定時可能產生的困難，以尋求最適當的解決辦法促進會員國在這些領域的合作（第 18 條）；最後，申根會員國應協調毒品、軍火、爆裂物與旅館住宿客登記的相關法規，以有效打擊犯罪（第 19 條）。準以此觀，申根協定一方面積極促進申根區域人員自由流通，但一方面亦強調應嚴格執行必要的檢查與管制以維護歐盟內部安全。⑬

　　基本上，申根協定是一份綱領協定，而「申根協定執行公約」則是一份施行細則協定，後者補充與執行前者的條約內容。「申根協定

---

⑪ 張福昌：《邁向「歐洲聯盟」之路》，臺北：三民書局，2002 年 1 月，頁 196。
⑫ 同上註。上述這些申根協定下的警察合作可說是繼 1975 年特利維集團（TREVI）之後，歐洲警察合作上的一大進展，但是申根協定的警察合作條款仍僅屬原則性的規範。除此之外，申根協定的主要目標尚在於促進申根會員國廢除交通運輸的管制（第 13 條）。
⑬ Facts about SIS. Available from: http://www.goteborg.com/25939.epibrw. (Accessed 31.12.2008)

執行公約」全名為「1985年6月14日申根協定執行公約」（Convention Implementing the Schengen Agreement of 14 June 1985），共有一百四十二條條文，其內容遠比申根協定詳細與充實，可分為四個主要部分，說明如下：（請參見＜表11-1 ＞）

### ＜表 11-1 ＞申根協定與申根協定執行公約比較表

| 法規 | 申根協定 | 申根協定執行公約 |
|---|---|---|
| 簽訂日期 | 1985.06.14 | 1990.06.19（1995.03.26 生效） |
| 條文數 | 33 條 | 142 條 |
| 重要內容 | 短程目標：<br>・廢除邊境人員管制（第1條）<br>・協調各國簽證政策（第7條）<br>・加強警察合作（第9條）<br>・協調共同邊境交通（第 13 條）<br>長程目標：<br>・協調各國人員管制法規與採取配套措施以維護內部安全（第 17 條）<br>・開啟有關警察合作、司法互助與打擊犯罪的討論（第 18 條）<br>・協調有關毒品、軍火彈藥與旅館住宿登記等相關法規。（第 19 條） | ・廢除內部邊境管制與協調外圍邊境管制（第2～8條）<br>・制訂共同簽證政策（第 9～18 條）<br>・制訂警察合作辦法（第 39～47 條）<br>・促進刑事互助（第48～53條）<br>・制訂引渡辦法與法院互助措施（第59～69條）<br>・打擊毒品犯罪（第70-76條）<br>・統一軍火彈藥管制（第 77～91 條）<br>・建立申根資訊系統（第 92～119 條）<br>・制訂個人資料保護法（第 126～130 條）<br>・設立申根執行委員會（第 131～133 條） |

資料來源：作者自製。

## （一）協調外圍邊境管制

　　「申根協定執行公約」規定：「申根會員國廢除內部邊境管制，惟會員國基於公共秩序與國家安全之考量，可隨時重啟邊境管制。」（第2條第2款），而「外圍邊境檢查應根據統一原則、不踰越國內法的範疇及維護簽約國的利益，由簽約國相關機關執行檢查。」（第 6

條第 1 款）這裡所謂的「統一原則」是指⑭：1.入境時，除應針對旅客文件、入境條件、入境住所、工作地點與出境時間進行檢查外，亦應調查該入境人員是否對簽約國之國家安全與公共秩序造成威脅；跨境車輛與物品亦應根據簽約國之國內法進行檢查；2.所有入境申根區域之外國人應至少接受一次上述檢查；3.出境時，簽約國權責機關應對擬出境之外國旅客進行隨身物品檢查與安全調查，以保障所有簽約國之安全利益。除此之外，所有外圍邊境安全管理機關亦應編制機動單位，於正常邊境檢查時間之外，執行額外的檢查任務，藉此以防止非法份子蓄意規避檢查的行為。⑮從上述規定可以得知，申根會員國相當重視外圍邊境安全檢查，從個人資料的核對到警察與司法資料的調查，時間與人力的投資比以往更加龐大，這確實反映了「所有申根內部安全的保障當從外圍邊境檢查開始」的戰略思維。

## （二）制訂共同簽證政策

「申根協定執行公約」將非申根會員國的第三國國民定義為外國人（Alien）。第5條第1款第c項規定：外國人在入境時，除了需出示旅遊文件與簽證外，亦應在被要求的情況下，出示足夠證明其進入申根國家的目的與理由。當所提供之理由未符合某申根國家的要求時，得拒絕該外國人進入申根區域。惟在基於人道、國家利益或國際義務的特殊考量下，申根會員國得破例准許該外國人進入申根區域。

「申根協定執行公約」第 9～18 條規範了申根區域的共同簽證政策，將簽證分為短期簽證（Short Stay Visa）與長期簽證（Long Stay Visa）兩大類。短期簽證可停留三個月，長期簽證則可停留三個月以上。外國人只要申請到某申根會員國的簽證許可時，即可在簽證期限內進出所有申根會員國。⑯實務上，申根會員國核發短期簽證的規定

---

⑭ 「申根協定執行公約」第 6 條第 2 款。

⑮ 請參見：⑴「申根協定執行公約」第 6 條第 3 款；⑵ Stefano Bertozzi: Schengen: Achievements and Challenges in Managing an Area Encompassing 3.6 million km², CEPS Working Document, No. 284, February 2008, p. 4.

不一，因此，歐盟乃制訂「共同體簽證法規」（Community Visa Code）、第三國名單（List of Third Countries）⑰與統一的簽證申請格式（Uniform Format for Visas）⑱等三項「規則」（Regulation）以調和各會員國短期簽證的規定，並統一各國駐外領事館的簽證作業，藉此以促進合法旅遊（Legal Travel）、吸引觀光客與有效打擊非法移民。2009年7月13日歐盟通過「建立共同體簽證法規規則」（Regulation on Establishing a Community Code on Visas）⑲，並於2010年4月5日適用於所有歐盟會員國的領事館，使歐盟共同簽證政策更加落實。

　　「共同體簽證法規」詳細規範核發「短期簽證」與「過境簽證」（Transit Visa）的程序與條件。「短期簽證」意指：六個月內於申根區域內停留未超過九十天，該簽證的發佈應依照「共同體簽證法規」的規定；而超過九十天以上的「長期簽證」仍由會員國負責發佈，屬於會員國權限。至於「過境簽證」乃指：第三國國民在申根境內有轉機之必要時，必須申請「過境簽證」。目前，除了英國與愛爾蘭不適用共同簽證政策外，保加利亞、羅馬尼亞與列支敦斯敦在完全加入申根區域後即採行「共同體簽證法規」，其他歐盟會員國以及冰島、挪威與瑞士等非歐盟會員國皆已採行共同簽證政策。在2008年，申根會員國就總共發佈1,000多萬份簽證，以德國最多（1,776,740），法國居次（1,738,447）；而冰島（1,196）與盧森堡（5,627）則是最少的兩個國家。⑳

---

⑯ House of Lords Select Committee on the European Communities, Incorporating the Schengen Acquis into the European Union, 31st Report, Session 1997-98, 28 July 1998, paragraph 21.

⑰ 第三國名單（List of Third Countries）是指需要申請申根簽證才能入境申根區域的國家名單。參參見：Council Regulation (EC) No 539/2001 of 15 March 2001 Listing the Third Countries whose Nationals must be in Possession of Visas when Crossing the External Borders and those whose Nationals are Exempt from that Requirement, OJ L 81, 21.03.2001, pp. 1-7.

⑱ Council Regulation No. 1683/95 of 29 May 1995 laying down a Uniform Format for Visas, OJ L 164, 14.07.1995, pp. 1-4.

⑲ Regulation (EC) No 810/2009 of the European Parliament and of the Council of 13 July 2009 Establishing a Community Code on Visas, OJ L 243, 15.09.2009, pp. 1-58.

申請人申根簽證提出申請後，相關機關應將申請文件分類後，在「簽證資訊系統」（Visa Information System; VIS）中建立申請檔案，接著審核申請者是否符合申根邊境法規（Schengen Borders Code）的入境條件。簽證申請被拒絕的理由通常有以下幾種：1. 申請者出示錯誤的旅遊文件；2. 預計停留的條件與目的不相符；3. 無法提出旅遊期間維持生計之充足財力證明，或未出示回程機票；4. 在最近六個月內已在申根區域停留超過三個月；5. 申請者被列在申根資訊系統中拒絕入境的名單；6. 申請者被認定將會對某會員國的公共政策、內部安全或公共健康造成威脅；7. 未附上旅遊醫療保險證明；8. 所附之補充文件㉑的來源與可靠性受到質疑。

## （三）制訂警察合作辦法

申根協定廢除共同邊境管制後，便利了人員與商品的流通，但亦同時賦予犯罪組織更寬廣的活動空間。悉知，罪犯在申根區域內可從某國流竄到另一國，使申根區域儼然成為一個無疆界的犯罪市場，其內部安全受到很大的挑戰。然而，在這種情況下，申根各國警察與司法系統卻各不相同，使申根國家合作打擊犯罪的成本與難度增加。劉為軍在其專文「論申根協定體系與歐盟警務合作」中強調：「申根締約國擁有眾多獨立的警察部隊、警務轄區以及風格迥異的司法警務傳統〔…〕當需要對跨國犯罪進行偵查和起訴時，執法部門無論在法律上還是實踐上都面臨著許多困難〔…〕如果各締約國不能解決管轄區域分立與罪犯及犯罪嫌疑人自由流動之間的結構性矛盾，那麼各國的治安和安全狀況將進一步惡化。」㉒上述嚴峻的安全議題，深受申根

---

㉑ The EU Visa Code will apply from 5 April 2010, 30.03.2010. Available from: http://europa.eu/rapid/pressReleasesAction.do? reference=MEMO/10/111&type=HTML. (Accessed 21.08.2010)

㉑ 補充文件包括：回程或來回機票的訂位證明、住宿地點證明、資金支助來源與依親證明等。

㉒ 劉為軍：〈論申根協定體系與歐盟警務合作〉，刊載於：《法學雜誌》，第 27 卷，第 6 期，2006 年，頁 124。

簽約國的重視。因此，在「申根協定執行公約」中，簽約國即通過了「警察合作條款」㉓，並確立了以下六項警察合作辦法㉔：

1.締約國應確保其警察機關能遵照國內法與在其權責範圍內，就預防和調查刑事罪犯相互協助（第39條）；2.跨邊境監察（Cross-Border Surveillance）的規定：任何申根會員國警察欲對某人進行跨界監察時，應取得地主國的事先授權㉕，且在跨境監察行動結束前應告知地主國。如果地主國在五個小時後不同意跨境監察，並要求終止監察行動，跨境執行監察行動之警察應立即停止監察行動。另外，跨境之警察必須受到地主國國內法的約束，必須出示警察證件以證明其身分，然亦可攜帶執法武器。但這些跨境警察無權進行逮捕，並且必須在監察行動結束後向地主國報告（第 40 條）；3.跨邊境緊急追捕嫌犯（Hot Pursuit）的合作：當情況緊急時，申根會員國警察不須取得地主國的授權就可跨境緊急追捕犯罪嫌疑犯，因為等待地主國的同意緩不濟急，而且地主國警察亦無法立即接手追捕行動。跨境緊急追捕嫌疑犯的範圍僅限於陸上邊境。執行跨境追捕行動的警察可配戴槍枝，但僅限於自我防衛之用。跨境追捕行動結束後，執行跨境追捕之會員國應向地主國報告追捕結果（第 41 條）；4.有關稅務與其他金融犯罪的司法互助無須經由外交管道，而可由申根會員國司法機關直接執行。（第 59 條）；5.有關麻醉藥物與軍火管制之合作，唯有經申根會員國官方許可之管制物品才能在申根會員國內流通，（第 70～91 條）；6.

㉓ 有關「警察合作條款」的詳細內容請參見：「申根協定執行公約」第 39～47 條。

㉔ Anaïs Faure Atger: The Abolition of Internal Border Checks in an Enlarged Schengen Area: Freedom of Movement or a Scattered Web of Security Checks, Challenge Papers, Research Paper No. 8, 20 March 2008, pp. 12-13.

㉕ 當某人涉及的犯罪行為係下列幾種罪刑時，則無需事先取得授權：謀殺、過失殺人、強暴、縱火、製造偽鈔、罪刑重大之搶劫與竊盜、勒索、綁架、人口走私、非法毒品走私、違反武器與槍砲彈藥法、蓄意放置炸彈導致傷亡以及走私有毒廢棄物等；或當犯罪行為處於非常緊急的情況下，亦不須取得地主國的事先授權。

申根會員國警察機關間應互相協助與直接交換資訊並派遣聯絡官，以活絡警察機關間的合作。㉖

## （四）其他合作措施

「申根協定執行公約」中亦規範了個人資訊的保護，特別是關於外圍邊境管制與監察、外國人違反國內法的入出境事務、庇護事務、警察機關間的互助與合作、刑事案件的互助與武器持有與買賣等（第126～130 條）。此外，資料保護法亦適用於申根資訊系統中的個人資料。「申根協定執行公約」規定：所有申根會員國的國內法應至少與1981 年「歐洲理事會個人資料保護公約」（Council of Europe Convention for the Protection of Individuals with regard to Automatic Processing of Personal Data）㉗ 的規定相同。申根會員國自申根資訊系統取得之資訊只得用於「申根協定執行公約」所規定的目的，若有必要使用於其他目的時，須經提供資訊國的同意。除此之外，申根會員國亦應保證所提供之資訊正確無誤，當發佈錯誤資訊時，發佈國應立即告知接受國，後者應修改或銷毀該錯誤資訊；如果接受國由於錯誤的資訊而造成損失，發佈錯誤資訊的會員國應負賠償責任。

根據上述內容與分析，我們可以發現申根協定與「申根協定執行公約」有以下幾點差別：首先，「申根協定執行公約」是申根協定的延續，兩者皆旨在促進人員自由流通。然而，申根協定是歐洲國家初次嘗試共同管理人員流通的文件，其內容傾向於綱領式的規範；而

---

㉖ Available from: http://ec.europa.eu/justice_home/fsj/police/schengen/fsj_police_schengen_en.htm. (Accessed 03.01.2009)

㉗ 有鑑於跨境個人資料自動處理的潮流日益增多，為了要保護個人，尊重其權利與基本自由，特別是尊重隱私權的部分，無論其國籍或居住地為何，歐洲理事會（Council of Europe）會員國於 1981 年 1 月 28 日在史特拉斯堡簽署「個人資料保護公約」，此公約開放給任何國家簽署，包括非歐洲理事會的會員國。此公約亦是個人資料保護領域中第一份具有法律約束力的國際公約，共有四十五個國家簽署此公約，但批准成為國內法的只有四十二個國家。Available from: http://conventions.coe.int/Treaty/Commun/ChercheSig.asp? NT=108&CM=1&DF=&CL=ENG. (Accessed 18.08.2010)

「申根協定執行公約」則是申根協定的進階版,強調如何執行與達成申根協定的目標,因此,其內容皆是有關各領域的施行細則,就條文數而言,「申根協定執行公約」的條文數約為申根協定的 4 倍之多;其次,「申根協定執行公約」將會員國合作的領域予以擴大,因申根區域廢除內部邊境管制,引發助長組織犯罪、非法毒品走私、非法移民與恐怖主義等問題,因此會員國乃制訂配套措施以加強安全管制。而申根協定中所提及之配套措施,都在「申根協定執行公約」中強化與具體化,例如:詳細規劃警察合作內容,將之區分為跨境監察與跨境追捕;將手段、方式與實行細則都明定於「申根協定執行公約」之中;「申根協定執行公約」的配套措施亦增加引渡辦法與法院互助措施、軍火彈藥管制統一細則、個人資料保護法與建立申根資訊系統等;最後,「申根協定執行公約」亦將申根合作機構化,設立一個「申根執行委員會」(Schengen Executive Committee),該委員會的職責在於保障公約內容確實被履行,其成員由各簽約國指派一名負責相關政策的部長所組成,且輪流在各簽約國內舉行會議。「申根執行委員會」的決策方式採一致決,委員會底下設立由簽約國政府代表所組成的工作小組,負責籌備「申根執行委員會」會議。

## 三、申根區域的擴大

申根區域歷經八次擴大,每次擴大都使地理範圍增加、外部邊境延伸或造成外圍疆界與非歐盟國家相連接,而帶來不同面向的問題與挑戰。茲將申根擴大的進程與面臨的問題概述如後。(請參見<表11-2>)

1990 年「申根協定執行公約」簽訂後,即對其他歐盟國家產生吸磁效果,各國紛紛提出加入申根的申請。1990～1995 年短短五年內,義大利於 1990 年 11 月加入、西班牙(1991)、葡萄牙(1991)、希臘(1992)與奧地利(1995)等5個歐盟國家加入申根區域,是為申根第一至四次擴大,申根會員國因此增為 10 國,面積擴大為 2,073,900 平方公里,為申根創始會員國的 2 倍之多。由於地理上與東歐國家相鄰,奧地利成為進入東歐的第一陣線;希臘與申根區域之間更隔著許多政

## ＜表 11-2 ＞申根區域的擴大進程

| | 國家 | 加入申根區域日期 | 廢除內部邊境管制日期 | 會員國國土面積（km²） | 申根區域總面積（km²） |
|---|---|---|---|---|---|
| 創始會員國 | 比利時 | 1985.04.28 | 1995.03.26 | 30,300 | 967,700 |
| | 盧森堡 | 1985.04.28 | 1995.03.26 | 2,600 | |
| | 荷蘭 | 1985.04.28 | 1995.03.26 | 33,800 | |
| | 德國 | 1985.04.28 | 1995.03.26 | 357,000 | |
| | 法國 | 1985.04.28 | 1995.03.26 | 544,000 | |
| 第一次擴大 | 義大利 | 1990.11.27 | 1997.10.26 | 295,100 | 1,262,800 |
| 第二次擴大 | 西班牙 | 1991.06.25 | 1995.03.26 | 506,000 | 1,860,700 |
| | 葡萄牙 | 1991.06.25 | 1995.03.26 | 91,900 | |
| 第三次擴大 | 希臘 | 1992.11.06 | 2000.03.26 | 130,700 | 1,991,400 |
| 第四次擴大 | 奧地利 | 1995.04.28 | 1997.12.01 | 82,500 | 2,073,900 |
| 第五次擴大 | 丹麥 | 1996.12.19 | 2001.03.25 | 43,100 | 3,258,600 |
| | 芬蘭 | 1996.12.19 | 2001.03.25 | 304,500 | |
| | 瑞典 | 1996.12.19 | 2001.03.25 | 410,300 | |
| | 挪威 | 1996.12.19 | 2001.03.25 | 323,800 | |
| | 冰島 | 1996.12.19 | 2001.03.25 | 103,000 | |
| 第六次擴大 | 愛沙尼亞 | 2004.05.01 | 2007.12.21*<br>2008.03.30** | 43,400 | 3,979,400 |
| | 立陶宛 | 2004.05.01 | 2007.12.21*<br>2008.03.30** | 62,700 | |
| | 拉脫維亞 | 2004.05.01 | 2007.12.21*<br>2008.03.30** | 62,300 | |
| | 匈牙利 | 2004.05.01 | 2007.12.21*<br>2008.03.30** | 93,000 | |
| | 馬爾他 | 2004.05.01 | 2007.12.21*<br>2008.03.30** | 300 | |
| | 波蘭 | 2004.05.01 | 2007.12.21*<br>2008.03.30** | 312,700 | |
| | 斯洛維尼亞 | 2004.05.01 | 2007.12.21*<br>2008.03.30** | 20,100 | |
| | 斯洛伐克 | 2004.05.01 | 2007.12.21*<br>2008.03.30** | 49,000 | |
| | 捷克 | 2004.05.01 | 2007.12.21*<br>2008.03.30** | 77,300 | |
| 第七次擴大 | 瑞士 | 2004.12.26 | 2008.12.12*<br>2009.03.29** | 41,200 | 4,020,600 |
| 第八次擴大 | 保加利亞 | 2007.01.01 | 2011.03.27*** | 111,000 | 4,361,760 |
| | 羅馬尼亞 | 2007.01.01 | 2011.03.27*** | 230,000 | |
| | 列支登斯敦 | 2008.02.28 | 2010 下半年*** | 160 | |

* 　廢除陸海邊境管制
** 　廢除空航邊境管制
*** 預計廢除內部邊境管制

資料來源：作者自製，資料參考自：(1) Eurostat: Fakten und Zahlen-über Europa und die Europäer; (2) http://europa.eu/pol/ext/index_en.htm. (Accessed 24.01.2009); (3) http://www. liechtenstein.li/en/fl- portal-aktuell? newsid=16565. (Accessed 18.08.2010)

治、經濟不穩定的西巴爾幹半島國家，由於與申根區域無直接接壤，希臘成為孤立的外圍邊境，安全挑戰更形複雜。

1996 年是申根的豐收年，北歐護照聯盟（Nordic Union of Passports）五會員國於 1996 年 12 月 19 日宣佈集體加入申根區域，使申根區域擴大為 3,258,600 平方公里。此次擴大最大的特色為芬蘭與俄羅斯長達 1,350 公里的邊境成為申根區域最長的外圍邊境，其安全上的重要性不言可喻。根據 1996 年 12 月 19 日 13 個歐盟會員國與挪威與冰島之間的合作協定（Cooperation Agreement），挪威與冰島在申根決策過程中並無投票權，然可自行決定接受申根執行委員會的決定，參與所有申根活動。[28] 1999 年 5 月 18 日挪威與冰島和歐盟簽署一項拓展雙邊聯繫關係的協定[29]，使挪威及冰島與申根會員國的關係更加緊密。

由於申根既存法規於 1999 年併入歐盟法中，因此，2004 年 10 個中東歐國家在加入歐盟時，即受申根既存法規的約束，但某些特定條款須等新會員國廢除邊境管制之後才可實行。愛沙尼亞、拉脫維亞、立陶宛、波蘭、匈牙利、捷克、斯洛伐克、斯洛維尼亞與馬爾他等九個新歐盟會員國於 2004 年 5 月 1 日即宣佈加入申根區域，是為申根第六次擴大，總申根區域面積擴大為 3,979,400 平方公里，這次擴大的特色有三：第一、這次擴大屬於「第二波集體加盟申根運動」，其擴大的規模（就加入國數目而言）為史上第一，共有 9 國加入；第二、第六次擴大使歐盟外圍邊境再向東移，直接與俄羅斯、白俄羅斯與烏克蘭等「獨立國協國家」（Commonwealth of Independent States; CIS）接壤；匈牙利南部與東南歐國家相連，地理上幾乎排成一縱線的新會員國成為歐盟東部最前線邊境；第三、毗鄰北非的地中海國家馬爾他加入申根後，成為歐盟防止非洲難民非法進入申根區域之外圍邊境安全

---

[28] Julian Schutte: The Incorporation of the Schengen Acquis in the European Union, in: Hume Papers on Public Policy, Vol. 6, Issue 1-2, 1998, pp. 130-131.

[29] On certain Arrangements for the Application of the Agreement Concluded by the Council of the European Union and the Republic of Iceland and the Kingdom of Norway concerning the Association of those two States with the Implementation, Application and Development of the Schengen Acquis. OJ L 176, 10.07.1999, pp. 31-32.

管理的新重點區域。

　　歐洲執行委員會於 2002 年開始與瑞士進行加入申根的談判，2004年 10 月 16 日歐盟與瑞士簽署申根聯繫協定（Schengen Association Agreement），2005 年瑞士公投贊成加入申根區域，2008 年 12 月 12 日廢除陸上邊境管制，並實行申根簽證，此為申根第七次擴大，使申根區域總面積達到 4,020,600 平方公里，約為申根創始五國總面積的 4.2倍。2007 年 1 月 1 日羅馬尼亞與保加利亞加入歐盟時，亦同時接受申根既存法規，但目前兩國仍未完全適用申根既存法規，與申根會員國依然維持內部邊境管制，預計於 2011 年 3 月 27 日可全面廢除邊境管制，羅馬尼亞與保加利亞加入申根後，使得申根區域直接挺進黑海，外部邊境亦變得更為複雜。

　　列支登斯敦雖於 2008 年 2 月 28 日與歐盟簽署申根聯繫協定，並原訂於 2009 年 11 月 1 日加入申根區域，然因瑞典與德國指出，列支登斯敦在打擊歐盟公民逃稅方面的努力不足，因此杯葛該國加入申根，預計 2010 年下半年方可望加入申根區域。在列支登斯敦加入申根區域之前，其與瑞士的邊境理論上被視為是外圍邊境，應維持邊境管制。然而，列支登斯敦與瑞士相鄰之邊境自 1923 年起即因兩國間的關稅聯盟條約而開放至今，如今瑞士已加入申根，列支登斯敦政府為不違反兩國關稅聯盟條約與申根既存規範的規定，遂與瑞士政府達成一項過渡辦法，准許列支登斯敦與瑞士的邊境維持開放，但設置攝影機以監視進出人員。[30]除此之外，雖然列支登斯敦並無機場，但擁有一座直升機場，列支登斯敦政府同意僅准許申根國家的飛機起降，以確保申根內部安全。

　　英國與愛爾蘭為兩個尚未加入申根協定的歐盟會員國，兩國並未廢除邊境管制，僅參與部分申根制度下的司法與警察合作。2000 年 5月 29 日歐盟理事會同意英國參與部分申根合作，其中包括與申根資訊

---

[30] Available from: http://www.liechtenstein.li/en/fl-portal-aktuell? newsid=16565. (Accessed 18.08.2010)

系統連線與取得刑事與警察資訊等，但無權取得申根資訊系統中有關移民的資料。而愛爾蘭與申根的合作關係自 2002 年 2 月 28 日起亦大致與英國相同。

# 第二節　申資訊系統的建立、內容與運作

在申根區域持續擴大的情況下，恐怖主義與組織犯罪入侵申根區域的可能性節節升高，因此促成了申根資訊系統的建立。

## 一、申根資訊系統的建立

### （一）申根資訊系統的法律基礎

設立申根資訊系統的法源見諸於「申根協定執行公約」第 92～119 條，這二十八條條文詳細規範了申根資訊系統的設立、運作與使用，以及系統內資訊的保護等，其核心內容如下：第一、申根資訊系統為協助申根會員國交換資訊的資料處理系統，目的在於協助會員國維持公共秩序與公共安全（第 93 條）[31]；第二、申根資訊系統中的資訊應分為六類警報（Alert）[32]，以有效辨識個人身分與物品（第 94～100 條）；第三、有權進入申根資訊系統搜尋與取得資料的機關為邊境檢查機關、海關檢查機關與警察機關；而有權取得與搜尋有關被拒絕入境申根區域之第三國國民資訊的機關為核發簽證與居留許可證的機關（第 95 與 101 條）。

---

[31] 根據 1981 年 1 月 28 日「個人資料保護公約」（Convention for the Protection of Individuals with regard to the Automatic Processing of Personal Data）第 6 條第 1 款規定：足以顯示種族、政治傾向或宗教信仰以及有關健康或性生活的個人資料不可輸入申根資訊系統。

[32] 「警報」（Alert）為一組資訊，相關權責機關得以藉此辨識個人身分與物品特徵以採取行動。

## （二）申根資訊系統的誕生

1987 年 9 月 14～15 日申根會員國部長會議中同意建立一個共同電腦資訊系統，以使邊境防衛與警察機關得以分享資訊，是為建立申根資訊系統的濫觴。1985 年歐洲國家簽定申根協定時，並未提及有關資訊分享的概念，但 1990 年申根會員國所簽訂之「申根協定執行公約」則提出了建立申根資訊系統的構想，自 1995 年「申根協定執行公約」生效後，申根會員國開始使用申根資訊系統。

為了因應歐盟擴大與資訊技術的快速發展，以及系統使用者的需求。歐盟理事會（Council of the European Union）授權歐洲執行委員會開發進階功能的新資訊系統，此即所謂的「第二代申根資訊系統」（Schengen Information System II; SIS II）。為此，歐洲執行委員會於 2005 年 5 月提出三項重要措施：其一，關於「第二代申根資訊系統」移民資料規章；其二，有關車輛登記機關取得「第二代申根資訊系統」中贓車資料的規章與第三支柱中有關警察與刑法資料之決定。㉝與申根資訊系統比較，「第二代申根資訊系統」的新立法增加了生物辨識資料的使用，並將「警報」取得權延伸至歐洲司法合作署（European Judicial Cooperation Unit; Eurojust），使其有權力取得有關引渡、失蹤人口、通緝犯與物品的「警報」。在這期間，葡萄牙於 2006 年 12 月提案建立「SIS 綜合系統」（SISone4all）以應付「第二代申根資訊系統」正式啟用前的需求，司法與內政事務歐盟理事會表示支持，這套「SIS 綜合系統」乃於 2007 年 9 月 1 日啟用，由葡萄牙負責管理。㉞

2001 年 12 月 6 日歐盟理事會決定發展「第二代申根資訊系統」，

---

㉝ House of Lords European Union Committee: Schengen Information System II (SIS II), 9th Report of Session 2006-07, London: The Stationery Office Limited, 2 March 2007, p. 16.

㉞ 這套「SIS 綜合系統」（SISone4all）是由葡萄牙移民署（Portuguese Immigration Service; SEF）與葡萄牙軟體公司（Company Critical Software）共同研發，是葡萄牙申根資訊系統中「SIS 國家資料庫」（N-SIS）的翻版。請參見：Council of the European Union: Analysis of the Impact of SISone4ALL on the SIS1+ and SIS II Projects, 14773/06, Brussels, 20 November 2006, p. 6.

並預計於 2006 年 12 月 31 日完成。㉟為了使申根資訊系統對人員的辨識能更為精確，「第二代申根資訊系統」不但增加其資料儲存的內容，更引進生物辨識系統，例如：身體特徵資料、相片、指紋、DNA檔案或視網膜掃描等。㊱早在 1996 年與 1997 年歐盟就發現當時「申根資訊系統」有技術上的侷限性，因原先設計僅供十八個國家使用，但歐盟擴大為必然趨勢，因此會員國之間開始歷時五年的密集討論，以期解決這項問題。

　　「第二代申根資訊系統」原先計劃於 2006 年底完成㊲，但最終延宕主因為 2004 年歐洲執行委員會與「第二代申根資訊系統」得標者發生法律糾紛，第一審法院（Court of First Instance）終止得標者繼續開發「第二代申根資訊系統」的權利，並批評歐洲執行委員會在招標過程中有瑕疵㊳，儘管如此，仍准許歐洲執行委員會繼續執行「第二代申根資訊系統」計劃。

　　歐洲執行委員於 2006 年 6 月提案將「第二代申根資訊系統」延遲至 2007 年 12 月 31 日運作，但僅僅二個月後，歐洲執行委員會再度提出延遲至 2008 年 12 月 31 日的提案。這些延遲運作的提案均獲得歐盟理事會的同意，惟此次延遲的理由並未詳細說明。㊴歐洲執行委員會每半年就會出版一份「第二代申根資訊系統」的進度報告。「第二代申根資訊系統」的主要會址設於史特拉斯堡，第二個會址則位於奧地利聖約翰（Sankt Johann）。

　　以上諸多原因，使「第二代申根資訊系統」不斷延後，根據歐盟理事會內部文件指出，「第二代申根資訊系統」預計於 2013 年第一季

---

㉟ Council Decision of 6 December 2001 on the Development of the Second Generation of the Schengen Information System (SIS), OJ L 328, 13.12.2001, pp. 1-3.

㊱ House of Lords European Union Committee, op. cit., p. 12.

㊲ 2001 年歐盟理事會委託歐洲執行委員會發展「第二代申根資訊系統」，當時歐盟理事會表示將於 2006 年 12 月 31 日開始運作。

㊳ 歐洲執行委員會坦承並未充分監督得標者。

㊴ House of Lords European Union Committee, op. cit., p. 12.

開始正式運作。⑩ 2010 年 1 月 15 日歐盟內政部長於布拉格非正式會議中，即有部分會員國提議放棄該計劃，奧地利內政部長費柯特（Maria Fekter）強烈抨擊⑪：「我們對歐洲執行委員會已不具信心，事實證明『第二代申根資訊系統』的測試結果是失敗的，技術專家對此亦束手無策。」

「第二代申根資訊系統」的開發分為三個階段：1. 系統細節的設計：此階段集中所有必要文件，從技術層面為「第二代申根資訊系統」畫出發展藍圖；2. 系統發展；3. 資料移轉與結合：「SIS 國家資料庫」與新系統連結。其中第三階段又細分為三個程序：第一、「SIS II 中央資料庫」開始運作並從「SIS 中央資料庫」下載資料；第二、會員國透過轉接器與「SIS II 中央資料庫」連結，並依照自己的方式改變國家資料庫的系統，以與「SIS II 中央資料庫」相容；第三、所有會員國同時停止使用轉接器，並與「SIS II 中央資料庫」直接進行連結。

「第二代申根資訊系統」的發展經費係由歐盟預算負擔⑫，但是，「SIS 國家資料庫」的運作費用則由各會員國自行承擔，因「SIS 國家資料庫」的建置係屬各會員國的責任。⑬（請參見＜表 11-3 ＞）

## 二、申根資訊系統的內容

申根資訊系統是一個共同資訊系統，會員國相關機關可以透過資訊交換的方式，取得有關人員與物品資訊。這些資訊特別適用於刑事

---

⑩ Schengen Information System (SIS II) Master Project Plan. Available from: http://www. europarl.europa.eu/oeil/resume.jsp? id=211192&eventId=896122&backToCal ler=NO& language=en. (Accessed 23.08.2010)

⑪ Available from: http://europeanjournal.typepad.com/my_weblog/2009/01/the-eu-is-wasting-millions-of-euros-in-a-system-that-does-not-work.html. (Accessed 21.08.2010)

⑫ 2001 年歐盟開發「第二代申根資訊系統」的經費為 2 千 6 百萬歐元；2007～2012 年為 1 億 1 仟 4 百萬歐元。請參見：House of Lords European Union Committee: Schengen Information System II (SIS II), 9th Report of Session 2006-07, op. cit., p. 15.

⑬ Council Regulation (EC) No 1987/2006 of the European Parliament and of the Council of 20 December 2006 on the Establishment, Operation and use of the Second Generation Schengen Information System (SIS II), OJ L 381, 28.12.2006, p. 9.

## <表 11-3 >申根資訊系統的發展與特色一覽表

| 系統名稱 | 申根資訊系統<br>（SIS） | SIS 綜合系統<br>（SISone4all） | 第二代申根資訊系統<br>（SIS II） |
|---|---|---|---|
| 適用期間 | 1995.03.26～2007.08.31 | 2007.09.01 至 SIS II 正式運作 | 2013 第一季 |
| 搜尋條件 | 字母與數字 | 字母與數字 | 指紋、個人特徵 |
| 特色 | • 維持申根區域內部安全最重要配套措施之一<br>• 交換歐洲逮捕令部份資訊內容<br>• 共同資料庫最多只能容納 18 個會員國<br>• 根據「申根協定執行公約」建立的資訊系統<br>• 防止與偵查對公共秩序與公共安全有威脅的風險<br>• 無評估、成果報告與統計數據<br>• 由法國管理<br>• 會址設於法國史特拉斯堡<br>• 「警報」只能使用於「申根協定執行公約」第 101 與 102 條的規定範圍 | • 適用於過渡期間的共同資料庫<br>• 由葡萄牙主導與管理<br>• 為葡萄牙「SIS 國家資料庫」（N-SIS）的翻版 | • 增加生物辨識資訊<br>• 交換歐洲逮捕令全部資訊內容<br>• 加強資料保護<br>• 出版成果報告與統計報告，改善透明化問題<br>• 過渡時期由法國與奧地利共同管理<br>• 主會址設於法國史特拉斯堡，第二會址位於奧地利聖約翰<br>• 「警報」可使用於「申根協定執行公約」第 101 與 102 條的規定之外的目的，但須經由「警報」發佈國事先授權才可應用於上述目的 |

資料來源：作者自製。

警察與司法合作、外圍邊境人員管制，以及簽證與居留許可的發佈。因此，申根資訊系統是一套維護內部安全的資訊傳播機制。

## （一）申根資訊系統的資訊分類

　　根據「申根協定執行公約」第 94 條規定：申根資訊系統中僅可儲存「申根協定執行公約」第 95～100 條所提及的資料內容，因此，申根資訊系統中可儲存的資料有其限制，資料發佈國必須檢查其所提供

之資料是否符合上述條件與是否符合比例原則。⑭申根資訊系統包括
人員與物品的資訊資料，共分為六類：1.應受引渡之通緝犯資訊，包
括自2004年1月1日起歐洲逮捕令所發出的通緝犯資訊（第95條）；
2.被拒絕入境申根區域的第三國國民（第96條）；3.失蹤人口或應暫
時受警察保護以免受威脅之人員資訊（第97條）；4.證人、刑事被告
人與被判刑人的情報資料（第98條）；5.應受檢查或特定檢查之人員
或車輛的資訊（第99條）；6.被竊、被濫用與遺失物之資訊，例如：
身分文件、車輛、槍枝與鈔票等（第100條）。

「申根資訊系統」中有關人的資訊除了人名、出生日期、出生
地、性別與國籍外，任何身體特徵與該人員是否有武裝或暴力傾向等
資訊亦包括在內，但並非每個人的資料檔案都須包括上述所有項目。⑮
「第二代申根資訊系統」與申根資訊系統之不同在於「第二代申根資
訊系統」中的資料增加生物辨識資料（特別是指紋）、照片，以及
DNA檔案與視網膜掃描等資料。⑯

根據一名「申根資訊系統技術工作小組」（SIS Technology Work-
ing Group）官員亥布列茲（Gerrit Huybreghts）的解釋，1999年之前，
「SIS中央資料庫」每年都會出版一份年度報告，當時申根合作仍在歐
盟體制之外，並且由申根秘書處負責。在申根合作被納入歐盟之後，
申根秘書處隨之被併入歐盟理事會秘書處，並停止出版年度報告，自
此，申根資訊系統就無年度統計數據可供學界參考。直到2005年，歐
洲議會（European Parliament; EP）注意到申根資訊系統之資料數據的
秘密性，以及來自學界對申根資訊系統的許多疑問，當時的歐盟理事

---

⑭ 比例原則是判定民主社會中某項措施或決定之必要性（Necessary）的機制。欲
判定某措施或決定符合比例原則須合乎底下三項要求：(1)措施或決定應盡可能
不損及個人權利與相關自由。越是對個人權利造成實質的傷害，國家就越難證
明該措施或決定的正當性；(2)任何措施都應謹慎地達到原本設定的目的，也就
是殺雞焉用牛刀。任何措施都應盡可能利用最不擾民的方式達成目的；(3)任何
措施不應存在不公平與不理性的內容，並須具有實施的必要性，以達到社會的
需求。

⑮ 「申根協定執行公約」第94條第3項。

⑯ 視網膜掃描尚未立法通過。

會輪值主席乃提議每年繼續出版申根資訊系統年度報告，但不提供各會員國詳細的數據。[47]

就＜表 11-4 ＞而言，總共儲存八類資訊，其中偽鈔、官方文件、軍火、拖曳宿旅車與非歐盟會員國待尋人員等五類資訊的數量呈現遞減的趨勢；而有關身分文件、汽機車與待尋人員等三類資訊的數量則逐漸增加。就中央資料庫登錄的件數總量而言，2005 年共有 13,185,566 件；2006 年 15,003,283 件；2007 年則有 17,615,495 件，每年大約增加兩百萬件。

＜表 11-4 ＞中央資料庫資料數量統計表*

| 項目 | 2005 年（件） | 2006 年（件） | 2007 年（件） |
|---|---|---|---|
| 偽鈔[1] | 347,773 | 252,442 | 241,062 |
| 官方文件[2] | 348,037 | 403,900 | 386,440 |
| 軍火 | 343,946 | 297,021 | 294,490 |
| 身分文件[3] | 9,802,585 | 11,353,906 | 13,752,947 |
| 汽機車[4] | 1,183,191 | 1,469,378 | 1,731,115 |
| 拖曳宿旅車[5] | 3,050 | 3,153 | 3,063 |
| 待尋人員（詳見＜表 11-5 ＞） | 818,673 | 882,627 | 894,776 |
| 非歐盟會員國待尋人員 | 338,311 | 340,856 | 312,052 |
| 總計 | 13,185,566 | 15,003,283 | 17,615,495 |

* 每年 1 月 1 日凌晨 12 點統計當年度中央資料庫收集的資料件數。
1. 偽鈔號碼與製造工廠等資訊；
2. 被偷竊、被侵占或遺失的官方文件；
3. 被偷竊、被盜用或遺失的身分文件，例如：護照、身分證、駕照；
4. 被偷竊、被盜用或遺失的汽機車車牌號碼、所有人等資訊；
5. 被偷竊、被盜用或遺失的拖曳旅宿車車牌號碼、所有人等資訊。
資料來源： House of Lords European Union Committee: Schengen Information System II (SIS II), 9th Report of Session 2006-07, London: The Stationery Office Limited, 2 March 2007, p. 22.

＜表 11-5 ＞為 2005～2007 年申根地區待尋人員統計表，共分為六類，不管是單項的數量，或是總體的數量皆往上成長。這種資訊數量不斷增加的現象，一方面表示申根會員國權責機關將能夠掌握更多、更詳細的資訊，而有助於辦案效率；但另一方面，亦表示著申根區域

---

[47] House of Lords European Union Committee, op. cit., paragraph 62.

內部安全問題的嚴重性，相關權責機關應繼續積極改善之。

<表 11-5 ＞待尋人員統計表

| 項目 | 2005 年（人） | 2006 年（人） | 2007 年（人） |
|---|---|---|---|
| 應被引渡人員<br>（第 95 條） | 15,012 | 15,460 | 16,047 |
| 被拒絕入境第三國國民<br>（第 96 條） | 714,078 | 751,954 | 752,338 |
| 失蹤成年人口<br>（第 97 條） | 19,022 | 19,855 | 21,151 |
| 失蹤未成年人口<br>（第 97 條） | 17,213 | 19,156 | 21,349 |
| 證人、被告或服刑人<br>（第 98 條） | 35,317 | 45,189 | 50,616 |
| 嚴重刑事罪犯<br>（第 99 條第 2 款） | 18,031 | 31,013 | 33,275 |
| 總　　　計 | 818,673 | 882,627 | 894,776 |

資料來源：同＜表 11-4 ＞。

## （二）資料取得與資料保護的規定

「申根協定執行公約」第 101 條規定：只有邊境檢查機關、海關檢查機關與警察機關才能取得全部的申根資訊系統資料；而負責核發簽證或居留許可證的機關則僅能取得部分的申根資訊系統。然而，有鑑於組織犯罪的增加與恐怖主義的威脅，修訂版的「申根協定執行公約」第 101A、101B 與 102A 條規定：歐洲警政署、歐洲司法合作署與登記與核發汽機車牌照的機關可取得申根資訊系統儲存的資料。[48]除此之外，「警報」資料僅能在分類的範疇內使用，在例外情況下只有

---

[48] 請參見：(1) Council Decision 2005/211/JHA of 24 February 2005 Concerning the Intro-duction of Some New Functions for the Schengen Information System, including in the Fight against Terrorism, OJ L 68, 15.03.2005, pp. 44-48; (2) Regulation (EC) No 1160/2005 Of The European Parliament And Of The Council of 6 July 2005 Amending the Convention Implementing the Schengen Agreement of 14 June 1985 on the Gradual Abolition of Checks at Common Borders, as regards Access to the Schengen Information System by the Services in the Member States Responsible for Issuing Registration Certi-ficates for Vehicles, OJ L 191, 22.07.2005, pp. 18-21.

經「警報」發佈國的同意後，才可將其運用在其他範疇中。這是基於所有權原則（Principle of Ownership）所訂定的規則，因為每個申根會員國對其輸入申根資訊系統中的每筆資料擁有所有權。[49]

　　而「第二代申根資訊系統」的資料取得條款規定：除了邊境檢查或警察機關可取得資料外，司法機關亦可取得資料；而負責核發簽證與居留許可證的機構，則可搜尋「第二代申根資訊系統」的移民資料。[50]雖然「第二代申根資訊系統」的法規特別規定：在緊急的情況下，為了避免嚴重危害公共秩序與公共安全的威脅產生、或為了避免嚴重危害國家安全的事件發生、或為了避免重大犯罪事件的發生，「第二代申根資訊系統」的資訊可用於其他用途（例如：偵查過程等）。但實務上，由於申根資訊系統的「警報」僅描述有限的細節，因此，並不適用於偵查目的，而需其他資料庫提供更完整、更可靠的偵查資料。[51]

　　再者，申根會員國所發佈的「警報」不可從「SIS 國家資料庫」中複製到其他資料檔案裡，否則，資訊就可以輕易規避「申根資訊系統」的保護法規，而被濫用。[52]「申根協定執行公約」第 106 條第 1 款規定：只有「警報」發佈國才可修改、補充或刪除其輸入的資料，這正是「所有權原則」的反映。倘非「警報」執行國指出該項資料為錯誤時，即可以建議「警報」發佈國進行修改資料；如果兩國無法達成協議，那麼建議國可請求「申根聯合監督機關」（Schengen Joint Supervisory Authority）進行調查。假使「申根聯合監督機關」提出建議，而兩國對「警報」內容的衝突仍未消除時，「申根協定執行公約」則仍並未詳細規範後續的解決方法。[53]

　　「申根協定執行公約」第 114 條規定：每個申根會員國必須指定

[49] Jos Dumortier: The Protection of Personal Data in the Schengen Convention, International Review of Law, Computers & Technology, Vol. 11, Issue 1, 03.1997, pp. 96-97.

[50] House of Lords European Union Committee, op. cit., paragraph 91.

[51] House of Lords European Union Committee, op. cit., paragraph 93.

[52] 這些保護法規包括：申根資訊系統一直嚴格使用的比例原則、所有權原則（Principle of Ownership）與個人資料保護法等。

[53] Jos Dumortier, op. cit., pp. 97-98.

一個監管機關，負責協調申根資訊系統與國內法的適用問題，並獨立監管「SIS 國家資料庫」。會員國的監管機關如何組織、其權限為何皆須規範在資料保護法中。因此，「SIS 國家資料庫」的監管方式各不相同。然而，「申根協定執行公約」第 115 條規定：「SIS 中央資料庫」的監管由一個「聯合監管機關」（Joint Supervisory Authority）負責，該機關由申根會員國監管機關指派兩名代表組成，決策時每個申根會員國各有一票，其主要權限有三：1. 確保「SIS 中央資料庫」的合法運作；2. 監視申根資訊系統的運用；3. 負責提案解決共同的問題。總之，「聯合監管機關」是一個諮詢與討論的平台，申根會員國代表可對申根資訊系統的運用問題相互協商解決方案。[54]

## 三、申根資訊系統的運作

### （一）申根資訊系統的管理結構

現行之申根資訊系統乃由法國負責管理，至於「第二代申根資訊系統」的管理權問題，雖然歐洲執行委員會自始至今皆表示接管的興趣，但並不受申根會員國的支持。這原因在於：歐洲執行委員會在發展「第二代申根資訊系統」時遭遇許多難解的技術問題，以及「第二代申根資訊系統」正式運作的日期不斷延後，使得申根會員國對歐洲執行委員會喪失信心，皆不認為歐洲執行委員會有能力管理「第二代申根資訊系統」。因此，申根會員國最後決定設立一個「管理局」（Management Authority）來負責管理「第二代申根資訊系統」的運作。在此「管理局」尚未正式運作的過渡期間，系統管理的責任乃由歐洲執行委員會委託法國與奧地利負責，兩國分別負責位於史特拉斯堡的主要會址與位於聖約翰（Sankt Johann）的第二會址。[55]

---

[54] Jos Dumortier, op. cit., p. 100.

[55] 關於「第二代申根資訊系統」未來的管理機構為何，歐盟提出五個可行性建議方案，未來可由歐洲執行委員會、歐洲邊境管理署（Frontex）、歐洲警政署、單一會員國或建立一個新機構來負責管理「第二代申根資訊系統」。House of Lords European Union Committee, op. cit., paragraphs 79-80.

　　對歐盟而言，為「第二代申根資訊系統」安排最適當的管理機構是非常重要的議題。若由一個現存的機構來負責系統運作，可說是最節省時間與成本的辦法。但是，如果由 Frontex 或歐洲警政署這兩個機構來管理，亦未必是最好的選擇，因為，Frontex 目前尚無法取得申根資訊系統的資料；而歐洲警政署已著手建立自己的資訊系統，更何況歐洲警政署只能取得部分的申根資訊系統「警報」，實不可能成為「第二代申根資訊系統」的管理者。除此之外，該二機構並無充足的專家可以管理大規模資訊系統。㊝

　　最後，有關申根資訊系統中所登錄之資料的品質管理，則應由每個申根會員國負責，因為所有關於待尋人員（Wanted Person）或被竊物品之資訊細項皆由申根國家自行輸入，因此，申根國家應為其輸入資料的合法性與正確性負責。

## （二）申根資訊系統的運作

　　申根資訊系統可說是一個資訊儲存的硬體，僅提供儲存與方便使用者讀取資訊的功能，並未具備分析資料的功能。㊞申根會員國透過「SIS 國家資料庫」與位於史特拉斯堡之「SIS 中央資料庫」連結來提供或取得資訊，兩者之間再以「國家資訊補充窗口」（Supplementary Information Request at the National Entry; SIRENE）網路加以聯結。既然申根資訊系統是一個提供資訊的系統，因此資訊的正確性特別重要，為此歐盟設計一套嚴格的管理辦法，亦即以「SIS 國家資料庫」為中心，禁止擅自橫向交換資訊：悉知，每個申根國家中央政府中都設有一個 SIRENE，專門負責在「警報」發佈前與「警報」吻合時交換補充資訊。㊟根據「申根協定執行公約」第 108 條規定：「申根會員國應指定一個國家機構，亦即 SIRENE，來負責『SIS 國家資料庫』的資料彙

---

㊝ House of Lords European Union Committee, op. cit., paragraph 83-84.

㊞ Dennis Broeders: The New Digital Borders of Europe: EU Databases and the Surveillance of Irregular Migrants, in: International Sociology, 22 (1), 2007, p. 80.

㊟ Ibid.

整，且只能透過該機構發佈『警報』。申根會員國之間不能直接相互交換資訊，所有資訊的交換皆須經過『SIS 國家資料庫』。」申根會員國的 SIRENE 為一全天候運作的機構，皆設有人事、管理與技術部門，其負責官員每年集會兩次，以評估其服務品質。SIRENE 使用的通訊頻道由所有會員國共同決定，原則上，各國均採用相同頻道，只有在特殊情況下，才會例外地隨案件的性質變更頻道。⑲

每一個申根會員國的「SIS 國家資料庫」都與「SIS 中央資料庫」保持二十四小時連線。當申根會員國的邊境檢察機關或海關檢查機關或警察機關在「SIS 國家資料庫」中輸入一項「警報」或修改先前的「警報」，這項「警報」經過會員國 SIRENE 的檢查系統，證實其內容符合「申根協定執行公約」的規定且無錯誤後，再傳送至「SIS 中央資料庫」。「SIS 中央資料庫」收到這些新的或修改的「警報」後，即進行再檢查，並增加一些有關「警報」發佈國的資料（例如：發佈國的代碼等）且更新其內部存檔資訊。完成這些程序後，「SIS 中央資料庫」將此項「警報」分送至所有申根會員國的「SIS 國家資料庫」中。如此一來，各申根會員國的最終使用者（例如：地方警察局、機場海關等），即可上線自動取得這項最新的「警報」。⑳（請參見＜圖11-1 ＞）

每個申根國家皆須決定哪些警察機關與移民管制機關有權取得申根資訊系統的「警報」，當會員國權責機關發現登記在申根資訊系統中待尋（Wanted）的人或物時，稱之為「吻合」（Hit）。㉑一旦「吻合」申根資訊系統「警報」時，發現國權責機關與「警報」發佈國權責機關即啟動雙邊聯繫機制。㉒

如果申根會員國警察或海關官員發現「吻合」的情況時，該官員必須執行「警報」發佈國所要求的行動（例如：進行逮捕），並立即

---

⑲ Commission Decision of 22 September 2006 on Amending the Sirene Manual, OJ L 317, 16.11.2006, pp. 8-9.

⑳ Jos Dumortier, op. cit., p. 95.

㉑ House of Lords European Union Committee, op. cit., p. 10.

㉒ House of Lords European Union Committee, op. cit., p. 10.

<図 11-1 >申根資訊系統警報傳遞圖

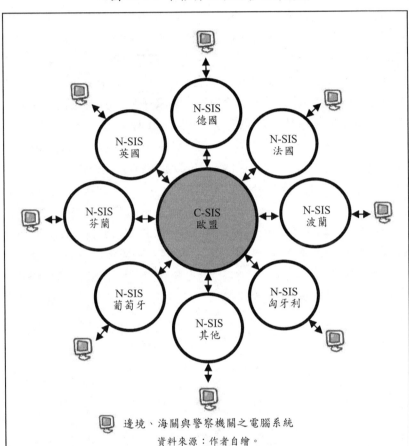

邊境、海關與警察機關之電腦系統

資料來源：作者自繪。

通報該國 SIRENE。SIRENE 在收到通知後，應即聯繫「警報」發佈國。倘若「警報」所要求的處理行動完成後，「警報」發佈國的「SIS國家資料庫」應將此「警報」從「SIS 國家資料庫」中刪除。[63]

---

[63] Jos Dumortier, op. cit., p. 96.

　　為了清楚解釋 SIRENE 在申根資訊系統中的功能，於此將以奧地利 SIRENE 為例來做說明。實務上，當出現警報「吻合」的情況時，SIRENE 辦公室常會收到補充資訊的請求，在這種情況下，SIRENE 官員則得以電子檔並依照統一格式將補充資訊傳遞給該請求機關；假使電子檔所傳送之補充資訊需進一步說明時，SIRENE 官員可透過電話或其他電子訊息說明之。＜圖 11-2 ＞為說明 SIRENE 傳遞訊息的示意圖：首先，當奧地利警察局發現一項「吻合」事件並需進一步補充資訊時，該警察局應向奧地利 SIRENE 請求補充資訊；奧地利 SIRENE 官員則應將該請求知會警報發佈國的 SIRENE；警報發佈國 SIRENE 則將補充資訊提供給奧地利 SIRENE，再由奧地利 SIRENE 將補充資訊傳送給該國警察局。其次，當其他申根會員國警察局發現有關奧地利之「吻合」事件時，該警察局應向該國 SIRENE 請求補充資訊，而該國 SIRENE 官員應即聯絡奧地利 SIRENE；奧地利 SIRENE 官員在接到請求後，應立即將補充資訊傳送給「吻合」發現國之 SIRENE，再由該 SIRENE 官員將資訊傳遞給該國警察局，而完成整個 SIRENE 資訊傳遞流

＜圖 11-2 ＞ SIRENE 資訊傳遞圖

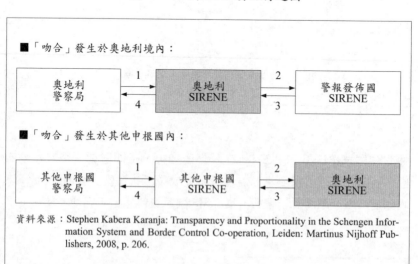

資料來源：Stephen Kabera Karanja: Transparency and Proportionality in the Schengen Information System and Border Control Co-operation, Leiden: Martinus Nijhoff Publishers, 2008, p. 206.

程。一般而言，補充資訊之回應時間依案件而異，不過根據經驗大約僅需十五分鐘即可完成。⑥

## 第三節　申根資訊系統對歐盟內部安全的影響

阿姆斯特丹條約將申根既存法規納入歐盟法之原因有二：首先，申根合作的內容與歐盟人員自由流通的政策相似；其次，申根合作須引入更開放、更民主的決策程序，因申根合作為一鬆散的國際合作協定，缺乏行動的約束性與效率性；將申根合作併入歐盟法中，將能在歐盟架構下達到更豐碩的成果，及獲得應有的監督。⑥換言之，將申根既存法規納入歐盟法後，將強化歐洲機構在申根區域的角色，例如：司法與內政事務歐盟理事會（Council for Justice and Home Affairs）將取代「申根執行委員會」；歐洲執行委員會（European Commission）與歐洲議會在政策制訂過程中將能具有正式的角色；歐盟法院（Court of Justice of the European Union）也可行使某種程度的司法控制權等。

申根資訊系統可說是申根合作的核心，申根會員國設立了「申根資訊系統」，同時設計補充性措施，包括：共同簡化簽證作業⑥、增強警察、海關、司法合作，以對抗恐怖主義、毒品走私、組織犯罪等問題。申根資訊系統亦是一個龐大的資料庫，可供申根會員國使用，各會員國警察、邊境、海關與簽證核發機關得以從申根資訊系統中取

---

⑥ Stephen Kabera Karanja: Transparency and Proportionality in the Schengen Information System and Border Control Co-operation, Leiden: Martinus Nijhoff Publishers, 2008, p. 206.

⑥ House of Lords Select Committee on the European Communities, Incorporating the Schengen Acquis into the European Union, 31st Report, Session 1997-98, 28 July 1998, paragraph 45.

⑥ 簽證法規是一種既簡單又極有效率的措施，用來控制移民、犯罪與安全。簡化簽證作業則是透過減少簽證申請費用、縮短簽證申請時程與減少需附文件等方式以加速核發簽證。申根會員國共同簡化簽證作業代表著申根區域二十五個會員國實為一體，對第三國公民設定一致的簽證條件。例如：2010 年初歐盟與俄羅斯開始討論簡化簽證作業，以利俄國人赴歐旅遊。

得最新的資料，經由會員國的「SIS 國家資料庫」與「SIS 中央資料庫」連結取得資訊。愛沙尼亞自 2007 年 9 月起與申根資訊系統連線，根據統計，連線之後的六個月，共有 36 輛在其他會員國遭竊的汽車在愛沙尼亞被尋獲，3 輛在愛沙尼亞遭竊的汽車在其他會員國尋獲。愛沙尼亞中央刑事警察局將這樣的成果歸功於國家汽車登記局（National Car Registry Office）開始使用申根資訊系統。⑥⑦

　　申根資訊系統對於捷克警察追捕失蹤人口與通緝犯亦發揮莫大助益，自 2007 年 9 月 1 日捷克與申根資訊系統連線後，就尋獲了 292 位通緝犯與 121 位失蹤人口，處理了 750 件贓車或遺失的物品，其中 330 輛贓車資訊均從申根資訊系統中取得。此外，捷克警方透過申根資訊系統所尋得人員約為 2006 年 2 倍之多。直至 2008 年 9 月，捷克連線申根資訊系統一年中，約輸入 29,530 件「警報」至該系統。以上皆證明了申根資訊系統的高度使用率及其成效，各會員國警察局都能掌握充足的資訊，讓具有威脅性的人員無所遁形。除此之外，西班牙警方也逮捕到一個來自東歐國家摩爾多瓦（Moldova）的連續殺人犯與來自奧地利與丹麥的強盜組織幫派。倘無申根資訊系統的資訊交換，這些威脅恐易於這些相互開放邊境的歐盟（申根）國家內到處流竄，嚴重危害歐盟內部安全。⑥⑧

## 一、申根資訊系統與歐盟資料庫之間的互動與合作

　　歐盟體系中現存許多資料庫，例如：申根資訊系統、歐洲警政署資訊系統（Europol Information System）與海關資訊系統（Customs Information System），這些資料庫皆可運用於打擊恐怖主義、組織犯罪與追緝人口走私等目的上。而「第二代申根資訊系統」與「簽證資訊系統」目前正處於準備運作階段。然而，發展新的資訊系統必須清楚

---

⑥⑦ Statistics Suggest Joining Schengen Has Not Raised Crime Level in Estonia, World News Connection, 04.02.2008.

⑥⑧ EU Information System Aids Czech Police in Tracing Missing, Wanted Persons, World News Connection, 29.09.2008.

定義資料庫的發展需求與確保資料庫能達到欲解決的目標。舉例而言，歐洲警政署即曾遭遇因某些會員國不願提供資訊而面臨很大的困難。因此，歐盟內部現存與發展中的資料庫都應確保其存在的必要性與運作層面的有效性，才能真正符合建立資料庫的需求。⑥⑨

隨著電子資料庫儲存量日增，以及以電子方式進行資訊交換日益頻繁，對於使用者而言，確有莫大的便利性，然同時亦代表所有影響大型電腦系統的風險都有可能發生在資料庫上，例如：電腦當機、病毒等。因此，使用於打擊恐怖主義之資料庫必須特別保護，設置健全的救援與修復系統以防資料庫受到破壞極為重要。⑦⑩此外，不同資料庫間的相容性（Interoperability）也是一個重要的議題。歐洲資料庫間必須具有相容性。歐洲執行委員會司法與內政事務總署署長佛爾（Jonathan Faull）將相容性定義為「兩系統間資訊交換以及從各自的系統就能取得對方資訊的能力。」但完成所有執法機構資料庫系統間的相容是一項非常巨大的任務。⑦⑪再者，2005 年 11 月歐洲執行委員會提出一份通報（Communication），內容係關於歐洲眾多資料庫間在司法與內政事務中如何提高資訊交換的效率、相容性與共同合作之可能。這份通報提出的背景與打擊恐怖主義與增進內部安全關係密切。⑦⑫

「簽證資訊系統」是一個儲存短期簽證申請者資訊的資料庫，將透過促進簽證核發程序嘉惠旅客。「簽證資訊系統」可改善共同簽證政策與領事館合作的複雜行政程序，以避免可能威脅內部安全與「簽證採購」（Visa Shopping）⑦⑬的情形發生，並加強打擊詐欺行為，例

⑥⑨ House of Lords Select Committee on the European Union, After Madrid: the EU's Response to Terrorism, 5th Report of Session 2004-05, 08.03.2005, paragraphs 26-27.

⑦⑩ Ibid., paragraph 27.

⑦⑪ Ibid., paragraph 28.

⑦⑫ Communication from the Commission to the Council and the European Parliament- on Improved Effectiveness, Enhanced Interoperability and Synergies among European Databases in the Area of Justice and Home Affairs, COM (2005) 597 final, 24.11.2005, p. 2.

⑦⑬ 當第三國國民（Third-country National）向某申根會員國申請簽證被拒絕後，又嘗試到其一簽證規範標準較鬆的申根會員國申請簽證的行為，稱之為「簽證採購」（Visa Shopping）。

如：利用假冒他人身分申請簽證的犯罪行為、協助身分確認與遣返非
法移民與加速「都柏林第二號規則」（Dublin II Regulation）⑭的申請
等。2005年3月7日歐盟理事會決定賦予負責申根內部安全的相關機關
取得「簽證資訊系統」資料的權限，歐洲執行委員會即著手規劃提
案。該提案即是歐盟理事會於2008年6月23日通過之「有關會員國指
定機關與歐洲警政署因預防、偵查與調查恐怖攻擊與其他重大犯罪攻
擊之目的，得使用簽證資訊系統之決定。」⑮內容詳細規定歐洲警政
署與其他負責內部安全的相關機關取得「簽證資訊系統」資料與運用
資料的程序。至於「歐洲指紋系統」的功能在於提升比對庇護者指紋
的精確度與加速庇護申請的程序，為推行「歐洲庇護系統」（Euro-
pean Asylum System）的重要工具。⑯

　　針對上述「第二代申根資訊系統」、「簽證資訊系統」與「歐洲
指紋系統」有以下幾點批評：（一）整體功能有限：除了「歐洲指紋
系統」已於2003年1月15日正式運作，其他兩套系統皆未完全運作。
「歐洲指紋系統」要求會員國對所有十四歲以上庇護申請者採集指
紋，然「歐洲指紋系統」中所收集的指紋數量卻僅占總移民數的一小
部分，這顯示出會員國之合作程度亟待加強；（二）搜尋條件的限
制：除非資訊內容十分正確，否則利用字母與數字搜尋的方式會出現

---

⑭ 歐盟理事會於2003年2月18日頒佈「343/2003號規則——建立會員國審查第三
　國國民庇護申請之標準與機制」（Council Regulation (EC) No 343/2003 of 18 Feb-
　ruary 2003 Establishing the Criteria and Mechanisms for Determining the Member State
　Responsible for Examining an Asylum Application Lodged in one of the Member States
　by a Third-country National），即所謂的「都柏林第2號規則」（Dublin II Regula-
　tion），取代1990年「都柏林公約」（Dublin Convention）。「都柏林第2號規
　則」刊載於：OJ L 50, 18.02.2003, pp. 1-10.

⑮ Council Decision 2008/633/JHA of 23 June 2008 Concerning Access for Consultation of
　the Visa Information System (VIS) by Designated Authorities of Member States and by
　Europol for the Purposes of the Prevention, Detection and Investigation of Terrorist Of-
　fences and of Other Serious Criminal Offences, OJ L 218, 13.08.2008, pp. 129-136.

⑯ Communication from the Commission to the Council and the European Parliament- on
　Improved Effectiveness, Enhanced Interoperability and Synergies among European Dat-
　abases in the Area of Justice and Home Affairs, COM (2005) 597 final, 24.11.2005, p. 4.

很多錯誤。尤其，當資料庫的規模越大，得到錯誤資訊的可能性就越高；資料庫內儲存的姓名越多，就越難搜尋到正確的人員，也更有可能辨認錯誤。這樣的錯誤必須要透過密集的人力與繁瑣過程來改善，對邊境管制而言極為困難；（三）對人員自由流通的貢獻有限：根據歐洲執行委員會統計，估計約有 20 ％之申根簽證申請者係經常出入且多次重複申請簽證之固定旅客。⑦對該等旅客而言，這些歐洲資料庫並未加速簽證申請的流程。當固定旅客的旅行文件遺失或遭竊後，仍必須依據一套複雜的申請與補辦程序才能取得新的旅遊文件；（四）資訊系統間的連結不夠嚴密：第三國國民的入出境並未受到完整的過濾，雖然「簽證資訊系統」會檢查簽證申請者的簽證申請歷史，但是「簽證資訊系統」無法追蹤人員是否在簽證效期前離開歐盟，或是仍非法留在歐盟境內；而「第二代申根資訊系統」亦無法處理上述情形，這顯示出歐盟資訊系統間尚未能達到功能互補的目標。

　　「歐洲指紋系統」、「簽證資訊系統」與「第二代申根資訊系統」是歐盟自由、安全與司法區域中的大規模資訊系統，歐盟有必要統整此三大資訊系統。「歐洲資料保護聯合監督機構」就建議歐盟在自由、安全與司法區域中建立一個專責機構，負責管理此三大資訊系統的運作。在未來，大規模資訊系統的全天運作應由單一機構來負責，以確保資訊交換的持續性與一致性。除了維持系統運作的任務外，該機構也將負責制訂與資訊系統相關的安全措施、報告、出版成果、監督、組織相關人員的訓練活動。由一個共同機構來連結多項大規模資訊系統，不但能匯集資訊系統更多的能力，更能互享設備與人員。此單一機構的立法草案預計於 2010 年通過，並於 2011 年正式建立，如此將可擔負起管理諸多歐盟大規模資訊系統運作的任務。⑦⑧

---

⑦ Ibid., pp. 5-7.

⑦⑧ Opinion of the European Data Protection Supervisor on the Proposal for a Regulation of the European Parliament and of the Council Establishing an Agency for the Operational Management of Large-Scale IT Systems in the Area of Freedom, Security and Justice, and on the Proposal for a Council Decision Conferring upon the Agency Established by Regulation XX Tasks regarding the Operational Management of SIS II and VIS in Application of Title VI of the EU Treaty, OJ C 70, 19.03.2010, pp. 13-20.

## 二、申根資訊系統在邊境安全管理上的功能

　　申根區域內廢除會員國內部邊境管制後，加強其外圍邊境管制成為維護申根區域內部安全的必要措施。目前，申根區域的外圍陸上邊境綿延 8,836 公里，海岸邊境總長 42,676 公里，要有效管理這些幅員遼闊的外圍邊境，歐盟必須發展一套共同的邊境管理辦法，才能產生效果。[79]其中，設置邊境管制哨就是一個適當的辦法。邊境管制哨的主要任務在於核對所有入境人員是否符合申根會員國的入境條件。第三國國民在入境申根區域時應符合下列的入境條件，其查核要點有五[80]：其一，是否持有合法的旅行文件或核准入境文件；其二，倘若第三國國民持有某申根會員國核發的居住許可證，則該許可證視同申根簽證；其三，具體說明入境申根區域的目的，並證明停留期間有足夠財力能維持生活與返回出發國；其四，非申根資訊系統所公佈之拒絕入境人員；其五，對公共秩序、公共安全、公共健康或任何申根會員國的國際關係不具任何威脅，且在「SIS 國家資料庫」中未被列為待尋人員。

　　在法律面上，歐盟規範邊境巡防之主要法規為「申根邊境法規」（Schengen Border Code），該法則建立一套共同體法則以規範跨邊境人員流通之相關辦法，同時亦取代「申根協定執行公約」的相關條款。外圍邊境管制的細部規範則訂於「申根手冊」（Schengen Handbook）中，會員國邊境巡防應遵照「申根手冊」所規範的要點執行人員管制。其中，邊境巡防人員應搜尋申根資訊系統中人員與物品的資訊，特別是下列幾項相關資訊[81]：（一）根據歐洲逮捕令應被逮捕與解送，或應暫時逮捕以接受解送之通緝犯；（二）被拒絕入境申根會

---

[79] Available from: http://ec.europa.eu/justice_home/fsj/freetravel/rights/fsj_freetravel_rights_en.htm. (Accessed 18.01.2009)

[80] Council of the European Union, Commission Recommendation Establishing a Common "Practical Handbook for Border Guards (Schengen Handbook)" to be used by Member States' Competent Authorities when carrying out the Border Control of Persons, COM (2006) 5186 final, 09.11.2006, pp. 12-13.

[81] Ibid., pp. 20-21.

員國之第三國國民；（三）失蹤人口或為避免威脅而需受警察暫時保護之人員；（四）應受司法制裁之通緝犯；（五）應受特別監督與檢查之人員與物品；（六）遭扣押之物品或被列為犯罪訴訟之證物。

　　當邊境巡防人員發現與申根資訊系統發佈之「警報」資訊相吻合之狀況時，應採取以下行動：第一、通緝犯必須移交給要求引渡或解送之會員國相關機關，並暫時拘留再做進一步決定；第二、被拒絕入境申根會員國之第三國國民應儘速遣返其母國或出發國，在遣返之前，邊境巡防人員應負起暫時監管之責任；第三、經上述所提人員的同意後，方可知會發佈「警報」之會員國；第四、對未成年人員進行特別的監管與保護，並應依據相關機關進一步指示才能採取行動；第五、邊境巡防人員應向上述所提人員與物品取得時間、地點或受檢查理由、旅遊出發地與目的地、隨行人員與所使用交通工具、攜帶物品等資訊。

　　申根資訊系統可說是外圍邊境管制最重要的輔助工具，如果缺少申根資訊系統中的資訊，外圍邊境巡防將無法即時偵查出危害內部安全的人員與物品，這將成為維護內部安全的一大漏洞。申根協定的簽訂對會員國邊境管理產生極大的影響，例如：德國之「聯邦邊境警衛隊」（Bundesgrenzschutz）原是負責邊境巡邏與移民管制的政府機構，但德國所有的鄰國都簽訂了「申根協定執行公約」後，「聯邦邊境警衛隊」似乎就無用武之地。回溯到 1990 年中期，當時「聯邦邊境警衛隊」所扮演的角色被限制在巡邏德國為數不多的國際機場與港口，如今，德國的邊境並未與非申根國家接壤，但是德國政府並未因此而廢除該機構，而是賦予「聯邦邊境警衛隊」新的任務。[82]德國政府為「聯邦邊境警衛隊」建立新的運作領域，將火車幹線、火車站、邦際高速公路與大型公共廣場重新歸類為重要的轉運區域，由「聯邦邊境警衛隊」負責安全管理。此外，「聯邦邊境警衛隊」開始與新夥伴合作，例如：當地警察與私人保全公司，以及在一些特別事件中協助警

---

[82] Markus Euskirchen: From Borderline to Borderland, in: Monthly Review: An Independent Socialist Magazine, Vol. 59, Issue 6, Nov. 2007, p. 44.

察機關，例如：政治集會與足球比賽等。「聯邦邊境警衛隊」內亦特
別籌組一個「聯邦邊境警衛隊第九分隊」（Grenzschutzgruppe 9 der
Bundespolizei; GSG 9），該分隊為反恐菁英特種部隊，負責打擊國際
恐怖活動。最後，「聯邦邊境警衛隊」亦負責收集與分析移民與歐洲
公民的個人資料。儘管考慮到隱私權，但由於歐洲警察機關間跨邊境
的資料分享與合作，個人資料已逐漸地由政府監察與使用。「聯邦邊
境警衛隊」的改革至 2005 年 7 月結束，當時聯邦內政部長徐立（Otto
Schily）將其更名為「聯邦警察局」（Bundespolizei），目前共有四萬
名成員。[83]

　　歐洲國家在參加申根合作之前，皆須調整其國內行政與立法措
施，例如：將邊境巡邏隊轉移至與非歐盟國家的邊境上、對外實行統
一的簽證法規、對第三國國民的入境引進嚴格檢查、以及在國內建立
一套電腦資訊系統以與申根資訊系統作連結等。這些根本上的改變對
於中東歐國家而言影響甚劇，舉例而言，冷戰結束後，波蘭與烏克蘭
以及白俄羅斯的邊境管制較鬆散，眾多兩國人民進入波蘭的傳統市場
（Bazaar）進行買賣，這不但刺激波蘭的區域經濟，也為波蘭提供大
量就業機會。惟自 1997 年底，波蘭政府對來自前蘇聯居民實施嚴格的
入境要求，以符合加入歐盟必須完成的義務。這樣的措施立刻影響到
白俄羅斯與俄羅斯間的人員流通，隨即也影響到波蘭中部與東部的大
型傳統市場的商業活動。根據申根協定的規定，自 2003 年 10 月起，波
蘭對前蘇聯國家的公民實施簽證規定，此舉加深了國際旅遊與商業往
來的障礙。波蘭加強東部邊境的管制預估使得傳統市場的營業額減
半，同時，也使波蘭稅收減少。[84]

　　2007 年底，平均每日從前蘇聯駛往波蘭的交通巴士約僅剩 20 輛，
且現在一輛巴士中通常僅有司機與少數乘客搭乘，這與全盛時期超過

---

[83] Ibid., pp. 44-45.

[84] Roos Pijpers/Martin Van Der Velde: Mobility across Borders: Contextualizing Local Stra-
tegies to Circumvent Visa and Work Permit Requirements, in: International Journal of Ur-
ban and Regional Research, Vol. 31, No. 4, December. 2007, pp. 823-825.

40 輛巴士進入波蘭相比已不可同日而語。儘管大環境的改變劇烈，但這些傳統市集也有應對策略，例如：協助前蘇聯國家公民更便利跨越波蘭邊境，這些策略包括傳統市集引進自有電腦資料庫，裡面儲存老客戶的名單，進而協助這些客戶更快速取得簽證，以繼續雙邊的商業關係。㉟

## 結論

　　申根資訊系統成為歐盟廢除內部邊境檢查後，最重要的安全把關者。㊱申根資訊系統在維持公共安全與外圍邊境管制的處理上扮演重要的協助角色，可以說是歐洲最重要的共同資料庫。鑒於申根協定與「申根協定執行公約」的規範，使得歐盟內部人員得以自由流通，而人員自由流通成為歐盟最成功的政策領域之一。隨著申根區域不斷的擴大，申根外圍邊境隨之延伸至前蘇聯共和國、黑海與地中海區域，使安全問題更形複雜。因此，只有結合集體力量，聯合所有申根會員國，積極推行外圍邊境安全合作，才能有效防堵組織犯罪、非法移民與恐怖份子進入申根區域。為了避免人員自由流通所帶來的安全赤字風險，申根會員國實行諸多配套措施使警察、司法、邊境管制、海關與資訊交換等得以密切合作。隨著資訊技術時代的來臨，申根會員國當然也發展出符合時代的先進資訊系統，一個儲存大規模資訊的資料庫使所有人都成為清晰可讀的資訊，申根資訊系統無疑是上述合作措施與建立歐盟內部安全的重要基石。「SIS 中央資料庫」放射般地與所有申根會員國之 SIRENE 全天候連線，SIRENE 再與會員國的「SIS 國家資料庫」連線。這個網狀的資訊系統功能廣闊，舉凡在移民管制、邊境管制、簽證核發、司法合作與警察合作上都有莫大貢獻。

　　申根資訊系統所提供之資訊對打擊歐盟內部犯罪問題具有絕對的重要性。只有透過大規模資訊系統，收集與更新每個會員國內的人員

---

㉟ Ibid., p. 826.
㊱ Anaïs Faure Atge, op. cit., p. 8.

與物品資訊，才能將具有潛在威脅的人員資訊記錄在資料庫中，使外圍邊境管制人員得以在第一時間對人員進行盤查，過濾具有威脅的人員，並執行「警報」中所建議的行動，如此有效地管理申根區域外圍邊境的人員進出，並將威脅排拒於申根區域之外，則是維持申根內部安全的第一步。即將在 2013 年第一季啟用的「第二代申根資訊系統」增加了生物辨識功能，這將使人員的盤查與管制更加詳細。隨著「第二代申根資訊系統」的功能提升與使用率的增加，預期將使申根內部人員的緝捕、物品的查驗，以及外圍邊境人員的管制效果明顯提升，如此將使申根會員國的內部安全指數向上攀升。

　　儘管申根資訊系統貢獻良多，仍有許多亟待加強之處。申根資訊系統中所儲存的人員資訊，不外乎通緝犯、失蹤人口、司法上的證人、被告與服刑人等，上述人員皆與犯罪案件有關或有前科。惟根據恐怖案件調查顯示，近年許多恐怖事件的主謀幾乎都是無犯罪前科人士或年輕大學生，然而，申根資訊系統所儲存的資訊卻未包括這類人員的資料，因此，相關機關當然無法從申根資訊系統發覺這些具有威脅性的人員，這當然是歐盟反恐行動上的一大挑戰，也使申根資訊系統在事先偵查威脅與維護歐盟內部安全的功能上大打折扣。但不可否認地，申根資訊系統在協助相關機關偵查非法移民、組織犯罪、贓車、毒品走私等方面效果卓越。[87]申根資訊系統雖是歐洲人員安全檢查上重要的資料庫，但「簽證資訊系統」、「歐洲指紋系統」與歐洲警政署資訊系統等資料庫亦不容忽視，這些歐洲資料庫之間最重要的問題就是相容性，以及功能上的重複性。倘使資料庫中的資訊仍須經過轉檔或改變系統才能交換，就效率而言，仍有改善空間。歐盟必須統合不同功能的資料庫，並為各個資料庫設定出明確的目標，以及儲存資訊的項目，尤其須發展出彼此相容的系統，才能真正達到資訊互通有無與暢通無阻的目的。

　　總而言之，隨著電子時代的來臨，申根資訊系統的角色越來越重

---

[87] 第五次擴大的會員國於 2007 年 9 月與申根資訊系統連線後的數個月內即查獲許多贓車，並逮捕為數甚多的通緝犯。

要，但「第二代申根資訊系統」至今尚未完全上路，這將使申根會員國廢除內部共同邊境管制的時程延後，而間接造成申根內部人員自由流通的不便。「申根協定執行公約」可說是在人員自由流通與保護內部安全間所建立的一道橋樑。申根協定與「申根協定執行公約」為兩個政府間協定，於 1999 年以議定書的形式併入阿姆斯特丹條約中。自納入歐盟的架構後，所有過去與未來的申根規定都將成為歐盟法的一部分。因此，對於部分參與申根合作的歐盟會員國（例如：英國與愛爾蘭），以及兩個參與申根的非歐盟會員國（即挪威與冰島），與這些國家的特別協定也規範在申根既存法規中。[88]目前，愛爾蘭與英國兩個歐盟會員國並未廢除與其他申根國家之間的邊境管制，但這兩國擁有參與申根既存法規中有關警察合作與申根資訊系統的權利。然而，冰島與挪威兩個非歐盟會員國則全部同意申根既存法規。[89]申根區域廢除內部邊境管制後，使人員流通更容易，任何一個外國旅客均得憑藉申根簽證在所有申根國家內活動，這直接帶動了歐洲內的旅行、邊境經濟、區域與文化的發展。同時，申根合作旨在透過加強所有會員國的警察機關、外圍邊境管制機關與海關機關之間的合作以保護人民與其財產，這些新形式的合作填補了由於廢除內部邊境所可能帶來的安全赤字（Security Deficit）的風險。[90]

---

[88] House of Lords Select Committee on the European Communities, paragraph 51, 52, 63.

[89] Available from: http://ec.europa.eu/justice_home/fsj/police/schengen/fsj_police_schengen_en.htm. (Accessed 03.01.2009)

[90] Council of EU: Information Sheet-Enlargement of the Schengen Area, Brussels, 8 November 2007, available from: http://www.consilium.europa.eu/ueDocs/cms_Data/docs/pressData/en/jha/97021.pdf. (Accessed 03.01.2009)

# 參考文獻

## 一、官方資料

Authority of the House of Lords: After Madrid: the EU's Response to Terrorism, 5th Report of Select Committee on the European Union, Session 2004-05, 08.03.2005.

Authority of the House of Lords: European Union Databases, 23th Report of Select Committee on the European Union, Session 1998-1999, 09.11.1999.

Authority of the House of Lords: Incorporating the Schengen Acquis into the European Union, 31st Report of Select Committee on the European Communities, Session 1997-98, 28.07.1998.

Authority of the House of Lords: Schengen Information System II (SIS II), 9th Report of the European Union Committee, Session 2006-07, London: The Stationery Office Limited, 02.03.2007.

Commission Decision of 22 September 2006 on Amending the Sirene Manual, OJ L 317, 16.11.2006.

Communication from the Commission to the Council and the European Parliament-Report on Implementation of the Hague Programme for 2007, COM (2008) 373 final, 02.07.2008.

Communication from the Commission to the Council and the European Parliament- on Improved Effectiveness, Enhanced Interoperability and Synergies among European Databases in the Area of Justice and Home Affairs, COM (2005) 597 final, Brussels, 24.11.2005.

Communication from the Commission to the Council and the European Parliament-Development of the Schengen Information System II, COM (2001) 720 final, 18.12.2001.

Council Decision 2008/633/JHA of 23 June 2008 concerning Access for Consultation of the Visa Information System (VIS) by Designated Authorities of Member States and by Europol for the Purposes of the Prevention, Detection and Investigation of Terrorist Offences and of other Serious Criminal Offences, OJ L 218, 13.08.2008.

Council Decision 2008/839/JHA of 24 October 2008 on Migration from the Schengen Information System (SIS 1+) to the Second Generation Schengen Information System (SIS II), OJ L 299, 08.11.2008.

Council Regulation (EU) No 542/2010 of 3 June 2010 Amending Decision 2008/839/JHA on Migration from the Schengen Information System (SIS 1+) to the Second Generation Schengen Information System (SIS II), OJ L 155, 22.06.2010.

Council Decision of 6 December 2001 on the Development of the Second Generation of the Schengen Information System (SIS), OJ L 328, 13.12.2001.

Council Decision: On certain Arrangements for the Application of the Agreement Concluded by the Council of the European Union and the Republic of Iceland and the Kingdom of Norway concerning the Association of those two States with the Implementation, Application and Development of the Schengen acquis. OJ L 176, 10.07.1999.

Council of the European Union, Commission Recommendation Establishing a Common "Practical Handbook for Border Guards (Schengen Handbook)" to be Used by Member States' Competent Authorities when Carrying out the Border Control of Persons, COM (2006) 5186 final, 09.11. 2006.

Council of the European Union: Analysis of the impact of SISone4ALL on the SIS1+ and SIS II Projects, 14773/06, Brussels, 20.11.2006.

Council Regulation (EC) No 2424/2001 of 6 December 2001 on the Development of the Second Generation Schengen Information System (SIS II), OJ L 328, 13.12.2001.

Council Regulation (EC) No 539/2001 of 15 March 2001 Listing the Third Countries whose Nationals must be in Possession of Visas when Crossing the External Borders and those whose Nationals are Exempt from that Requirement, OJ L 81, 21.03.2001.

Council Regulation No. 1683/95 of 29 May 1995 Laying down a Uniform Format for Visas, OJ L 164, 14.07.1995.

Council: The Schengen Aquis as referred to in Article 1(2) of Council Decision 1999/435/EC of 20 May 1999, OJ L 239, 22.09.2000.

Eurostat: Fakten und Zahlen-über Europa und die Europäer, Europäische Gemeinschaften, 2007.

Regulation (EC) No 1160/2005 Of The European Parliament and of The Council of 6 July 2005 Amending the Convention Implementing the Schengen Agreement of 14 June 1985 on the Gradual Abolition of Checks at Common Borders, as regards Access to the Schengen Information System by the Services in the Member States Responsible for Issuing Registration Certificates for Vehicles, OJ L 191, 22.07.2005.

Regulation (EC) No 1987/2006 of the European Parliament and of The Council of on the Establishment, Operation and Use of the Second Generation Schengen Information System (SIS II), OJ L 381, 28.12.2006.

# 二、書籍

張福昌：《邁向「歐洲聯盟」之路》，臺北：三民書局，2002 年 1 月。

# 三、期刊論文

Atger, Anaïs Faure: The Abolition of Internal Border Checks in an Enlarged Schengen Area: Freedom of Movement or a Scattered Web of Security Checks, in: Challenge Papers, Research Paper No. 8, 20 March 2008, pp. 1-26.

Bertozzi, Stefano: Schengen: Achievements and Challenges in Managing an Area Encompassing 3.6 million km², in: CEPS Working Document, No. 284, February 2008, pp. 1-36.

Broeders, Dennis: The New Digital Borders of Europe: EU Databases and the Surveillance of Irregular Migrants, in: International Sociology, 22 (1), 2007, pp. 71-92.

Dumortier, Jos: The Protection of Personal Data in the Schengen Convention, in: International Review of Law, Computers & Technology, Vol. 11, Issue 1, March 1997, pp. 93-106.

Euskirchen, Markus: From Borderline to Borderland, Monthly Review: An Independent Socialist Magazine, Vol. 59, Issue 6, November 2007, pp. 41-52.

Genson, Roland: The Schengen Agreements-Police Cooperation and Security Aspects, in: Hume Papers on Public Policy, Vol. 6, Issue 1/2, 1998, pp. 133-140.

Pijpers, Roos/Van Der Velde, Martin: Mobility across Borders: Contextualizing Local Strategies to Circumvent Visa and Work Permit Requirements, in: International Journal of Urban and Regional Research, Vol. 31, No. 4, December 2007, pp. 819-835.

Schutte, Julian: The Incorporation of the Schengen Acquis in the European Union, Hume Papers on Public Policy, Vol. 6, Issue 1/2, 1998, pp. 124-132.

劉為軍：論申根協定體系與歐盟警務合作，刊載於：法學雜誌，第 27 卷，第 6 期，2006 年，頁 123-125。

# 四、網路資料

Council of EU: Information Sheet-Enlargement of the Schengen Area, Brussels, 8 EU Information System Aids Czech Police in Tracing Missing, Wanted Persons, World News Connection, 09.29.2008.

Euskirchen, Markus: From Borderline to Borderland, Monthly Review: An Independent Socialist Magazine, Nov. 2007, Vol. 59, Issue 6, available from: http://www.monthlyreview.org/1107euskirchen-lebuhn-ray.htm. (Accessed 12.05.2009)

EU Official Website. Facts about SIS. Available from: http://www.goteborg.com/25939.epibrw (Accessed 31.12.2008)

Liechtenstein Official Website.
  http://www.liechtenstein.li/en/fl-portal-aktuell? newsid=16565　(Accessed

22.01.2009)

Malcolm Rifkind: Foreign Secretary, House of Commons Debates, Vol. 287, 12.12.1996 columns 433-434. Available from: http://www.publications. parliament.uk/pa/cm199697/cmhansrd/vo961212/debtext/61212-13.htm. (Accessed 18.08.2010)

Statistics Suggest Joining Schengen Has Not Raised Crime Level in Estonia, World News Connection, 04.02.2008.

The EU Visa Code will apply from 5 April 2010, 30.03.2010. Available from: http://europa.eu/rapid/pressReleasesAction.do?reference=MEMO/10/ 111& type=HTML. (Accessed 21.08.2010)

「比荷盧經濟聯盟條約」：http://www.benelux.be/en/bnl/act_nieuwVerdrag. asp. (Accessed 06.04.2010)

1981 年 1 月 28 日在史特拉斯堡簽署「個人資料保護公約」。Available from: http://conventions.coe.int/Treaty/Commun/ChercheSig.asp?NT= 108& CM=1&DF=&CL=ENG. (Accessed 18.08.2010)

# 第十二章　歐盟內外反恐網絡

# 前言

　　根據歐洲聯盟運作條約（Treaty on the Functioning of the European Union）第 4 條的解釋：有關「內部市場」與「自由、安全與司法區域」等政策領域的權限屬於歐盟與其會員國間共同分享的「共享權限」（Shared Competence）。①這也就是說，歐盟與其會員國對恐怖主義議題都有權力發展自己的戰略與架構，這種特性導致歐盟內部的反恐網絡出現兩種體系：一是歐盟層面的反恐體系，一是歐盟會員國層面的反恐體系，兩個反恐體系互動頻繁，相輔相成。但隨著恐怖組織的結構、能量與攻擊手段的改變，單一歐盟會員國實難以獨自因應，因此歐盟會員國皆逐漸傾向於配合歐盟的反恐機制，而形成一套獨特的歐盟內部反恐網絡。

　　歐盟的反恐體系由許多歐盟反恐機構與制度所組成，並以 2003 年「歐洲安全戰略」（European Security Strategy: ESS）②為基礎。歐洲安全戰略中一再強調國際恐怖主義是二十一世紀世界各國所面臨的主要安全挑戰，歐盟應將打擊國際恐怖主義視為最優先的政策目標。2005 年「歐洲聯盟反恐戰略」，為歐盟各機構與會員國如何「預防」（Prevent）、「保護」（Protect）、「追捕」（Pursue）與「反應」（Respond）恐怖主義攻擊等，做了詳細的註解，「3P1R」反恐戰略可以說是目前歐盟思索對抗恐怖主義的戰略寶典（請參見本書第六章）。最近幾年，歐盟在打擊國際恐怖主義上不留餘力地建構了許多制度與機構，使得歐盟反恐體系逐漸成形。基本上，我們可以將這些反恐相關的組織機構與制度分為兩大類：第一、核心機構：包括歐洲警政署（European Police Office; Europol）（請參見本書第七章）、歐洲

---

① Consolidated versions of the Treaty on European Union and the Treaty on the Functioning of the European Union Charter of Fundamental Rights of the European Union, OJ C 83, 30.03.2010, p. 51. (Article 4)

② Javier Solana: A Secure Europe in a Better World—European Security Strategy, Brussels, 12.12.2003. Available from: http://www.consilium.europa.eu/uedocs/cmsUpload/78367.pdf. (Accessed 23.0.2009)

司法合作署（European Judicial Cooperation; Eurojust）（請參見本書第八章）與歐洲邊境管理署（Frontex）（請參見本書第九章）。③第二、跨機構反恐輔助機制：包括歐洲逮捕令（European Arrest Warrant; EAW）（請參見本書第十章）與申根資訊系統（Schengen Information System; SIS）（請參見本書第十一章）等。

　　本章所要探討的歐盟反恐網絡可區分為對內與對外網絡兩種：首先，歐盟對內反恐網絡系統係指歐盟會員國與歐盟反恐機構間的互動關係，本章將以法國、德國與英國為例，分析這三個國家的反恐政策與機構，由於各國環境與政治體制的不同，在反恐機構上也有不同的佈署，911 後，這三個歐盟會員國在反恐政策與機構上有何調整與發展，是本章觀察的重點。另外，從歐盟與歐盟會員國反恐機構間的互動過程中，進一步檢視歐洲內部反恐的成效。其次，歐盟對外反恐網絡系統是指歐盟與第三國或國際組織在反恐上的合作，悉知，歐盟自911 事件起即與第三國或國際組織發展密切的反恐合作，基於篇幅的限制，本章將把焦點擺在跨大西洋反恐合作關係，觀察歐盟如何與美國或北約進行合作，以有效打擊恐怖主義。綜合上述歐盟對內與對外反恐網絡的描述後，將可以清楚看出歐盟反恐網絡的全貌。

## 第一節　歐盟內部反恐網絡：會員國層面

　　在歐盟反恐體系中，雖然各個歐盟會員國都有其反恐戰略，但是，歐盟整體的反恐戰略走向卻深受法國、德國、英國等三大歐盟強權的影響。茲將法國、德國與英國的反恐政策與機構介紹如後，以助於瞭解歐盟內部反恐機構的互動與整體內部反恐網絡的發展。

---

③ 除了歐洲警政署、歐洲司法合作署與歐洲邊境管理署等三個機構外，歐盟於2004 年 3 月 25 日設立了歐盟反恐協調員（EU Counter-terrorism Coordinator），負責整合歐盟會員國間的反恐行動與戰略。

# 一、法國反恐政策與機構

從法國的歷史脈絡觀察，自 1789 年法國大革命爆發之後，法國便面臨一連串恐怖攻擊行動的威脅。這些不斷出現的恐怖攻擊事件嚴重威脅法國的國土安全，法國政府因此迅速發展對抗恐怖攻擊行動的應變能力與配套措施。

## （一）法國反恐政策

在法國反恐政策發展史中，法國的情報單位很少關注國際恐怖主義的發展，在 1980 年代之前，法國數屆政府皆採用所謂的「庇護主義」（Sanctuary Doctrine）來處理恐怖主義問題。而「庇護主義」就是：「對於恐怖主義問題，法國政府採取中立角色，不積極反制也不特別對恐怖份子進行調查和逮捕，只要恐怖攻擊行為不危及法國國家利益和國內安全，法國政府願意給予恐怖份子政治庇護。」④這套特殊的庇護辦法可以安撫國際恐怖組織與其成員，藉此以使法國免受國際恐怖主義的挑戰。但這項政策卻隱含著國際恐怖組織可以在法國肆無忌憚發展的危機。雖然透過這項政策，法國政府的確成功地降低了恐怖主義的威脅。但是，法國這項特別寬待恐怖份子的「庇護主義」與其他受恐怖主義威脅的國家（例如：美國、以色列和西班牙等）所採取的反恐戰略大相逕庭，因此，法國與這些國家在解決恐怖主義問題上每每格格不入。直到 1986 年法國一個名為「近東政治罪犯團結委員會」（Committee for Solidarity with Near Eastern Political Prisoners; CSPPA）的恐怖組織突然對巴黎市內的大百貨公司、火車站、地鐵站和公共設施進行攻擊，法國政府才決定放棄「庇護主義」。⑤

在法律層面，法國政府於 1986 年 9 月 9 日通過新刑法，將恐怖主義定義為「意圖威脅或執行恐怖行動騷擾大眾安全的個人或集體的違法行為」，明文規定這些行為包括：謀殺、傷害、綁票、劫機、搶

---

④ Jeremy Shapiro/Bénédicte Suzan (eds.): The French Experience of Counter-terrorism, in: Survival, Vol. 45, No. 1, Spring 2003, p. 69.

⑤ Ibid., p. 70.

劫、電腦駭客、放置炸彈與使用生化武器等。這項立法成為法國反恐的法律基石，對起訴恐怖份子提供了法律依據。隨後在 1996 年 7 月 22日、1996 年 12 月 30 日與 2001 年 11 月 15 日所通過的法案進一步強化反恐法律效力，例如：1.允許合法拘留延長至四天；2.拘留三天後始允許被告會見律師；3.不需申請搜索令即可搜索與扣押嫌犯的住所；4.允許破解訊息的密碼（特別是透過網路傳送）；(5)減少與政府合作之行為人的刑責⑥。另外，在內政部設置的「反恐協調單位」（Anti-terrorist Coordination Unit; UCLAT）與司法部的「中央反恐局」（Central Antiterrorist Service; Service pour Coordination de la Lutte Anti-Terroriste; SCLAT），主要任務為聯繫情報單位、警察局與中央政府，以負責協調與打擊恐怖主義。⑦ 1986 年起，主要由巴黎高等法院（Cour d'Appel of Paris）審理恐怖主義的訴訟。而上述所提司法部中央反恐局即設立於巴黎高等法院中。⑧

911 事件之前，法國情報單位就已經針對海外恐怖份子的動向進行嚴密的監控。法國反恐調查員監控一個名為雷森曼（Ahmed Ressam）的阿爾及利亞裔恐怖份子逾三年，雖然雷森曼居住於加拿大而且計劃攻擊美國國土，但法國情報局對他的動向仍然瞭若指掌。調查員蒐集情報的同時也將資料彙整交予加拿大警方，告知該名恐怖份子的意圖與動向。最後，雷森曼於 1999 年 12 月 14 日在美加邊境被逮捕，當時他正準備要將滿車的炸藥運往洛杉磯，執行恐怖攻擊行動。這件事情可以發現法國情報單位對海外情資的蒐集成果不凡。⑨

911 事件後，法國為了因應規模更大與不同型態的恐怖主義威脅，反恐體制已經更為鞏固，政府通過了許多反恐政策與計劃，增設兵力和制訂特別策略來加強國土安全並提高警覺。2001 年 9 月 20 日，法國政府於財政部（Ministry of Economic Affairs, Finance, and Industry）設立

⑥ Guillaume Parmentier: France, in: Alexander Yonah (ed.): Combating Terrorism, Strategies of ten Countries, Ann Arbor: The University of Michigan, 2002, p. 57.

⑦ Jeremy Shapiro/Bénédicte Suzan (eds.), op. cit., p. 71 & pp. 76-77.

⑧ Guillaume Parmentier, op. cit., p. 57.

⑨ Jeremy Shapiro/Bénédicte Suzan (eds.), op. cit., p. 67.

一個名為「FINTER」的協調單位負責處理經濟恐怖犯罪,加強法國經濟與財政機關在貨幣情報領域的合作。FINTER 的目標在於偵查與即時凍結恐怖份子的戶頭。2001 年底,法國已經凍結塔利班政權大約 442萬歐元。⑩

　　2001 年 11 月 15 日法國通過「日常安全與反恐特別法」(Everyday Security and Combating Terrorism)增列恐怖攻擊的形式⑪,擴大恐怖主義的範圍,使打擊恐怖主義更具合法性。在執行層面上,「日常安全與反恐特別法」為情報蒐集行動建立了新的合法性基礎,例如:1. 經法官批准後行政機關即有權搜索車輛;2. 行政機關得設置飛安警察部隊,在機場或港口負責攔截可疑人士與搜索行李;3. 運用科技力量攔截情報訊息。

　　在國際層面,法國承諾在歐洲層面更密切地進行資訊分享。911 事件後,法國歐洲事務部長莫斯哥維奇(Pierre Moscovici)呼籲歐洲國家應加速司法程序與擴大打擊恐怖主義的警察合作。法國最終的遠景是希望建立一個歐洲司法體系、一個歐洲警察部隊與一個歐洲檢察署,以更有效打擊恐怖主義。⑫ 2005 年 7 月英國發生恐怖攻擊事件後,法國國會於同(2005)年 12 月 22 日通過由前法國內政部長薩科齊(Nicolas Sarkozy)提議之反恐議案,授權相關單位嚴格執行起訴可疑恐怖份子、允許警方監控即將受恐怖攻擊訓練的嫌疑犯與增設監視器等。⑬薩科齊更進一步提出限制移民的法案,規定申請移民者須具備良好的法語能力與經濟基礎等。⑭這些都顯示法國對於打擊國際恐怖組織不遺餘力。

⑩ Erik van de Linde: Quick Scan of Post 9/11 National Counter Terrorism Policymaking and Implementation in Selected European Countries, London/USA: RAND, 2002, p. 52.
⑪ 其中包括洗錢、組織犯罪與經濟恐怖主義等。
⑫ Erik van de Linde, op. cit., p. 58.
⑬ Guillaume Parmentier, op. cit., p. 69.
⑭ Kristin Archick: European Approaches to Homeland Security and Counterterrorism, CRS Report for Congress, Order Code RL33573, 24.07.2006, pp. 13-15.

## （二）法國重要反恐機構

根據法國憲法第 15 條規定：「總統為三軍統帥，主持國家最高國防理事會。」⑮因此，總統在反恐政策上扮演決定性角色，若要動用三軍支援反恐行動亦須由總統下達指令。另外，在 1962 年第五共和時期成立了國防總秘書處（National Defense General Secretariat; SGDN）隸屬於總理府，負責協助處理國家防衛與安全，其工作重點為搜尋、商討決議與監督執行成效。由於國防總秘書處為「跨部會」（Interministerial）機構，主要任務亦在於協調國防部長、外交部長、內政部長、經濟部長與交通部長的意見，彙整後交予總理參考。⑯法國政府並無專責反恐單位，因此，反恐行動有賴所有相關部門的動員，其反恐權限主要集中於國防部與內政部，綜合而言法國核心的反恐機構如下：（請參見＜圖 12-1 ＞）

### 1.法國刑事警察局

法國刑事警察局（Central Criminal Investigation Directorate; DCPJ）是由警察總署獨立出來的部門，直接隸屬於內政部。⑰刑事警察局長亦是國際刑警組織（Interpol）法國區的總長。刑事警察局主要負責經濟、財政、刑事（包括非法槍枝、毒品、竊盜等）、科技與化學犯罪，是全國犯罪的防治中心，並針對國內犯罪進行研究並且研擬因應的對策。⑱法國刑事警察局的第六部門則是負責防範、偵查與鎮壓恐怖攻擊行動的單位⑲，1998 年更名為國家反恐局（National Antiterrorist Directorate; DNAT）後權力大增，主要協調警察與司法單位與審判恐怖

---

⑮ Available from: http://www.sgdn.gouv.fr/rubrique.php? id_rubrique=20. (Accessed 23. 09.2009)

⑯ Available from: http://www.sgdn.gouv.fr/rubrique.php? id_rubrique=16. (Accessed 23. 09.2009)

⑰ Guillaume Parmentier, op. cit., p. 56.

⑱ Available from: http://open.nat.gov.tw/OpenFront/report/show_file.jsp? sysId=C09503533 & fileNo=002. (Accessed 23.09.2009)

⑲ Guillaume Parmentier, op. cit., p. 54.

## ＜圖 12-1 ＞法國重要反恐機構組織圖
## (Organigram of Relevant French Agencies Concerned with Counter-terrorism)

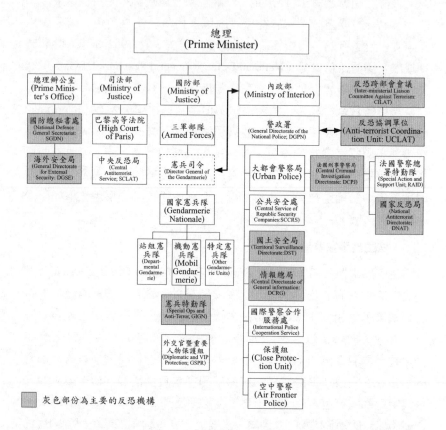

灰色部份為主要的反恐機構

資料來源：作者自繪，資料參考自：(1) Erik van De Linde, et al.: Quick Scan of Post 9/11 National Counter-Terrorism Policymaking and Implementation in Selected European Countries—Research Project for the Netherlands Ministry of Justice, Santa Monica/Arlington/Pittsburgh: RAND, May 2002, pp. 50-60; (2) Guillaume Parmentier: France, in: Yonah Alexander (ed.): Counterterrorism Strategies—Successes and Failures of Six Nations, Washington, D. C.: Potomac Books, Inc., 2006, pp. 44-71; (3) Confronted Very Early with the Threat of International Terrorism, France Has Set Up A Prevention and Suppression System That Has Proven Its Worth. Available From: http://Www.Diplomatic.Gouv.Fr/En/France-Priorities_1/Terrorism_1944/Index.Html? Var_Recherche= Terrorism. (Accessed 22.08.2007);(4) Country Profile: France Government and Politics. Available From: http://Www.Mongabay.Com/Reference/Country_Profiles/2004-2005 /2-France.Html. (Accessed 23.02.2009) ;(5) http://Www.Defense.Gouv.Fr/Dgse/Content/Download/70145/650418/File/La%20communau té%20française%20de%20renseignement.Pdf. (Accessed 23.02.2009)

份子。⑳其主要的兩項工作職掌是：⑴接受其他單位委託調查恐怖主義行動；⑵蒐集法國全境犯罪情報。國家反恐局由 50 名資深警官、監察員與探員組成，分為分離主義恐怖行動組與國際組㉑兩個部分，得要求法國警察總署特勤隊（Special Action And Support Unit; RAID）執行特殊反恐任務。㉒

## 2. 反恐跨部會會議

反恐跨部會會議（Inter-ministerial Liaison Committee against Terrorism; CILAT）由法國總理主持，成員包括內政部長、司法部長與外交部長，為法國最高反恐協調組織，負責制訂法國反恐政策指導方針，並協調與指揮各相關部會之反恐資源執行反恐任務。反恐跨部會會議的議事運作與決策執行乃由反恐協調單位（Anti-terrorist Coordination Unit; UCLAT）全權負責，該協調單位成立於 1984 年 10 月，在行政體系上隸屬警政署，其主要任務為聯繫與協調情報單位、警察局與中央政府，以執行打擊恐怖主義的行動，除此之外，亦負責籌備召開「反恐跨部會會議」。

## 3. 國土安全局㉓

國土安全局（Territoral Surveillance Directorate; DST）成立於 1944 年，當時成立的目的在於反間諜與搜查政治威脅，約有 1500 名成員，主要負責調查法國全境組織犯罪與回教恐怖主義威脅。其三大任務為：⑴國內反間諜行動；⑵保護工業、科學與科技產業；⑶打擊恐怖主義。總部位於巴黎，於法國七個省份設有分部，在法國境內與海外亦設有據點，海外官員與其他國家的情報局都有合作關係。㉔國土安

---

⑳ Available from: http://www.interieur.gouv.fr/sections/a_l_interieur/la_police_nationale/organisa tion/dcpj/terrorisme. (Accessed 23.09.2009)

㉑ 包括回教激進組織、近東恐怖主義、歐洲恐怖主義、庫德族恐怖主義與極右派恐怖份子。

㉒ Guillaume Parmentier, op. cit., p. 54.

㉓ Available from: http://www.interieur.gouv.fr/sections/a_l_interieur/la_police_nationale/organisa tion/dst. (Accessed 23.09.2009)

㉔ Guillaume Parmentier, op. cit., p. 56.

全局主要的任務為預先調查在法國境內進行犯罪與恐怖主義行動的組織相關情報。而自 1986 年起，國土安全局同時擁有判定罪行輕重程度的司法權，得起訴相關行為人，這項職權將國土安全局的地位提升至司法層面。從工作範圍來看，國土安全局與情報總局（Central Directorate of General Information; DCRG）有些職權互相重疊，例如：1995 年國土安全局開始佈署電話竊聽以搜查情報，而情報總局亦可設置監控儀器，因此兩部門存有競爭與合作關係。㉕

### 4. 情報總局

情報總局成立於 1941 年，在法國境內約有 4100 名職員，為一政治情報單位，負責蒐集所有危及法國內部安全的情報，並對付國內恐怖主義。情報總局亦相當關注法國境內的外國團體，特別是回教基本教義派，並對獨立派系與政治極端份子進行調查。情報總局的優勢有二：一是區域情報站的設置；二是擁有監控嫌疑犯與設置監控儀器的權力。情報總局主要工作之一是監控與蒐集可疑恐怖份子的情報並防範可能對法國造成威脅的團體。㉖很特殊的是，巴黎情報局根據特別的法規與巴黎警察總署整合，因此擁有半獨立權且獨立於情報總局之外。㉗

### 5. 憲兵特勤隊

憲兵特勤隊（Special Ops. and Anti-Terror; GIGN）於 1974 年德國慕尼黑發生奧林匹克案後成立。法國政府認為國家憲兵隊（Gendarmerie Nationnale）應具備應付恐怖攻擊的能力，於是在機動憲兵隊（Mobile Gendarmerie）下設立憲兵特勤隊，由配備高科技武器的特勤人員組成，主要任務為打擊恐怖份子。㉘由於勤務性質的特殊，憲兵特勤隊

---

㉕ Erik van de Linde, et al., op. cit., p. 55.
㉖ Available from: http://www.interieur.gouv.fr/sections/a_l_interieur/la_police_nationale/organisa tion/dcrg. (Accessed 23.02.2009)
㉗ Guillaume Parmentier, op. cit., p. 54.
㉘ Erik van de Linde, et al., op. cit., p. 56.

除了執行國防部所下達的勤務外，平時亦負責逮捕一般罪犯。在任務分配上，當 1 萬人以下之城鎮發生重大危安事件時，由憲兵特勤隊處理；當超過 1 萬人的城市發生危安事件時，則由警察總署特勤隊（RAID）負責。㉙

### 6. 海外安全局

海外安全局（General Directorate for External Security; DGSE）是國防部轄下負責蒐集恐怖主義行動情報的單位，其職責為蒐集與分類海外的軍事行動以及政治、經濟和科技的相關情報㉚，並偵查和抵制任何可能危及法國利益的外國秘密軍事行動。由於海外安全局的人員編制與儀器設備並不適用於逮捕與攻堅等行動，而且局內反恐情報單位（la Direction Renseignement）亦僅編制 100 人左右，所以海外安全局的主要工作職掌被界定為收集海外恐怖主義行動的情報。㉛

## 二、德國反恐政策與機構

赤軍團（Red Army Faction; RAF）可以說是最具威脅的德國恐怖組織。1977 年秋天，赤軍團綁架德國雇主工會聯盟（Federation of German Employer's Associations）主席施萊爾（Hanns- Martin Schleyer），幾個禮拜之後「解放巴勒斯坦大眾陣線」（Popular Front for the Liberation of Palestine; PFLP）的游擊隊員挾持飛機並且殺死機上組員舒曼（Jürgen Schumann），這兩件恐怖攻擊行動的目標皆要求德國政府釋放 11 名赤軍團成員。1977 年 10 月 18 日德國邊境防衛第九隊（Grenzschutzgruppe9; GSG9）成功突襲被巴勒斯坦恐怖份子挾持的飛機，最後殲滅機上恐怖份子。當天晚上，3 名重要赤軍團首腦自殺而施萊爾亦被綁匪殺害。經歷這些事件之後，赤軍團仍然繼續招募新成員持續其抗爭行動，一直到 1990 年代初才告中止。㉜

㉙ Available from: http://open.nat.gov.tw/OpenFront/report/show_file.jsp? sysId=C09503533&fileNo=002. (Accessed 23.02.2009)

㉚ Erik van de Linde, et al., op. cit., p. 54.

㉛ Erik van de Linde, et al., op. cit., p. 56.

## （一）德國反恐政策

從法律層面來看，1977 年施萊爾被綁架的期間，德國政府通過一項「阻絕聯絡法」（Contact Ban Law; Kontaktsperregesetz），規定羈押中或宣判有罪的恐怖份子不得與其他人（包括其辯護律師）接觸。這項法條可能觸及基本人權和自由，但是憲法法庭並未宣判其違憲。這項非人道的禁見法條，甚至使得獄中其他罪犯同情赤軍團恐怖份子的遭遇，進而有了合作關係。其次，1989 年新增的刑法條文「重要目擊證人法」（Principal Witness; Kronzeugenregelung）規定恐怖組織成員如能提供重要情報給德國政府或協助防止重大犯罪，即可免於被起訴或處罰。然這項法規並未有效防止恐怖份子的行動，於是於 1999 年被廢止。

為了要解決恐怖份子所帶來的威脅，德國提出一套綜合性的法律提案，其中包括了兩個安全包裹建議（Security Package）。第一個安全包裹（First Security Package）建議是從宗教的角度來解決恐怖主義，部分在 911 事件之前早已著手進行，其中重要討論事項有二：第一，廢除宗教特權（Religious Privilege）：1990 年代起，極端份子與反體制團體被證明利用宗教自由團體的掩護進行秘密活動。㉝過去，根據「管理私人社團法案」（Act Governing Private Association）的規定，宗教組織擁有特權與受保護的權利。而現在，一旦這些宗教組織設立的目的或活動的內容違反刑法的話，德國政府可以禁止其活動。這項改變直接影響到主張使用暴力的回教組織與那些為得到特別稅待遇而自稱為宗教團體的利益組織的發展。這項決議通過後，德國政府禁止了許多激進回教組織的行動。㉞第二，放寬起訴恐怖份子的規定：德

---

㉜ Ulrich Schneckener: Germany, in: Alexander Yonah (ed.): Counterterrorism Strategies, Successes and Failures of Six Nations, Washington, D. C.: Potomac Books Inc., 2006, pp. 72-73.

㉝ Victor Mauer: Germany's Counterterrorism Policy, in: Doron Zimmermann/Andreas Wenger (eds.): How State Fight Terrorism—Policy Dynamics in the West, Colorado/London: Lynne Rienner Publishers, 2007, p. 64.

㉞ Ulrich Schneckener, op. cit., p. 86.

國刑法中明文規定：支援或參與恐怖組織為非法的行為。過去，根據德國刑法（129a），只要外國恐怖組織在德國沒有設立據點，德國政府無法起訴參與該外國恐怖組織的會員。新修正的刑法（129b）則允許起訴那些只是被偵查到欲進行恐怖攻擊計劃階段的恐怖組織與有意在其他國家發展的恐怖組織。㉟

　　第二個安全包裹建議（Second Security Package）是關於加強建構德國反恐機構的修正條文，於 2002 年 1 月開始執行，內容包括一百多項規則（Regulation）、十七項法律（Law）和五項行政命令（Administrative Decree）。這些修正條文的宗旨在於加強相關安全機構的權力與能力，其主要內容有底下五點：1. 賦予安全機構必要的合法權力，例如：聯邦刑事警察局不再需要經由邦警察局獲得資訊；2. 促進地方與區域警察情報交流；3. 為了改善邊境管制與查緝德國境內恐怖份子，允許相關機構運用武裝空中警察，並且允許民航機上之安全人員使用輕型武器；4. 聯邦與邦憲法保護局授權准許可以從不同的來源獲得個人資料，例如：電子郵件、航空記錄、銀行帳戶等㊱；5. 護照與身分證上加註指紋、照片與親筆簽名等辨識系統（Biometrishe Merkmale），如此一來只要資料庫中有建檔的可疑恐怖份子入境德國，便可追蹤其動向。

　　至於德國在國際上打擊恐怖主義的軍事行動，根據德國法律，出兵海外必須獲得議會的同意，2001 年 11 月德國政府獲得國會的支持，得以出動軍隊和特別小組支援在阿富汗的國際反恐軍事行動。㊲但是

---

㉟ Victor Mauer, op. cit., p. 65.

㊱ Ulrich Schneckener, op. cit., p. 87.

㊲ 德國約出兵 3900 名，編制成六個部隊，其中包括核生化反應部隊（NBC Reaction Teams，約 800 人）、醫療部隊（Medical Services，約 250 人）、特別部隊（Special Forces，約 100 人）、空中運輸部隊（Air Transport Forces，約 500 人）、海軍部隊（Maritime Forces，約 1800 人）與常規支援部隊（General Supporting Forces，約 150 人）。核生化反應部隊於 2002 年 2 月至 2003 年 7 月駐紮在科威特（Kuwait），以支援當地政府和美國軍隊防範大規模毀滅性武器的恐怖攻擊。海軍部隊則駐紮在吉布提〔Djibouti，位於非洲東北部，介於索馬利亞、衣索比亞與厄利特里亞（Eritrea）之間，瀕臨亞丁灣（Gulf of Adan），扼

德國派兵參與國際反恐軍事行動的人數有逐漸遞減的趨勢：2003 年 11 月雖然德國國會再度批准 3100 名德軍繼續支援在阿富汗的反恐軍事行動，但是，根據 2003 年 12 月的統計，真正在阿富汗參與國際反恐軍事行動的德國部隊僅有 300 人。一年之後，德國幾乎完全撤回海外駐兵，大約僅剩 90 名海軍繼續駐紮在非洲之角。㊳

　　針對 911 劫機撞毀建築物的恐怖手段㊴，德國國會於 2004 年 6 月 18 日通過「2005 飛航安全法」（2005 Aviation Security Act），其中 14.3 條規定最具爭議：「對於意圖以挾持飛行器威脅民眾生命安全之恐怖行為，得將該飛行器擊落」。聯邦憲法法院認為國會沒有優先考慮這項規則的合法性，14.3 條文與基本權利中所規定之生命權和人民為尊相牴觸，因為使用武器擊落飛機將會影響到機上無辜的民眾，致使其喪失生命權。聯邦憲法法院認為政府無權決定，哪些民眾可以被保護，或剝奪行為完全合法之民眾的生命權。㊵

　　總而言之，德國打擊恐怖主義的策略有五點重要原則㊶：1. 利用綜合性的搜查與調查摧毀恐怖組織的結構；2. 在恐怖份子對德國發動攻擊前先行將之驅離；3. 加強國際反恐合作；4. 保護德國人民並減少

---

住紅海出阿拉伯海的咽喉。〕觀察亞丁灣、非洲之角（Horn of Africa）和東非海岸以防止塔利班或蓋達組織成員由阿富汗進入波斯灣地區或索馬利亞。2001 年 11 月德國政壇上最具戲劇性的戲碼是德國政府決定出兵阿富汗一事。德國總理施洛德堅持出兵阿富汗的決定差點使其政府垮台，因為部分社會民主黨黨員和綠黨並不支持這項計劃，因此施洛德總理並沒有辦法在國會中取得多數支持出兵。最後，施洛德乃以「支持出兵則繼續執政，不支持出兵則提前大選」的威脅，使聯合政府中大部分的反對者改變態度支持出兵，因而化解了垮台的危機。請參見 Ulrich Schneckener, op. cit., p 91.

㊳ Ulrich Schneckener, op. cit., p. 91.
㊴ 為回應 2001 年 911 攻擊事件，德國聯邦政府 2002 年的反恐預算約 14 億 7 千萬歐元。2002 年德國議會甚至通過香煙稅增加二分的法案與意外災害保險稅增加 1 ％的手段來湊足反恐財政預算。預算案提供安全相關當局額外的軍事武器和增設職員，其中最高撥款 7 億 6 千 7 百萬歐元讓軍隊提升危機管理能力；5 億 5 千 1 百 70 萬歐元使用在德國內政部重要反恐機構（例如：聯邦刑事局與憲法保護局）以加強邊境管制與增強國土安全；而德國情報機構共獲得 2 億 5 千 1 百萬歐元。請參見：Ulrich Schneckener, op. cit., pp. 85-86.
㊵ Victor Mauer, op. cit., p. 69.
㊶ Ulrich Schneckener, op. cit., pp. 84-85.

國家傷害；5.剷除恐怖主義的成因。反恐實為德國外交安全政策主要的目標。在國際反恐舞台上，德國參與許多國際組織，包括北約、歐盟、聯合國、歐洲安全與合作組織（Organization for Security and Cooperation in Europe; OSCE）與八大工業國會議（Group of Eight; G8）等，為了協調參與這些組織的反恐行動，外交部特別設置一位負責「國際打擊和防範恐怖主義」的大使，並擴增其所屬單位。有關聯合國的十二項反恐協定（UN Counterterrorism Convention），德國在911事件前已經批准了其中的十項，顯示打擊恐怖主義的決心與速度；2002年7月德國國會為了表示支持聯合國反恐典則（UN Counterterrorism Regime），於是批准其他兩項協定。㊷

## （二）德國重要反恐機構

德國國內因應恐怖主義的政府機構主要有共同防範恐怖主義中心、聯邦總理辦公室的聯邦情報總局、內政部的聯邦憲法保護局與聯邦刑事警察局、國防部的軍事反情報局與財政部的聯邦海關刑事局等。而各邦亦設立邦憲法保護局（State Office for the Protection of the Constitution）與邦刑事警察局。本文主要討論聯邦系統的反恐架構，因此邦政府的機構不予討論。因為恐怖主義已經趨向跨國際的發展，其網路更為複雜，例如：911事件的4名劫機恐怖份子中，就有3名居住在漢堡，他們於2000年初夏入境美國，而在這之前便在德國接受激進回教思想洗腦並加入蓋達組織。也因此，在911事件之後德國對於可疑恐怖份子進行大動作的掃蕩行動，聯邦刑事局（Federal Criminal Police Office; BKA）成立一個約有600名資深警察組成的特別工作組，專門調查蓋達組織的行動。㊸以下將逐一說明相關單位的組織與運作。（請參見＜圖12-2＞）

### 1.共同防範恐怖主義中心

聯邦政府於2004年1月成立共同防範恐怖主義中心（Gemeinsames

---

㊷ Ulrich Schneckener, op. cit., p. 90.
㊸ Ulrich Schneckener, op. cit., p. 78.

## ＜圖 12-2 ＞德國重要反恐機構組織圖
### (Organigram of Relevant Germany Agencies Concerned with Counter-terrorism)

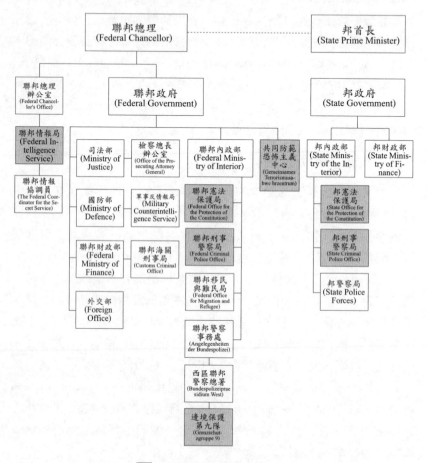

灰色部份為主要的反恐機構

資料來源：作者自繪。

Terrorismusabwehrzentrum; GTAZ），目標在於加強跨部門間的反恐協調與合作，2004 年 12 月 4 日位於柏林的總部正式運作。中心共有 190 名職員，因其為整合協調型單位，因此為了能夠獲得更多來自於各部會的資源與情報，其他政府部門（例如：聯邦刑事警察局、聯邦憲法保護局、情報總局、聯邦警察局、聯邦海關刑事局與聯邦移民與難民局等）都必須支援此中心的運作。許多部會代表共同分析與判斷情報資料，期能提早掌握恐怖份子的行動，進而訂定適當的因應行動。㊹

### 2. 聯邦情報局

聯邦情報局（Federal Intelligence Service; BND）成立於 1956 年 4 月 1 日，隸屬於總理辦公室（Chancellor's Office; Bundeskanzlersamt）㊺，為機密情報單位，其調查任務大部分屬於海外重要情資以供聯邦政府作為決策以及監控其他國家政治現況之用㊻。聯邦情報局的職責與美國的中央情報局（CIA）類似，局裡約有 6000 名官員。局長為安全事務委員會（Committee of the Security-related Ministries）成員，下設八個部門，其中第三部門內設有「情勢與資訊中心」（Situation and Information Center; Lage- und Informationszentrum），每日監控世界各地的政治新聞與情報；第五部門負責組織犯罪與恐怖主義犯罪相關事宜。㊼聯邦情報局須定期向政府與相關單位以書面或口頭方式報告工作內容。聯邦情報局為了因應組織犯罪全球化的問題，均與其他國家的情報局密切聯繫。聯邦情報協調員（Federal Coordinator for the Secret Services）亦隸屬總理辦公室，其任務為預測與指揮情報工作。㊽有關聯邦情報局內部運作模式請參考＜圖 12-3 ＞。

---

㊹ Available from: http://www.bka.de/profil/broschueren/bka_das_profil.pdf. (Accessed 23. 02.2009)

㊺ Ulrich Schneckener, op. cit., p. 82.

㊻ Available from: http://www.bnd.bund.de/cln_027/nn_354668/DE/Wir__Ueber__Uns/ Wir__Ueber__Uns__nod e.html__nnn=true. (Accessed 12.09.2007)

㊼ Available from: http://www.bnd.bund.de/cln_027/nn_354670/DE/Wir__Ueber__Uns/ Struktur/Abteilung5/Abteilung5__node.html__nnn=true. (Accessed 12.09.2007)

㊽ Ulrich Schneckener, op. cit., pp. 81-82.

<圖 12-3 >聯邦情報總局運作圖

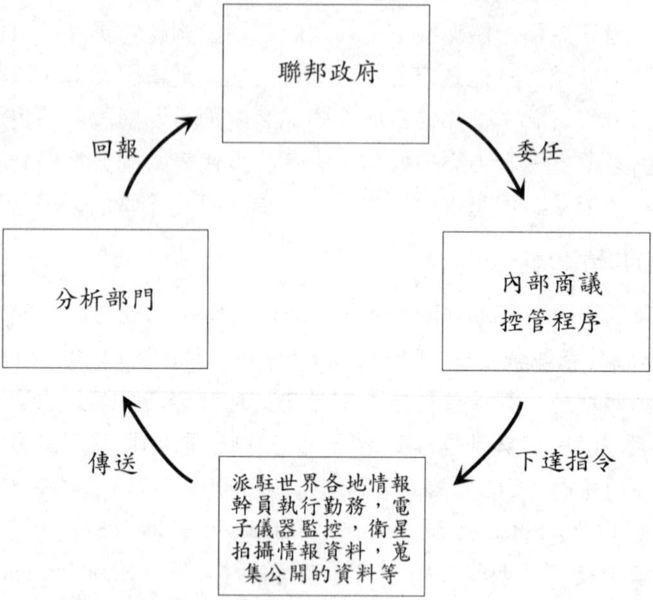

資料來源：Available from: http://www.bnd.bund.de/cln_027/nn_354728/de/wir_ueber_uns/produ-kt/produkt_node.html_nnn=true.(Accessed 08.11.2009)

### 3.聯邦憲法保護局

聯邦憲法保護法（Bundesverfassungsschutzgesetz）第 3 條將聯邦與各邦憲法保護局的職責定義為「蒐集意圖破壞民主社會中大眾自由安全與德國安全現況的行為（例如：恐怖攻擊），以及反間諜的新聞、情報與其他特殊文件。」經過評估分析之後，按其重要性交予相關單位並制訂德國國內情報工作相關法案。[49]聯邦憲法保護局（Federal Office for the Protection of the Constitution；BFV）的權責是協調邦憲法保護

---

[49] Ulrich Schneckener, op. cit., pp. 81-82.

局，但無權命令或指揮其工作。邦憲法保護局隸屬各邦內政部，其主要工作為監控任何違反聯邦憲法的團體或個人行為。

### 4. 聯邦刑事警察局

聯邦刑事警察局（Federal Criminal Police Office; BKA）於 1951 年 3 月正式運作，隸屬聯邦內政部；而德國各邦亦設有邦刑事警察局，隸屬各邦內政部。聯邦刑事警察局主要的工作為[50]：(1)協調各邦刑事警察局的工作；(2)提供資訊交換的平台；(3)提供特定資料庫的搜尋功能（例如：犯罪檔案、指紋資料庫、照片以及 DNA 分析），(4)執行國內外攸關德國利益的犯罪調查；(5)與國際刑警組織（Interpol）與歐洲刑警察署（Europol）進行合作等。

二十世紀末至二十一世紀初，歐盟會員國歷經六次擴大以及歐洲共同體條約第 18 條中關於歐洲公民在歐盟會員國享有自由遷徙與居住權等規範，這樣的改變對於安全制度影響甚巨，因為邊境的開放表示罪犯可以運用更多的資訊與共犯互通訊息；另一方面，恐怖主義全球化帶來的衝擊，促使聯邦刑事局的編制也必須隨著情勢改變而有所更動，例如：聯邦刑事警察局於 2005 年 1 月 1 日成立了國際協調部門（International Coordination; IK），負責局內所有與外國事務相關的工作，將已收集的情報進行分析後，匯整刑事案件可能的發展方向交與聯邦刑事警察局與情報單位，以利提早擬定防範策略。聯邦刑事警察局共派駐 62 名官員於全球 48 個國家中執行勤務，並負責加強國家間的合作關係。[51]

## 三、　英國反恐政策與機構

英國長久以來面臨北愛爾蘭恐怖份子的威脅，因此，恐怖主義對英國來說已經不是一個新名詞。英國於 1974 年公佈的防範恐怖主義法

---

[50] Ulrich Schneckener, op. cit., pp. 81-82.
[51] Available from: http://www.bka.de/profil/broschueren/bka_das_profil.pdf. (Accessed 23.02.2009)

案（Prevention of Terrorism Act）將恐怖主義定義為：「恐怖主義是一種刑事議題，而非政治性議題」[52]，這個觀點一直延續到 2001 年。2001 年 911 事件之前，英國最嚴重的恐怖主義威脅就是北愛爾蘭共和軍的問題，於是英國在 2002 年通過反恐法案（Terrorism Act），內容涉及褫奪公權、扣押恐怖份子財產、反恐、調查各種攻擊與北愛爾蘭特別警察的權力等。911 事件中喪生的 2, 819 人中就有 67 個人是英國公民；19 名 911 劫機嫌疑犯中有 11 人和英國有關聯，這顯示恐怖組織利用英國發展資源並計劃在他國執行攻擊行動的事實。[53]

## （一）英國反恐政策

911 事件後英國通過「2001 反恐、刑事與安全法案」（2001 Anti-Terrorism, Crime and Security Act; ATCSA），這項新政策的出現是因為英國認為分離主義和民族主義份子的暴力已經逐漸轉變為宗教和文化上的衝突。[54]此外，英國亦積極地採取下列措施來打擊蓋達組織和其他恐怖威脅[55]：1. 與阿拉伯國家和回教團體合作，發展情報交流與建立國際合作平台，以避免恐怖組織滲透進入這些國家；2. 採取軍事行動打擊蓋達組織和塔利班政權（Taliban Regime）；3. 支持阿富汗設立臨時政府以打擊恐怖主義；4. 派兵參與聯合國國際安全協助部隊（UN-authorised International Security Assistance Force; ISAF）以促進阿富汗的穩定[56]；5. 採取預防措施防範英國境內的恐怖攻擊；6. 推動反恐法案（Anti-terror Act），逮捕外國可疑恐怖份子；7. 執行聯合國

---

[52] 原文為："Terrorism is a criminal, not a political [issue]", 請參見：Terence Taylor：United Kingdom, in: Alexander Yonah (ed.): Combating Terrorism (2002), op. cit., p. 188.

[53] The Secretary of State for the Home Department: Countering International Terrorism: The United Kingdom's Strategy, July 2006, p. 1.

[54] Ibid., pp. 21-22.

[55] Erik van de Linde, et al., op. cit., pp. 103-104.

[56] 911 事件發生之後二十六天，英國即派兵參與阿富汗戰爭。有關英國對 911 事件的反應，請參見：Layra K. Donohue: Britain's Counterterrorism Policy, in: Doron Zimmermann/Andreas Wenger (eds.), op. cit., pp. 17-58.

1373 號反恐決議（UN Resolution 1373）；8. 支持歐盟反恐行動計劃（EU Action Plan against Terrorism），其措施包括加強警察與司法合作，並強化空中安全；9. 增援其他反恐國家。(57)

2006 年 7 月英國政府公佈了「打擊國際恐怖主義：英國的戰略」（Countering International Terrorism: United Kingdom's Strategy）。在這份戰略中，英國政府揭櫫了「思想戰役」（Battle of Ideas）的概念。「思想戰役」是英國反恐政策重要的一環，其目的在於導正極端份子一直認為暴力使用是合法行為的意識型態偏見，亦即歐盟反恐戰略中「預防」的首要戰略工作。英國現今的恐怖威脅主要來自狂熱的伊斯蘭激進份子，他們大都是伊斯蘭思想的擁護者，常以暴力手段達成其政治訴求。慶幸的是，他們只是伊斯蘭團體的一小部分，而大部分的穆斯林信徒並未威脅英國的內部安全；相反地，對英國社會有相當的貢獻，英國政府於是與這些友好的伊斯蘭團體建立合作關係，以防止伊斯蘭激進份子的恐怖犯行。(58)為了達成「思想戰役」所設定的目標，英國政府提出一種類似「木馬屠城記」的策略，根據這項策略，英國政府將增加與伊斯蘭團體之接觸與合作，進而尋求這些友好回教團體的支持。最後，期望這些友好團體能夠影響其他激進回教狂熱份子，使他們能夠放棄暴力與暴行，並且與英國政府和平相處。如此一來，將可使英國慢慢脫離國際恐怖份子的威脅。

## （二）英國重要反恐機構

英國政府中主要負責執行刑法的機構是倫敦大都會警察局（SO Police）與刑事司法系統（Criminal Justice System）。(59)而其主要的反恐機構如下：（請參見圖＜ 12-4 ＞）

(57) 英國政府一直積極地協助其他國家建立反恐機制，在 2005/2006 年即捐助了 730 萬英鎊給其他反恐夥伴國家。英國國防部則提供反恐訓練，英國警方亦設計了許多警官訓練計劃。

(58) The Secretary of State for the Home Department, op. cit., p. 1.

(59) Terence Taylor, op. cit., p. 188.

## ＜圖 12-4 ＞英國重要反恐機構組織圖
### (Organigram of Relevant UK Agencies Concerned with Counter-terrorism)

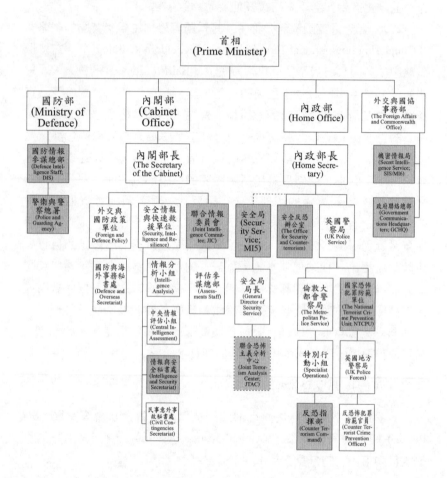

□ 灰色部份為主要的反恐機構

資料來源：作者自繪。

### 1. 聯合情報委員會

聯合情報委員會（Joint Intelligence Committee; JIC）隸屬內閣，其下設有評估參謀總部（Assessments Staff），委員會的成員來自政府各部門的高層官員，包括外交部、國防部（包括國防情報參謀總部的首長）、內政部、對外貿易部、國際發展部、三個情報機構首長（安全局、機密情報局與政府聯絡總部）與評估參謀總部首長，其他部門的高層官員在必要時亦可出席。(60)該委員會負責評估所有與英國利益相關之即時狀況與議題；監督政府災難應變能力；提供部長與高層官員短期或國家長程目標之情報評估並與其他情報單位保持密切的聯繫，且直接與海外相關情報單位進行合作。聯合情報委員與聯合恐怖主義分析中心同為英國情報體制的重要單位，但是聯合情報委員會的任務偏向於向部長以及各部門的高層官員們提出戰略報告、恐怖主義網路等深度報告與情報評估。(61)

### 2. 安全與反恐辦公室

安全與反恐辦公室（Office for Security and Counter-Terrorism; OSCT）隸屬內政部，成立至今已逾三十年，負責向內政部長（Home Secretary）與內政國務大臣（Minister of State for the Home Office）回報其工作成果。(62)主要任務為商議政策發展與安全方針，為部長們提供打擊恐怖主義的意見。911 事件後，該反恐辦公室與其他情報單位都有更緊密的聯絡，並與國際組織建立合作關係。工作職責為：⑴檢驗英國反恐能力；⑵研擬合法反恐程序；⑶提供安全方針與防護措施；⑷防範

---

(60) Available from: http://www.intelligence.gov.uk/upload/assets/www.intelligence.gov.uk/national_in telligence_booklet.pdf. (Accessed 23.02.2009)

(61) Available from: http://www.intelligence.gov.uk/central_intelligence_machinery/joint_intelligence_committee.aspx. (Accessed 23.02.2009)

(62) 英國內政部會由內政部長（Home Secretary）全權負責，內政國務大臣（Minister of State for the Home Office）主要負責安全、反恐與刑事政策的制訂。Available from: http://www.homeoffice.gov.uk/about-us/organisation/ministers/. (Accessed 12.09.2007)

重要基礎建設（包括電子設備）遭受恐怖攻擊；⑸提升核生化攻擊與恐怖攻擊事件發生後政府各部門的回應效率。(63)

### 3. 安全局

1909 年安全局（Security Service; MI5）與機密情報局同時設立於機密安全辦公室（Secret Service Bureau）中，為負責國內情報工作的部門，初期是致力於反德國間諜的工作，1931 年正式更名為安全局（Secret Service; MI5），1989 年的安全局法案（Security Service Act 1989）賦予安全局以下幾項功能：⑴當遇到外部威脅時(64)，須以保護國家安全為首要目標；⑵如果英國金融穩定受到外國人士干擾時，必須盡力維持穩定；⑶協助警察與其他司法部門起訴重大罪犯。為了達成這些目標，安全局致力於調查與蒐集情報、提供政府建議並協助其他情報局或政府部門共同打擊威脅。(65)直到 1992 年安全局已是英國境內最主要的安全單位。2007 年其權責範圍擴及北愛爾蘭。(66)現今，安全局約有 3,000 名官員從事情報蒐集工作。(67)安全局亦協助隸屬外交及國協事務部的機密情報局（Secret Intelligence Service; MI6）以及政府聯絡總部（Government Communications Headquarters; GCHQ）執行其功能。

### 4. 聯合恐怖主義分析中心

聯合恐怖主義分析中心（Joint Terrorism Analysis Center; JTAC）成立於 2003 年，是英國唯一獨立的跨部會組織，總部設於倫敦的安全局。聯合情報分析中心的首長與安全局局長負責輪流向聯合情報委員會（Joint Intelligence Committee; JIC）回報中心工作績效成果，而內閣

(63) Available from: http://security.homeoffice.gov.uk/about-us/about -the-directorate/? version=1 . (Accessed 25.09.2007)

(64) 例如：恐怖攻擊、間諜、毀滅性武器或試圖以政治與暴力手段威脅英國現況等。

(65) Available from: http://www.intelligence.gov.uk/upload/assets/www.intelligence.gov.uk/national_in telligence_booklet.pdf. (Accessed 12.09.2007)

(66) Ibid.

(67) Erik van de Linde, et al., op. cit., p. 113.

則監督本中心的系統是否能有效處理從各單位傳來的訊息。(68)中心的工作職責為分析和協調海內外國際恐怖主義威脅的情報，處理國際恐怖主義和反擴散議題。成員由國防情報參謀總部、外交與國協事務部、內政部等十六個政府部會代表所組成。中心設立以來一直被認為是最有權威的情報分析機制。(69)他們的合作使情報分析能夠流通到資料庫，並確實被政府各部門所採用。(70)

### 5. 反恐指揮部

2005 年 7 月倫敦恐怖攻擊事件再次顯露英國警察反擊能力的不足，所以相關單位便提議將原本的反恐小組（Anti-Terrorist Branch）和特別小組（Special Branch）編制為同一單位，這樣一來不僅可以執行多方面的調查工作，同時下達指令也不需經過繁複程序。因此反恐指揮部（Counter Terrorism Command）便於 2006 年 10 月 2 日正式運作，成員由上述兩單位之官員組成，專門負責情報分析與調查支援軍事行動等，其他任務尚包括(71)：(1)支援倫敦地區外的反恐調查；(2)蒐集倫敦區內恐怖主義與極端份子的情報，加以評估分析後，決定是否採取行動；(3)與倫敦其他回教社團建立夥伴關係，嘗試瞭解其需求；(4)負責與國際反恐組織對話。

### 6. 機密情報局

機密情報局（Secret Intelligence Service; SIS/MI6）隸屬外交與國協事務部（Foreign Secretary），其前身為 1909 年成立於安全局（Secret Service Bureau）內部的一個部門，主要負責海外情報蒐集，1920 年擴大為獨立的單位，正名為機密情報局。德國統一之前，機密情報局主

(68) Available from: http://www.intelligence.gov.uk/upload/assets/www.intelligence.gov.uk/national_in telligence_booklet.pdf. (Accessed 10.10.2007)

(69) Available from: http://www.intelligence.gov.uk/agencies/jtac.aspx. (Accessed 23.02.2009)

(70) Available from：http://www.mi5.gov.uk/output/Page63.html. (Accessed 12.08.2007)

(71) Available from: http://www.met.police.uk/so/counter_terrorism.htm. (Accessed 23.02.2009)

要聚焦於俄國情資蒐集(72)，1994 情報局法案（Intelligence Services Act 1994）將機密情報局的工作界定為：提供其他單位海外情報(73)，並執行聯合情報委員會所發佈的優先事項，蒐集有關安全、國防、重大刑事案件、外交與經濟政策領域的情報。(74)

**7. 政府聯絡總部**

政府聯絡總部（Government Communications Headquarters; GCHQ）主要負責的工作有兩項：第一、蒐集訊號情報（Signals Intelligence）、電子監聽系統與通訊聯絡情報；第二、提供情報與建議給英國國家資訊保證技術局（UK's National Technical Authority for Information Assurance）使用。(75)政府聯絡總部與機密情報局相同，皆在執行聯合情報委員會所公佈的優先事項，提供情報以協助政府執行國家安全、軍事行動與司法領域的相關政策。(76)

**8. 國防情報參謀總部**

國防情報參謀總部（Defense Intelligence Staff）成立於 1964 年，成員包括民事聯合情報局（Civilian Joint Intelligence Bureau）的情報人員，為英國情報體系中重要的一環，制度上隸屬國防部，現今成員編制約有 4,500 人，國防情報總長（Chief of Defence Intelligence）為最高首長，負責協調所有三軍部隊（Armed Forces）以及各軍種指揮部（Single Service Command）的情報活動。(77)國防情報參謀總部主要的任務是分析情報，並提供各政府部門與國防部使用，以制訂危機管理與軍事行動政策。在功能上，國防情報參謀總部需協助聯合情報委員會執行工作。(78)

---

(72) Layra K. Donohue, op. cit., p. 28.

(73) National Intelligence Machinery, pp. 7-8.

(74) Layra K. Donohue, op. cit., p. 26.

(75) Layra K. Donohue, op. cit., p. 26.

(76) Available from: http://www.intelligence.gov.uk/upload/assets/www.intelligence.gov.uk/national_in telligence_booklet.pdf. (Accessed 12.09.2007)

(77) Available from: http://www.archive.official-documents.co.uk/document/caboff/nim/0114301808.pdf. (Accessed 12.09.2007)

綜觀以上所述，法國、德國與英國的反恐措施在 911 事件後有類似的轉變，這三個國家皆將其反恐機構與功能中央化，例如：法國的「反恐跨部會會議」、德國的「共同防範恐怖主義中心」與英國的「聯合恐怖主義分析中心」等。首先，法國由總理親自主持一個中央層級的反恐跨部會會議，並由反恐協調單位協助該會議的運作，在反恐跨部會會議成立後，法國中央層級的部會（例如：內政部、外交部、國防部、警政署、警察機關等）皆定期集會研商、報告與檢討國內外的反恐情勢與因應策略，藉此高層會議的方式提升法國打擊恐怖主義的能力。

其次，德國國家安全機構去中央化的思想是在二次大戰之後萌發，當時是為了要防止一個中央機構持有太多的資訊與掌握過大的權力，警察事務被視為是邦政府的職權，執法的權限歸屬十六邦刑事警察局，而聯邦刑事警察局的權力仍受限制。911 事件後；德國聯邦政府為了要克服聯邦刑事警察局無法掌握全聯邦的警察事務與掌握邦刑事警察局的障礙，因此嘗試將執法與情報機構的功能中央化。德國前聯邦內政部長徐立（Otto Schily）於 2004 年 12 月於柏林建立一個情報中心（即共同防範恐怖主義中心），所有聯邦與邦階層的情報與執法機構主管都應出席情報中心，藉此以將反恐資源逐漸地集中，以提高反恐效率。(79)

再者，英國反恐功能中央化的行動表現在：1. 設立國家協調員（National Coordinator）的職位，由大都市警察首長出任，負責協調全國執法機構的偵查行動，然而只有在當地警察首長同意的情況下才可行之；2. 在內閣辦公室內設立安全與情報協調員（Security and Intelligence Coordinator），負責監督英國國內反恐行動的推展，並向首相提供反恐建議。(80)而 2003 年所設立的「聯合恐怖主義分析中心」更結合了英國所

(78) Available from: http://www.mod.uk/DefenceInternet/AboutDefence/WhatWeDo/SecurityandIntelligence/DIS/. (Accessed 18.08.2007)

(79) Michael Jacobson: The West at War-U.S. and European Counterterrorism Efforts, Post-September 11, Washington: the Washington Institute for Near East Policy, 2006, pp. 38-39.

(80) Ibid., p. 40.

有情報蒐集與執法單位的資源，而成為英國反恐的有利工具。

## 第二節　歐盟內部反恐網絡：會員國與歐盟機構互動層面

如本書前幾章的介紹，歐洲層面的反恐機構與輔助機制皆已慢慢成熟，然其功能是否能夠確實發揮皆有賴於會員國相關機關的配合，假使歐盟會員國在法律層面與執行層面能夠與歐洲反恐機構互動良好，那麼歐盟整體的反恐效果必能彰顯，反之，則效果不彰。本節將以歐盟會員國與歐洲警政署、歐洲司法合作署與申根資訊系統的互動關係為例，探討歐盟內部反恐網絡的實際運作情形、成果與問題。

### 一、會員國與歐洲警政署的互動

儘管歐洲警政署的重要職責之一為分析歐盟會員國提供的資料，但是，911 攻擊事件之前，歐盟會員國並不願意提供資料給予歐洲警政署。隨著各項國際重大事件的發生以及 2001 年 9 月 21 日的歐洲特別高峰會議重申歐洲警政署的反恐功能後，歐洲警政署開始逐漸地增加其職權。2006 年歐洲執行委員會提案讓歐洲警政署負責的犯罪項目擴張到所有的重大犯罪、建立更多資料庫與設置監控軍事伊斯蘭主義的網站等，但仍不得擁有逮捕犯人的權力。除此之外，更重要的是，歐洲警政署預算改由歐洲共同體支付，不再由歐盟會員國負責。[81]雖然，歐洲警政署的職權逐步擴增，但是，歐洲警政署公約第 4 與第 5 條卻賦予歐盟會員國不願將資料傳輸給歐洲警政署的正當性。[82]當歐盟會員

---

[81] David Spence: Introduction: International Terrorism- The Quest for a Coherent EU Response, in: David Spence (ed.): The European Union and Terrorism, John Harper Publishing, UK, 2007, p. 14.

[82] 根據歐洲警政署公約第 4.4 條，國家單位的責任是由國家單位本身主動發起或接收歐洲警察署的請求，提供與更新歐洲警政署必要資訊與情報；並負責國內資料與歐洲警政署資料相互交換。第 5 條則規定會員國聯絡官在不違背上述條款之下行使職權。

國認為其國家利益比歐洲警政署的利益更為重要時，歐盟會員國可以保留資訊。這項規定使歐盟會員國得以選擇性地給予歐洲警政署資料，使歐洲警政署諸多資料庫的完整性受到懷疑。歐洲警政署情資來源主要倚仗歐盟會員國的情報單位，這造成資料來源受限的問題。如此一來，一些牽涉到第三國的敏感資訊，歐盟會員國基於維護與第三國雙邊友好關係的考量，拒絕將資料交付給歐洲警政署，這間接導致歐洲警政署反恐資訊的不完整。再者，雖然歐洲警政署本身亦與第三國和國際組織簽訂合作協定，以反恐合作的角度來看是佔有優勢，可惜的是，協定之內容僅與部分國家或國際組織協議交換個人資料，因此，歐洲警政署的資料庫中，可能未掌握到重要情資，而削弱其反恐的能力。

在歐盟的反恐機制中，歐洲警政署反恐功能受到限制的主要原因是歐洲警政署本身並無自主調查或逮捕的權力，同時歐洲警政署也非最終決策機構，因此，不論是實際執行的反恐行動或相關政策的制訂，歐洲警政署都無法直接參與，而不能發揮決定性的影響力。再者，歐洲警政署資料來源受制於歐盟會員國也是限制歐洲警政署在反恐議題發揮功能的限制，唯有大幅取得歐盟會員國聯絡官與國家單位的信任，並改善資料交換的形式和內容，才能改善歐洲警政署現在所面臨的困境。

在歐盟反恐領域中，歐洲警政署協調各歐盟會員國相關機構的功能也被證實是一項困難的任務。有部分原因是由於各歐盟會員國政治、行政與司法架構的不同，導致有效的資訊分享與協調工作上的障礙。此外，歐洲警政署面臨到反恐領域在各歐盟會員國中有不同的職權機構負責的問題。一些歐盟會員國是由警察機關處理反恐事務，一些歐盟會員國則是由情報機構所負責；然而，情報與警察機關間的合作有其困難性，這是由於這兩種機構負責處理不同類型的資訊：警察機關傾向於注意嫌疑犯的特定資訊，以進行逮捕的動作；而情報機構則注意更廣泛的資訊。另外，在歐盟內，警察與情報機構的合作受到歐盟會員國文化與語言差異的影響而更為複雜，例如：歐洲警政署接收的所有反恐資訊必須翻譯成二十三種語言，才可以傳送至歐盟會員

國的國家機構。㉘

　　對於歐洲警政署的未來，歐盟會員國間亦未達成共識：奧地利、
比利時與荷蘭期望歐洲警政署擁有像美國 FBI 的獨立調查機構角色；
但是德國、法國、義大利、西班牙與英國則反對這樣的發展，而寧可
讓歐洲警政署維持一個協調機構的角色，並將調查的權限仍保留在國
家機構中。㉙ 2007 年由於引進了所謂的資料自動下載器（Automatic
Data Loaders），歐洲警政署資訊系統儲存的資料項目增加了 80%，但
至 2008 年 5 月止僅德國、荷蘭、丹麥、西班牙與比利時五個國家使用
自動下載系統；英國由於系統相容性的問題仍無法使用自動下載系
統，其他歐盟會員國則是由於應傳輸至歐洲警政署資訊系統的資料類
型尚未定義完全而未使用自動下載系統。㉚

　　2006 年德國世界盃足球賽是歐盟會員國與歐洲警政署成功合作的
例子。德國以世界盃足球賽地主國的身分，要求歐洲警政署提供相關
安全資訊。在世界盃足球賽期間，德國聯邦內政部下設一個國家資訊
與合作中心（National Information and Cooperation Centre; NICC）；同
時，在聯邦刑事警察局下設立一個指揮中心（Command Centre;
LFC），而歐洲警政署則在上述兩個中心內各派遣兩名成員，扮演歐
洲警政署的聯絡官。這幾位歐洲警政署的聯絡官除負責搜尋與監控歐
洲警政署資料庫外，並負責維持所有組織犯罪與恐怖主義資訊交換管
道的暢通。除此之外，在歐洲警政署內亦設立一個行動支援小組（Op-
erational Support Team），該小組可以說是歐洲警政署與德國反恐機關
在世足賽期間的主要合作夥伴，藉由行動支援小組，歐洲警政署將其
在重大運動賽事中豐富的反恐經驗傳授給德國反恐機構，達到防範恐
怖攻擊的目的。㉛

㉘ Oldrich Bures: Europol's Fledgling Counterterrorism Role, paper presented at the WISC
　2008 Second Global International Studies Conference, 14.06.2008, pp. 8-9.

㉙ Ibid., p. 17.

㉚ House of Lords European Union Committee: Europol: Coordinating the Fight against
　Serious and Organized Crime, 29th Report of Session 2007-08, London : The Stationery
　Office Limited, paragraph 91.

## 二、會員國與歐洲司法合作署的互動

　　歐盟會員國間所建立的聯合調查團（Joint Investigation Team; JIT）是一個跨邊境犯罪調查的機制[87]，歐盟會員國設立聯合調查團的時機有二：第一、當歐盟會員國的刑事案件調查陷入困境並涉及其他國家時；第二、當歐盟會員國的刑事案件調查涉及多國，而需要協調時。[88]歐洲司法合作署與聯合調查團的關係相當密切，就性質而言，兩者都是協調歐盟會員國處理涉及兩國以上的刑事案件調查，因此，歐洲司法合作署在聯合調查團中的角色也足以解釋其除了在正規架構下協助歐盟會員國進行司法合作之外，在實際的調查工作上亦有其貢獻。聯合調查團通常有許多歐盟會員國參與，因此面臨的問題極為多樣，例如：人力、資源、語言、文化與調查技術等問題，都有待解決。[89]另外一個造成聯合調查團運作困難的原因為召開聯合調查團需要許多時間和金錢進行協調與整合，許多歐盟會員國缺少經費，因此便不將聯合調查團視為調查跨國案件的另一選擇。因此，歐盟會員國組織聯合調查團次數不多，此亦間接影響歐洲司法合作署與歐盟會員國進行司法合作的可能性。[90]

　　調查乃是歐盟會員國國內法的權限，僅能交由歐盟會員國的相關單位進行。[91]因此歐洲司法合作署的權責並無任何調查或起訴的權

---

[86] Available from: http://www.europol.europa.eu/index.asp? page=news&news=pr060608. htm. (Accessed 11.03.2009)

[87] Michael Plachta: Joint Investigation Teams: A New Form of Investigational Cooperation in Criminal Matters, in: European Journal of Crime, Criminal Law and Criminal Justice, Vol. 13/2, 2005, pp. 287-289. Available from: http://www.eurojust.europa.eu/jit/jit_background_legal_basis.htm. (Accessed 23.02.2009)

[88] Council Framework Decision of 13 June 2002 on Joint Investigation Teams (2002/465/ JHA), OJ L 162, 20.06.2002, p. 2.

[89] Monika Helmberg: Eurojust and Joint Investigation Teams: How Eurojust can support JITs, in: ERA Forum, 2007, p. 247.

[90] Available from: http://www.eurojust.europa.eu/jit_historical_background.htm. (Accessed 13.01.2009)

[91] Steve Peers: EU Response to Terrorism, in: The International and Comparative Law Quarterly, Vol. 52, No. 1, January 2003, p. 240.

力，而僅具有在聯合調查團中扮演協調與協商的角色，此外，歐洲司
法合作署的案例管理系統亦能在第一時間提供聯合調查團合適的參考
案例。[92]儘管歐洲司法合作署能夠提供上述的服務，但是調查案件的
主導權仍取決於歐盟會員國本身。由於司法資料常被歐盟會員國視為
不可外流的資訊，若歐盟會員國不願提供的話，歐洲機構仍須尊重歐
盟會員國的決定，因此，歐洲司法合作署的資料來源（與歐洲警政署
相同）皆受到限制。

　　歐盟會員國進行逮捕恐怖份子時，常需要其他國家之調查結果與
情報協助，歐盟會員國通常會先聯絡可以提供必要資訊的國家，一旦
遭受到拒絕，便要求歐洲司法合作署進行協調。歐洲司法合作署在這
些涉及多國或非歐盟國家的案例中，更能發揮其協調的功能，並判斷
當爭議發生時，集合各國專家尋求最佳的調查與起訴方案。＜圖12-5＞
指出法國要求召開協調會議的次數於 2007 年達到十六次，為二十七個
歐盟會員國中次數最多的會員國，顯示法國與歐洲司法合作署的合作
非常密切與積極。

## 三、會員國與申根資訊系統的互動

　　根據「申根協定執行公約」的規定，申根會員國可跨邊境追捕嫌
疑犯，但程序相當複雜，且不夠透明，例如：犯罪的類型與界定因國
而異，所以，一名警察在執行追捕之前必須查閱鄰國法規，這都導致
跨境追捕並非各申根會員國警察常會考慮的選擇。以德國為例，2003
年德國警察至其他申根會員國進行跨境追捕的案件僅有十四例。[93]然
而，申根資訊系統提供申根會員國許多資訊，協助申根會員國執行警
察、司法與邊境管制合作。例如：愛沙尼亞與捷克自 2007 年 9 月與申
根資訊系統連線後，即尋獲許多失竊的汽車、失蹤人口與通緝犯等
（請參見本書第 434 頁）。

---

[92] Monika Helmberg, op. cit., pp. 248-249.

[93] Richard Crowe: The Schengen Acquis in Police Cooperation: Implementation in an en-
　　larged Europe, Academy of European Law (ERA), Trier, 15-16.03.2005, p. 11.

<圖 12-5 ＞歐盟會員國請求歐洲司法合作署召開協調會議之統計

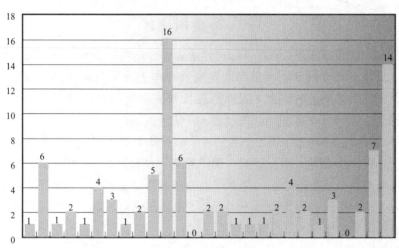

資料來源：Eurojust: Eurojust Annual Report 2007, p. 22.

## 第三節　歐盟對外反恐網絡：跨大西洋層面

　　美國認為與歐盟合作打擊恐怖主義極為重要，其原因有二：第一、美國決策者視恐怖主義為冷戰後的全球安全難題，而需國際合作來解決；第二、美國長期以來認為歐盟承擔太少的全球安全責任，因此美國希望在打擊全球恐怖主義上歐洲能夠承擔更多的責任。[94]尤其在 911 事件後，歐美召開高峰會議、官方論壇、國際會議與互派執法人員以增加雙邊反恐合作的效益；再者，歐盟與北約的安全合作架構中，反恐與反大規模武器擴散皆為重要的合作議題：最後，在聯合國與 G8 架構下，歐美亦積極尋找反恐的合作機會。綜合而言，歐盟跨大西洋架構下，與美國反恐的合作共可分為「華盛頓途徑」、「北約途

---

[94] Wyn Rees: Counter-Terrorism Cooperation: The New Imperative, London/New York: Routledge, 2006, p. 41.

徑」與「聯合國與 G8 途徑」，茲分別敘述如後。

# 一、華盛頓途徑

「華盛頓途徑」意指「歐盟透過會議、論壇與交流的方式與美國建立反恐合作關係」。然而歐美反恐合作上出現很明顯的「誠意不足，若即若離」的現象，其原因在於雙方不同的反恐思維。如＜表12-1＞所示，美國強調「先發制人、使用武力與以牙還牙」的反恐思維與歐盟的「外交、司法與合法性」的想法截然不同；此外美國執行反恐的「4D戰略」與歐盟的「3P1R戰略」亦有差異。不過，雖然雙方有著不同的反恐觀念，但是合作反恐亦是積極進行，綜合而言，歐盟與美國的反恐合作管道有下列三種：歐美高峰會、司法對話與邊境與運輸安全合作等。

## （一）歐美高峰會

美國是歐盟重要的戰略夥伴，雙方基於自由、民主與尊重人權等原則，而建立穩固的溝通平台，並增加雙邊的共識進而促進世界的繁榮。歐美年度高峰會的議題廣泛，從跨大西洋經貿議題、能源安全、邊境安全管理、國際情勢的意見交換，乃至恐怖主義與反大規模武器擴散的合作，均為高峰會討論的要點。而歐美高峰會由美國總統、歐盟輪值主席國首長和歐洲執行委員會主席等高層領導人組成，是一個定期檢視雙邊合作的成效與尋求共同合作辦法的平台。⑨⑤

911 事件發生後六個月，美國開始與歐洲就打擊恐怖主義合作事宜進行討論。2002 年 5 月 22 日起，歐美高峰會遂成為雙邊討論反恐合作的最佳平台。首先，雙邊加強警察與司法合作，互派聯絡官，並促使歐洲警政署與美國加速簽定資料交換協定。其次，雙方共同合作分析恐怖主義的威脅，並密切監控資助恐怖主義的嫌犯和集團，並協議制訂目標恐怖份子與團體的名單。最後，為了讓恐怖份子與其他罪犯伏

---

⑨⑤ Raymond Ahearn, et al.: US-European Union Relations and the 2007 Summit, in: CRS Report for Congress, Order Code RS22645, 14.05.2007, p. 6.

## ＜表 12-1 ＞歐盟與美國反恐思維與政策比較

| | 歐盟 | 美國 |
|---|---|---|
| 反恐思維 | ・以外交與司法途徑解決恐怖主義問題<br>・強調反恐行動的合法性 | ・先發制人策略<br>・使用武力打擊恐怖主義<br>・以牙還牙 |
| 反恐機構 | ・歐洲警政署<br>・歐洲司法合作署 | ・國土安全部<br>・聯合反恐任務小組 |
| 反恐戰略 | ・歐盟反恐戰略 | ・2002/2006 美國國家安全戰略<br>・2003/2006 國家反恐戰略 |
| 反恐戰略的內容 | 3P1R 反恐戰略：<br>預防（Prevent）、保護（Protect）、追捕（Pursue）與反應（Respond） | 4D 反恐戰略：<br>打擊（Defeat）、拒絕（Deny）、削弱（Diminish）與保衛（Defend） |
| 通聯資料* | 不需司法授權即可取得，並得用於所有偵查中 | 除涉及恐怖主義之案件外，其他案件皆需司法授權才能取得 |
| 通聯資料的保留期限 | 通訊業者須將所有通聯資料保留 6 至 48 個月 | 無相關政策 |
| 乘客訂位紀錄的取得 | 計劃對所有運輸業者要求提供乘客訂位紀錄 | 外國運輸業者須提供乘客訂位紀錄 |

* 通聯資料包括電話、網路瀏覽記錄與手機通話地點等。
資料來源：作者自製，資料參考自： (1) Gus Hosein: Threatening The Open Society: Comparing Anti-Terror Policies And Strategies In The U.S. And Europe, Privacy International, Dec. 13, 2005, p. 3; (2) David T. Armitage: US and EU Efforts to Fight Terrorism: Same Ends, Different Means-Or Same Means, Different Ends? European Union Studies Association Conference, May 17-19, 2007, Montreal, Canada, p. 4.

法，歐盟與美國同意就雙邊司法互助與引渡嫌犯的協定進行協商，讓歐美之間打擊恐怖主義的合作政策趨於完備。[96] 2003 年 6 月 25 日歐美高峰會簽定有關雙邊警察與檢察官共同打擊與起訴恐怖份子協議。雙邊亦討論美國所提出之維護國土安全的「貨櫃安全倡議」（Container Security Initiative; CSI），美國期望將這個安全倡議適用到歐洲國家與其他國家，藉以防堵恐怖份子利用海運偷渡高危險性物品進入美國。[97]

　　在反恐實務中，美國與歐盟發展了許多國際規範，例如：文件安

---

[96] U.S.-EU Summit: Counterterrorism Cooperation, available from: http://useu.usmission. gov/Article.asp? ID=322706B5-6F58-4747-B75B-8E21FD692784.(Accessed 27.08. 2009)

[97] Available from: http://useu.usmission.gov/Article.asp? ID=D5E1D3B2-DCAC-44B5-AC5D-929900A883DC. (Accessed 30.08.2009)

全、乘客資料、反洗錢等。雙方不只強化自身安全，也激勵了國際合作。在政治領域中，跨大西洋國催促國際共同體強化邊境安全，增強法律協助與簡化國際引渡過程。在防止核武擴散上，美國與歐洲的步調越來越一致。自伊拉克戰爭起，歐盟更關注反核武擴散的問題，其作法包括將反核武擴散議題列入與第三國的協定中，並且將反核武擴散的議題與援助政策或貿易政策綁在一起。歐盟這種作法不僅說明了歐盟有關大規模毀滅性武器的策略，並且也顯示了在這方面與美國的立場更加接近。

國際貿易是歐盟與美國用來影響第三國政策的工具。美國對那些資助恐怖主義的國家立即實施貿易制裁，歐盟則較晚採取這種制裁措施，但最近幾年，歐盟在國際貿易的實力使其更有能力對其他國家施加壓力。2004 年 3 月歐洲高峰會明示：歐盟必須將反恐條款納入與第三國的協定中[98]，此外歐盟亦強調「貧窮促使恐怖主義激進思想的滋生」，因此減少貧窮，在歐洲人眼裡就是打擊恐怖主義的方法。[99]

## （二）司法對話

歐盟與美國之間除了政策層面的合作外，機構合作亦是雙邊合作的重心，其中又以「司法對話」（Justice Dialogue）與「邊境與運輸安全政策對話」（Policy Dialogue on Borders and Transport Security; PDBTS）最為重要。[100]

自 1998 年起，美國司法部（US Department of Justice; DOJ）與歐洲執行委員會司法與內政事務總署（Directorate General Justice and Home Affairs; DG JHA）已互派代表進行雙邊司法對話，這項對話是新大西洋議題（New Atlantic Agenda; NTA）的合作項目之一，但仍為一個半自主的對話平台。隨著歐盟司法與內政事務權限的擴增，以及共同司

---

[98] Wyn Rees, op. cit., p. 134.

[99] Wyn Rees, op. cit., p. 135.

[100] Fraser Cameron: Transatlantic Relations and Terrorism, in: David Spence (ed.), op. cit., 2007, pp. 124-125 & p. 135.

法程序（Common Judicial Procedure）與歐洲司法合作署及歐洲警政署的設立，美國自 2002 年開始，除了原本的人員交流會議，還額外每半年舉辦二次部長層級的司法對話會議，這些司法對話會議是發展雙邊法律互助關係的基礎。[⑩]

　　在歐美的司法合作程序中，資料保護是重要的討論內容。雖然歐盟與美國間並無正式的資料共享協定，但是，歐盟試著與美國建立打擊國際犯罪的緊密關係，歐洲警政署在 911 事件後，已協助美方交互核對恐怖組織或嫌疑犯撥至歐洲的電話號碼。2001 年 12 月 6 日，歐洲警政署與美國簽訂一項合作協定，與美國交換技術資訊[⑩]，然而尚不准許個人資料的交換。[⑩] 2002 年西班牙擔任歐盟理事會輪值主席期間，歐盟與美方在犯罪問題上擴大司法合作，包括具有政治敏感性的引渡議題。歐洲警政署或歐洲司法合作署與美國簽定可交換個人資料之協定後，歐盟公民的資料可經由歐洲警政署提供給美國，進而輾轉提供給其他國家或國際組織。

## （三）邊境與運輸安全合作

　　邊境運輸安全對話機制成立於 2004 年初，是美歐合作機制中特別的論壇。2004 年 4 月首次會議由美國運輸與邊境安全次長（Under Secretary for Transport and Border Security）與歐洲執行委員會司法與內政事務的官員共同主持，與會人員包括歐盟反恐協調員、歐盟理事會輪值主席、歐洲執行委員會官員、美國國土安全部與司法部官員等，屬於高層級的歐美合作論壇。在這個論壇形式的邊境運輸安全對話機制中，因為與會者包括部長層級的官員與各相關之歐盟或美國的部會官員，因此官員們透過會議、電話或電子郵件的聯絡方式，在處理像是乘客姓名紀錄等議題時，便可以在非官方的形式上進行溝通與協商，是一個相當成功的歐美合作平台。而實際上，邊境運輸安全對話政策

---

[⑩] Ibid., pp. 135-136.
[⑩] 包括恐嚇情報、犯罪模式、走私路線與犯罪資金的凍結名單等。
[⑩] 個人資料意指：人名、地址、相片、嫌疑犯的犯罪紀錄與相關的證人等。

的溝通內容亦有擴溢的效應，雖然該論壇為非官方形式，但因為與會者的層級相當高，所以可影響部會雙方邊境安全政策的決策，歐盟與美國乃利用這個合作機制，通過許多邊境安全政策。⑭

## 二、北約途徑

後冷戰時期北約逐漸轉變成一個軍事與民事雙重色彩組織。具有明顯的反恐能力與功能。2002 年北約布拉格高峰會賦予北約打擊恐怖主義的任務，得以軍事力量對抗外來的恐怖攻擊以保護公民、國土與部隊。在布拉格高峰會議中，北約訂出了下列幾項未來打擊恐怖主義的策略⑮：以新軍事防衛概念對抗恐怖主義、對抗恐怖主義夥伴行動計劃、五項反核生化武器倡議⑯、加強民事防衛（包括民事危機管理行動計劃）、與其他國際組織合作、加強北約網路防衛系統（包括與各國重要的資訊聯絡系統聯繫）與提升情資交流等。

除了上述戰略要點之外，北約亦在布拉格會議中同意設立一個「布拉格能力委員會」（Prague Capabilities Committee; PCC），負責改良北約的架構與建構一支北約反應部隊（NATO Response Force; NRF）。該北約反應部隊於 2004 年 10 月成立，約 17,000 名士兵，具有快速整合的機動性並可執行三十天左右的任務，任務範圍包括人道救援、撤退、災害處理與打擊恐怖主義等。⑰

對於打擊恐怖主義，北約具有兩項特殊功能：第一、當北約會員國選擇使用軍事部隊來打擊恐怖主義時，北約扮演支持與協調的角色。北約國防部長在北大西洋理事會（North Atlantic Council; NAC）的

---

⑭ Fraser Cameron, op. cit., pp. 138-140.

⑮ Heads of State and Government participating in the meeting of the North Atlantic Council Prague: Summit Declaration, Prague, 21 November 2002, point 4. Available from: http://www.nato.int/docu/pr/2002/p02-127e.htm. (Accessed 31.08.2009)

⑯ 其為：1.可調度核生化武器實驗室；2.核生化反應團隊；3.模擬核生化武器防衛中心；4.北約生化武器防衛儲存庫；5.災難監控系統等。

⑰ Natalia Touzovskia: EU-NATO Relations: How Close to "Strategic Partnership"?, in: European Security, Vol. 15, No. 3, September 2006, p. 243.

政治指揮下責成北約籌備一項「反恐軍事計劃」（Military Concept against Terrorism）。北約這項新功能在 2002 年 11 月的布拉格（Prague）高峰會議中獲得批准，一般稱之為「472 軍事計劃」（Military Concept 472），為北約如何使用軍事力量來對抗恐怖組織提供指導方針；第二、北約支持任何受到恐怖攻擊的受害國：北約利用 1998 年成立的「歐洲－大西洋災難反應協調中心」（Euro-Atlantic Disaster Response Coordination Centre）來發揮其援助功能，該協調中心由 8 人組成，但在危機發生時，又擴增至 40 人，其主要的任務在於調和並增進北約會員國與夥伴國家對災難事件的反應能力。911 事件後，美國指出恐怖份子有可能獲得大規模毀滅性武器，並對北約產生威脅，因此，北約於 1999 年重新整編北約總部內的大規模毀滅性武器中心（WMD Centre at NATO Headquarters）。該中心的主要任務在於，促進北約會員國安全資料的交流，並且指揮、計劃與調和北約會員國的民事緊急應變措施；第二、將北約的活動全球化（To Globalize the Activities of the Alliance）：恐怖主義是沒有地理疆界的特質，使美國認為北約必須具有絕對的指揮與行動能力，才能解決世界各地的安全威脅。美國堅稱：「只有當北約具備干涉區域衝突（中亞或中東）的能力時，北約才能夠維持它的重要性。」

## 三、聯合國與 G8 途徑

　　歐盟與美國一直主動透過聯合國散佈其已達成之反恐規範，使跨大西洋反恐政策能受到更廣泛的支持。1990 年代聯合國提出十二項有關打擊恐怖主義威脅的國際公約，建立反恐與打擊組織犯罪的國際標準（International Standards），包括維護國際運輸、管理危險性原料、管制槍砲與監控恐怖份子的金錢流通等。2004 年 4 月共有四十一個國家加入了所有十二項公約，這種集體合作共同打擊恐怖主義的發展，正是跨大西洋聯盟的最終目標。⑩⑧

---

⑩⑧ Ibid., p. 130.

　　但是，基本上歐盟與美國認為要透過聯合國架構來打擊恐怖主義是很困難的，因為聯合國大會中許多國家對於恐怖主義的議題存有不同的看法，這個核心問題導致國家間缺乏一個統一的恐怖主義定義，或是無法清楚界定恐怖組織的型態，而難以達成其既定的反恐政策與目標。911事件增加了聯合國打擊恐怖主義的政治意願，2001年9月28日聯合國通過1373號決議案（Resolution 1373），強調恐怖主義是國際和平與安全的威脅。該決議案特別表示所有用來支持恐怖活動的資金為非法財源，並委請聯合國會員國政府迅速通過監管恐怖份子財源的國內立法。同時，該決議案亦呼籲各國應拒絕提供避難所給恐怖組織，並建立一個「反恐委員會」（Counter Terrorism Committee; CTC），負責監督簽約國與處理簽約國對抗恐怖主義的報告。毋庸置疑地，這是邁向反恐政策全球化（Globalizing Policy on Countering Terrorism）的重要一步。

　　而G8並非複雜的組織，它沒有總部，也沒有秘書處。G8是一個非正式的、創新的架構，使領導人可以討論共同事務。[109]在911事件前，跨大西洋盟國利用G8來推行一個「廣泛反恐議程」（Broad Counter-Terrorism Agenda），號召各國政府制訂反恐法規。1995年12月渥太華（Ottawa）會議，歐洲國家與美國極力推行一些反恐措施，以防範恐怖份子的行動，其中包括促進情報共享與提升化學、生物學與核子技術安全性等。911事件後，G8更加注意恐怖主義問題，其主要貢獻為：其一，在內部安全領域中，G8司法與內政部長會議扮演重要角色，這個會議成為G8會員國討論內部安全議題的論壇，其討論的重點為國際恐怖主義的威脅等[110]；其二，在外部安全領域中，G8專注於終止核子武器的擴散。[111]另一個G8常常被忽略的工作，就是它監督國際財政系統的完善，和防止非法資金的洗錢。

　　G8將焦點擺在三個重要的議題上：全球財政系統的監督，非法資

---

[109] Ibid., p.48.

[110] Wyn Rees, op. cit., p.50.

[111] Wyn Rees, op. cit., pp.49-50.

金的使用與提供反恐的專門知識給其他國家同時吸引更多國家加入反恐合作系統。911事件後 G8 財政部長同意凍結恐怖組織的資金，並以這項倡議為基礎，鼓勵其他國家效法。2001年10月底，G8在華盛頓舉行「財政行動專案小組」（Financial Action Task Force; FATF）緊急會議，並將「財政行動專案小組」的權限擴及打擊恐怖主義。2005 年 7 月共有150個國家響應凍結可疑恐怖組織的資產，大約有 1 億 4 千 7 百萬美元被凍結，6 千 5 百萬美元被扣押。⑫除此之外，G8亦推行專門資助方案，協助貧窮國家建立自主經濟能力，並支持貧窮國家對抗恐怖主義威脅，以達到反恐全球化的目標。

## 結論

　　當美國在 2001 年受到由蓋達組織所發動的 911 恐怖攻擊行動之後，世界各國紛紛建立新的反恐機制以因應恐怖組織全球化的威脅。在各種型態的恐怖主義中，影響最鉅的莫過於跨國恐怖組織，其成員分佈在不同的國家，資金來源亦相當複雜，這和以往由國家資助的恐怖組織相比，更難以察覺與防堵。而其培訓主要攻擊成員的訓練基地也分散在歐洲或東南亞，以蓋達組織為例，其觸角已涵蓋北非、波斯灣地區、中亞與東南亞的秘密基層單位與相關團體，因此跨國的反恐情報流通與反恐網絡的建立對於打擊恐怖主義意義重大。⑬基本上，歐盟的對內與對外反恐網絡已經漸趨完整（參見＜圖 12-6 ＞），在歐盟對內反恐網絡中，歐盟機構與歐盟會員反恐權責單位的互動頻繁，亦逐漸推出許多有關資訊交換、協調調查與聯合追捕嫌犯的制度，歐盟會員國計劃透過彼此間的警察與司法合作共同打擊恐怖主義，這將有助於提升未來打擊恐怖主義的成效。而歐盟的反恐夥伴數目亦日益增加，歐盟不僅與個別國家合作反恐，而且與重要的國際組織亦有反恐聯繫，這種發展使得歐盟對外反恐網絡日顯活絡，更奠定了結合國

---

⑫ Wyn Rees, op. cit., p.140.
⑬ Ulrich Schneckener, op. cit., p. 78.

<図 12-6 >歐盟內外反恐網絡圖

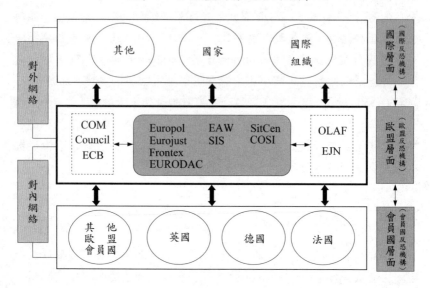

資料來源：作者自繪，2010 年 9 月 6 日。

際力量共同打擊國際恐怖主義的基礎。

　　準以此觀，歐盟的反恐網絡分為對內與對外兩種系統：對內網絡系統由歐盟與歐盟會員國的反恐機構組合而成；對外網絡系統則是由歐盟反恐機構與其他國家或國際組織建構而成。在對內反恐網絡方面，目前歐盟與其會員國都有自己的反恐專責機構，這些歐洲層面與歐盟會員國層面的反恐機構可以說是歐盟反恐內部網絡的基礎。因此，如果這些反恐機構能夠充分合作（例如：資料交流、情報互通、聯合緝捕等），當可發揮打擊恐怖主義的功效。但是由於歐盟會員國仍堅守「內政主權不可侵犯原則」，因此仍各自主張絕對的警察與司法權。除此之外，歐盟會員國亦擔心如果過度服膺歐盟機構的領導，則有「超國家組織吞食國家主權」並使歐盟會員國喪失內政主權的憂慮。這些歐盟會員國政府的心理障礙使歐盟與其會員國，或歐盟會員國間的反恐合作空間變得狹窄。因此，若要加強歐盟內部安全並有效地打擊恐怖主義，則應調和主權意識與超國家意識的衝突，唯有當歐

盟會員國能夠軟化其內部主權的堅持，並願意釋出其警察與司法主權後，才能加深與擴大歐盟內部的反恐合作，那麼目前所建構的內部反恐網絡才能發揮其功效。

在對外反恐網絡方面，歐盟視國際合作為打擊恐怖主義的必要途徑。截至目前為止，歐盟對外反恐網絡有所謂「跨大西洋化」的傾向，這也就是說，跨大西洋間的反恐合作是歐盟的第一選擇，美國或北約則是歐盟首要的合作夥伴。自 911 事件後，歐盟與美國間的反恐對話頻繁，期間也建立許多歐美雙邊反恐機制。隨著時間的演進，歐美雙方在反恐合作的質與量上皆有顯著的成長，為歐盟對外反恐網絡奠立了良好基礎。不過，歐美反恐網絡系統卻有其脆弱性，因為歐美雙方對於恐怖主義的界定存有本質上的嚴重差異：歐盟國家認為恐怖主義只是一種犯罪行為，所以應以司法手段解決；美國則視恐怖主義為一種對全球安全與（美國）國家利益的嚴重威脅，必須以先發制人的強硬手段（包括使用武力）予以鎮壓。這種意識型態上的差異，使得歐美雙方在反恐行動上不能齊心協力，2003 年討論如何解決伊拉克問題時，歐美雙方就在這種「司法途徑」或「軍事手段」的選擇遊戲中，怒目相視，針鋒相對，此即明顯的例子。因此，如何克服這種因價值差異而導致合作困難的障礙，是強化歐盟外部反恐網絡的關鍵所在。

# 參考文獻

## 一、官方文件

Consolidated versions of the Treaty on European Union and the Treaty on the Functioning of the European Union Charter of Fundamental Rights of the European Union, OJ C 83, 30.03.2010.

Council of the European Union: 2008 EU-US Summit Declaration Brdo, Slovenia, 10562/08 (Press 168), Brdo, 10.06.2008.

## 二、書籍

Donohue, Layra K.: Britain's Counterterrorism Policy, in: Zimmermann, Doron/Wenger, Andreas (eds.): How States Fight Terrorism—Policy Dynamics in the West, Colorado/London: Lynne Rienner Publishers, 2007, pp. 17-58.

Jacobson, Michael: The west at War-U.S. and European Counterterrorism Efforts, Post-September 11, Washington: The Washington Institute for Near East Policy, 2006.

Mauer, Victor: Germany's Counterterrorism Policy, in: Zimmermann, Doron/Wenger, Andreas (eds.): How State Fight Terrorism—Policy Dynamics in the West, Colorado/London: Lynne Rienner Publishers, 2007, pp. 59-78.

Parmentier, Guillaume: France, in: Yonah, Alexander (ed.): Combating Terrorism, Strategies of ten Countries, Ann Arbor: The University of Michigan, 2002, pp. 45-71.

Rees, Wyn: Transatlantic Counter-Terrorism Cooperation: The New Imperative, London/New York: Routledge, 2006.

Schneckener, Ulrich: Germany, in: Yonah, Alexander (ed.): Counterterrorism Strategies, Successes and Failures of Six Nations, Washington, D. C.: Potomac Books Inc., 2006, pp. 72-98.

Taylor, Terence : United Kingdom, in: Yonah, Alexander (ed.): Combating

Terrorism, Strategies of ten Countries, Ann Arbor: The University of Michigan, 2002, pp. 187-223.

The Secretary of State for the Home Department: Countering International Terrorism: The United Kingdom's Strategy, July 2006.

Van de Linde, Erik: Quick Scan of Post 9/11 National Counter Terrorism Policymaking and Implementation in Selected European Countries, London/USA: RAND, 2002.

## 三、期刊論文

Ahearn, Raymond, et. al.: US-European Union Relations and the 2007 Summit, in: CRS Report for Congress, Order Code RS22645, 14.05.2007, pp. 1-6.

Bures, Oldrich: Europol's Fledgling Counterterrorism Role, paper presented at the WISC 2008 Second Global International Studies Conference, 14.06. 2008, pp. 1-28

Dworkin, Anthony: Beyond the "War on Terror": Towards a New Transatlantic Framework for Counterterrorism, in: European Council on Foreign Relations(ecfr.eu), Policy Brief, November & December 2008, pp. 1-16.

Gordon, Philip H.: NATO after 11 September, in: Survival, Vol. 43, No.4, Winter 2001/02, pp. 89-106.

Hosein, Gus: Threatening the Open Society: Comparing Anti-terror Policies and Strategies in the U.S. and Europe, Privacy International, 13.12.2005, pp. 1-58.

Jackson, Richard: An Analysis of EU Counterterrorism Discourse Post-September 11, in: Cambridge Review of International Affairs, Vol. 20, No. 2, June 2007, pp. 233-247.

Kuzmanov, Krassimir: Does NATO have a Role in the Fight Against International Terrorism: Analysis of NATO Response to September 11, in: Information & Security, An International Journal, Vol. 19, 2006, pp. 61-84.

Rees, Wyn: Transatlantic Relations and the War on Terror, in: Journal of Transatlantic Studies, Vol. 1, (1S), 2003, pp. 76-81.

Shapiro, Jeremy/Suzan, Bénédicte: The French Experience of Counter-terrorism, in: Survival, Vol. 45, No. 1, Spring 2003, pp. 67-98.

Touzovskia, Natalia: EU-NATO Relations: How Close to "Strategic Partnership"?, in: European Security, Vol. 15, No. 3, September 2006, pp. 235-258.

Toje, Asle: The First Casualty in the War against Terror: The Fall of NATO and Europe's Reluctant Coming Age, in: European Security, Vol. 12, No. 2, Summer 2003, pp. 63-76.

## 四、網路資料

Confronted Very Early with the Threat Of International Terrorism, France Has Set up A Prevention and Suppression System that has Proven its Worth. Available from: http://www.diplomatic.gouv.fr/en/france-priorities_1/terrorism_1944/index.html? var_recherche=terrorism. (Accessed 22.08.2007)

Country Profile: France Government and Politics. Available from: http://www.mongabay.com/reference/country_profiles/2004-2005/2-france.html. (Accessed 23.02.2009)

Bureau of Public Affairs: U.S.-E.U. Joint Statement on Closure of Guantanamo Bay and Future Counterterrorism Cooperation, 15.06.2007. Available from: http://www.state.gov/r/pa/prs/ps/2009/06a/124796.htm. (Accessed 13.08.2009)

Heads of State and Government participating in the meeting of the North Atlantic Council Prague: Summit Declaration, Prague, 21 November 2002, point 4. Available from: http://www.nato.int/docu/pr/2002/p02-127e.htm. (Accessed 31.08.2009)

Kerber, Frank: US-EU Cooperation on Counter Terror, http://www.unc.edu/depts/diplomat/item/2007/0406/kerb/kerberuseu.htmi. (Accessed 30.08. 2009)

The White House: National Strategy for Combating Terrorism, 02. 2003. Available from: http://www.whitehouse.gov/news/releases/2003/02/counter_terrorism/counter_t errorism_strategy.pdf. (Accessed 23.02.2009)

The White House: The National Security Strategy of the United States of America, 03. 2006. Available from: http://www.whitehouse.gov/nsc/nss/2006/nss2006.pdf. (Accessed 23.02.2009)

Traynor, Ian: EU and US Draw up Plans for New Counter-terrorism Regime, in: Guardian, 15.06.2009, http://www/guardian.co.uk/world/2009/un/15/european—union-us-obama-counter=terrorism. (Accessed 29.08. 2009)

U.S.-EU Summit - Counterterrorism Cooperation, available from: http://useu.usmission.gov/Article.asp? ID=322706B5-6F58-4747-B75B-8E21FD692784. (Accessed 27.08.2009)

# 第十三章　結論

　　綜觀歐洲統合的過程，維護內部安全是歐盟的重要目標，尤其是申根區域開放內部邊界允許人員自由流通後，歐盟會員國在面對犯罪問題日益嚴重的壓力下，逐漸採取集體合作的方式共同打擊犯罪，因此促使歐盟內部安全架構漸漸成熟且集體的內部安全合作措施亦慢慢活絡，這些皆是歐洲安全統合史上的重要發展。歐盟的安全治理（Security Governance）模式相當特別，在歐盟層面上，歐盟可以制訂類似國家刑法的「架構決定」（例如「歐洲逮捕令架構決定」）與類似國際法的「公約」（例如：歐洲警政署公約）等法令規章，但卻不具強制性；而在歐盟會員國層面上，會員國享有不小空間來討論這些歐盟內部安全法規與其國內法的相融性與合法性，最後，會員國仍得堅持其國家立場，而延遲執行或拒絕執行歐盟內部安全法規，在這種有限度自由的安全治理模式下，歐盟如何發揮保障內部安全的功能，是一項嚴峻的考驗。

　　在本書介紹的各項維護歐盟內部安全的機構與機制中，歐盟從法律面、制度面與機構面逐步建構完整的合作體系，儘管多數的法律制度或機構實際施行與運作的時間並不長，然而，近年來歐盟為了因應層出不窮之內外部威脅，業已在各個層級的會議中（例如：歐洲高峰會、歐盟理事會與歐洲執行委員會等）審慎思考與建構泛歐洲安全架構，其最顯著成果就是 2003 年所提出的「歐洲安全戰略」（European Security Strategy; ESS），這份文件詳細闡明歐盟目前面臨的幾項重大的外部安全威脅與其因應策略；有關內部安全上，歐盟則於 2010 年 2 月 23 日提出一項「內部安全戰略」（Internal Security Strategy; ISS），該文件中強調歐盟目前面臨的內部安全威脅為：「恐怖主義、重大犯罪、組織犯罪、走私毒品、網路犯罪、未成年人與兒童色情產品、經濟犯罪、貪污、武器走私與跨境犯罪」①，歐盟內部安全的議題隨著

科技與技術的日新月異，其種類型態與傳播方式皆逐漸多樣化、複雜化與速度化，是故，歐盟應該繼續擴大與加強現存有關內部安全的法律、制度與機構，這樣才能夠成功創造一個「自由、安全與司法區域」。也唯有如此，才能使規劃外部安全的「歐洲安全戰略」與規劃內部安全的「內部安全戰略」的戰略思想相結合，共同形塑一個既自由且安全的歐洲。

　　歐盟自 1990 年代起陸續建立體制內的司法與內政機構，例如：歐洲警政署、歐洲司法合作署與歐洲邊境管理署等，其內部均設立許多專職反恐與打擊組織犯罪的工作小組，透過這些多樣化的執法與司法機關，以執行保障歐盟內部安全的各項防護工作。這些機構的工作內容包括了未來情勢分析與定期成果報告等；此外，歐洲警政署、歐洲司法合作署與歐洲邊境管理署間亦有密切的聯繫，尤其是歐洲警政署與歐洲司法合作署間，不僅有合作協議明確規範雙邊業務往來，在歐盟會員國實際合作辦案的聯合調查團中，兩者均發揮協調歐盟會員國的功能且兩者對於資訊交換的合作亦甚為密切。

　　除了機構層面外，歐盟近年來亦陸續推出許多立意良好的機制，例如：已發展至第二代的申根資訊系統、歐洲逮捕令、資產凍結指令、DNA 與指紋資料庫與共同護照等，積極致力於協助歐盟會員國逮捕嫌犯、打擊恐怖主義與管理入出境人員，以避免無疆界的申根區域成為犯罪或嫌犯藏匿的天堂；並協助提升會員國犯罪破案率，以遏止安全威脅擴大。最後，歐盟內部安全機構除了發展彼此間或與歐盟會員國相關機構間的合作關係外，亦與第三國或國際組織進行資訊交換合作，特別是與美國的合作更是重要。除此之外，歐盟與聯合國、北約與 G8 亦設立許多合作管道，而歐盟會員國絕大多數亦同時加入聯合國與北約，此一特色實有助於歐盟與其他國際組織建立一致的反恐立場，並且在建立安全制度上較無歧見。在歐盟諸多反恐的官方文件中，歐盟常特別註明「須遵守聯合國決議文」等字樣，這充分反映出

---

① Council of the European Union: Draft Internal Security Strategy for the European Union: "Towards a European Security Model", Brussels, 23.02.2010, p. 2.

歐盟並無刻意創造特立獨行政策的意圖，而是盡量在多邊的架構下謀求與各方進行密切的合作。

儘管歐盟已具體設立了上述各項法律、制度與機構，但就實際運作的成效觀之，實有許多問題尚待解決。第一、過去司法與內政事務是在第三支柱的架構下進行，大部分隸屬歐盟會員國的專屬權限，以歐洲警察署為例，其重要的功能為協調歐盟會員國打擊犯罪並整合各國資訊與製作整體報告等。然而，受限於會員國警察機關不太願意提供情報與犯罪調查資訊，使得歐洲警政署難以掌握相關警察資料。里斯本條約對此現象提出許多改革構想，但甫於 2009 年 12 月 1 日生效的里斯本條約，至今仍不到幾個月的時間，在這短暫的時間內實難以看出其成效，未來假若這些改革計劃能夠付諸實現，那麼應當可以發揮加強歐盟內部安全的功效。

第二、目前歐盟司法與內政領域之警察機構、司法機構與輔助系統設立的時間皆不算長，因此，仍然處於調適的階段。在共同打擊犯罪的合作上，會員國相關機關依舊居於主導的角色。況且目前歐盟各國之司法制度與犯罪定義各不相同，因此歐盟機構實難發揮其協調的功能。然而，目前歐盟會員國亦無推展「統一的警察與司法制度」的意願，在這種情況下，歐洲警察與司法合作將繼續受到歐盟會員國因素的影響，特別是歐洲逮捕令這樣重要的合作機制，更容易因彼此司法制度的差異而窒礙難行。準此以觀，如何統一歐盟會員國的警察與司法制度是刻不容緩的重要議題。

第三、雖然歐盟亟欲整合各項人員與犯罪資訊，藉以提升預防恐怖攻擊或其他犯罪行為的能力，然而，在科技發達的今天，許多執行恐怖攻擊的嫌犯多屬高知識份子，以蓋達組織為例，其傳播激進思想的主要管道為網路，世界各地精通電腦的恐怖份子將有可能利用病毒或駭客滲透到歐盟的官方管理系統中，一旦個人資料外洩甚至可能使其成為恐怖份子攻擊的目標。反恐必然會與人權和資料保護的議題關聯在一起，歐盟在歐洲警政署或歐洲司法合作署中均設置獨立的資料保護官，負責監視個人資料傳遞過程中是否發生濫用個人資料的情事。總而言之，歐盟應設立嚴格的資料傳遞方法，嚴密防止個人資料

外洩的可能性發生，以避免引起違反人權的不必要爭議。

歐洲國家素來相當注重人權，在哲學思想方面，歐洲更是啟蒙運動的先驅，許多著名的思想家與政治家均來自歐洲；在個人意識方面，歐洲國家受到這些思想運動的影響頗深。在第二次世界大戰後，尊重人權的議題更成為各國關注的焦點，歐洲理事會（Council of Europe）即為在此一情勢下因運而生的機構，其宗旨為保障歐洲人權，並提出歐洲人權公約以保障歐洲人民應享有之權益。而在反恐方面，歐盟會員國仍可各自表態，對於恐怖組織與恐怖份子之認定除了歐盟官方的名單之外，亦得以自行提出相關的名單。而歐洲國家在保障人權的原則下對於逮捕恐怖份子的過程與作法較為保守，且多站在尊重人權的立場上進行，同時對於本國國民相當保護，這種情形可能造成歐盟打擊恐怖份子的阻礙。因此，歐盟應儘速統一恐怖主義的定義與名單並調和各會員國調查與逮捕恐怖份子的程序與措施，如此才能降低人權因素對打擊恐怖主義的影響程度。

有鑒於恐怖主義為歐盟內外部安全的主要威脅，在眾多歐盟的安全機構與政策中，打擊恐怖主義為一重要政策目標，歐盟在內部安全戰略中闡明，歐盟會員國應透過與鄰國雙邊、多邊或區域合作的途徑來打擊危害國家安全的威脅，然而，在犯罪集團跨國運作的趨勢下，一套歐盟架構下的合作模式極為重要。②在此前提下，歐盟之安全與反恐機構間的合作與資訊交換實扮演重要角色。根據本書的研究，我們發現歐盟內部安全機構間的合作與連結已達到以下四化目標：機構多元化、制度網絡化、資訊歐洲化與合作國際化。總而言之，雖然歐盟內部仍存有許多安全障礙，然而在上述「四化政策」下，歐盟的內部安全應該能夠逐步提升。

---

② Ibid., p. 7.

# 縮寫表

| 縮寫 | 全稱 | 中文 |
|---|---|---|
| AFSJ | Area of Freedom, Security and Justice | 自由、安全與司法區域 |
| ATCSA | 2001 Anti-Terrorism, Crime and Security Act | （英國）2001 反恐、刑事與安全法 |
| AWACS | Airborne Warning and Control System Aircraft | 空中預警機 |
| AWFs | Analysis Work Files | 伊斯蘭恐怖主義分析工作檔案 |
| BKA | Federal Criminal Police Office | （德國）聯邦刑事局 |
| CBP | Customs and Border Protection Bureau | 海關邊境保護局 |
| CCLM | Committee on Civil Law Matters | 民法事務委員會 |
| CEAS | Common European Asylum Policy | 歐洲共同庇護政策 |
| CEPOL | European Police College | 歐洲警察學院 |
| CFSP | Common Foreign and Security Policy | 共同外交與安全政策 |
| CIA | Central Intelligence Agency | 中央情報局 |
| CMP | Crisis Management Policy | 危機管理政策 |
| COSI | Committee on Internal Security | 內部安全委員會 |
| COREPER | Committee of Permanent Representatives | 常駐代表委員會 |
| CPP | Counter Proliferation Program | （歐洲警政署）反擴散計劃 |
| CSI | Container Security Initiative | 貨櫃安全倡議 |
| CTED | Counter-Terrorism Executive Directorate | 反恐執行署 |
| COTER | Working Party on Terrorism/International Aspects | 國際層面恐怖主義工作小組 |
| CTG | Counter Terrorism Group | 反恐小組 |
| CTITF | Counter-Terrorism Implementation Task Force | 反恐執行專案小組 |

| 縮寫 | 全稱 | 中文 |
|---|---|---|
| CTLOs | Counter-Terrorist Liaison Officers | 反恐連絡官 |
| CTP | Counter Terrorism Program | （歐洲警政署）反恐計劃 |
| DCPJ | Central Criminal Investigation Directorate | （法國）中央刑事警察局 |
| DCRG | Central Directorate of General Information | （法國）情報局 |
| DGSE | General Directorate for External Security | 海外安全局 |
| DNAT | National Antiterrorist Directorate | （法國）國家反恐局 |
| DST | Territorial Surveillance Directorate | （法國）國土安全局 |
| EAW | European Arrest Warrant | 歐洲逮捕令 |
| ECJ | European Court of Justice | 歐洲法院 |
| EJN | European Judicial Network | 歐洲司法網絡 |
| EMU | European Monetary Union | 歐洲貨幣聯盟 |
| ENU | Europol National Unit | 歐洲警政署國家單位 |
| EP | European Parliament | 歐洲議會 |
| EU | European Union | 歐洲聯盟 |
| EPC | European Political Cooperation | 歐洲政治合作 |
| ETA | Euskadi Ta Askatasunal | 艾塔組織 |
| FLN | Front de la Libération de la Corse | 科西嘉民族解放陣線 |
| EUROPOL | European Police Office | 歐洲警政署 |
| FBI | Federal Bureau of Investigation | 聯邦調查局 |
| FRONTEX | European Border Agency | 歐洲邊境管理署 |
| GCHQ | Government Communications Headquarters | （英國）政府聯絡總部 |
| GTAZ | Gemeinsames Terrorismusabwehrzentrum | （德國）共同防範恐怖主義中心 |
| GIMF | Global Islamic Media Front | 全球伊斯蘭媒體陣線 |
| GIGN | Special Ops. and Anti-terror | （法國）憲兵特勤隊 |

| 縮寫 | 全稱 | 中文 |
|---|---|---|
| GRAPO | Antifascist Resistance Groups October First | 10 月 1 日反法西斯抵抗組織 |
| Hamas | Islamic Resistance Movement | 哈瑪斯／伊斯蘭反抗運動 |
| IberRed | La Red Iberoamericana de Cooperación JudicialIberRed | 中南美洲司法合作網路 |
| ICC | International Criminal Court | 國際刑事法庭 |
| IK | International Coordination | （德國）國際協調部門 |
| IRA | Irish Republican Army | 愛爾蘭共和軍 |
| ISAF | International Security Assistance Force | 國際安全支援部隊 |
| JHA Council | Justice and Home Affairs Council | 司法與內政事務理事會 |
| JIC | Joint Intelligence Committee | （英國）聯合情報委員會 |
| JIT | Joint Investigation Team | 聯合調查團 |
| JHA | Justice and Home Affairs | 司法與內政事務 |
| JTAC | Joint Terrorism Analysis Center | （英國）聯合恐怖主義分析中心 |
| LIBE | Committee on Citizens' Freedoms and Rights, Justice and Home Affairs | 公民自由及權利、司法與內政事務委員會 |
| MI5 | Security Service | （英國）安全局 |
| MI6 | Secret Intelligence Service | （英國）機密情報局 |
| NAC | North Atlantic Council | 北大西洋理事會 |
| NAEW&CF | NATO Airborne Early Warning and Control Force | 北約空中預警機部隊 |
| NATO | Northern Atlantic Treaty Organisation | 北大西洋公約組織 |
| NLA | Irish National Liberation Army | 愛爾蘭國民解放軍 |
| NP | Networking Program | （歐洲警政署）網絡計劃 |
| NRF | NATO Response Force | 北約反應部隊 |
| NSCT | National Strategy for Combating Terrorism | （美國）國家反恐戰略 |
| OCC | On-call Coordination | 24 小時待命聯絡機制 |

| 縮寫 | 全稱 | 中文 |
|---|---|---|
| OLAF | European Anti-fraud Office | 歐洲反詐欺署 |
| OSCE | Organization for Security and Cooperation in Europe | 歐洲安全與合作組織 |
| OSCT | Office for Security and Counter-terrorism | （英國）安全與反恐辦公室 |
| PCC | Prague Capabilities Committee | 布拉格能力委員會 |
| PDBTS | Policy Dialogue on Borders and Transport Security | 邊境與運輸安全政策對話 |
| PCTF | Police Chiefs Task Force | 警察首長專案小組 |
| PNR | Passenger Name Record | 乘客姓名紀錄 |
| PNV | Partido Nacionalista Vasco/Basque Nationalist Party | 巴斯克民族黨 |
| PP | Preparedness Program | （歐洲警政署）籌備計劃 |
| PWGT | Police Working Group on Terrorism | 警察反恐工作小組 |
| SCIFA | Strategic Committee on Immigration, Frontiers and Asylum | 移民、邊境與庇護策略委員會 |
| SEA | Single European Act | 單一歐洲法 |
| SGDN | National Defence General Secretariat | （法國）國防總秘書處 |
| SitCen | Joint Situation Centre | 聯合情勢中心 |
| SIRENE | Supplementary Information Re- | 國家資訊補充窗口 |
| SIS | Schengen Information System | 申根資訊系統 |
| TCE | Treaty Establishing a Constitu- | 歐洲憲法條約 |
| TEP | Training and Education Program | （歐洲警政署）訓練與教育 |
| TE-SAT | EU Terrorism Situation and Trend Report | 歐盟恐怖主義情勢與趨勢報告 |
| TEU | Treaty of the European Union | 歐洲聯盟條約 |
| TFEU | Treaty on the Functioning of the | 歐洲聯盟運作條約 |
| THB | Trafficking in Human Beings | 人口販運 |
| UCLAT | Anti-terrorist Coordination Unit | （法國）反恐協調單位 |
| VIS | Visa Information System | 簽證資訊系統 |

# 歐盟司法與內政合作：反恐議題解析

作者◆張福昌

發行人◆王學哲

總編輯◆方鵬程

主編◆葉幗英

責任編輯◆徐平

美術設計◆陳治安

出版發行：臺灣商務印書館股份有限公司

台北市重慶南路一段三十七號

電話：(02)2371-3712

讀者服務專線：0800056196

郵撥：0000165-1

網路書店：www.cptw.com.tw

E-mail：ecptw@cptw.com.tw

網址：www.cptw.com.tw

局版北市業字第 993 號

初版一刷：2011 年 1 月

定價：新台幣 520 元

**ISBN 978-957-05-2579-3**

歐盟司法與內政合作：反恐議題解析／張福昌著.
-- 初版. -- 臺北市：臺灣商務, 2011.01
面 ； 公分
ISBN 978-957-05-2579-3（平裝）


1. 歐洲聯盟 2. 安全合作 3. 恐怖主義


578.1642 99023569

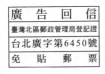
100台北市重慶南路一段37號

## 臺灣商務印書館 收

對摺寄回，謝謝！

# 傳統現代　並翼而翔

Flying with the wings of tradtion and modernity.

# 讀者回函卡

感謝您對本館的支持，為加強對您的服務，請填妥此卡，免付郵資寄回，可隨時收到本館最新出版訊息，及享受各種優惠。

■ 姓名：＿＿＿＿＿＿＿＿＿＿＿＿＿　　性別：□ 男　□ 女

■ 出生日期：＿＿＿＿年＿＿＿＿月＿＿＿＿日

■ 職業：□學生　□公務(含軍警)　□家管　□服務　□金融　□製造
　　　　□資訊　□大眾傳播　□自由業　□濃漁牧　□退休　□其他

■ 學歷：□高中以下（含高中）□大專　　□研究所（含以上）

■ 地址：＿＿＿＿＿＿＿＿＿＿＿＿＿＿＿＿＿＿＿＿＿＿＿＿＿＿＿＿
　　　　＿＿＿＿＿＿＿＿＿＿＿＿＿＿＿＿＿＿＿＿＿＿＿＿＿＿＿＿

■ 電話：(H) ＿＿＿＿＿＿＿＿＿＿＿　(O) ＿＿＿＿＿＿＿＿＿＿＿

■ E-mail：＿＿＿＿＿＿＿＿＿＿＿＿＿＿＿＿＿＿＿＿＿＿＿＿＿＿

■ 購買書名：＿＿＿＿＿＿＿＿＿＿＿＿＿＿＿＿＿＿＿＿＿＿＿＿＿

■ 您從何處得知本書？

　　□網路　□DM廣告　□報紙廣告　□報紙專欄　□傳單
　　□書店　□親友介紹　□電視廣播　□雜誌廣告　□其他

■ 您喜歡閱讀哪一類別的書籍？

　　□哲學‧宗教　□藝術‧心靈　□人文‧科普　□商業‧投資
　　□社會‧文化　□親子‧學習　□生活‧休閒　□醫學‧養生
　　□文學‧小說　□歷史‧傳記

■ 您對本書的意見？（A/滿意　B/尚可　C/須改進）

　　內容＿＿＿＿＿編輯＿＿＿＿校對＿＿＿＿翻譯＿＿＿＿
　　封面設計＿＿＿＿價格＿＿＿＿其他＿＿＿＿＿＿＿＿＿

■ 您的建議：＿＿＿＿＿＿＿＿＿＿＿＿＿＿＿＿＿＿＿＿＿＿＿＿＿

※ 歡迎您隨時至本館網路書店發表書評及留下任何意見

臺灣商務印書館　The Commercial Press, Ltd.

台北市100重慶南路一段三十七號　電話：(02)23115538
讀者服務專線：0800056196　傳真：(02)23710274
郵撥：0000165-1號　E-mail：ecptw@cptw.com.tw
網路書店網址：www.cptw.com.tw　部落格：http://blog.yam.com/ecptw